변화로 가는 길

다루기 어려운 청소년을 위한 단기치료

Matthew D. Selekman 지음

김유순 옮김

박학사

끊임없는 지지와 사랑으로 항상 나와 함께 하고 나의 인생을 밝혀 준,
내 삶의 가장 특별한 두 여성, 아사와 해나에게 이 책을 바칩니다.

역자 서문

이 책은 미국의 저명한 청소년전문상담자인 매튜 셀렉맨(Matthew D. Selekman)의 원저 *Pathways to change: Brief therapy with difficult adolescents*(2005)를 번역한 것이다. 이 책은 다루기 어려운 청소년과의 상담을 진행해 가는 데 필요한 여러 가지 기술과 지혜를 제공하는 책이라는 것을 읽을수록 더 느끼게 된다. 특히 많은 사례를 통하여 생생하게 적용 방법을 이해할 수 있게 만든다는 점이 이 책의 장점이라고 생각한다.

본서의 1판은 우리나라에서 2003년에 『가족치료: 다루기 어려운 청소년을 위한 해결지향 모델』이란 제목으로 번역 발간되었다. 이 책의 1판을 읽으신 분들 중에는 임상과 교육에 큰 도움이 되었다고 한 분들이 여러 분 계셨고, 역자 자신도 이 책을 통해 많은 것을 배우고 임상에 활용하기도 하였다. 그런데 1판을 출간한 지 12년 후에 2판을 저술하면서 저자는 1판을 크게 확대하고 절반 이상 새로운 내용으로 저술하였다.

1판에서와는 달리 2판 원저 제목에서는 'solutions'이 빠졌는데, 이는 2판에서는 해결지향접근이나 해결중심접근에 중점을 두지 않고 좀 더 통합적인 접근을 하고 있기 때문이라고 저자가 밝히고 있다. 또한, 이전보다 내담자의 주체성이나 내담자의 자원 활용을 더 많이 고려하고 있으며, 긍정심리학이나 강점 관점에 입각한 저자의 개입 태도가 많이 드러난다는 것을 알 수 있다. 청소년들이 자주 연루되는 사회체계나 사회기관의 담당자들과 상담자가 어떻게 협력하고 부모들은 어떻게 이들의 협력을 끌어낼 것인지에 대해서도 좀 더 상세히 제시하고 있다. 날로 복잡해지는 사회에서 청소년과 가족의 상담을 효과적으로 하는 데 필요한 다양한 새로운 관점과 전략을 보강한 것을 알 수 있다.

이 책은 우리에게 도전을 주는 청소년을 상담하는 데 도움이 되는 how-to를 1판보다 훨씬 더 상세하게 알려주고 있다는 생각을 하게 된다. 원저의 표지에 실린 그림처럼 우리 상담자들에게 부모와 청소년을 변화로 이끌 수 있는 길을 안내해 주는 책이라는 느낌이 든다. 대폭 확대된 해결지향 부모집단의 진행에 관한 상세한 내용을 읽다 보면, 정말 변화로 가는 여러 가지 대안적인 길을 제시하고 있다는 생각이 든다. 이와 같이 '변화로 가는 길로 안내'하는 책이라는 생각에서 2판에서는 원저의 제목에 충실하게 『변화로 가는 길: 다루기 어려운 청소년을 위한 단기치료』라는 제목을 붙이고자 한다.

매튜 셀렉맨을 책을 통해서만 접했지만, 책을 통해서 나타나는 청소년과 가족에 대한 저자의 긍정적인 생각과 열정에 경의를 품게 된다. 올 봄에 한국에 와서 이 책의 주제로 워크숍을 진행하게 되는 저자를 만날 시간이 기대된다! 끝으로 이 책의 출판 과정에서 도움을 주신 성공회대학교 대학원 사회복지학과의 이재원, 임경보 씨와 박학사의 여러 선생님들께 감사한 마음을 전한다.

2015년 봄

역자 김유순

저자 서문

랄프 왈도 에머슨은 '당신이 만약 이미 알고 있는 것 이상으로 노력하지 않는다면, 당신은 더 이상 성장하지 않을 것이다.'라고 했다. *Pathways to Change* 1판을 1993년에 출판한 필자는 이런 정신을 이어받아 해결지향 단기가족치료 모델을 상당히 진화시켜 왔으며 오래 지속되는 변화를 만들기 위해 청소년의 사회생태 다중체계를 조심스럽게 목표로 하고 개입해 왔다. 철저한 통합주의자인 필자는 서로 잘 들어맞아서 치료적 유연성에 도움이 되고 다양한 치료적 실험과 의식을 가능케 하는 치료에 관한 새롭거나 오래된 생각을 늘 찾고 개발하고 있다. 이 확장 2판(second and expanded edition)에서는 책 전체를 통해서 상담에 끌어들이기(engagement) 과정과 관계형성을 중요시하였고 특히 새로운 장(chapter)으로 이 내용을 독립시킴으로써 강조하였다. 도전이 되는 청소년과 그의 가족과 치료 시작 시 의미 있는 연결을 하는 우리의 능력은 긍정적 치료성과에 크게 기여할 수 있다. 이것은 내담자들이 관계요인을 매우 중요하게 여기고 있음을 보여 주는 많은 심리치료 성과연구가 입증하고 있다(Hubble, Duncan, & Miller, 1999).

Pathways to Change 1판은 해결중심 단기치료(de Shazer, 1988, 1991) 쪽으로 꽤 기울어져 있었다. 이 중요한 치료접근이 다양한 청소년 행동 문제에 대해 긍정적인 임상결과를 보여 주었지만 나는 지난 10년간 여러 차례 실패를 경험한 훨씬 더 복잡한 청소년 사례 상황에서 필자는 이 접근의 제한성을 발견하게 되었다. 때로는 너무 해결중심 단기치료 접근(de Shazer, 1988, 1991)에 집착해 머물러 있으면서, 내담자와 공동저작하고 싶은 해결하기로 결정한 이야기(solution-determined stories)만 좋아하게 되고, 만성적 어려움과 부정적인 과거의 치료경험으로 인하여 문제로 가득 차 있는 억압과 사기저하의 이야기를 최소화하려 하는 필자 자신을 발견하게 되었다. Nylund와 Corsiglia(1994)는 이런 식의 면접과 기본 모델에 충실히 하려는 방법을 해결중심 강제치료(solution-focused forced therapy)라고 불렀다. 필자는 지금도 실용적인 공식, 결정나무, 주요 치료 질문들, 기본적 해

결중심 접근의 과제들을 매우 유용하게 사용하고 있다. 그러나 치료실험의 선택과 설계, 면접 과정에서 치료적 안내를 위하여 이 모델의 특성에 너무 의존하고, 내 것을 발명하거나 창조성, 강점을 발휘하는 기회나 다른 치료접근으로부터 아이디어를 빌려올 기회를 놓치는 나 자신을 발견한 것이다. 필자의 *Pathways to Change* 1판의 약점이자 단기치료 문헌의 부족한 점은 사회적 불의－청소년의 어려움을 만들어 내고 유지하는 문화, 젠더, 더 넓은 사회의 악화요인들－에 대한 민감성에 대한 논의가 없었다는 것이다.

오늘날의 젊은이는 할 일이 너무 많고 학업량이 숨 막히고 모든 것에 대해 너무나 많은 선택을 하여야 하는데 이것은 상당부분 미디어가 지배하는 소비자중심 문화 때문이다. 또래 집단 생활은 더 압력을 주고 있고 젊은이들은 과도하게 높은 스트레스 수준에 대처하려고 발버둥치고 있다. 약물중독이나 자해 행동, 섭식장애 행동 이외에도 정서적으로 취약한 청소년들은 종종 건강한 대처전략을 알지 못하고 쩔쩔맨다. 이 책에서는 청소년들이 쉽게 배워서 스스로 스트레스에 대처하는 데 사용할 수 있는 마음챙김 명상(Hanh, 2001, 2003a), 시각화, 논박 기술(Seligman, 2003; Seligman, Reivich, Jaycox, & Gillham, 1995)같은 유용한 치료적 대처전략들을 제시한다.

이 *Pathways to Change* 신판에서는 관심 있는 또래나 격려해 주는 타인 같은 청소년의 사회 네트워크에 속하는 주요 멤버를 가족치료에 포함하는 더 창조적이고 강력한 방법들을 포함하였다(Selekman, 2002, 2004). 경험적으로 입증된 치료접근인 '가장 좋은 실천법'을 사용하라는 정신건강 분야와 청소년 사법체계 분야의 압박을 염두에 둘 때 우리는 이런 접근들에 훨씬 더 익숙해져야 한다. 또한 연구를 통해 효과적이라고 밝혀진 것들을 청소년과 가족과의 임상에 어떻게 적용할 수 있을지 살펴보는 것이 중요하다. 이러한 맥락에서 네 가지 공통요소 혹은 40년간의 심리치료 성과연구가 긍정적 치료성과의 가장 큰 요소라고 지적하는 것(Hubble et al., 1999)에 민감하고 이를 최대화시킬 필요가 있다. 네 가지 요소는 치료 외 요소, 관계 요소, 희망과 기대 요소, 그리고 모델과 기술이다.

게다가 긍정심리학 운동(Peterson & Seligman, 2004; Seligman, 2002, 2003; Keyes & Haidt, 2003; Snyder & Lopez, 2002; Fredrickson, 2002, 2003; Csikszentmihalyi, 1990, 1997, 2003)은 최종적으로 우리의 정신건강 전달체계에 혁명을 가져올 수도 있는 획기적인 연구결과와 치료에 관련된 아이디어를 최근에 생산해 내었다. 필자는 교육심리학자인 하워드 가드너(Howard Gardner, 1993, 1999, 2004)의 혁신적인 다중 지능 틀을 제시하며, 이 틀을 면접 과정과 치료적 실험 설계를 조화시키는 지침으로 그리고 내담자의 주요 지능분야의 선택과 조화시키는 지침으로 사용할 수 있을지 논의한다.

마지막으로, 본서에는 세 장(chapter)이 새로이 포함되었다. 이 세 장에서는 즉흥적 도구로서의 상담자 자신, 어려운 부모에 관여하고 가능성을 창조하기, 문제가 없다는 문제를 가진 강제로 상담에 온 가족들과의 관계형성에 대해 다루고 있다. 또한 해결지향 부모집단에 대한 장은 대규모로 개정되고 확장되었다. 이 새로운 장들에는 내담자와 즉각 사용할 수 있는 치료 도구들과 실질적인 지침들이 대량 포함되어 있다.

책의 개관

이 책은 다루기 어려운 청소년과 그 가족들을 해결지향 단기가족치료 접근법으로 치료하기 위한 실질적인 'how-to'를 임상가들에게 제공하기 위한 것이다. 1장은 소비지향적이고 미디어가 힘을 발휘하는 문화적 배경과 치료를 악화시키는 요인들이 청소년의 어려움에 어떻게 영향을 미치는지를 설명한다. 필자는 심리학과 가족치료 분야의 혁신적인 아이디어를 포함시키고 심리치료와 가족치료 성과연구 결과를 임상 실천에 통합하여 해결지향 단기가족치료 접근을 다양한 방법으로 확장하였다. 2장은 어려운 청소년, 가족, 단기치료에 관련한 도움이 되는 가정들을 제시한다. 3장에서는 가장 도전이 되는 청소년 및 가족과 함께 가능성을 창조하기 위하여 치료자 자신의 즉흥적 기술을 사용할 수 있는 몇 가지 창조적 방법을 제시한다. 4장에서는 첫 번째 가족면접에서 시작하여 변화를 위한 배경을 공동창조하는 방법을 논의한다. 몇 가지의 치료질문과 치료적 실험의 선택과 시행을 위한 지침이 제시된다.

5장에서는 화가 나 있거나 적대적이거나, 매우 비관적이거나, 자유방임적인, 또는 정신건강이나 물질남용 문제가 있는 부모와의 관계형성과 치료를 위한 실제적인 지침을 제시한다. 6장에서는 도전이 되는 청소년과의 관계형성을 위한, 경험에 근거한 효과적인 전략 열 가지를 제시한다. 7장에서는 강제로 상담실에 온, 문제가 없다고 하는 것이 문제인 가족과 관계를 형성하고 치료하는 데 도움이 되는 지침을 제공한다. 많은 치료자들이 이런 가족은 치료는 고사하고, 관계형성하기가 가장 어렵다고 한다. 그런데도 사회체계 내의 원조전문가들은 어려운 청소년들에게 자석처럼 끌리는 것 같다. 8장에서는 가족이나 관련된 원조전문가들과 함께 안전하고 정중한 협력의 장을 열 수 있는 방법, 즉 변화를 가져오는 대화를 통하여 가능성의 공간을 열 수 있는 장을 공동 창조하는 방법을 논의한다.

9장에서는 2회기 이후에 변화를 확장하고 치료에서의 진전을 단단하게 하는 다양한 전략을 제시한다. 해결지향의 몇 가지 치료적 실험, 팀 전략, 더 도전이 되는 치료 상황을 위한 다른 치료적 선택이 논의 된다. 2회기 이후에 가족원 고유의 협력 반응과 내담자의 주요 지능 영역과 조화될 만한 치료적 실험을 선택하는 지침도 제시한다.

10장에서는 많이 달라진 필자의 해결지향 부모집단 개정판을 제시한다. 이 8회기 부모집단은 해결책을 공동구성하기 위하여 부모집단의 강점과 자원을 활용하도록 설계했다. 부모들은 자녀와의 관계를 강화하는 데 도움이 되고, 좋은 행동을 끄집어내고, 자녀들이 어려움을 겪고 있는 사회체계에서 옹호자 역할을 하는데 즉시 사용할 수 있는 여러 가지 도구를 배우게 된다. 상세한 회기별 내용이 제시된다. 마지막으로 11장에서는 책의 주요 주제를 요약하고 미래를 위한 함의를 제공한다.

저자 소개

Matthew D. Selekman, LCSW, MSW(공인임상사회복지사, 사회복지학석사)

저자는 미국 일리노이 주 에반스톤에 있는 국제적인 가족치료 훈련 · 자문기관인 Partners for Collaborative Solutions의 공동 소장이며 부부가족치료자이다. 저자는 정신의학과 행동과학 분야에 대한 지대한 공로를 인정받아 1999년과 2000년에 Walter S. Rosenberry Award를 수상한 바 있다. 다수의 가족치료 논문과 다음과 같은 세 편의 전문서적을 출판하였다. 『면도날 위에서 살아가기: 자해하는 청소년을 위한 해결지향 단기가족치료(*Living on the Razor's Edge: Solution-Oriented Brief Family Therapy with Self-Harming Adolescents*)』, 『어린이를 위한 해결중심 치료: 체계론적 변화를 위한 가족 강점 활용하기(*Solution-Focused Therapy with Children: Harnessing Family Strengths for Systemic Change*)』, 『청소년 약물남용자를 위한 가족치료 접근(*Family Therapy Approaches with Adolescent Substance Abusers*)』. 저자는 도전이 되는 청소년에 대한 해결지향 단기가족치료 접근 워크숍을 미국, 캐나다, 멕시코, 남아공, 유럽, 호주, 등에서 실시해 왔고 한국에서는 2015년 봄에 실시한다.

차례

제5장

제6장

제7장

제8장

사회체계 원조 전문직 동료와 전환적 대화에 필요한 분위기 공동창조하기 ……… 185

제9장

두 번째와 이후 회기 ……………………………………………… 213

변화의 견고화와 학습방식과 협력 반응 양상에 따른 치료적 실험 선택 지침

제10장

제11장

Pathways to Change

Chapter 01

다루기 어려운 청소년들을 위한 해결지향 단기가족치료접근의 발전

이미 길이 나 있는 곳으로 가지 말고, 길이 없는 곳으로 가서 길을 남기라.

— 랄프 왈도 에머슨(RALPH WALDO EMERSON)

치료자: 무엇이 좀 달라지길 원하세요?

메레디스: 음, 지미가 마약을 사용하고 학교에서 문제를 일으켰어요. 그리고 제 말을 듣지 않아요. 제가 지키라고 하는 규칙을 지키지 않는 거지요. 제 생각에 지미는 '태도'문제가 있는 것 같아요.

치료자: 그 '태도'가 지미나 어머니를 얼마동안 괴롭혀왔나요?

엄마: 3년 동안이요. 저는 지미를 여러 상담선생님들께 데려갔었어요……. 근데 아무런 효과가 없는 것 같아요.

치료자: 어머니 생각에 이 '태도'라는 녀석이 상담선생님들의 상담을 방해했다고 생각하세요?

메레디스: 네, 그런 것 같아요. 저는 항상 지미를 억지로 상담에 끌고 가야 했고, 얘는 전혀 상담선생님들께 협조를, 그러니까 거의 말을 하지 않았어요. 그분들은 얘를 상담하는 것을 거의 포기하셨지요.

치료자: 웃기는 것은 그 '태도'라는 녀석들은 아이들이 부모나 어른들을 좌절시키도록 훈련하는데 솜씨가 대단하다는 것이에요. 어머님, 혹시 최근에 그 '태도'라는 녀석이 잠복해 있다가 두 분으로 하여금 싸우게 만드는 것을 못하도록 어머님과 지미가 힘을 합치신 적이 있으세요?

지미: 어제 있잖아요……. 제가 엄마한테 조금 잘난 체하다가 말았거든요. 그래서

엄마의 잔소리를 안 들으면서 엄마랑 얘기할 수 있었어요.

치료자: 지미 어떻게 했는지 기억나니? 그걸 해내기 위해서 너 자신에게 뭐라고 말했니?

지미: 모르겠어요. 그냥 문제를 해결하려 했던 것 같아요. 제 생각에 저는 그냥 조용해지는 걸 원했던 것 같아요.

치료자: 너 혹시 최근에 네가 엄마나 선생님들하고 문제가 생길 때 네 머릿속에서 그 '나는 그냥 조용해지는 걸 원해' 테이프를 돌려 본 적이 있니?

메레디스가 아들의 '마약 사용' 문제에 대해서 말할 때 많은 치료자들이 메레디스의 말을 중단시키고는, 부모가 지미의 '태도' 문제와 다른 행동문제들을 '야기'하고 있다는 성급한 결론에 이를지도 모른다. 나에게 지미를 의뢰한 학교사회복지사는 지미가 '태도'문제와 '약물남용'문제를 가지고 있다고 했다. 사회복지사는 지미를 '권위에 반항적'이고 교사나 학생주임에게 '입 다물고' 얘기하지 않는 아이라고 했다. 지미는 '학생주임에게 언어폭력을 행하고' '친구들과 싸워서' 두 차례 정학을 받은 적이 있다. 지미의 이전 상담자들은 지미에게 '반사회성 장애' '품행장애' '간헐적 분노폭발장애'라는 라벨을 붙인 것이 명백해 보였다. 가족과의 첫 번째 상담회기에서 어머니는 아들이 '태도문제'를 가지고 있는 것이 진정한 문제라고 생각하는 것 같았다. 3년 동안 '태도문제'가 가족과 학교 관계자를 이기고 있었다. 나는 위험을 무릅쓰고 '태도'를 외재화(externalize)(White & Epston, 1990)시켰다. 그런데 놀랍게도 이 치료적 시도가 효과가 있었다. 지미와 엄마가 '태도'에 꽤 성공적으로 맞서 싸운 '뉴스거리가 될 만한' 예외(de Shazer, 1985) 혹은 '반짝이는 순간'(White, 1995)을 발견할 수 있었다. 지미의 학교 선생님들에게도 이 외재화 전략을 동일하게 사용해서 성공을 맛볼 수 있었다. 이야기치료와 해결지향치료의 아이디어를 결합하여, 오랫동안 이 '태도문제'에 억압당해 온 이 가족과 학교선생님들이 새로운 가능성을 공동구성(co-constructing)하도록 도울 수 있었다.

필자가 지미와 그의 어머니에게 사용한 접근은 해결지향 단기가족치료 접근(solution-oriented brief family therapy approach)으로 이 접근법은 오헨론과 와이너-데이비스(O'Hanlon & Weiner-Davis, 1989)와 스티브 드세이저(Steve de Shazer)와 동료들(de Shazer, 1985, 1988, 1991; Berg & Miller, 1992; Berg & Gallagher, 1991; Gingerich & de Shazer, 1991; Gingerich, de Shazer &Weiner-Davis, 1988; Lipchik, 1988, Molnar & de Shazer, 1987; Lipchik & de Shazer, 1986)이 개발한 해결지향 단기치료모델을 확충한 것이다. 원래의 해결지향 단기가족치료(Selekman,

1993)를 확장하였는데 확장하는 데는 다른 개인상담 접근법과 가족치료 접근법, 하워드 가드너의 복수 지능 틀(multiple intelligences framework)(Gardner, 1993, 1994), 긍정심리학(Peterson & Seligman, 2004; Seligman, 2002, 2003; Snyder & Lopez, 2002; Fredrickson, 2002), 심리치료(Hubble et al., 1999), 가족치료성과 연구 결과(Henggeler & Sheidow, 2002) 등의 중요한 연구 결과들을 통합하였고 또한 청소년 분야의 네트워크를 활용해 적극적으로 이들과 협력함으로써 자해(自害)하는 청소년, 폭력적인 청소년, 약물남용하는 청소년, 섭식장애가 있는 청소년, 학교문제가 얽혀 있는 청소년, 그리고 우울 증상을 보이는 청소년들을 위한 좀 더 유연하고 효과적인 치료모델을 개발할 수 있었다(Selekman, 1989a, 1989b, 1991b, 1993, 1995, 2002, 2004; Berg & Miller, 1992; Berg & Gallagher, 1991).

이 장에서는 청소년의 문제가 악화되어 치료하기 어렵게 만드는 원인이 되는, 좀 더 거시적인 사회체계와 치료체계에 관련한 악화요인에 대해서 논의한다. 또한 심각하고 만성적인 행동문제로 도전이 되는 청소년과 가족을 상담하기에 적절한, 좀 더 포괄적이고 효과적인 모델을 만들기 위해 원래의 해결지향 단기가족치료 모델을 어떻게 확장했는지도 제시한다.

십대 불안으로 인한 우울: 대중매체와 소비자 중심의 문화가 문제 청소년을 만드는 방식

오늘날 청소년들에게 정서적, 행동적 어려움을 초래하는 여섯 가지 주요한 사회문화적 악화 요인이 있다. 이 악화 요인들은 미디어가 주도하는 소비자 중심 문화에 대한 비평적 분석, 청소년 및 부모 상담, 청소년들이 오늘날 겪는 스트레스와 도전에 관련해 함께 일하는 분들 및 치료자들과의 협력으로 밝힐 수 있었다. 치료자들은 이 악화 요인이 젊은이의 어려움을 만들어 내고 악화시키는 데 어떤 역할을 하는지 민감하게 의식할 필요가 있다.

젊은이의 악마화와 범죄화

미국에서는 이전에 학교에서 담당하던 행동문제 훈육을 경찰관과 청소년 사법체계에 맡기는 풍조가 있다. 라이머(Rimer, 2004)는 "단기 소년원이 교장실이 된 것 같다."(p. 1)고 했다. 오하이오 주, 톨레도의 루카스 카운티 행정판사인 제임스 레이는 최근의 학교 관련 사건의 증가에 대하여 "우리가 아이들을 악마화시키고 있다."(in Rimer, 2004, p. 15)고 했는데, 제임스 레이만 이렇게 생각한 것이 아니고 버지니아 주, 켄터키 주, 플로리다 주의 판사들이 학교가 학생들의 비행에 잘못 대처하는 것에 관하여 관심을 표명한 바 있다. 청소년들이 '소란하고 방해가 되어서' '학교직원에게 욕을 해서' '복장 규정을 어겨서' 등 소소한 위반 때문에 경범죄로 체포되고 기소되고 있다. 학생들의 비행을 범죄화하는 중심에는 1990년대 중반부터 말까지의 무관용 정책이 있다. 이 정책은 일련의 학교 총기 발사 사건과 다른 청소년 폭력 사건에 대한 반응으로 만들어진 것이다(Rimer, 2004; Aronson, 2000).

마이클 무어는 그의 아카데미 수상작인 다큐멘터리 〈컬럼바인을 위한 보울링(*Bowling for Comlumbine*)〉에서 정확하게 지적하였는데 당신이 만약 흑인 청소년이거나 성인이라면 제일 먼저 주목을 받아 체포되는 사람이라는 점이다. 최근에 흑인 청소년에 대해 부당하고 인종차별적으로 보이는 대우를 한 사례가 사우스캐롤라이나의 구스 크릭에서 있었다. 학교 운동장에서 마리화나를 사용하는 것으로 의심되는 흑인 청소년들을 지역 경찰이 급습하도록 학교 당국이 협력한 사건이었다. 소탕작전 시간인 아침 6시 45분은 대부분의 흑인 학생들이 버스를 타고 등교하는 시각이다. 경찰은 학생들을 수갑을 채운 채 벽을 향해 강제로 무릎 꿇고 앉게 했는데, 마리화나는 발견되지 않았다(Lewin, 2003). 이 청소년들과 부모들은 자신들의 국민으로서의 권리가 명백히 침해당했으며 이 사건은 인종적 편견 때문에 일어난 것이라고 믿게 되었다.

미국 전역의 많은 학교에서 어린이 등교 시에 보안요원이 검사하고 의심쩍은 학생들을 추적하기 위해서 금속 탐지기와 눈에 띄지 않는 감시 카메라를 설치해 놓고 있다. 이런 모든 것은 교직원의 두려움을 해소하고 전반적인 학교 안전을 최대화하기 위한 것이다. 이렇게 해서 학교는 점차적으로 '성인에게 친절한' 장소가 되었다(Aronson, 2000; Breggin, 2000). 비록 청소년 살인 사건 비율이 눈에 띄게 감소했고 많은 학생들이 학교 폭력이 매우 드문 것이라고 하고 있지만 매스미디어는 여전히 학교를 비교적 안전치 못한 장소로 묘사하고 있다(Rimer, 2004; Selekman, 2002; Aronson, 2000).

공포문화 속에서 성장하기

하루에도 여러 차례씩 청소년들은 매스미디어로부터 폭력적인 이미지와 선정적 내용을 접하게 되고 이는 청소년들에게 막대한 공포와 불안을 초래한다. 그들이 읽고 듣는 것은 '테러리스트 경계 상승 중' '오사마 빈 라덴과 알카에다, 미국에 대한 새로운 침공 계획' '사담 후세인의 대량 파괴 무기' '미국의 광우병' '성범죄 목사' '북한의 핵무기 위협' '신종 플루' 등이다. 자해를 행한 적이 있는 필자의 내담자 중 한 명은 최근 '아마겟돈 전쟁이 가까웠다'는 것과 '테러리스트들에 의해 어쨌든 죽임을 당할 것'이기 때문에 자해를 멈춰야 한다는 것에 대하여 나와 함께 이야기를 나누었다. 그녀에게는 자해를 하는 것이 불안과 걱정을 더는 데 도움이 되었다. 이 청소년과 유사하게 필자가 상담한 다른 청소년들도 성인이 될 때까지 살지 못할 것이라고 생각하며 자신들의 미래에 대하여 상상하는 것을 어려워했다.

매스미디어가 무책임하고 해로운 방식으로 줄거리를 만드는 것에 대해 마이클 무어와 인터뷰를 하였는데 쇼크-로커* 마릴린 맨슨은 다음과 같이 말했다.

> "미디아가 공포를 조장할수록 우리는 더 소비할 것이다. 많은 사람들이 공포 때문에 돈을 벌고 직업적 성공을 한다. 미디어는 공포스러운 사건을 만들어 낸다. 미디어가 공포와 소비의 캠페인을 펼치는 것과 같다. 모든 사람을 공포 속에 있게 하라 그러면 소비하게 될 것이다." (in Moore, 2002)

대부분의 청소년들이 어느 정도는 어떤 형태로던 미래에 대한 불확실성으로 인해 **십대 불안**(teen angst)을 경험할 것이지만 텔레비전과 다른 매체들이 주는 폭력적 이미지와 메시지는 청소년의 불안을 더 심화시킨다. 글래스너(Glassner, 1999)는 연구를 통해 전국의 폭력범죄율이 감소했는데도 미디어는 종종 폭력범죄가 증가 중이라고 보고하고 있는 것을 발견했다. 불행하게도 미국에서는 폭력이 돈이 된다! 청소년들은 정서적으로 상처받기 쉽기 때문에 미디어가 촉발하는 불안과 함께 삶의 다른 스트레스 요인들로 인해 자신을 위안하는 방법으로 자해, 물질 남용, 섭식 문제 행동 등에 빠질 수 있는 것이다.

---

* [역자 주] shock-rocker: 충격적인 사람에 대한 음악으로 커리어를 삼는 음악가를 말함. 자신의 음악이 선하냐 악하냐는 상관없으며 대중으로부터 반응을 얻게 되느냐만 중요하게 여긴다.

'빠른' 해결이라는 유혹

공포를 조장하고 대중의 소비를 촉진하는 미디어와 유사한 방식으로 광고업자들도 심리적으로 강력하고 근사해 보이는 전략을 사용하여 청소년들이 제품을 사도록 유혹하고 있다. 회사들은 값비싸고 예술적이고 영리한 광고를 통해 '전혀 상상해 보지 못한 방법으로' 청소년들이 만약 제품을 구입한다면 '더 멋있어지고' '더 아름다워지고' '더 섹시해지고' '더 잘 살게 된다'고 믿게 만들고 있다(Kilbourne, 1999). 문제는 너무나 많은 것에서 선택해야 한다는 점이다. 슈바르츠(Schwartz, 2004)는 우리가 가장 좋은 물건을 소비하려고 노력할수록 소비욕은 더욱 만족되지 않게 되고, 실패했다고 느끼기 더 쉽고, 더 불안해지고, 더 우울한 기분을 경험하기 쉽다는 것을 발견하였다. 그는 이런 소비자를 '최대로 하는 사람(maximizers)'이라고 지칭했다. 이런 사람들에게는 소비가 해결이나 위안이 아니라 반복되는 문제가 된다.

요즈음 부모들은 과거 부모들보다 더 그러하여서 자녀를 달래기 위한 신속한 해결책으로 소비재를 선택한다. 이 시도된 해결책을 통해 부모들은 정서적 연결과 지원을 충분히 하지 못했다는 죄책감과 불안을 좀 덜게 된다. 부모들은 자녀가 정서적으로 스트레스 겪는 것을 원치 않으며 이 행복에의 지름길이 자녀에게 즉각적인 위안이 될 것으로 믿는다. 이러한 과잉탐닉 양상이 일단 작동하게 되면 상품 선택에 있어서 가족 내에서 십대가 주요 결정권자가 된다. 이 상품 중에는 십대가 친구들 가운데서 지위를 상승시킬 만한 비싼 물건이 포함되기도 한다. 어떤 부모들은 자녀를 외모에서 가능한 매력적으로 보이게 만드는 것이 가족의 지위를 향상시키는 데 도움이 된다고 믿기도 한다(Milner, 2004).

청소년들은 매스미디어를 접함으로써, 또한 부모나 인생의 중요한 성인이나 약물 사용 친구들을 관찰함으로써 개인적 어려움에 약물이 해답이 될 수도 있다는 것을 배우게 된다. 전에는 그런 적이 없는데 오늘날 제약회사들은 자신들이 만들어 낸 놀랄 만한 약들이 불안과 우울, 여러 가지 장애 증상들을 신속히 경감시킨다고 광고하는 비용을 좀 더 늘리고 있다. 미디어에서 약물들은 흔히 '요술 같은 탄알'로 그려지고 있다. 유사한 방식으로 주류는 좀 더 유명해지고 데이트를 하고 자신을 좀 더 '섹시하고' '재미 있고' '자신감 있고' '강해 보이게'—청소년들이 소유하고 싶어 하는 특징들—하기 위한 해답으로 종종 그려지곤 한다. 어떤 청소년들은 부모가 직장 스트레스와 다른 개인적 스트레스를 줄담배, 과음, 약물 사용 등의 방법으로 잘못 다루는 것을 정기적으로 목격하곤 한다. 그러나 부모나 주 돌봄 제공자로부터 청소년들이 받는 메시지는 '내가 행동하는 대로가 아니라 내가 말하는 대로 해라.'이다. 청소년들은 개인적 어려움을 해결하고 스트레스에 대처하는 신속하고 가장 좋은 방법은 화학물질로 자신을 마취시키는 것이라는 점을 배우게 된다. 자해를 한 적이 있는 청소년은 자신을 '칼로 상처내고' '불로 지지는 것'이 자신이 경험하고 있는 정서적 스트레스를 둔하게 하는, 신속히 작용하는 엔도르핀을 만들어 낸다는 것을 경험했을 수도 있다.

'어울리기'

청소년이 완수해야 하는 가장 중요한 발달과업 중 하나는 또래와의 관계를 형성하고 유지하는 것이다. 권력 있고 유명한 또래로부터 '까이는 것(dissed)'(평가절하 또는 무시당하기)은 많은 청소년에게는 사회적 죽음과 같다. 어떤 경우에는 유명한 또래 집단에 들어가는 유일한 방법이 자해, 약물사용, '꽉 끼는 바지에 맞추기' 위해 굶거나 섭식장애 같은 행동을 하는 것, 또는 '대열'에 합류하기 위해 범죄를 저지르는 것일 수도 있다(Selekman, 2002, 2004). 필자의 내담자 중 많은 이가 인생에서 첫 번째 스트레스가 또래집단 압력이라고 말한다. 패션 변화, 음악, 헤어스타일, 언어, 기타 의식 변화 등의 속도가 매우 빨라서 따라가기가 힘들다. 유행 중인 옷과 다른 '멋진 '소지품을 갖는 것이 십대의 상점 절도 행위의 중요한 이유임을 연구가 보여 주고 있다(Milner, 2004; Cox, Cox, & Moschis, 1990).

여자 청소년의 숨겨진 공격성에 대한 연구에서 시몬즈(Simmons, 2002)는 청소년들이 좋아하지 않는 또래를 희생시키거나 사회적 위계에서 지위를 낮추거나 또래 집단에서 축출하는, 강력하고도 흔한 전략이 인터넷 채팅이나 웹 게시판 사용이라는 것을 발견하였다. 보이지 않는 곳에서 청소년들은 목표로 하는 또래를 거부하거나 희생시킬 가장 좋은 방법을 조심스럽게 계획한다. 이런 내용은 종종 인스턴트 메신저나 이메일 또는 웹사이트에 게시됨으로써 많은 학생들에게 나쁜 소문으로 퍼져나가기도 한다. 웹 게시판 전략은 거의 영구적인 중상을 가할 수도 있고 목표가 된 청소년에 대한 소문이나 나쁜 이야기는 많은 청중들이 접할 수 있게 된다(Milner, 2004). 목표가 된 청소년은 그다음 날 학교에서 왜 또래들이 냉담해졌거나 비웃거나 못되게 구는지 이유를 알 수 없게 된다. 필자는 상담을 하면서 은근히 행해지는 이런 집단폭력을 당한 젊은 여성들을 여러 명 만났다. 이들은 이런 은근한 집단 폭력으로 거부 과정과 심한 모멸감을 경험 했고 이로 인해 정서적으로 매우 황폐화되어 임상적으로 우울해지거나 여러 가지 자해 행동을 하게 되었다.

너무 빠른 속도로 성장하기

오늘의 청소년들은 그 이전 어느 때보다 과도하게 높은 수준의 불건강한 스트레스를 견뎌야 한다. 청소년들은 할 일이 많고 숙제도 많고 어떤 경우에는 성인들이 져야 할 책임을 지기도 한다(Taffel, 2003; Selekman, 2002). 필자가 상담한 청소년 중 자해나 섭식문제를 경험하는 몇 청소년의 경우는 부모가 청소년에게 너무 과도한 과외활동을 하게 하거나 좋은 대학에 가도록 A학점을 받으라고 끊임없이 압력을 가하고 있었다. 이런 내담자들은 너무 통제 불능 상태가 되어 위안을 받고 통제력을 되찾는 효과적인 방법으로 자해를 하거나 거식증을 선택하기도 한다. 어떤 경우에는 한부모가 가족을 부양하기 위해 장시간 일하기 때문에 어린 형제들에 대해 부모 역할을 수행하느라 자신의 사회생활을 희생하기도 한다. 무거운 짐을 지고 좌절한 청소년은 우울해지거나 부모나 형제들에게 공격적이 되거나 어떤 경우는 자해, 섭식문제, 약물 남용으로 도피하기도 한다.

「뉴욕 타임즈」와 CBS 방송이 수행한 대규모 전국조사에서 십대들에게 부모의 십대와 자신들의 십대를 비교하게 했다. 43%가 부모보다 어려운 시대를 보내고 있다고 답했고 부유한 가정 출신의 50%는 자신들의 삶이 훨씬 힘들다고 답했다. 경제적으로 힘든 가정 출신들은 자신들의 삶이 훨씬 더 쉽다고 답했다. 부유한 가정 출신들이 왜 이렇게 느끼는지를 연구자들이 탐색한 결과, 부모나 자신들의 기대가 모두 높다는 점을 발견하였다. 청소년들은 '너무 많음', 즉 너무 많은 활동, 소비 관련하여 선택을 해야 할 것이 너무 많음, 너무 배울 것이 많음을 지적하였다. 이에 대해 한 해설자가 가장 잘 표현하였는데 "어린이들은 뒤로 처지지 않고 전진해야만 한다는 압력을 두려워한다……. 뒤로 처지는 것은 미국의 악몽이다."고 지적했다(Schwartz, p. 185)

청소년들이 서둘러 성인기로 들어가게 되는 또 다른 강력한 길은 성인용 주제로 꽉 채워진 유명한 텔레비전 프로그램들과 영화들을 통해서이다. 이 텔레비전 프로그램이나 영화에는 중장년들이 필히 직면하게 되는 주제를 가지고 씨름하는 십대나 중년의 배우가 등장한다. 게다가 이 텔레비전 프로그램과 영화 속 젊은 남녀는 전통적 성역할을 담당하는 것으로 그려진다. 예를 들면 어떤 경우는 여성을 자신의 즐거움을 위한 대상으로 여기는 남성과 남성에게 복종하고 '상냥하고 겸손'하고 무엇보다 '자신의 남자를 즐겁게 해주는' 그리고 패션모델처럼 보이기 위하여 애를 쓰는 여성들을 등장시켜서 성차별주의를 표방한다. 이런 강력한 메시지와 이미지는 젊은이들도 이렇게 생각해야 하며 또래들 사이에서 이러한 방식으로 행동해야 한다고 생각하게 만든다. 더 정서적으로 취약한 젊은 여성들은 자신이 역할 모델이라고 생각하는 여배우처럼 '되기 위해 사는 것' 혹은 그 여배우'처럼 보이는 것'에 실패하면 섭식 문제나 자해, 물질 남용 행동을 하기도 한다.

정서적 단절과 불인정

필자에게 의뢰된 많은 청소년 중 '어려운' '반항적인' '방어적인' '반-권위적인' 청소년들과 '경계선'이라고 불린 청소년들은 부모나 돌봐주신 분들로부터, 몇 경우에는 또래로부터 단절됨을 느낀다고 했다. 이 청소년들은 종종 부모나 다른 이들로부터 존중받지 못했다고 느끼고, 주위 사람들이 자신의 말을 경청하지 않는다고 느꼈다고 했다. 청소년들은 정서적으로 부모에게서 단절되었다고 느낄수록 비행이나 증상이 더 심하다는 것을 연구에서 밝히고 있다(Reimer, Overton, Steidl, Rosenstein, & Horowitz, 1996; Papini & Roggman, 1992). 셀리그맨(Seligman, 2003)은 가족의 붕괴와 정서적 단절이 임상적 우울증이 생기는 평균 연령을 15세까지로 낮추는 데 중요한 역할을 했다고 주장한다.

불행하게도 청소년이 정서적으로 가족에게서 단절되었다고 느끼고 가족에게 무관심할 때 이들은 지역사회 내의 두 번째 가족에게로 끌리는데 이는 종종 더 불미스런 문제를 겪고 있는 또래집단이다(Selekman, 2002; Taffel & Blau, 2001). 필자가 상담한 갱에 관련된 대부분의 청소년들은 갱에서 자신이 원하는 것, 특히 강한 소속감을 충족할 수 있었다.

가족관계의 소멸에 영향을 미친 다른 요인은 미디어 화면이다(Taffel, 2003; Selekman, 2002). 고도로 기술이 발달된 미디어가 주도하는 소비사회에서 텔레비전이나 컴퓨터 화면은 인간간의 접촉 욕구를 대신하고 있으며 젊은이들의 마음을 변형, 왜곡시키고 있다. 컴퓨터 화면은 대인관계를 많게 하거나 부모, 형제자매, 또래와의 관계를 강하게 하는 방법을 가르치지 않는다. 유행 중인 컴퓨터 게임을 하고 채팅 방에서 끝없이 시간을 보내는 것을 요즘 청소년들은 또래와 얼굴을 맞대고 만나거나 가족과 시간을 보내는 것보다 더 가치 있게 여긴다. 종종 부모들은 청소년들에게 텔레비전 시청이나 컴퓨터 사용과 관련한 안내를 전혀 혹은 충분히 하지 않음으로써 단절과정을 더 촉진하게 된다.

치료 체계 관련 악화 요인

지난 20년 동안 필자는 수많은 청소년을 치료하거나 청소년 사례를 자문해 왔다. 그들 중 많은 수가 이전 치료자나 의뢰처로부터 DSM-IV의 최악의 꼬리표를 받은 청소년들이었다. '저항하는' 또는 '경계성'이라고 설명되는 이 청소년들은 전형적으로 '혼란된' '경계가 없는' '미친' '약물에 의존하는' '거부하는' 그리고 '문제가 많은' 가족 출신이었다. 이 청소년들과 가족들은 이전에 다양한 치료 기관에서 치료를 여러 번 시도했지만 효과를 보지 못한 경우가 많았다. 이들이 이전 치료자나 치료 프로그램, 사회의 원조 전문가와 경험한 이야기에는 두 가지 공통된 주제가 있었다. (1) 청소년과 가족에게 주어진 꼬리표는 낙인효과가 있었으며 상황을 훨씬 더 나쁘게 만들었다. (2) 치료경험은 다양성 면에서 '비슷비슷한' 것이었으며 내담자가 제기하는 문제를 더 악화시켰다. 이 두 가지 악화요인이 청소년과 가족으로 하여금 어떻게 계속적으로 정신 건강 전문가, 중독 전문가, 사회체계 대리인에게 계속 연루되게 하는지를 설명하겠다.

낙인이 치료 상의 '블랙 홀'을 만든다

다루기 어려운 청소년 내담자가 정신건강과 약물의존 치료전달체계를 경험하는 동안 받게 되는, 억압적이고 낙인 부과적인 일련의 과정을 생각하면, 필자는 가족치료의 선구자인 굴리시안(Harry Goolishian)의 예리한 분석이 생각난다. '결핍 언어'는 정신건강 전문가들이 지난 세기에 걸쳐 내담자에게 사용해 온 것인데, 굴리시안은 이 '결핍 언어'에 대해 다음과 같이 지적했다(Goolishian, 1991).

> 결핍 언어는 오직 잘못된 것, 부서진 것, 현재 없는 것, 또는 불충분한 것만을 통해서 이해되는 서술세계를 창조했다. 우리가 임상가이든, 이론가이든, 또는 연구자이든 간에 여기에서 탈출할 희망이 별로 없다는 점에서, 이 결핍 언어가 만들어 낸 정신건강 세계는 블랙홀에 비교될 수 있다. 블랙홀이라는 은유를 사용해서 내가 의도한 것은 그 힘이 아주 강력해서 그 체계로부터 벗어나서 다른 현실로 넘어가는 것을 불가능하게 만드는 의미체계인 결핍 언어의 본질을 표현하고자 한 것이다. (pp. 1-2)

정신건강의 '블랙홀'을 영속시킬 강력한 저술 중의 하나가『정신장애의 진단 및 통계편람, 제4 개정판(DSM-IV)』(미국정신의학회, 1994)이다. 비록 이 매뉴얼이 대부분의 치료자와 의료보험사에 '성경'이 되었지만 이 매뉴얼은 임상가에게 아무런 실질적인 치료 지침을 제공하지 않으며 내담자의 강점에 대해 전혀 언급하지 않는다. 마독스(Maddux)는 DSM에 대해 다음과 같은 네 가지 잘못된 가정이 있다고 했다. (1) 장애 분류는 세상에 존재하는 사실이다. (2) 인간은 정상과 비정상 행동을 정확하게 구별할 수 있는 능력이 있다. (3) 장애 분류는 임상적 판단을 촉진한다. (4) 장애 분류는 치료 계획 과정을 촉진한다. 마독스(2002)가 지적했듯이 우리는 DSM에서 설명하는 다양한 장애 분류에 대한 '진실'을 알고 있지는 않다. 우리에게는 어떤 사람이 정상이냐 비정상이냐를 정확하게 결정할 수 있는 과학적 방법이 없다. DSM에서는 임상가가 진단명을 선택할 때 완전히 편견에서 자유롭고 객관적일 수는 없다는 점이 고려되어 있지 않다. 우리가 (우리의 이론적 렌즈를 통해서) 보는 것은 우리가 얻게 되는 것(예: 경계성 인격 장애)이다. 마지막으로 DSM은 치료 계획에 도움이 될 실질적 지침을 전혀 제공해 주지 않는다는 문제점을 가지고 있다.

1991년에 월린(Wolin, 1991)은 내담자의 강점 역시 이 매뉴얼 안에 있는 질병과 장애의 목록만큼 길게, 그리고 엄밀하게 목록으로 만들어 포함해야 한다고 제안했다. DSM은 내담자의 병리를 강조하며, 치료 계획에 대한 안내가 전혀 없고, 다른 제한점이 많다는 월린이나 마독스의 관심처럼 관심의 증가에 반응하여 긍정심리학자 크리스토퍼 피터슨(Christopher Peterson)과 마틴 셀리그맨(Martin Seligman)은 『성격강점과 덕목: 핸드북과 분류(*Character Strength and Virtues: A Handbook and Classfication*)』라는 책을 저술했다. 이 획기적인 책에서 저자들은 다음의 여섯 가지 덕을 포함하는 분류체계를 제시하고 있다. 지혜와 지식, 초월, 절제, 정의, 사랑, 그리고 용기의 여섯 가지를 제시한다. 그 외에 여섯 가지 덕에 해당하는 24가지 강점을 제시하는데 인지적 강점, 반대에 직면했을 때의 의지 강점, 대인관계 강점, 시민으로서의 강점, 과잉하지 않도록 유지하는 강점, 의미와 연결시키는 강점 등이다(Seligman, 2003). 피터슨과 셀리그맨의 책은 내담자의 강점과 덕목을 밝힐 뿐만 아니라, 주요 덕목에 대한 내담자의 인식을 증가시키고 눈에 띄게 하며 생활의 모든 부분에 퍼지게 만들기 위한 실제적인 지침을 제공한다(Peterson & Seligman, 2004; Seligman, 2003). 이 책은 명백히 내담자 역량강화에 관한 책이다. DSM과는 달리 **성격강점과 덕목** 매뉴얼은 강한 강점-기반의 내담자 역량강화를 강조하는 책이어서 치료자에게 치료계획을 위한 지침을 제공해 주고, 경험에 근거한 책이며, 내담자의 치료기간을 줄이는데도 도움이 된다.

익명의 알코올중독자모임(AA)의 철학과 중독에 관한 질병모델이라는 두 가지에 기초를 두고 있는 유명한 '회복운동'(recovery movement)은 결핍 언어를 식사, 성, 운동과 같은 인간의 모든 가능한 행위로 그 범위를 확대시켰다(Peele, 1989). 질병모델 치료자들은 알코올중독 부모와 함께 생활하는 대다수의 청소년들은 일생 동안 '정서적 장애'(emotional cripple)를 겪을 가능성이 크다고 믿는 경향이 있다. 회복을 위한 그들의 유일한 희망은 Al-Ateen(알코올중독자 자녀 모임), Al-Anon(알코올중독자 가족모임), 그리고 알코올중독자의 성인자녀 집단에 그들 스스로가 적극적으로 참여하는 것이라고 보고 있다. 회복운동을 연구하는 사람들은 알코올중독자 자녀의 강점이나, 적응유연성(resilience), 특정 능력 분야 등은 전혀 보지 못하고 있다(Wolin, 1991). 이 연구들은 부모에게는 상당히 걱정될 만한 내용으로, 알코올중독자의 자녀가 지녔다고 여겨지는 모든 부정적인 특징들을 서술하고 있으며 특별히 알코올이나 약물 문제로 발전할 수 있는 위험요소에 대해서 많이 서술하고 있다(Katz & Liu, 1991). 셀렉맨과 토드(Selekman & Todd, 1991)는 수많은 청소년 사례를 다루었는데, 중독자인 부모가 청소년 자녀에게 회복 운동 생활양식에 대해 주입시키고, 자녀들이 장차 알코올이나 약물을 사용할 것에 대해 부모가 지속적으로 걱정할 때, 보통 실제로 그렇게 되는 경우를 많이 보아왔다.

일단 청소년이 약물남용 상태라는 것이 확인되면, 대부분의 청소년은 AA와 질병모델에 기초한 치료철학을 가진 약물의존프로그램에 연계되어서, 외래환자나 입원환자가 되기 십상이다. 그곳에서 청소년은 '알코올중독' 이나 '약물중독' 상태라는 것을 인정하도록 재촉 받게 될 것이다. 만약 청소년이 둘 중 어느 한 상태에 있다는 것을 인정하지 않으면, 치료팀은 청소년이 중독에 대해 '부정(denial)'하고 있다면서 청소년에게 직면을 요구할 것이다. 약물의존 프로그램들은 많은 경우 '조립 라인'(assembly line) 식의 치료를 제공하는데, 보통 절대금욕이라는 치료목표, 자조집단, 교육, 그리고 가족 지지상담을 포함한다(Selekman & Todd, 1991). 그런데 이와 같이 특별한 행동경로를 취하도록 강요되거나 비교적 정형화된 치료가 모든 환자에게 일괄적으로 강제적으로 행해지는 곳에서는, 청소년들이 선택을 할 수 없다는 점이 문제이다(Orford & Hawker, 1974). 이런 강압적 치료전략이 약물남용 청소년들에게 효과 없는 중요한 이유가 세 가지 있다. 첫째, 청소년 약물 사용자는 '중독' '알코올중독' '중독자'라는 낙인을 웬만해선 수용하지 않는다(Glassner & Loughlin, 1987). 둘째, 청소년 약물 사용자는 자신들의 약물사용을 성인기에 접어들면 버리게 될 정상적인 사교적 행위로 보려는 경향이 있다(Glassner & Loughlin, 1987). 셋째, 연구조사에 의하면, 알코올 남용자가 직면을 사용하는 치료를 받을 때, 상당히 높은 수준의 저항과 부정적 치료결과를 낳는다는 것을 보여 준다(Miller

& Rollnick, 2003; Miller & Sovereign, 1989; Patterson & Forgatch, 1985). 더구나 청소년이 약물 중독으로 전통적인 12단계와 질병 모델의 입원과 외래치료를 모두 받은 경우에 청소년의 재발률은 85%에 이를 정도로 높다고 한다(Dembo, 1992).

청소년 대상의 회복운동과 질병모델 사용에 대한 필자의 염려에도 불구하고 내담자가 치료회기 이외의 지지를 더 원할 때는, 자조집단 활용을 권하고 싶다. 가족치료이전에 혹은 동시에 Al-Anon이나 다른 자조집단에 참여하는 것을 강점과 자원이 풍부하다는 표지로 보기 때문이다. 그러나 필자는 가족치료 초기에서부터 가족 구성원들이 자조집단에 즉시 참여하는 것으로 간주하는, 일방적인 접근법을 취하지는 않는다. 이와 유사하게, 약물사용 청소년을 치료하기 전에, 이 청소년이 즉각적으로 약물사용을 중단해야만 가족치료를 하겠다고 요구하지도 않는다. 정기적으로 다량의 약물을 남용하는 청소년에게는, 사용량을 줄여나가는 것이 초기의 치료목표에 더 적합한 것임이 증명되었기 때문이다(Selekman & Todd, 1991). 맥마스터(MacMaster, 2004)는 내담자의 약물사용 양태에 변화를 촉진하면 약물사용의 부정적 결과를 줄일 수 있으며 전혀 변화를 촉진하지 않는 것보다 좋다고 주장한다. 즉각적인 중단을 하지 못하는 물질 남용 내담자에게 폐해감소(harm-reduction treatment approaches) 치료접근이 좋은 임상적 결과를 만든다는 것이 보고되어 왔다(Dimeff, Baer, Kivlahan, & Marlatt, 1998; Kivlahan, Marlatt, Fromme, Coppel, & Brand, 1990)

그러나 필자는 과도한 알코올이나 약물 남용으로 인해 심각한 신체상의 합병증을 겪고 있는 청소년에 대한 치료목표로서는 절대금욕(약물사용의 완전중지)을 원칙으로 할 것이다. 외래나 입원을 통한 정기적인 해독 역시 과도한 약물남용이 만들어 내는 부작용을 막는 데 유용하게 쓰일 수 있다.

'같은 것을 추가'하는 다양한 치료들

일반적으로 다루기 어려운 청소년들은 '같은 것을 추가'(more of the same)(Watzlawick, Watzlawick, & Fisch, 1974)하는 식의 비슷한 치료를 두 번 이상 경험한 후에 필자에게 오는 것이 보통이다. 치료의 실패 경험이 늘어감에 따라 청소년의 증상은 더욱 악화되고 만성적인 것이 되며 이것은 그 가족의 상호작용에 죄책감/비난의 악순환을 일으킬 수도 있다(Selekman, 1989). 그런데 다루기 힘든 청소년과 가족들은 과거의 치료경험을 상기하면서, 치료목표 결정과 치료계획 수립에 그들의 의견이 거의 반영되지 않았다는 점을 말하곤 한다. 이들이 과거에 만난 치료자의 치료목표가 종종 너무 비현실적이거나, 너무 애매하거나, 내담자의 치료 과정을 너무 치료자가 좌지우지한 것이다. 또 다른 흔한 문제는 내담자나 가족의 변화를 위한 준비 정도에 맞지 않는 개입이었다(Prochaska, Norcross, & DiClemente, 1994). 어떤 어려운 청소년과 가족들은 자신들의 문화적 가치관에 대해 치료자나 직원이 둔감했다는 불평을 하기도 하였다. 생활치료시설과 병원치료 경험이 있는 청소년 내담자들은 치료팀이 자신에게 아무런 중대한 변화가 일어나도록 영향을 주지 못했다고 말하기도 한다. 가족치료가 활용되었을 때조차, 치료작업이 대부분 부모와 함께 이루어졌고 청소년 자신의 개인적 목표나 기대는 거론되지도 않았다고 한다. 마지막으로, 과거 치료 경험으로부터의 또 다른 공통점은 상위 체계의 협력자가 치료 과정에 포함되지 않았다는 점이다.

다루기 힘든 청소년과 그 가족들이 새로 의뢰될 때 다음과 같은 의식적인 노력을 한다면, 이들에게 개입하는 것이 꼭 힘든 것만은 아닐 것 같다.

1. 낙인사용을 피한다. 혹은 의료보험으로 인해 필요하다면 청소년의 상황에 가장 잘 맞는다고 생각되는 DSM 진단명을 선택하는 과정에 청소년을 포함시킨다.
2. 내담자들이 이전 치료 경험에서 효과 없었던 것과 가장 혼란스러웠던 것이라고 생각하는 것을 발견하여 이전 치료자들과 직원들이 행했던, 실패로 끝난 시도된 해결을 반복하는 것을 피한다.
3. 치료목표를 결정하는데 내담자를 주도적으로 참여하게 하고 내담자의 선호, 기대, 변화 이론에 대해 함께 이야기 나눈다.
4. 모든 내담자가 강점과 변화를 위한 자원을 지니고 있다고 기대한다.
5. 청소년의 욕구, 치료목표, 치료에 대한 기대를 사정(査定)해 보기 위하여 청소년과 개인 회기를 가진다.
6. 가족원 각자의 변화 준비 정도에 맞게 설계, 선택된 치료적 실험을 조심스럽게 실행한다.
7. 접수상담과 전체 치료 기간 동안에 상위 체계에 속하면서 내담자를 염려해 주는 협력자를 적극적으로 참여시킨다.
8. 매 회기마다 가족원으로부터 치료적 관계의 질, 만족도, 치료 관련한 염려스러운 것 등의 피드백을 끌어낸다.
9. 필요하다면 치료 상의 유연성과 즉흥성을 보인다.

이러한 실제적인 지침을 따름으로써 치료자들은 상담하기에 가장 힘든 청소년과 그 가족과도 협력적이고 의미 있는 치료적 관계를 배양할 수 있다. 여러 번의 치료 실패를 경험한 후—두꺼운 파일 폴더의 두께가 알려 줌—필자에게 왔던, 도전이 되는 청소년과 그 가족들은 지난 20년간 필자에게 다음과 같은 것들을 가르쳐주었다. 즉, 문제로 가득한 그들의 오래된 이야기를 존중하고, 더 잘 경청하고, 인내하고, 그들의 고통과 좌절을 존중하고, 그들의 끈질김과 유연성에 경외감을 가지고, 목표설정과 치료계획에서 그들이 주도권을 가질 수 있도록 그들을 역량강화할 것을 가르쳐 주었다.

해결지향 단기가족치료: 모델의 확장

1993년에 나는 윌리엄 H. 오핸론과 미셸 와이너-데이비스(O'Hanlon, 1987; O'Hanlon & Weiner-Davis, 1989; Weiner-Davis, 1992)가 개발하였고 필자가 확장하였던 해결지향 단기가족치료모델을 발표하였었다. 위의 두 사람이 개발했던 모델은 탁월한 최면치료자인 밀튼 에릭슨(Milton H. Erickson, 1954, 1964; Erickson & Rossi, 1983; Erickson, Rossi, & Rossi, 1976; Rosen 1982)의 치료방식에 다분히 기반을 두고 있으나 스티브 드세이저와 동료들(de Shazer, 1982, 1984, 1985, 1988, 1991; de Shazer et al., 1986; Gingerich & de Shazer, 1991; Gingerich et al., 1988; Lipchik, 1988; Lipchik & de Shazer, 1986; Weiner-Davis, de Shazer, & Gingerich, 1987)이 개발한 해결중심 단기치료 접근에 많은 근거를 둔 것이다. 그리고 정신조사연구소[Mental Research Institute(MRI)]의 이론가들의 단기 문제중심 치료접근법(Fisch, Weakland, & Segal, 1982; Watzlawick, Weakland, & Fisch, 1974)으로부터도 커다란 영향을 받았다. 모든 치료모델이 그렇듯, 어떤 한 모델이 모든 종류의 청소년 문제에 만병통치약이 될 수 없다. 특히 더 복잡한 상황에서는 더욱 그러하다. 오핸론과 와이너-데이비스(O'Hanlon & Weiner-Davis, 1989), 드세이저(1988, 1991)의 해결지향 단기가족접근의 기초를 확장하려는 노력으로, 또한 치료적 융통성을 더 늘리고 더 도전이 되는 청소년 사례를 다루기 위해 다중 체계적 초점을 적용하기 위하여 필자는 다음과 같은 치료 요소들을 첨가하였다. 즉, 치료 과정에서 치료자 자신을 사용할 것을 좀 더 강조하였고, 이야기 치료의 아이디어들을 통합하였으며(White & Epston, 1990; White & Eptson, 1988; Durrnat & Coles, 1991), 휴스턴 갤비스턴 팀의 포스트모던 가족치료에 관한 생각(Anderson & Goolishian,

1988a, 1988b, 1991a, 1991b)과 탐 앤더슨(Friedman, 1995; Anderson, 1991; Lussardi & Miller, 1991)의 생각을 통합하였고 치료초기부터 관련된 사회체계의 원조 전문직과 적극적으로 협력하는 일의 중요성 등을 더 포함하였다.

지난 12년간의 필자의 임상실천 경험과 국내외 정신건강 전문가의 자문에서 새로운 중요한 경향을 관찰함으로써 필자는 해결지향 단기가족치료를 더 융통성 있고, 폭 넓고, 도전이 되는 청소년과 가족의 요구를 존중하며 그 요구를 적절히 충족시키기 위해 해결지향 단기가족치료를 더 확장하였다. 이 새로운 경향은 다음과 같다.

- 오늘날 청소년이 제기하는 문제와 가족의 어려움은 과거보다 훨씬 더 극단적이고, 복잡하며, 만성적이다.
- 점차 많은 가족의 단절과 붕괴가 계속해서 문제가 되고 있으며 우리는 사회적으로 연결 형성의 촉매제 역할을 해야 한다
- 치료 과정에서 청소년의 사회 네트워크의 주요인물을 적극적으로 포함하기 위하여 더 높은 사회체계의 사람들과의 협력 노력을 확장해야 할 필요성이 있다.
- 사회정의, 문화적 문제, 젠더 문제, 그리고 청소년들과 가족의 생활 안에 있는 사회적 악화요인들에 훨씬 더 민감해야 한다.
- 많은 청소년들이 (이전보다 더) 모든 생활 영역에서 스트레스 수준이 과도하여 대처할 수 없다고 호소한다.

필자는 이제 이런 중요한 경향과 치료에 도전이 되는 상황을 논하기 위해 해결지향 단기가족치료 모델을 어떻게 몇 가지 측면에서 확장했는지를 논하겠다.

긍정심리학 운동으로부터의 공헌

긍정심리학 운동은 마틴 셀리그맨, 크리스토퍼 피터슨, 미하이 칙센트미하이(Mihaly Csikszentmihalyi)와 도널드 클리프턴(Donald Clipton)이라는 네 명의 최첨단 심리학 이론가이자 연구자들이 시작하였다. 이 선구적인 연구자들은 심리학의 관심과 흥미가 인간의 병리적 상황과 이를 고치는 방법에 주된 초점을 두는 것에서 벗어나야 할 필요를 느꼈고 사람들의 강점과 덕목을 연구하고, 이미 잘 지내고 있는 사람들에게 초점을 두어 사람들이 생산적이고도 충족된 삶을 살게 하는 데 도

움이 되는 효과적 역량강화 방법을 개발하는데 관심과 흥미를 가졌다(Peterson & Seligman, 2004; Seligman, 2002, 2003; Keyes & Haidt, 2003; Csikszentmihalyi, 1990, 1997, 2003, Fredrickson, 2002, 2003, Snyder & Lopez, 2002; Clipton & Nelson, 1992).

학습된 무기력과 낙관주의 이론의 아버지인 셀리그맨(Seligman, 1998, 2002 2003; Seligman et al., 1995)은 사람들이 행복을 성취하고 삶을 충족되게 살아가는 방법을 연구하는 데 노력을 기울였다. 그는 행복에의 세 가지 통로를 밝혀냈는데 그것은 **즐거운 생활**, **좋은 생활**, **의미 있는 생활**이다. 즐거운 생활에는 사람들에게 과거, 현재, 미래에 대해 긍정적 정서를 증가시키는 도구들을 가르치는 것(Seligman, 2002, 2003)이 포함된다. 사람들이 과거에 대한 정서를 변화시키도록 돕기 위해 개발한 중요한 연습은 **감사편지와 방문**(Seligman, 2002, 2003)이다. 나는 이 실험을 과거의 충격적인 혹은 매우 힘든 생활 상황 때문에 지금 여기서도 영향을 받는 것으로 보이는 청소년들에게 사용하기 좋아한다. 과거의 멘토나 정신적 영향을 준 사람 혹은 중요한 사람 중에서 누구에게 감사편지를 쓸지를 정하게 한다. 이 분들이 청소년에게 주었던 지혜의 말이나 긍정적이거나 의미 있는 경험, 기술들을 편지에서 지적한다. 편지를 쓴 후에는 그 분과 만나는 약속을 잡아서 편지를 읽어 드리게 한다. 사람들은 이때 종종 강력한 정서경험을 하게 되고 사람들을 함박 미소를 짓고 눈물을 흘리고 포옹을 하게 된다.

마시는 우울과 섭식 문제를 겪고 있는 15세의 백인 청소년인데 과거에 '배가 아플 정도로 힘든' 고통스런 상실을 많이 경험하였다 부모는 마시가 10세 때 이혼하였으며 마시가 가깝게 느끼는 외조모가 그 직후 돌아가셨다. 마시의 아버지는 재혼하였고 정기적으로 아동양육비만 지불하고 그녀와의 인간관계를 끊어버리다시피 했다. 마시가 아버지에게 전화를 하곤 했지만 아버지는 주요 명절 때만 마시와 함께 하려고 했던 것으로 보인다. 마시에게 자신의 과거는 '매우 어두운 장소'였다. 마시는 글쓰기를 좋아하고 시 쓰는 재능이 있었기에 그녀의 과거에 대해 긍정적 정서를 불러일으키고 현재 기분을 고양시키려는 노력의 일환으로 나는 그녀에게 감사편지와 방문(Seligman, 2003) 실험을 시도해 보라고 권하였다. 나는 마시에게 과거에 존재했으나 현재까지도 그녀에게 의미가 많고 그의 지혜와 지원이 지금까지도 도움이 되는 사람으로서 중요한, 격려해 주는 타인을 생각해 볼 수 있을지 질문하였다. 마시는 8학년 때의 영어 선생님인 미세스 잭슨이 격려해 주는 타인이라고 했다. 미세스 잭슨은 마시에게 '유명한 시인들'의 많은 작품을 소개해 줬고 그녀에게 '시를 잘 쓰는 방법'을 가르쳤던 것으로 보인다. 내가 마시에게 미세스 잭슨에게 감사편지를 쓰고, 만나서 그 편지를 읽어드리는 것을 제안했을 때 마시의 얼굴에는 큰 미소가 떠올랐다. 마시의 감사편지에서 마시는 미세스 잭슨에게 '시를 잘 쓰는 법을 가르쳐 주셔서' 감사하다고 했고, 시를 씀으로 해서 어려움에 대처하는 데 어떻게 도움이 되었는지와 지금 얼마나 기쁨이 되는지 그리고 미세스 잭슨이 '가장 좋아하는 선생님 중 한 분이시다'고 썼다. 마시는 다니던 중학교에서 잭슨과 만나기로 하였다. 마시에 의하면 미세스 잭슨은 마시의 감사편지에 매우 감동하여서 '눈물까지'보였다고 했다. 미세스 잭슨은 앞으로도 마시를 응원하겠으며 다음번 만날 때 마시가 쓴 시를 가져오라고 했다. 이 강력한 실험은 마시가 고통스런 과거라는 '감옥의 죄수'라는 신분에서 어느 정도 풀려나게 하였으며 자신의 상황에 대해 좀 더 희망을 가지는 기회가 되었다.

우리가 청소년에게 긍정적 정서를 증진시키기 위해 가르칠 수 있는 또 다른 중요하고 강력한 대처전략은 **논박 기술**(Seligman, 1998, 2002, 2003; Seligman, Reivich, 1995)이다. 청소년들은 다음과 같은 것을 배움으로써 비관적이고 자기패배적인 자신의 생각에 대해 논박의 대가가 될 수 있다. 형사 역할을 하는 것처럼 자신의 생각을 뒷받침할 만한 실마리나 확실한 증거를 찾아보고, 속상한 일에 대해서 가능한 많은 대안적 설명을 해보고, 나쁜 일이 일어날 때 스스로에게 '이 일에 대해 곰곰 생각하는 것이 무슨 소용이 있나?' '그것에 대해 생각할수록 더 기분이 나빠지고 더 화가 나고 있나?'를 생각해 보는 것이다. 셀리그맨과 동료들은 청소년과 아동이 논박의 대가가 되는 법을 배우면 우울에 빠지는 것을 예방할 수 있다고 하였다(Seligman, 1995, 1998, 2003; Seligman et al., 1995). 필자 역시 특히 가족이 가족관계 안팎에서 벌어지는 상호작용에 대해 부정적이고, 경직되고, 비관적인 생각에 매달려 있을 때 논박 기술이 가족치료 회기에 유용하게 쓰일 수 있음을 발견하였다.

'좋은 생활'에는 내담자가 자신의 다섯 가지 **주요 강점**(signature strength)과 생활의 모든 영역에서 그 강점을 발휘하는 방법을 밝히게 하는 것이 포함된다(Seligman, 2002, 2003) 앞에서 논의한 대로 피터슨과 셀리그맨(2004)은 단련되어 자신의 역량을 강화할 수 있는 여섯 가지 덕목과 24가지 강점을 연구를 통해 밝혔다. 거기에 더하여 셀리그맨(2003)은 우리 내담자가 19가지 비주요(nonsignature) 강점을 개발하여 활용할 수 있게 해야 한다고 주장한다. 여기서 몇 가지 중요한 질문이 생긴다. 사람들이 결점이 있거나 정신병리적인 조건이 있어야 하나? 사람들이 비주요 덕목을 의식하지 못할 수도, 활용 못 했을 수도, 좀 더 개발하지 못했을 수도 있는가? 마지막으로, 피터슨과 셀리그맨(2004)은 삶에 대한 만족도는 다음과 같은 사람들에게서 높다는 것을 발견했다. 즉, 주요 강점들이 호기심, 삶에 대한 열정, 감사(과거에 대한 행복한 연결), 낙관주의, 타인을 사랑하고 사랑받는 능력인 경우에 삶에 대한 만족도가 높았다. 이들은 또한 이 두드러진 강점들 중에 특히 낙관주의, 감사, 관계 기술 영역을 중요한 치료영역으로 여기고 이 영역을 개발하고 강화하는 개입을 해야 하며, 이 영역들은 삶에 대한 만족도 수준을 향상시킬 수 있다고 믿었다.

셀리그맨(2002, 2003)이 '의미 있는 생활'로 뜻한 것은 개인이 자신보다 더 큰 영역에서 봉사를 할 때 자신의 두드러진 강점을 어떻게 사용할 수 있는가 하는 것이었다. 이것은 청소년이 십대 지도자 프로그램에 참여하도록 격려하는 것도 되고, 더 어린 아동을 멘토링하거나 양노원에서 자원봉사를 하거나(노숙인들을 위한 급식 봉사를 하거나)지역사회 사회행동 프로젝트에 참여한다거나 하는 것이 될 수 있다. 나는 십대가 규칙을 어기거나 잘못했을 때 부모가 이에 대해 벌을 주는 것의 대안으로 급식소에서 일하거나 양노원에서 일정 시간 동안 일 해보게 하는 것을 제안해 왔다. 처음에는 대부분의 청소년들이 이 생각에 대해 주저하지만 어떤 청소년들은 벌로서 봉사하는 기간이 끝난 후에도 계속하여 봉사하겠다고 하거나 심지어는 이런 곳에 취업을 하기도 한다.

칙센트미하이(1990, 1997, 2003)의 **흐름**에 대한 획기적인 연구는 의미 있고 충만한 삶을 사는 데 중요하다. 그는 우리가 열정을 가지고 어떤 일 혹은 매우 의미 있는 일을 할 때 시간이 정지되고 우리주위에서 벌어지는 일은 사라지거나 무관심해진다는 것을 연구를 통해 발견하였다. 칙센트미하이(1990, 2003)는 이것을 '흐름(FLOW)'이라고 불렀다. 가족치료에서 청소년 내담자를 새로 맞게 될 때 나는 그 청소년이 기쁨, 즐거움, 의미를 느끼는 건강한 여가 활동으로 무엇을 하는지 탐색한다. 가치 있는 정보를 확보한 후에는 청소년에게 삶의 스트레스에 더 잘 대처하기 위하여 흐름(FLOW)을 만들어 내는 그 활동을 더 하라고 격려한다.

프레드릭슨(2002, 2003)의 긍정적 정서에 대한 획기적인 연구는 우리가 사무실이나 내담자 집에서 긍정적, 희망적, 정서적으로 고양시키는 치료 분위기를 창조하기 위하여 하고 있는 노력에 대한 경험적 증거를 제시해 준다. 프레데릭슨은 긍정적 정서를 끌어냄으로써 다음과 같은 일이 생길 수 있다는 것을 많은 연구를 통해서 보여 주었다. 즉, 긍정적 정서를 끌어냄으로써 문제해결 능력과 창조적

능력이 대단히 향상되고, 타고난 보호요인들과 대처 능력이 강화되며, 과거의 불쾌한 경험에 연결된 부정적 정서를 느슨하게 할 수 있으며, 개인적(신체적, 심리적, 지적, 사회적) 자원을 견고화시키고, 시간이 지나면서 개인적 성장이 상승하는 나선형으로 이루어지게 만들 수 있다(Fredrickson, 2002, 2003; Seligman, 2002, 2003).

가족치료에서 다중 지능 틀 사용

하버드 대학의 교육 심리학자인 하워드 가드너(Howard Gardner)는 주된 강조점을 학생의 읽기 쓰기 계산 능력에 두는 전통적 교육체계에 대한 그의 관심의 결과로 다중 지능 틀을 개발하였다. 가드너(1993, 1999, 2004)에 따르면 아동과 청소년들을 IQ테스트의 언어 점수와 학력 점수 하나로 판단하기보다는 10가지로 구별되는 지적 영역(intelligence areas)에 의해 사정해야 한다고 한다. 가드너의 열 가지 지적 영역은 언어, 논리-수학, 음악, 시각-공간, 신체-운동, 대인관계, 개인내적, 자연적, 실존적, 그리고 영적 영역을 말한다. 그는 모든 인간은 이 지적 영역에서 능력을 가지고 있고, 개인마다 독특한 학습 방식이 있으며, 교수 방법이 개인의 주요 지능 안의 독특한 자질이나 재능과 맞아떨어질 때 학습이 잘 이루어진다고 믿었다.

세드릭은 16세의 흑인 청소년으로 미식축구에 대한 열정이 있었으며 고교 축구팀의 스타였다. 나는 그에게 팀에서 어느 포지션을 맡고 있는지 왜 그 포지션을 좋아하는지 그 포지션에서 훌륭하게 뛰는 구체적인 방법과 그가 아주 훌륭하게 뛰었던 시합에 대한 구체적인 것들을 물어보았다. 러닝 백으로서의 그의 재능과 '태클하려는 자의 질주'와 '빛을 추구함'과 같은 축구 은유와 용어 사용을 하자 그의 안에 긍정적 정서를 불러일으켰고 그의 방어적인 자세를 줄여 주었으며, 그를 가족치료실로 데려온 부정적 행동에 초점을 두지 않고 다른 이야기를 할 수 있었다. 세드릭은 명백히 신체-운동 지적 영역(Gardner, 1993, 1999)에서 우수했으므로 나는 다음 주에 부모와 '스코어 터치다운'하는 기회를 가지라고 했다. 부모는 아들이 그들과 터치다운할 수 있는 구체적인 것이 떠올랐다고 했으며 그것은 수업을 방해해서 '학교에서 전화 받는 일 없기' 부모에게 '존경하는 투로' 말하기 '기억 안 시켜도 맡은 집안일 하기' 등이었다. 다음번 가족 회기에서 세드릭은 열정적이고 자랑스럽게 부모와 세 번

터치다운 했다고 보고했다. 세드릭은 그동안 '많은 햇빛'을 발견했고 시합에서 '태클하려는 부모의 시도를 질주로 막아냈다'고 말했다. 부모는 아들의 발전에 기뻐할 뿐만 아니라 운동장에서 매우 재빠름을 발견했다. 홈경기에서 이런 큰 성공을 했기 때문에, 학교에서 방해가 되는 어려운 행동을 해결할 수 있도록, 가족과 관심 있는 학교직원과 나는 학교에서도 동일한 '경기 계획'을 수행하기로 결정했다.

가드너의 획기적인 다중 지능 틀은 청소년과 가족에게 쉽게 적용 가능하다. 나는 가드너의 생각을 내 임상작업 중 두 영역에 즉, 치료적 대화와 실험설계와 선택에 사용하기 좋아한다. 치료자가 가족원의 주요 지적 영역에 강한 관심이 있고 이 영역에 잘 맞는 언어와 은유로 대화할 때, 가드너의 틀로 치료적 대화를 하면 청소년과 그 가족과의 라포형성 과정을 촉진하고, 긍정적 정서 분위기를 창조하며, 청소년 및 가족과 협력적 관계를 만들 수 있게 한다. 다음 사례는 협력적 관계를 촉진하고 청소년이 자신의 어려움을 스스로 해결하도록 역량강화하기 위하여 목표에 맞춘 치료실험을 계획하기 위하여 청소년의 주요 지적 영역을 활용하는 방법을 보여 준다.

그림 1.1은 여덟 가지 주요 지적 영역을 치료적 실험 설계와 선택에 짝을 맞추는 데 필요한 실제적인 지침을 제공해 준다. 각 지적 영역의 주요 기술과 선호하는 것에 대해 설명하며 내담자의 지적 영역에 잘 맞는 치료적 실험과 의식의 구체적인 예들을 제공한다. 지침은 부모를 위한 실험 설계와 선택 시에도 사용될 수 있다.

청소년의 사회 네트워크: 가족치료에 주요 자원이 될 사람들을 포함시키기

놀랍게도 많은 치료자들이 청소년 개인상담이나 가족치료 회기에 청소년의 가까운 친구나 청소년을 격려해 주는 성인을 포함하는 것을 고려하지 못한다. 나는 지난 10년 이상 청소년 내담자의 친구들을 치료에 성공적으로 포함시켜 왔다(Selekman, 1991, 1995, 2002, 2004). 이들은 회기 중에 매우 창조적이고 높은 질의 해결책을 만들어 낼 뿐만 아니라 상담실 바깥에서 내담자가 어긋나지 않도록 하는 데 도움이 되었다. 가족치료 회기에 청소년 내담자의 친구들이 참여했을 때 다음과 같은 것이 가능하다.

여덟 가지 주요 지적영역	언어	논리-수학적	시각적-공간적	신체적-동(動)적	음악적	대인관계적	개인내적	자연주의자
선호하는 것과 주요 기술들	읽고 쓰고 말하는 것을 좋아하며, 이야기와 이야기를 하는 사람을 잘 경청함; 효과적으로 말하고 씀.	양상을 찾는 것, 계산하는 것, 가설 형성과 가설 검증을 좋아함; 숫자나 귀납적 연역적 사고에 능함	그리기, 칠하기, 콜라지, 조각으로 자신을 표현하기 좋아함; 강한 상상력, 시각적 도구 사용한 창조에 능함	춤, 운동, 드라마를 통해 자신을 가장 잘 표현. 자신의 강함, 균형, 우아함, 속도, 유연성, 그리고 대단한 신체적 조정능력에 대해 자긍심이 있음	노래, 작곡과 음악 연주로 자신을 표현하기를 가장 좋아함; 음악창작과 분석 기술이 있음	강한 사회기술을 소유; 사람들과 함께 일하는 것과 사람들이 문제를 밝히고 극복하도록 돕는 것을 좋아함	자기인식, 자기성찰, 목표 설정, 자기규제에서 강하고 그리고 자신의 생각을 검열하는데 능숙함	자연, 동물, 하이킹, 등산, 캠핑을 매우 좋아함. 환경문제에 관심을 가짐
내담자의 주요 지적영역에 맞는 치료적 실험	일기쓰기, 창조적 글쓰기와 시쓰기를 통해 자신을 표현하기; 스토리텔링과 은유의 치료적 사용; 이야기치료에 반응–알려 준 (informed) 질문과 실험들; 십대 지도자 프로그램에 참여	행동양상을 관찰하고 그래프로 그리기; 내담자의 믿음을 지지할 실마리나 증거를 찾는 형사놀이; 특정 행동에 대해 일기로 기록하기; 척도나 퍼센트 질문, 보이지 않는 가족 발명품 실험을 치료적으로 사용	시각화 , 상상의 타임머신, 상상의 엑스레이 기계 느껴보기, 기적이 일어난 것처럼 행동하기, 문제를 인터뷰하기, 가족 조각과 무용, 내 가족의 이야기 벽화와 다른 예술치료 실험, 그리고 유명인사 자문 실험 등을 치료적으로 활용	춤, 운동과 설계된 실험과 질문을 사용한 연극적 은유, 가족 조각과 춤, 기적이 일어난 것처럼 행동하기, 습관 조종 의식(habit control ritual)의 치료적 사용	내담자에 대해 더 말해 줄 음악을 가지고 오게 함; 내담자의 상황에 대한 노래 가사를 쓰게 함; 상담자의 사무실에서 상담자를 위하여 음악을 연주하게 하거나 즉흥 연주회기를 가짐	가족 조각과 춤, 유명인사 자문 실험, 습관 조절 의식, 연결감 구축(형성)을 촉진할 실험들, 예방적으로 혹은 멘토로 봉사하는 십대 지도자 프로그램 참여	명상, 시각화, 자기감정을 기록하는 것, A-B-C 인지치료 틀, 독백 테이프 만들기를 즐김. 그리고 아마도 상상의 엑스레이 기계 실험에 잘 반응할 것임.	자연 속의 패턴을 연구하고 자신의 경험을 생각해 보기 위해 고안된 실험과 자연 은유의 치료적 사용. 대처전략으로서 자연 속의 특별한 경험의 시각화를 치료적으로 사용; 좋아하는 애완동물을 상담자의 사무실에 데려오기, 또는 지역사회의 동물 권익이나 환경문제에 관여하도록 돕기

그림 1.1 내담자의 주요 지적 영역에 맞는 치료적 실험 선택 지침

1. 청소년과 부모 사이에 신뢰를 재형성하는 데 도움이 된다
2. 가정 밖 여러 환경에서 청소년이 좋아진 것에 대해 '뉴스가 될 만한' 정보들을 부모에게 제공한다.
3. 친구들이 자신의 부모와의 사이에 가졌던 유사한 어려움을 해결했던 지혜와 전문성을 나눌 수 있다.
4. 가족-다수 원조자 협력 모임에 참여도 하고 자신의 전문성을 나눌 수 있다.
5. 재발 예방과 목표 유지 과정에 큰 도움이 될 수 있다
6. 청소년 내담자가 어려움을 겪는 다양한 사회 환경에서 청소년 격려자와 함께 짝을 이루어 든든한 지원체계 역할을 할 수 있다.

불미스럽고 부정적인 또래 집단에 소속된 청소년의 경우에는 새 친구가 생길 때까지, 필자의 이전 내담자 중에 비슷한 어려움을 겪었던 청소년을 오게 해서 임시 또래 집단으로 수고하게 하는 방법을 사용할 것이다. 이 동창생 전문가들은 청소년의 삶이 180도 달라지는 소중한 지혜와 제안을 제공하곤 한다.

관심 있는 청소년을 참석하게 하는 계획에 부모와 청소년이 동의를 한 후에는 이전 내담자였던 청소년이 치료 과정에 참여하는 것에 대해 현재 내담자 부모와 이전 내담자 부모에게 모두 동의서를 받는다. 비밀보장의 원칙에 대해 논의하고 이를 동의서에 포함한다.

청소년을 격려하는 사람들(Selekman, 2002; Anthony, 1984, 1987)은 치료 과정에 관여된 소중한 인물 자원일 수 있다. 격려하는 사람들은 교사, 코치, 가족의 가까운 친구, 성직자, 지역사회 지도자, 캠프 선생님, 이웃 등이 될 수 있다. 이들은 청소년을 지지해 주고 지혜의 말을 해주고, 옹호자 역할을 하기도 했다. 연구 결과를 보면 위험한 상태에 있는 아동이나 청소년에 대해 격려하는 타인의 참여는 적응유연성 보호 기능을 하는 것으로 알려졌다(Anthony, 1984, 1987). 위에서 논의되었듯이 일단 치료에 관여하게 되면 격려하는 타인과 관심 있는 친구들은 협력하여서 청소년이 계속해서 어려움을 겪을 가능성이 있는 학교 같은 사회 환경에서 긴밀한 지원체계 역할을 할 수 있다.

청소년을 격려해 주는 성인이 없고 스트레스가 많고 정서적으로 부모와 단절된 관계에 있는 청소년을 위해서는, 이전에 청소년 내담자를 격려해 주었던 성인 중 적절한 사람을 지지자 역할을 하도록 다시 초청해 왔다. 가족이 아니지만 헌신적이고 돌봐주는 어른과 의미 있는 관계를 가지는 것은, 필자의 청소년 내담자들이 어려움을 해결하고 삶의 특정 스트레스 요인들에 더 잘 대처하는 데 도움이 되

었다. 치료 과정에 격려하는 어른을 포함하기 전에 상담회기에 이런 분을 포함한다는 것에 대해 청소년 내담자와 부모에게서 동의서를 받는다. 격려하는 성인 역할을 하는 분에게서도 청소년에 대한 비밀보장에 대해 동의한다는 내용으로 필자가 개발한 격려하는 특별한 성인 동의서에 사인을 하게 한다.

레스는 15세의 백인 청소년으로 우울, 불안, 자해행동으로 입원과 외래 치료를 오래 동안 받아왔다. 그는 학교 친구들로부터 거부와 괴롭힘을 당했다. 그러나 학교에 두 명의 관심 있는 친구가 있었는데 한 명은 가까운 또래 친구인 제니이고 다른 한 명은 컴퓨터 그래픽 선생님인 로버트슨 씨였다. 레스에 의하면 제니는 여태까지 친구 중 '가장 가까운 친구'이며 로버트슨 선생님은 '항상 관심을 가져주시고' 자신에게 컴퓨터에 관한 '멋진 것들'을 가르쳐 주시기 때문에 가장 좋아하는 선생님이라고 했다. 레스는 로버트슨 선생님을 자신의 가장 중요한 격려자라고 했다. 레스를 '정서적 파국'과 학교에서의 자해사건으로부터 안정화시키기 위하여 레스가 나쁜 장소에 있을 때 위험으로부터 신속히 벗어나도록 돕는 지지적 위기개입 계획을 만들기 위하여 로버트슨 선생님과 제니와 나는 적극적으로 협력하였다. 학교사회복지사와 학생주임은 '정서적 파국'과 자해사건에 어쩔 줄 몰라 했기 때문에 내 생각을 전적으로 지지하였다. 제니와 로버트슨 선생님과 내가 생각해 낸 계획에는 이 두 사람이 둘이 함께 혹은 혼자 레스가 필요로 할 때 즉석에서 만난다는 것과 레스가 방해되는 생각이나 감정이 있을 때 이를 외재화시켜서 컴퓨터에서 새로운 그래픽 디자인을 만들어 내는 '침착해지기 시간(chill-out time)'을 주는 것이 포함되어 있었다. 이 두 가지 전략이 '정서적 파국'과 학교에서의 '자해' 행동을 완전히 제거했다.

동맹자로서의 마음: 청소년을 위한 집중 명상

미팜(Mipham, 2003)은 우리의 갈피를 못 잡는 마음을 '야생마'와도 같다고 했다.

> 그것은 우리가 발견하려 하면 도망가고 우리가 접근하면 수줍어 숨어버린다. 우리가 어찌어찌 해서 그 위에 올라타면 저항하며 날뛰어서 우리를 진흙탕에 내던져 버린다. 그것과 꾸준히 함께 하는 유일한 방법은 그것이 원하는 것을 주는 것뿐이다. 우리는 이 마음의 야생마를 즐겁게 만들고 만족시키는데 너무 많은 에너지를 쓰고 있다. (pp. 18-19)

분노조절, 우울, 불안, 섭식 관련, 자해, 물질 남용 등의 어려움을 가져서 필자에게 의뢰되었던 많은 청소년들은 자신의 생각이나 정서적 양상을 머릿속에 '야생마'가 있는 것 같다고 묘사해 왔다. 청소년들은 살면서 큰 스트레스에 접했을 때 반복적인 자기패배적 생각과 불쾌한 정서에 의해 억압받는 것 같고 이것들이 자신들을 무기력한 자세를 취하게 하거나 정서적 스트레스로부터 둔감해지기 위한 행동을 하게 만든다고 종종 보고한다. 고울맨(Goleman, 2003)은 어떤 사람들은 속도가 빨라진 편도체(뇌의 정서 센터)를 가지게 되고 이것이 개인을 압도적인 정서 하이재킹 경험에 취약하게 만든다는 것을 연구를 통해 발견했다. 이것은 강렬하고 불쾌한 정서의 파도가 가득 차 넘치는 것과 같다. 이 **정서적 하이재킹** 사건에 맞싸우기 위해 필자가 상담한 어떤 청소년들은 음식, 면도날, 약물 등으로 눈을 돌리기도 한다. 불행하게도 신속한 정서적 위안을 찾으려는 시도된 해결이 습관이 되어서 심각한 신체적, 심리적, 사회적 폐해를 만들어 내기도 한다.

필자는 일단 정서적 하이재킹과 자기 위안에 어려움을 겪는 청소년과 관계를 형성하게 되면 청소년들에게 **마음챙김 명상**(mindfulness meditation)(Hanh, 2001, 2003a, 2003b; Goleman 2003; Bennett-Goleman, 2001; Bennett-Goleman & Goleman, 2001; Kabat-Zinn, 1990, 1995)을 아래와 같이 소개하고 설명한다.

> "사람이 정말로 주의집중을 하면 특정한 물체, 신체 감각, 만다라에 온전히 집중할 수 있다. 만다라는 한 단어이거나 한 문장일 수 있으며, 스트레스 받을 때 너를 차분하게 해주는 네가 좋아하는 노래의 한 구절이어도 좋다. 그러나 주의집중이란 그 순간에 일어나는 모든 것 즉 자기패배적인 '나쁜 생각'과 불쾌한 정서까지를 포용하는 것을 말한다. 이 생각과 정서는 마치 환영받는 손님과도 같고 우리는 여기에 이름을 붙여 준다. ('우울한 생각이 있네')라고. 그리고 우리가 특정한 물체, 신체감각, 또는 만다라에 집중하는 동안 그것들은 원하는 만큼 우리생각을 방문할 수 있다. 마음챙김의 생활양식을 선택함으로써 삶의 스트레스 요인들은 우리에게 덜 영향을 미치고 우리 마음속에 들어 온 자기패배적인 '못된 생각'과 부정적 정서가 신속히 중화될 수 있다."

필자가 불교원칙과 마음챙김 명상을 소개해 준 대부분의 청소년들은 이것을 '멋있는 배울 만한 것'으로 생각했다. 마음챙김 명상에는 여러 가지가 있다. 필자가 사무실에서 몇 가지 명상을 청소년에게 보여 주고 연습한 후에 청소년이 집에서 연습하고 싶은 한 가지나 두 가지 정도의 명상을 선택한다. 숙련된 명상가가 되기 위하여서는 명상 종류에 따라 다르긴 하지만 집에서 매번 10~15분씩 하루에 두 차례 연습하게 한다. 첫 번째 회기는 아침에 일어나자마자 자신을 학교로부터 '침착해지기' 위해 실시하고 두 번째 연습 회기는 잠자리에 들기 전에 실시한다. 이것은 청소년을 위안하고 잠자기 전에 마음을 평안하게 해준다. 필자가 청소년에게 가르치기 좋아하는 마음챙김 명상의 예는 다음과 같다.

1. 음식 명상. 청소년의 왼쪽 손바닥에 건포도를 놓는다. 모양, 균열, 다양한 갈색의 차이, 건포도 주위의 그림자 등을 조심스럽게 관찰한다. 그다음 다른 쪽 손의 손가락으로 집어 들어 손가락 끝에서 굴려보고 움푹 파인 곳을 느껴보고 이러는 동안 느낀 감각을 마음속으로 묘사해 본다. 그다음에는 천천히 건포도를 입안에 넣지만 아직 씹지 않는다. 입 안에서 나오는 침에 주의를 기울여보고 건포도를 혀와 이 사이에서 천천히 굴려보기만 한다. 몇 분 후에 건포도를 베어 물어서 단 맛이나 시큼한 맛을 경험하면서 삼키지 않은 채로 천천히 씹는다. 그다음에 건포도를 삼키면서 식도에서 느껴지는 감각에 주의를 기울인다. 마지막으로 건포도가 배 안으로 들어가면 건포도가 소화되는 동안에 자신이 경험하는 감각에 세심한 주의를 기울인다. 각 단계는 대략 2~3분씩 걸리게 해서 천천히 진행해야 한다. 명상은 약 12분 정도 걸린다(Bennett-Goleman & Goleman, 2001).
2. 소리 명상. 소파나 의자 혹은 바닥에 눕는 등 청소년이 편안한 자세를 취하게 한다. 눈을 감고 주위에서 들리는 다양한 소리에 조심스럽게 귀를 기울이게 한다. 한 가지 소리에 너무 매달리지 않게 하고 마음속으로 여러 가지 소리에 각기 이름을 붙이게 한다. 이 명상은 10~12분 정도 진행된다(Bennett-Goleman & Goleman, 2001).
3. 마음챙김 호흡. 이 명상은 우리의 호흡 양상에 대한 인식을 높여 주고 우리 자신과 우리 주위의 세계와 더 접촉하게 해준다. 한(Hanh, 2003a, p. 19)은 의식적으로 호흡하고 명상을 하는 동안 우리 자신에게 다음의 말을 하라고 권유한다.
   - "숨을 들이마신다. 나는 들이마시는 숨만 느낀다. 숨을 내쉰다. 내쉬는 숨만 느낀다……."
   - "숨을 들이마신다. 내 들숨이 점점 더 깊어지는 것을 느낀다. 숨을 내쉰다. 날숨이 점점 더 깊어지는 것을 느낀다……. 깊이 깊이"
   - "숨을 들이마신다. 내 들숨이 느려지는 것이 느껴진다. 숨을 내쉰다. 날숨이 느려지는 것이 느껴진다……. 천천히 천천히"

나는 청소년들에게 이 명상을 12~15분간 하게 한다.

한(2003a, 2003b)이 주장했듯이 만약 우리 모두가 친절, 연민, 그리고 마음챙김 명상을 매일 실천한다면 우리는 훨씬 덜 폭력적인 세상에 살게 될 것이다. 그는 이런 종류의 사회를 '태양신 지역사회(Sun God Community)'라고 부른다. 가족치료 회기나 부모교육 집단에서 필자는 부모들에게 친절과 동정을 청소년들에게 사용하는 방법을 알려 주고 마음챙김 명상의 좋은 점을 알려 주어서 스트레스 많고 도전이 많은 부모역할에 잘 대처하도록 돕기 위하여 가르치길 좋아한다. 한(2003b)은 친절, 연민, 마음챙김 명상이 전쟁 중인 사람들 사이에서 의미 있는 연결과 평화를 촉진할 수 있는지를 피정(retreat) 양식으로 보여 주었다. 그는 최근에 팔레스타인과 이스라엘 사람들 집단에 이를 적용하였다.

일단 마음챙김 명상에 익숙해지면 편도체가 차분해지고 느려지고, 우리의 집중과 자기인식, 문제해결, 창조적 역량이 강화됨으로써 뒤 따르는 생리적 변화 즉 호흡, 심장 박동, 혈압이 느려지고 환경적 스트레스 요인에 덜 정서적으로 반응하게 됨을 연구가 보여 주고 있다(Bennett-Goleman, 2001; Goleman, 2003). 청소년들은 삶의 스트레스 요인들에 더 잘 대처하기 위하여 마음챙김 명상을 통하여 자신의 마음을 동맹자로 사용하는 방법을 배우고 있다.

효과 있는 것을 하기: 심리치료와 가족치료 성과 연구에서 경험적으로 입증된 발견을 임상실천에 통합하기

필자가 해결지향 단기치료모델을 확대한 또 다른 중요한 방법은 40년간의 심리치료 성과 연구가 발견한 것과(Beutler & Harwood, 2000; Beutler, Moliero, & Taleb; 2002; Norcross, 2002; Snyder, Rand, & Sigmon, 2002; Snyder, Michael, & Cheavens, 1999; McDermott & Snyder, 1999; Duncan & Miller, 2000; Hubble et al., 1999; Lambert, 2003; Lambert & Barley, 2002; Asay & Lambert, 1999; Bohart & Tallman, 1999; Prochaska & Norcross, 2002; Prochaska, 1999; Prochaska, Norcross, & DiClemente, 1994; Frank & Frank, 1991) 지난 10년간 정서 행동적으로 심각한 문제를 가진 청소년과 가족에게 행한 가족치료 중 경험적으로 입증된 성과 연구(Henggeler, Schoenwald, Rowland, & Cunningham, 1998, 2002; Henggeler & Sheidow, 2002; Liddle, 2002; Rowe & Liddle, 2002; Sexton & Alexander, 2002; Alexander, Pugh, & Parsons, 1998; Szapocznik & Williams, 2000)를 통합한 것이다. 이 두 가

지, 연구 영역에서 이루어진 중요한 발견과, 이 발견이 임상에 어떻게 도움을 주는지 또한 도전이 되는 청소년과 가족을 어떻게 좀 더 효과적으로 치료하는 데 도움이 될 수 있는지를 설명할 것이다. 내담자의 주요 강점을 발견하여 활용하고 다중체계 수준의 치료계획을 하는데 이 연구 결과들이 어떻게 활용되는지 보여 주는 사례도 제시한다.

공통요소들: 긍정적 치료성과의 네 가지 주요 요소

치료성공에 기여하는 핵심요소를 밝히는 엄격한 심리치료연구에서 다음과 같은 네 가지 주요 요인이 발견되었다. 네 가지 요소는 치료외적 요소, 관계 요소, 희망과 기대 요소, 그리고 모델과 기법이다.

치료외적 요소. 이것은 내담자의 강점이나 자원, 적응유연성, 변화의 이론, 내담자의 치료선호나 기대, 변화를 위한 준비 정도, 그들의 상황을 개선하는 사건들, 내담자가 만들어 낸 치료전 변화 등 온전히 내담자가 가져오는 것만을 의미한다(Beutler, Harwood, et al., 2002; Harwood, et al., 2002; Duncan & Miller, 2000; Hubble et al., 1999; Prochaska & Norcross, 2002). 이 공통 요소는 긍정적 치료 성과의 40%를 설명한다(Hubble et al., 1999). 매우 흥미롭게도 연구에 의하면 긍정적 치료성과에 관한 한, 가장 중요한 변인은 바로 내담자라고 한다. 그러므로 치료자의 전문성은 내담자의 전문성을 끌어내는 데 사용되어야 한다.

관계 요소. 이것은 변화를 위해 치료적 관계를 무르익도록 창조하는 치료자의 능력과 많이 연관된다. 여기에는 좋은 경청 기술, 내담자의 생각과 감정을 인정하는 것, 공감의 사용, 따뜻함, 진실함, 관심을 전달하고 돌보는 행동 등이 포함된다(Norcross, 2002; Lambert, 2003; Lambert & Barley, 2002) 이 중요한 관계 기술에는 필요할 때 치료자가 회기를 책임지는 능력, 자신감을 보이고, 필요할 때 하위체계와 상담하는 즉 회기의 형태를 바꾸는 치료자의 능력 등이 관련된다. 관계 요소는 긍정적 치료성과의 30%를 설명한다(Hubble et al., 1999).

희망과 기대 요소. 이 공통 요소는 치료자의 능력과 내담자에게 도움이 될 과정에 대한 내담자의 믿음과 관련이 있다(Snyder et al., 1999, 2002; Frank & Frank, 1991). 치료자는 내담자가 변화할 것이고 단지 시간의 문제라는 자신의 기대를 전달함으로써 희망을 성공적으로 불러일으킨다. 이 공통요소는 긍정적 치료성과의 15%를 설명한다(Hubble et al., 1999).

모델과 기법. 놀랍게도 긍정적 치료 성과의 단지 15%만이 치료자가 사용하기 좋아하는 치료모델이나 기법과 관련이 있다. 어떤 내담자들은 치료에서 가장 도움이 된 것으로 치료자가 해준 것 중에서 특정의 치료 측면을 얘기한다. 그러나 대부분의 내담자들은 다른 어떤 것보다 치료적 관계에 대해 훨씬 더 많은 피드백을 하는 경향이 있다(Hubble et al., 1999). 기술적으로 숙련된 치료자는 치료적 실험과 다른 치료적 행동을 가족원이 가진 변화 이론, 변화의 준비 단계, 문제에 대한 설명, 그리고 독특한 학습 스타일에 정확하게 맞출 가능성이 더 많다. 이런 것들은 내담자 치료자 간에 협력적 관계를 북돋우고 변화를 촉진한다(Hubble et al., 1999; Prochaska, 1999; Conoley, Ivey, Conoley, Schmeel, & Bishop, 1992; Reimers, Wacker, Cooper, & De Raad, 1992; Gardner, 1993).

경험적으로 입증된 가족치료 성과연구의 주요 발견

청소년의 심각한 행동문제, 비행, 물질 남용 문제 상담을 위한 '최상의 실천' 모델로 가족에 기반을 둔 생태치료 접근 네 가지가 밝혀졌다. 이 네 접근은 연방정부로부터 재정 지원을 받은 연구의 경험적 자료로 성과가 입증된 것이다. 그것은 다중체계적 치료(multisystemic therapy)(Henggeler & Sheidow, 2002; Henggeler et al, 1998, 2002), 기능적 가족치료(functional family therapy)(Sexton & Alexander, 2002; Alexander et al., 1998) 다차원적 가족치료(multidimensional family therapy)(Liddle, 2002; Rowe & Liddle, 2002), 단기 전략적 가족치료(brief strategic family therapy)(Szapocznik & Willimams, 2000)이다. 이 경험적 자료로 성과가 입증된 가족치료 모델들은 모두 심각한 청소년 행동 문제는 여러 가지 요인에 의해 결정되며 그래서 이 모델을 사용하는 치료자들은 청소년이 속한 여러 수준의 사회생태에서 개입할 필요가 있다는 핵심 가정을 통합한 것이며 이 가정들을 근거로 작동하는 것이다. 치료 성과에 관한 조용한 발견 중 청소년과 가족을 상담하는 우리에게 정보가 될 수 있는 몇 가지를 간결히 요약하겠다.

1. 치료자는 매우 적극적이고 강한 관계 기술과 구조화 기술을 가질 필요가 있다.
2. 청소년의 사회 생태 중에서 어떤 수준의 체계를 타깃으로 할지 정하기 위하여 조심스런 다중체계 가족 사정이 수행되어야 한다.
3. 청소년 발달 이슈와 가족 생애주기 이슈에 민감한 것이 중요하다.
4. 청소년과 부모 혹은 보호자 사이에 정서적 연결을 강화하는 데 성공하면 청소년은 부정적인 또래 집단에 연관될 가능성이 적어지거나 그 집단에의 소속을

그만두게 된다.

5. 치료자는 내담자가 경험하는 사회적 불공평의 문제, 문화적 이슈, 젠더 이슈, 청소년과 가족의 어려움을 유지시키는 데 있어서의 청소년의 역할에 대해 민감할 필요가 있다.
6. 치료자는 관련된 원조 전문직이나 내담자의 사회 네트워크 체계 안에 있는 관심 있는 타인들과 적극적으로 협력할 필요가 있다.

이상에서 논의했듯이, 가족치료와 심리치료에 대한 경험적으로 입증된 중요한 연구 결과를 임상 실천에 포함시키고 이에 민감함으로써 치료 과정이 내담자와 함께 좀 더 탈 없이 흘러감은 물론이고 더 좋은 치료성과를 극대화할 수 있다. 아래에 나오는 사례는 이런 중요한 연구 결과들이 어떻게 우리의 임상에 관한 생각, 치료자 자신의 사용, 치료 과정에 사용할 전략과 기술에 관한 정보를 제공하는지를 보여준다.

어니는 14세의 흑인청소년이며 '공격적이고 위협하는 행동'과 '또래와의 싸움'을 하고 주요 과목에서 '성적이 나빠서' 학교 사회복지사가 나에게 상담을 의뢰했다. 어니는 이전에도 '화날 때' 선생님 앞에서 '공책을 찢어서' 선생님을 '협박'하였다는 이유로, 또한 다른 학생들과 '싸워서 정학 처분 대신에' 어머니 산드라와 함께 나에게 의뢰된 적이 있었다. 어니의 부모는 어니가 7세 때 이혼하였고 아버지는 최근까지 전혀 관계없이 지내 왔다. 겉으로 보기에 최근에 아버지가 다시 나타나 어니를 만나는 것으로 보였다. 어니의 어머니는 이 점에 대해 좀 염려를 하였으나 어니가 아버지와 관계를 유지하는 것이 중요하다고 생각하고 있었다. 가족은 현재 살고 있는 학군으로 이사 오기 전에는 도심의 흑인 주거 지역에 살았었다. 나는 혹시 주민이 대부분 백인인 지역으로 이사 오면서 겪은 어려움이 있는지 탐색하였다. 산드라와 어니 모두 '친구를 사귀기가' 힘든 기분이었다고 했다. 어니는 이전 '동네'(hood)에서는, 특히 누군가가 당신을 '깔보았을 때' ('dissed you' 디스했을 때)는 싸움이 평범한 일이었다고 했다. 어니는 좀 더 말하기를 '만약 싸우지 않으면 심하게 패하는 것'이라고 했다. 자신이 살던 '동네'(hood)와 지금 학교가 매우 다르다는 점을 설명했다. 산드라는 '어니는 허풍이 좀 있어요'라고 했고 과거에는 '엄마를 많이 괴롭혔다'라고 했다. '똑같은 문제로 인해' 이전에도 두 번 상담을 받은 적이 있다고 어머니가 덧붙였다. 나는 이들에게 백인 치료자에게 상담 받고 있는 것이 어떠한지 물었다. 두 사람 다 이에 대해서 별 관심을 표현하지 않았다. 산드라는 이 점에 대해 물어 주어서 고맙다고 했다. 나는 이들의 이전 치료자들도 백인이었기에 이 점에 대해 확인하고 싶었다.

산드라와 어니와 함께 최초 치료목표를 설정하기 위하여 나는 기적질문(de Shazer, 1988)을 하였다. 산드라는 최근에 하루는 저녁 내내 어머니에게 '고함지르지' 않고 '존경하는 태도로' 어머니를 대해서 두 사람이 함께 있는 것이 '좋았던' 적이 있다고 했다. 사실 산드라는 어니의 긍정적 행동이 기쁘고 격려가 되어서 일기에 한 페이지 가득 이 일에 대해서 적었다고 했다. 나는 혹시 일기에 이 일에 대해 제목을 적었느냐고 질문했더니 '거의 아슬아슬한 스타'라고 적었다고 했다. 나는 어니에게 그 날 저녁 어머니와 어떻게 그렇게 잘 지냈는지 물었더니 어머니가 전혀 잔소리를 하지 않았다고 했다. 기적질문에 대해서 어니는 아버지와 자신이 '재밌는 일을 함께 많이 할 것'이고 고모들이나 작은 아버지들을 '좀 더 잘 알게 될 거'라는 얘기를 길게 독백처럼 했다. 어니가 아버지와의 관계에 대해서 그리고 그 관계가 앞으로 어떻게 되기를 원하는지에 대해 이야기 할 때 산드라는 집중해서 듣고 있어서 거의 최면 상태에 있는 것 같았다. 어니가 이전에는 아버지에 대해서나 아버지 집에 갔을 때 어땠는지를 전혀 말하질 않아서 이 일은 산드라에게 뉴스 같은 경험이었다. '상담이 성공적이었다는 것을 어떻게 알 수 있을까요?'라고 두 사람에게 질문했더니 산드라는 '이미 상담이 성공적'이며 상담 회기와 그 전날 이미 어니가 그 방향으로 '큰 발자국'을 떼었다고 답했다. 어니와 어머니는 자신들이 택한 새로운 삶의 방향에 대해 희망을 느끼며 격려 받는 기분으로 상담을 마무리했다.

이 초기 가족 상담을 돌아보건대 필자가 이용한 두 가지 치료외적 요소가 있었다. 그것은 내담자 자신이 만들어 낸 치료전 변화와 어머니의 일기쓰기였다. 치료전 변화의 상세한 내용을 끌어냄으로써 모자 관계에서 가장 효과적인 것을 발견할 수 있었고, 이 해결구축 양상을 증가시킬 수 있었다. 산드라의 일기쓰기가 대처전략임을 알게 되자 부모역할에 대한 다른 보물이 그 안에 있는지 보기 위하여 다음 회기에 가져오게 했다. 나는 그녀의 일기 속에 가치 있는 지혜의 조각들이 많이 있는 것을 보고 기뻤다. 그 조각들이란 산드라가 어니에게 효과 있어 보이는 것을 행한 것이고, 이전 두 두 주간 동안 아들이 한 것 중 책임감 있고 격려 받을 만한 것에 대해 여러 번 기록한 것이었다. 산드라는 일기에 적은 '부모로서의 조치' 중 좀 더 책임감 있고 순종하는 행동을 격려하는 몇 가지를 좀 더 실험해 보기로 동의했다. 나는 변화의 분위기가 무르익게 만드는 데 도움이 되도록 유머, 인정, 따뜻함, 공감의 관계 기술을 사용했다. 희망과 기대라는 공통요소도 이 첫 째 회기에 작용했다. 산드라와 어니 두 사람 모두 상황이 계속해서 개선될 거라는 희망을 가지게 되었다.

어니의 사회생태에 대한 개입에 있어서는 교장선생님, 학교 사회복지사, 교사들과 어니와의 관계 개선과 학교생활 개선을 위하여 이들과 적극적으로 협력을 시작하겠다는 동의서를 가족으로부터 받았다. 산드라는 내가 어니 아버지와 부계 친척들과 어니를 함께 상담하는 것에 대해서도 전적으로 지지했다. 어니는 아버지와의 연결을 강화하고 싶고 성인 사촌들을 '사귀고 싶다는 것'을 강하게 표현하였다. 아버지가 자신의 삶에 더 많이 자리 잡기를 어니가 희망한다는 것이 첫 번째 회기 때 명백하였다. 어니는 또한 자신의 분노를 더 잘 관리하는 방법을 열심히 배웠다. 필자는 그가 화나거나 좌절했을 때 '자신을 침착하게 할 수 있도록' 마음챙김 명상(Hanh, 2001)과 논박 기술(Seligman et al., 1995; Seligman, 2003)을 가르쳤다. 덧붙여 필자는 이 가족이 지역사회에서나 학교에서 어떤 형태로던 인종차별주의를 경험 했는지 탐색하고 싶었다. 가족은 전혀 인종차별주의적인 경험을 하지 않았다고 했다. 어니의 이전 '동네'에서 싸움은 길거리에서 살아남기에 관련된 것이라는 것이 흥미로웠다. 학교교직원과의 협력에서 나는 어니의 공격적 반응과 싸우는 행동이 문화적 차원의 중요성을 내포함을 교직원들이 인식했으면 했다. 일련의 치료를 통하여 이 모든 수준의 체계에 개입하고 협력함으로써 우리는 학교와 집에서 어니의 행동에 극적인 개선이 이루어지는 효과를 볼 수 있었다.

요약

이 장에서는 복잡하고 어려운 청소년 사례 상황에서 나의 해결지향 단기가족치료 모델을 더 확대한 다양한 방법에 대해서 논의했다. 나는 청소년의 강점에 강조점을 두는 것과 청소년의 사회생태에 개입하기 위하여 어느 수준의 체계에 초점을 둘 것인지에서 다중 체계 초점을 취할 것을 강조하였다. 다른 장에서는 도전이 되는 청소년과 가족과의 초기상담 과정, 치료자 자신의 사용, 다양한 치료적 실험, 팀 전략, 청소년의 사회네트워크와 상위 체계의 전문가들과 협력적 관계를 성공적으로 설정하는 방법에 대해서 상세하게 논한다.

Pathways to Change

Chapter 02

해결로 안내하는 가정들

모든 기회에 내포되어 있는 어려움에 대한 생각으로 마비되지 말고, 모든 어려움에 내포되어 있는 기회를 찾아봐야 한다.

—월터 E. 콜(WALTER E. COLE)

이 장에서는 10가지의 유용한 해결지향적 가정(assumption)들을 제시할 것이다. 이 가정들은 매우 실용적인 것들이며, 다루기 어려운 청소년 사례를 보는 새로운 관점을 제공해 줄 것이다. 제시되는 모든 가정들은 청소년 문제와, 가족, 그리고 단기치료에 관한 건강관점을 기반으로 하고 있다.

가정 1. 저항은 유용한 개념이 아니다.

저항(resistance)이라는 전통적 심리치료의 개념은 치료자에게 도움이 되지 않는 개념이다. 이것은 내담자가 변화를 원치 않으며 치료자는 내담자 체계로부터 분리되어 있다는 것을 뜻한다. 드세이저는 치료자들이 내담자와의 관계에서 저항, 힘, 통제에 초점을 두기보다는 "의 자세에서 새로운 사례에 접근해야 한다고 주장한다. 치료자로서 우리는 내담자 체계 속에서 관계하고 있는 우리 자신을 관찰한다. 우리에게 내담자를 관찰하는 장으로부터의 바깥 장소라는 것은 존재하지 않는다. 이에 대해 드세이저(de Shazer, 1982)는 다음과 같이 논하고 있다.

> 각 가족(개인이나 부부)은 독특한 방법으로 협력을 시도하므로 치료자가 첫 번째 할 일은 치료자에 대한 가족의 독특한 협력 방식을 알아내고, 그런 다음 가

족들의 그 독특한 방식에 협력함으로써 변화를 촉진하는 것이다. (pp. 9-10)

우리는 내담자의 독특한 협력 반응 유형이 무엇인지 알 수 있는 단서를 찾기 위해 형사 콜롬보처럼 주의 깊게 듣고 관찰할 필요가 있다. 이 단서는 가족이 세션 사이에 과제를 해오는 방식에 의해서 드러날 뿐만 아니라, 가족 구성원들이 우리의 질문에 언어적, 비언어적으로 반응하는 방식을 통해서도 드러난다. 일단 중요한 단서가 발견되면, 치료자는 질문을 하거나 과제를 줄 때 그 가족의 독특한 협력 방식에 맞춰서 해야 한다. 예를 들어 부모가 딸의 변화무쌍한 비행행동에 대해 매우 비관적이라면, 치료자는 똑같이 비관적인 자세를 가져야 한다. 특히 엄마가 딸의 예외상황을 전혀 발견하지 못하거나 가상적인 미래의 해결책을 묻는 질문들이 전혀 효과가 없다면 더욱 그러하다. 예를 들면, 치료자는 비관적인 부모에 맞추어 다음과 같은 질문을 할 수 있다. "어떻게 당신 딸의 상황이 더 나빠지지 않습니까?" "상황이 더 나빠지는 것을 막기 위해 당신은 무엇을 하고 계십니까?" 또한 가족에게 과제를 주었는데, 가족이 과제를 수정해서 수행했다면, 이것은 이 특정 가족에게 앞으로 내줄 과제들은 수정 가능한 것일 필요가 있음을 의미한다.

에릭슨(M. Erickson)은 최면요법 훈련생들에게 협력 원리의 정수를 보여 주는 멋진 이야기를 들려주었다(Gordon & Myers-Anderson, 1981).

> 내가 고등학교 때 친구들과 학교에서 돌아오는 길에, 말고삐를 맨 채로 도망치고 있는 말 한 마리가, 마실 물을 찾아서 농장 안으로 빠르게 들어가는 것을 보았다. 나는 그 말 등에 재빨리 뛰어 올랐다. 그 말은 굴레를 매고 있었기 때문에 나는 고삐를 잡을 수 있었고 말 등에 올라 탄 나는 '이리야!' 하고 말에게 외쳤다. 그 말은 고속도로로 향하고 있었다. 나는 올바른 방향이 어느 쪽인지 알지 못했지만 그 말이 올바른 방향으로 갈 것을 알고 있었다. 말은 걷기도 하다가 질주하기도 했다. 이따금 그 말은 자신이 고속도로에 있는 것을 잊고 들판으로 들어가려 했다. 그래서 나는 고삐를 잡아당기며 말에게 고속도로로 가야 한다는 것을 상기시켰다. 마침내 내가 말을 올라 탄 곳에서 4마일쯤 지나서 말이 한 농장으로 들어갔고 농부가 말했다. "어떻게 이 말이 돌아왔지? 너 이 말을 어디서 발견했니?" "여기서 대략 4마일 떨어진 곳에서요."라고 나는 대답했다. "그러면 너는 이곳으로 돌아와야 한다는 것을 어떻게 알았니?" "저는 몰랐어요. 이 말이 알더라구요. 제가 한 일이라고는 말이 길에 주의 집중하게 한 것뿐이에요." (p. 166)

에릭슨의 '말' 이야기는 치료자가 치료를 어떻게 수행해야 하는가를 알려 주는 중요한 비유이다. 에릭슨의 소년시절 경험은 말이 가기를 원하는 방향으로 말을 모는 것이 더 중요하다는 것을 우리에게 가르쳐 주기 때문이다.

가정 2. 협력은 불가피한 것이다.

내담자와 라포를 형성하기 위하여 내담자 고유의 협력 반응 유형에 치료자의 질문과 과제를 주의 깊게 맞추는 것은 매우 중요하다. 그러나 이 밖에도 협력관계를 강화하는 데 유용하고도 중요한 라포형성 도구가 있는데 그것은, 치료자는 내담자가 치료에 가져오는 것은—그들의 강점과 자원, 내담자의 주요언어, 신념체계뿐만 아니라 비언어적 행동까지—무엇이든지 우선적으로 활용해야 한다는 점이다. 다음은 활용전략(utilization strategy)의 효과를 증명하는 사례이다.

편부인 조(Joe)는 청소년기의 두 자녀가 도벽과 거짓말, '집안규칙'을 지키지 않는 것 때문에 필자에게 치료를 의뢰하였다. 조는 '알코올중독 가정'에서 자랐고 아이들의 엄마도 '알코올중독'이었다. 조와 아내는 5년 전에 이혼했다. 조는 '매주 7개의 AA모임'에 참석하고 있었고 그의 두 아이에게도 'AL-Ateen'에 정기적으로 참여하여 '그들 자신을 회복하는' 프로그램에 동참하기를 강요했다. 조가 자녀들에게 AL-Ateen을 강요하는 만큼 자녀들은 저항하고, 훔치고, 거짓말하는 것으로 조의 규칙을 따르지 않았다. 이러한 반복적인 상호작용 패턴을 깨기 위한 시도로서 필자는 최근에 접한 연구('알코올중독자 자녀들' 중 '훔치고 거짓말하는' 행동을 하는 아이들에게도 '힘을 부여해' 주는 것이 가능하다는 것을 실증적으로 보여 준 연구)에 대해 말해 주면서 그에게 요구되는 것은 '애정으로 거리를 두는 것(detach with love)'이라고 말했다. 먼저, 조가 AL-Ateen 참여를 강요하는 데서 물러서기 시작하면서 아이들도 비행을 멈추었다. 뿐만 아니라 때때로 아이들은 AL-Ateen에 데려가 달라고 자발적으로 부탁해서 조를 놀라게 했다.

조의 사례에서, 필자는 조의 문제 상황에 대한 새로운 구성(construction)을 공동창조 하는 데 있어 Al-Anon에 다년간 참석하면서 생긴 그의 주요언어와 신념체계를 성공적으로 활용했다. 여기서 새로운 구성의 창조란 문제상황을 그의 세계관에 좀 더 적합한 새로운 틀로 만들었다는 것이다. 일단 문제를 바라보는 그의 관점이 변화하자 그의 양육 태도 또한 극적으로 변화했다.

상호협력을 증진하는 도구들

긍정적인 재명명(positive relabeling)은 내담자의 방어를 감소시키고 협력적인 분위기를 증진시키는 좋은 치료도구이다. 예를 들면, 화가 난 부모의 행동을 문제 해결을 향한 높은 관심과 책임으로 설명함으로써 긍정적인 재명명이 가능하고, 내성적인 청소년은 사려 깊은 청소년으로 재명명할 수 있다. 치료자-내담자 간 협력을 증진하기 위한 다른 유용한 라포형성 도구들에는 의도적인 자기노출, 유머의 사용, 정상화, 문화적 민감성과 젠더에 대한 민감성 보이기, 치료적인 칭찬 등이 있다. 마크 트웨인은 "웃음으로 하는 공격에 대항할 수 있는 것은 아무 것도 없다."라고 말했다. 유머는 긴장을 감소시키고, 걱정거리로부터 거리를 두게 해주고, 고통 중에 있는 이를 치유해 준다. 마다네스(Madanes, 1984)는 "변화를 가능케 하는 것은, 치료자가 가진 긍정적 태도와 힘겨운 상황에서도 재미있거나 공감이 가는 것을 볼 수 있는 능력"이라고 했다.

가족생활주기의 변화와 이로 인한 정상적 위기는 청소년과 가족들에게 어려움을 만들 수 있다. 그런데 이 어려움을 정상화시키면 가족들은 마음이 편해지고 문제상황을 새롭게 바라볼 수 있게 된다. 예를 들면, 필자는 종종 부모의 이혼에 수반되는 청소년의 반항적인 행동, 약물복용 그리고 비행행동을 부모에게 정상적인 것이라고 말하곤 한다.

마지막으로, 필자는 제기하는 문제에 관련해서 가족 구성원들이 취해 온 다양한 대처 전략과 생산적인 조치에 대해서 칭찬하기를 좋아한다. 치료적인 칭찬과 격려(de Shazer, 1985, 1988)는 가족의 창조적인 문제해결 노력을 강화해 주기 때문에 내담자들을 임파워하게 된다. 칭찬에는 내담자의 주요언어, 신념체계, 또는 부정적 행동을 긍정적으로 재명명하는 내용이 포함되는 것이 좋으며, 한 가족을 위한 칭찬과 개입은 모두 그 가족을 면접하는 과정으로부터 나오게 된다. 전형적으로 칭찬은 면접 종료 15분쯤 전인 중간 휴식시간에 치료자에 의해 만들어지지만, 상담 진행 중에라도 자연스럽게 칭찬하는 것이 좋다. 상담 진행 중의 칭찬은 치료 도입에 앞서서 또는 치료 중에 책임감 있는 행동을 한 청소년에게 '하이 파이브'를 해주는 것이 그 예이다. 부모들과는 그들의 생산적인 문제 해결 노력을 강화하기 위해서 악수를 하기도 한다. '하이 파이브'와 악수는 다른 격려 방법들과 함께 사용하면 아주 유용한데 즉, '와! 어떻게 그것을 해냈지요?' '어떻게 그런 생각을 하셨어요?'와 같이 격려하는 말들, 특히 '어떻게'라는 질문은 내담자로 하여금 자신이 자원을 많이 가지고 있음에 대해 스스로 칭찬하게 만든다.

치료자는 상담 중간 이후에 휴식시간을 갖는데, 내담자들은 그동안 로비에서 기다리면서 휴식시간이 끝나면 치료자가 절망적이고 우울한 발표를 할 것이라고 종종 예상하곤 한다. 이미 치료에서 실패의 경험을 해본 적이 있는 부모들은 자신들이 청소년 자녀들의 문제에 대해 비난받게 될 것이라고 예상하기도 한다. 청소년 내담자들은 가족 문제가 자신의 잘못이라고 비난받으리라고 예상하거나 상담이 다시 시작되면 한바탕 소란이 있을 거라고 예상하기도 한다. 그러나 막상 휴식시간이 끝난 후 치료자가 희망과 격려의 메시지로 용기를 주면서 치료 과정에 대한 동기와 참여를 고양시키면, 대부분의 가족구성원들은 무척 놀라워한다. 이때 잘 만들어진 칭찬은 가족구성원들로부터 긍정의 끄덕거림이나 "연속적인 '예' 응답"(yes-set)의 최면적 반응(de Shazer, 1985)을 이끌어 낼 수도 있다. 이들 비언어적이고 무의식적인 반응들은 칭찬이 현재 상황에 대한 가족구성원들의 믿음에 부합되거나 혹은 근접한다는 것을 의미한다. 가족이 칭찬을 수용하면 과제도 잘 이행해 오게 된다. 예를 들어, 치료자는 처음으로 법에 연루된 아들을 둔 어머니가 '예방적 조치로서' 아들을 상담에 데리고 왔을 때 이 어머니를 칭찬한다. 이러한 조치가 수감으로까지 연장될 지도 모르는 아들의 법적 어려움을 예방할 수 있게 하므로 칭찬하는 것이다. 이러한 경우에 이 아들에 대해서는 상담에 '나타남으로써' '책임감 있게' 행동한 것에 대해 칭찬해 준다.

가정 3. 변화는 불가피한 것이다.

변화는 연속적인 과정이며 안정은 착각이라고 불교신자들이 수세기 동안 주장해 왔다(Mitchell, 1988). 만일 당신이 내담자에게 변화가 일어날 것을 기대한다면 이 기대가 내담자의 행동에 영향을 줄 것이다. 내담자의 변화능력에 대한 치료자의 믿음은 치료 성과의 중요한 결정요소가 될 수 있다(Leake & King, 1977). 동기(motivation)에 관한 연구들이 밝힌 바로는, 동기화된 사람들이 가지는 가장 중요한 요소는 자신들이 임무를 잘 수행하고 있다는 자기인식이다(Peters & Waterman,

1982). 존스(Jones, 1977)는 두 집단의 성인들을 대상으로 동기연구를 실시하였다. 양쪽 집단 참여자들에게 똑같은 열 개의 문제를 내주고 채점을 위해 대상자들에게 문제지를 제출하라고 한 후, 한 집단에게는 좋은 점수를 얻었다고 말하고 또 다른 집단에게는 점수가 형편없었다고 말했다. 그런 다음 두 집단에 다시 열 개씩의 문제를 주었다. 결과는 처음 문제를 잘 풀었다고 얘기를 들은 집단의 점수가 다른 집단보다 월등히 높게 나왔다. 비슷한 연구가 학교에서도 이루어졌다. 학생들의 IQ 테스트가 잘 나올 것이라고 믿은 교사들의 학급 학생들이 그렇지 않은 교사들의 학생들보다 25점이 더 높게 나타났다(Bennis, 1976).

단기치료를 실시할 때 만약 변화가 일어난다면 이라는 가정보다는 언제 내담자에게 변화가 일어날 것인가라는 생각이 더 도움이 된다. 우리는 내담자가 긍정적인 자기 암시적 예언을 하도록 도와줄 필요가 있다. 진저리치(Gingerich, 1988)와 그의 동료들은 인터뷰조사에서 치료자들의 '변화에 대한 이야기'(change talk)와 긍정적인 치료 결과 사이에 직접적인 관계가 있음을 증명하였다. 이 연구에서 '변화에 대한 이야기'(change talk)를 하는 치료자들은 가정법의 '만약'(if)과 '~이라면'(would)보다는 '언제'(when)와 '~일 것이다'(will) 같은 예상언어들을 주로 사용했고 내담자로 하여금 상담시간의 대부분을 내담자의 과거, 현재, 미래의 성공에 관해 이야기하도록 유도한다는 것이 밝혀졌다. 반면 '문제에 대한 이야기'(problem talk)를 하는 치료자들은 과거나 현재의 문제의 바다에 빠져서 헤어나지 못했고 이런 사례들은 부정적인 치료결과를 갖게 되는 경향이 많았다. 이와 유사하게 치료기간 동안 내담자의 '나쁜' 감정을 다루게 하였을 때 이것이 주는 해로운 영향에 대한 경험적 지지 자료가 많이 있다. 스나이더와 화이트(Snyder & White, 1982)는 우울한 내담자에게 가슴 아픈 과거의 사건에 대하여 이야기 할 것을 요청하거나 자신의 우울증을 보다 더 잘 이해하도록 격려 했을 때 더 우울해지는 경향이 강하다는 것을 밝혀냈다. 이와 유사하게 밀란(Milan)협회가 실시한 조현병 환자와 가족에 대한 임상연구는 부정적인 암시 밑에서 변화가 일어날 수 없다는 것을 보여 주고 있다(Boscolo, Cecchin, Hoffman, & Penn, 1987).

변화가 일어나는 방법에 대한 밀란협회의 입장을 보면, 치료자가 가족들과 함께 변화의 장을 만들어 나가기 위해 사용하는 중요한 방법 중 하나는 유머와 재치를 사용하는 것이다. 가족구성원이 함께 모인 자리에서 웃게 하는 것은 그들이 함께 새로운 경험을 하도록 돕는 것이며 이를 통해서 변화의 빗장을 열게 할 수 있다.

가정 4. 단지 작은 변화가 필요하다.

에릭슨은 마치 작은 눈덩어리가 굴려져서 큰 눈덩어리가 되듯이 작은 변화가 점점 더 큰 변화로 화할 것이라고 믿었다(Gordon & Meyers-Anderson, 1981). 치료자가 내담자의 작은 변화에 가치를 부여해 줄 때 내담자들은 보다 큰 변화를 만들어 낼 수 있다는 기대를 하게 된다. 불교도인 노자는 문제 해결에 있어서의 이러한 방법을 강하게 믿었으며, '힘들이지 말고 행하라, 힘들이지 말고 일하라, 작은 것을 크게 생각하고 적은 것을 많다고 생각하라. 일이 아직 쉬울 때 어려움에 직면해라, 작은 행동들을 연속으로 해서 큰 과업을 수행하라'고 기록했다(Mitchell, 1988, p. 63).

가족체계의 모든 부분은 체계의 한 부분에서 일어나는 작은 변화가 물결처럼 번져서 다른 부분에 변화를 주는 방식으로 서로 연결되어 있다. 스자포츠닉(Szapocznik)과 그의 동료들(Szapocznik. Kurtines, Foote, Perez-Vidal, & Hervis, 1983, 1986)은 미국립약물남용연구소에서 행한 그들의 연구에서, 사소한 변화가 가족 안에서 체계전반에 변화를 이끌 수 있다는 생각에 대한 실증적 근거를 제공했다. 연구자들은 한 집단은 청소년 약물남용자만을 연구대상으로 하고 다른 한 집단은 약물남용자와 그들의 가족들을 연구대상으로 하였다. 양쪽 집단 모두 단기 전략적 가족치료를 받았다. 스자포츠닉과 그의 동료들은 3년까지의 추후조사(follow-up)를 통해 치료결과가 유지되는가를 측정했는데, 한 사람 (약물남용자만의) 집단의 참가자들도 다른 집단 (가족과 함께 치료받은 집단) 참가자만큼 잘 지낸다는 것을 밝혀냈다. 이 연구에서는 두 가지 중요한 점이 발견되었는데 (1) 한 명의 가족 구성원으로 인해 가족 전체 체계의 변화가 가능하다는 것과 (2) 가족으로부터 지목을 당한 내담자(identified client)의 변화를 위한 치료에 온 가족 구성원들이 참여할 필요는 없다는 것이다. 후자의 발견은 한 지붕 안에 거주하는 모든 가족 구성원들은 가족으로부터 지목을 당한 내담자의 변화를 위한 치료에 모두가 관여할 필요가 있다는 오랫동안의 가족치료 개념에 정면 도전하는 내용이다. 필자는 이와 동일선상에서 치료는 단순하게 하고 치료를 위해서는 치료에 참석하는 핵심 가족 구성원과 함께 시작하는 것이 도움이 된다는 것을 알아냈다. 이것은 치료자-내담자간 협력를 증진시키는 또 다른 방법이기도 하다.

가정 5. 내담자는 변화를 위한 강점과 자원을 가지고 있다.

최근에 「*American Health*」라는 잡지에서 자신의 문제를 잘 해결하는 사람은 어떤 방법으로 문제를 해결하는 지에 대한 광범위한 전국적인 갤럽조사를 실시했다. 인터뷰에 응한 대부분의 사람들은 의사나, 치료자, 자조집단의 도움 없이, 자력으로 했을 때 10배는 더 변화를 일으킬 수 있었다고 응답했다. 또한 응답자의 30%는 흡연, 과식, 과음과 같은 끊기 어려운 습관을 포기하도록 동기화 시키는 힘들은 무엇이냐는 질문에 긍정적인 느낌, 소망, 그리고 큰 변화를 해야 하는 때가 왔다는 인식이라고 응답했다(Gurin, 1990). 가장 놀라운 발견중의 하나는 의사를 찾았을 때 단지 3%의 경우에만 의사가 그들의 변화에 도움이 되었다고 했으며, 심리학자나 정신과 의사, 자조집단은 개인적인 변화를 이끌어 내는 데에는 심지어 이보다도 신뢰를 덜 얻고 있는 것으로 나타났다. 변화를 돕는 데 있어 가장 큰 지지를 제공하는 사람은 가족과 절친한 친구인 것으로 평가되었다(Gurin, 1990).

「*American Health*」의 조사가 증명하듯이 모든 내담자는 치료자가 해결안을 공동구성하는 데 사용할 수 있는 강점과 자원을 갖고 있다. 내담자가 가지는 과거의 어떠한 성공이라도 현재와 미래의 성공을 위한 본보기가 될 수 있는 것이다. 내담자들은 문제와 병리적 상황에 초점을 두는 치료에서보다, 그들의 강점과 자원을 강조하는 치료적 환경에서 더 잘 협조하고 변화하는 경향이 있다. 비버스와 햄슨(Beavers & Hampson, 1990)은 가족들은 자신들의 문제를 해결하기 위한 강점과 자원을 가지고 있다는 의미에서 가족이 가진 힘을 강조하는 치료법이 다른 치료방법보다 더 좋은 성과를 나타내는 경향이 있음을 발견했다.

디프레인과 스티넷(DeFrain & Stinnet, 1992)은 그들이 '강한 가족들'이라고 부른 가족들을 16년 동안 조사한 것을 근거로 가족건강성 치료접근법(family wellness therapy approach)을 발전시켰다. 이 연구자들은 '당신 가족의 강점은 무엇입니까?' '잠재적으로 성장 가능성이 있는 분야는 어떤 부분입니까?'와 같은 질문을 통해 대상자들의 의견을 끌어냈다. 질문에 대한 답변을 근거로 해서 그들은 '강한' 가족들이 가지고 있는 여섯 개의 주요 특성을 발견했다. 그것은 (1) 헌신, (2) 감사와 애정, (3) 긍정적인 의사소통, (4) 함께 시간 보내기, (5) 영적인 행복, (6) 스트레스와 위기에 대한 대처 능력들이었다. 디프레인과 스티넷(1992)은 또한 "강한 가족들은 역경에 직면해서는 낙관적으로 되고, 위기상황을 성장을 위한 도전과 기회로 바라보는 경향이 있다."(p. 22)는 것을 발견했다. 최근에 이들 연구자들은 아동학대와 가정폭력의 경우에도 가족건강성 치료접근법이 가족기능을 개선하는 데 효과적이라는 것을 증명했다.

월린(Wolin, 1991)은 높은 스트레스를 가진 가족환경에서 성장한 개인이 '역경을 통해 용기 백배해질' 수 있다는 것을 경험적으로 증명했다. 월린과 그의 동료들은 20년에 걸쳐 대집단의 알코올중독자 자녀들을 연구했는데 연구대상자의 85%는 기능을 잘 하는 성인으로 성장하였다. 월린은 연구대상자들의 성공은 개인들의 적응유연성(resilience)과 자부심 때문이라고 결론 내렸다. 월린의 연구와 같이 전례를 깨는 연구는 알코올중독자 자녀들이 정서적으로 결함이 있는 성인으로 성장 할 것이라는 대중적 믿음에 대해 도전하는 데 도움이 된다.

더 최근에 피터슨과 셀리그맨(Peterson & Seligman, 2004)은 연구를 통해 개인이 가지고 있는 24개의 성격 강점과 6개의 덕목을 발견하였다. 이 강점과 덕목은 우리가 내담자에게 가르칠 수 있는 것이며, 내담자에게 자신이 가진 최고 특징적인 강점을 발견하게 할 수 있으며, 어쩌면 그들이 어려움을 겪고 있을지도 모르는 삶의 여러 부분에 이 강점들을 활용하는 방법을 함께 발견할 수도 있는 그런 것들이다. 이에서 더 나아가 이 두 연구자는 내담자가 인생의 요구와 스트레스에 직면했을 때 좀 더 유연해지고 좀 더 충만하고 의미 있는 삶을 창조하도록 19개의 비특징적인 강점을 개발하도록 도와줄 것을 권유한다.

필자는 다음과 같은 질문을 사용하여 다루기 어려운 청소년 내담자들을 십대 문제에 대한 전문가로 대우하는 것이 매우 유용함을 알았다. '내가 너같은 십대들과 일할 때 그 아이들을 돕기 위해서는 어떻게 하라고 내게 충고하고 싶으니?' '내가 그 아이들에게 해서는 안 되는 것은 무엇이지?' '상담가로서 내가 그들과 무엇을 하면 좋겠니?' '그 아이들에게 어떤 질문들을 해야 하지?' 이런 종류의 개방형질문들은 청소년의 강점과 전문가적 의견을 끌어 낼 수 있게 하며, 협조적 관계를 형성하게 해주고, 치료자가 청소년을 치료에 끌어들여 치료하는 데 유용한 전략을 짤 수 있도록 귀중한 지혜를 제공한다. 청소년의 전문적 의견을 이용하는 또 다른 유용한 치료 전략은 문제영역 안으로 청소년의 강점을 연결해 주는 것이다. 다음 사례는(Selekman, 1989a) 이러한 치료전략을 가장 잘 보여 준다.

로버트와 그의 엄마는 로버트의 과도한 음주문제로 필자에게 가족치료를 위해 의뢰되었다. 엄마는 로버트가 그의 '아빠와 할아버지와 같은 알코올중독자'라고 확신했다. 첫 면담에서 필자는 로버트가 고교생 '주(州) 레슬링 챔피언'이었다는 사실에 주목했다. 필자는 로버트의 레슬링 실력에 깊은 관심을 가지고 그의 예전의 훈련방식에 대해 알아보았다. 상담을 하는 내내, 엄마와 로버트는 모두 과거 그의 화려했던 레슬링 경력을 자랑했다. 그러나 엄마는 로버트가 알코올중독으로 결국 죽게 될까 봐 매우 걱정하고 있었다. 알코올중독은 이 가족에게 3대에 걸친 두려운 괴물로 묘사되고 있었다! 필자는 이 알코올 문제를 알코올 괴물로 외재화시키기로 했다. 필자는 가족이 레슬링에 대한 애정과 알코올 괴물을 정복하고자 하는 욕구를 가진 것을 알게 되자, 레슬링 점수 체계를 이용해서 레슬링 의식(儀式)을 개발했다(즉, 술이라는 괴물과 레슬링 시합하는 식으로 표현). 원래 레슬링 점수체계에서는 빠져나가기는 1점, 역전시키기는 2점, 핀(pin)*과 거의 비슷한 것은 3점을 주고 있다. 가족은 이와 유사하게 스스로 점수기준체계를 만들었는데 예를 들면, 로버트가 친구와 함께 맥주 대신에 음료수를 마시면 그의 코치(엄마를 지칭)로부터 3점을 받게 된다. 매일 일과가 끝날 때마다 로버트는 알코올 괴물에 대항해 점수를 얼마 받을지 엄마에게 보고하기로 했다. 두 달에 걸친 3차례의 치료 후에 로버트와 그의 엄마는 성공적으로 알코올 괴물을 때려 눕혔다. 로버트는 다음 학년에 올라가서는 고등학교 레슬링 팀에다시 합류했고 16승 4패의 전적을 냈다.

칼 해머슐렉(Carl Hammerschlag)은 그의 책 『*The Dancing Healers: A Doctor's Journey of Healing With Native Americans*』에서 그가 정신과 의사로서 아메리칸 인디언의 푸에블로족 사제이자 추장인 산티아고를 치료하면서 체득한 귀하고 소박한 경험을 독자와 공유하고 있다. 산티아고는 출혈성 심장병으로 죽어가면서 해머슐렉의 병원에 입원했다. 산티아고는 해머슐렉을 보자마자 그에게 물었다. "어디서 치유법을 배웠소?" 해머슐렉은 그의 다양한 학술적 경력을 읊어 나가기 시작했다. 산티아고가 물었다. "춤추는 법을 아시요?" 해머슐렉은 산티아고의 침대 옆에서 춤을 추기 시작했다. 산티아고는 그게 아니란 듯이 웃음을 터뜨리면서 침대 밖으로 나와 어떻게 춤추는 지를 보여 주었다. 산티아고는 "만약 다른 사람들을 치료하고자 한다면 당신은 춤을 출 줄 알아야 하오." 하고 말했다. 해머슐렉이 "그럼 당신의 춤추는 법을 가르쳐 주십시오." 하자 산티아고는 다음같이 대답했다. "물론, 당신한테 나의 춤을 가르쳐 줄 수는 있지만 당신은 먼저 당신 자신의 음악을 들을 수 있어야 합니다."(Hammerschlag, 1988, pp. 9-10)

* [역자 주] 핀(pin)은 레슬링 시합에서 상대를 눕히고 카운팅하는 것

가정 6. 문제는 어려움을 해결하기 위한 성공적이지 못한 시도이다.

MRI이론가들(Watzlawick et al., 1974)은 내담자가 시도했던 해결책(시도된 해결)이 바로 문제라는 가정 하에서 단기 문제중심 치료접근을 만들었다. 가족들은 문제를 한 가지 특정한 방법으로만 보려고 집착하며, 지목된 내담자와의 상호작용에 있어서도 똑같은 방법을 계속해서 쓴다. 필자는 부모들에게 문제란 유사(流沙)와 같다는 얘기를 하고 싶다. 자식문제로 걱정하는 부모가 무언가를 하려고 악착같이 애쓸수록, 그 문제 속으로 더 빠져들게 되어 헤어나기가 어렵기 때문이다. 반항하는 청소년을 둔 일부 부모들에게는 그들과 자녀 간에 일어나는 문제를 지속시키는 상호작용 패턴에 대한 설명이 도움이 될 것이다. 필자는 이 점을 지적해 두고 싶다. 부모들이 자신의 아이들과의 관계에서 지나치게 책임지려고 하면 할수록, 자녀들은 훨씬 더 무책임해진다는 점을. MRI이론가들(Watzlawick et al., 1974)에 따르면 내담자들에게는 어려움을 잘못 다루는 다음과 같은 세 가지 공통된 방식들이 있다.

1. 행동이 필요하지만 이루어지지는 않는다
2. 행동이 되어서는 안 될 때 이루어진다
3. 행동이 잘못된 논리 수준에서 이루어진다.

문제를 잘못 다루는 첫 번째 방식은 마치 문제가 존재하지 않는 것처럼 행동하는 것이다. 문제를 부정하거나 최소화하기 때문에 상황 해결을 위해 시도되는 해결책들이 불필요한 것으로 여겨진다. 그러므로 문제를 잘못 다루어서 생긴 '문제들'로 인해서 문제가 훨씬 복잡해지게 된다. 문제를 잘못 다루는 두 번째 방식은 일이란 반드시 특정방법으로 '되어져야만 한다'는 이상적인 생각에만 치중한 나머지, 해결을 위해 제시된 어떠한 제안도 받아들이지 않음으로써 작은 변화마저 불가능하게 하게 하는 것이다. 이상적 극단론자의 접근법은 반항적인 과잉행동을 하는 아이들을 정신병원에 입원시키는 부모에게서 종종 찾아 볼 수 있다. 마지막으로 문제를 잘못 다루는 세 번째 유형은 '자발적이 되라!'는 역설의 형태를 띤다. 예를 들면 아버지는 16세 된 아들에게 어머니와 더 가까워질 것을 요구할 수록 아들은 더욱더 그렇게 하지 못한다. 왜냐하면 애정은 자발적인 행동이므로 강요한다고 되는 것이 아니기 때문이다.

가족들이 자신들의 문제상황을 보는 데 있어 고착되거나 구속 받을수록 잘못된 신념을 바꾸거나 행동을 변화시키기 위해 가족체계에 새로운 정보를 투입하는 것은 어려워진다. 예를 들면, 만성적으로 문제를 가져온 청소년의 경우 예외적이거나 전혀 문제가 되지 않는 행동방식들을 가족이나 치료자가 쉽게 알아채지 못하고 지나가는데 그런 경우는 그 아이의 '지배적인 이야기'(dominant story)(White & Epston, 1990)와 어긋나기 때문이다.

다양한 치료경험을 가진 가족들에게는 이전의 치료자들의 어떤 점이 좋았고 싫었는지를 물어보는 것이 중요하다. 필자는 한 때 상습적으로 가출하는 16세 된 청소년의 사례를 맡은 적이 있었는데 그 아이는 여러 종류의 기관에서 열여섯 번이나 치료를 받은 경험을 가지고 있었다. 이런 사례는 이전의 치료자들이 가족과 함께 시도한 해결책(시도된 해결)들을 알아보는 것이 중요하다는 것을 말해 준다.

보니는 심각한 마약중독자였으며 이 주(州)에서 저 주(州)로 5년 동안 도망 다녔다. 그녀는 청소년 보호관찰소에서 기간이 경과되어 성인 가석방 상태로 풀려났다. 그녀의 어머니는 약물중독과 알코올중독에서 회복되는 중이었다. 어머니는 다섯 번이나 결혼을 했고 현재는 다섯 번째 남편과 행복하다. 필자는 첫 면담에서 가족들에게 그들이 이전 치료자에게서 마음에 들지 않았던 점은 무엇이었는지를 물었다. 어머니는 최근에 구조적 가족치료자들에게서 겪었던 부정적인 경험을 토로했는데 새 아빠가 적극적 훈계자 역할을 했으면 좋겠다는 어머니의 제안을 치료자가 묵살해 버렸다고 했다. 보니는 치료자들이 보니에 '반대해' 부모 '편을 들' 때 '매우 화가 났었다'고 말했다. 이 정보는 필자에게 대단히 유용했고, 필자는 치료자로서 보니의 가족에게 이와는 다르게 치료를 이끌어가야 할 필요성을 느꼈다. 따라서 필자는 부모로서의 팀워을 격려하고 보니를 위해서는 가족치료 세션 중에 필자와의 개별상담 시간을 할애했다.

'같은 치료방법의 반복'을 피하기

가족치료자들은 가족과 과거 치료자들의 시도된 해결을 검토하는 것 이외에도, 현재 자신이 치료에서 하고 있는 것이 과거 치료자들이 수행한 치료법의 반복일 수도 있다는 것을 항상 인식할 필요가 있다. 가끔 치료자 스스로가 고착상태에 빠진 것을 느낄 때는, 이전 회기에 이미 쓸모 없는 것으로 드러났거나 부모들이 과거에 이미 시도해 본 과제를 다시 내주거나 그런 류의 질문을 하고 있는지도 모른다. 필자는 특정 가족의 사례가 고착되었다고 느낄 때를 필자의 즉흥성을 필요로 하는 때로 여긴다. 치료적 즉흥성(therapeutic improvisation)은 이야기를 해주거나, 유머를 사용하거나, 과제를 내주거나, 다른 치료적 기법을 쓰는 등 치료 환경에서 놀라운 일을 하거나 극적인 변화를 주는 것이다. 예를 들면 혼자 일하다가 상담팀을 합류시킨다거나, 상담시간이나 날짜를 바꾼다거나, 사무실을 재배치해 보는 것도 이에 해당한다.

치료실 외부에서 치료자는 의뢰자와 협력해서 일해야 하고, 현실적인 치료 목표 설정을 위해 관련된 협력자들과 협상해야 하며, 이 사람들이 지목된 내담자의 변화를 알아 볼 수 있도록 기회를 최대화 시켜주어야 한다. 5장에서 필자는 이를 위한 전략들을 보다 자세히 다룰 것이다.

아인슈타인은 문제를 만들어 낸 것과 같은 종류의 사고로는 문제를 해결하기가 불가능하다고 믿었다. 그러므로 해결을 위해서는 원래의 문제 설명 방식과 문제해결 노력 방식에서 벗어난 새로운 사고와 행동이 필요하다.

가정 7. 문제 해결을 위해서 문제에 대해 많이 알 필요는 없다.

문제란 항상 일어나는 것이 아니며 내담자나 가족이 문제 때문에 예민해지지 않는 시간들이 있게 마련이다. 그러므로 치료자는 셜록 홈즈같은 분석적인 태도로 문제가 없는 동안에 가족들이 어떻게 다른 행동을 하는지에 대해서 가족 개개인을 세심하고 자세히 조사할 필요가 있다.

사실상, 내담자들은 치료가 시작되기 전에 그들의 문제를 잘 해결하는 경우도 종종 있다. 와이너-데이비스(Weiner-Davis)와 동료들(1987)은 그들의 연구에서 3분의 2 정도의 가족들이 처음 사무실에 전화를 한 후 첫 상담에 오기 전까지의 사이에 이미 제시하는 문제(presenting problem)를 해결하는 쪽으로 진일보했음을 알아냈다. 필자도 인테이크 때 사무실의 모든 방문자에게 드세이저(de Shazer, 1985)의 '첫 회기 과제 공식'의 수정판을 내줌으로써 비슷한 연구를 실시했다. 접수면접 직원들은 첫 상담이전에 부모에게 전화해서 다음과 같은 과제를 내 준다.

'가족의 강점이 무엇인지를 알고자 하는 치료자를 잘 도와주고 싶으시다면,

자녀들과의 관계에서 계속 발생했으면 하는 일 중 어떤 것이 발생하는지를 알아오십시요. 그것들을 기억해 오시거나 적어 오십시오'

위에 언급한 필자의 연구는 탐색적 연구로서 다음과 같은 흥미 있는 임상적 결과를 산출하였다. 즉, 어떤 사례에서는 부모들이 첫 면담 약속을 취소하면서 다음과 같은 메시지를 남겼다. "상황이 그다지 나쁘지 않다는 것을 깨달았어요!" "저는 제 아들하고 잘 지내고 있어요." "당분간 상담약속을 연기하고 싶군요." 연구프로젝트에 포함된 대부분의 사례들은 1~2회 또는 3회 치료로 끝났으며, 많은 내담자들은 이미 가정에서 일어나고 있는 '좋은 점들(good things)'을 많이 적어 왔다. 이런 사례들의 경우 치료자의 주된 임무는 치료 전에 얻은 것을 견고히 하고 증폭시킴으로써 가족들에게 효과를 준 것들을 활용하는 것이었다.

가족들과 그들의 예외상황에 대해 탐색할 때 필자는 그들이 행하고 있는 것 중에서 유용한 것에 대해 물을 뿐만 아니라 도움이 되는 자기독백(self-talk)에 관해서도 묻는다. 자기독백은 가족들이 문제에 용감히 대항할 수 있게 하는 것으로, 머리 속에서 작동하는 유용한 테이프라고 할 수 있다. 예를 들면 필자는 아이들에게 분노관리문제에 대해 다음과 같이 물어본다. "화내지 않고 기분 좋게 하기 위해 너는 뭐라고 혼잣말을 하니?" "분노를 견디기 위해 넌 머리 속으로 무슨 생각을 하니?" 녹음테이프의 비유는 10대 아이들에게 특히 유용하다.

일단 중요한 예외적 행동이 지속되고 내담자의 유익한 자기독백이 확인되면, 치료자의 임무는 내담자에게 용기를 북돋우어 주고, 차이점을 강조하며, 예상질문(presuppositional questions)(O'Hanlon & Weiner-Davis, 1989)을 사용하여 내담자를 미래로 옮겨가게 함으로써, 예외와 유익한 자기독백들을 증폭시키는 것이다. 어떤 사례에서는 필자는 상상의 수정구슬 기법을 응용해 수정구슬을 통해 2~3주 후에 그들의 변화된 모습이 어떤 것일지를 가족들에게 자세히 말하도록 요청한다. 이 과정을 통해 밝혀진 예외상황은 해결 방안을 공동구성(co-constructing)하는데 주춧돌이 될 수 있다. 즉, 문제에만 몰두해 있던 내담자가 예외적 사실들을 듣게 되면, 자신에 대한 새로운 발견을 하게 되는 것이다. 그리고 새로운 발견은, 베이슨(Bateson, 1972)의 지적대로 '차이를 만들어 내는 차이의 뉴스'가 된다. 즉, 의미와 행동 사이에는 순환 관계가 있어서 상황에 대한 내담자의 관점의 변화는 행동 상의 변화를 가져오게 된다.

조심할 것을 하나 덧붙이자면 과거에 많은 트라우마를 경험한 청소년과 가족의 경우 만성적 어려움으로 사기가 꺾여 있거나 수차례의 부정적 치료경험이 있는 경우가 많으므로, 치료전변화나 예외에 대한 탐색을 시작하기 전에 문제 이야기와 문제에 대한 관심에 대해 이야기할 시간을 많이 할애해야 한다.

가정 8. 내담자가 치료목표를 설정한다.

만약 당신이 내담자와 함께 어디로 가는지를 모른다면, 당신은 엉뚱한 곳에서 치료를 끝내게 될 것이다(O'Hanlon & Weiner-Davis, 1989). 어떤 사례에서 고착되거나 지쳐 버리면 치료자는 문제에 대한 정보 속에서 헤매게 되고, 무엇이 내담자의 목표인지도 모르게 되어 결국 치료목표는 너무 거대한 것이 되고 아무 의미가 없게 되어 버린다. 치료자로서 우리의 임무는 해결 가능하며 현실적인 치료 목표를 설정하기 위해 협상하는 것이다. 우리는 경계선 장애를 가진 청소년을 바꿀 수는 없지만 자해행위 같은 제기하는 증상들 중의 하나는 바꿀 수 있다. 우리는 행동을 볼 수 있고, 치료 과정을 통해서 행동의 변화를 관찰 할 수 있기 때문이다. 제기하는 문제가 해결되었을 때의 상황이 어떠해 보일지를 내담자로 하여금 비디오테이프 같은 묘사를 하도록 만드는 것이 중요하다. 이상적으로는, 내담자의 비디오테이프 묘사는 '누가' '무엇을' '언제' '어떻게' 목적을 달성하는지를 포함하게 된다. 내담자의 비디오테이프 묘사가 색깔과 동작을 포함하는 등 상세하면 할수록 내담자와 함께 긍정적 자기충족예언을 공동구성할 가능성이 많아지게 된다.

치료를 위해 내방한 내담자들은 종종 그들이 해결하기 원하는 문제를 끝도 없이 여러 가지 얘기한다. 이런 경우, 치료자의 주요 임무는 이 많은 문제 중 가족들이 가장 먼저 바꾸기를 원하는 문제를 밝히게 하는 것이다. 일단 가족들이 치료를 위해 관심을 가질 하나의 문제를 선택하면, 치료자는 이 치료목표를 세분화해서, 구체적이며, 작고, 변화 가능한 것으로 정의 내려야 한다. 예를 들면, 예전에 필자는 약물남용하는 아들이 일주일 안에 자신의 침실 전체를 치우게 만드는 것을 최우선 과제로 여기는 부모의 사례를 맡은 적이 있었다. 지난 5년 동안 침실은 완전히 돼지우리 같은 곳이었다. 아들 침대 밑은 술에 젖은 땅콩이나 젤리 샌드위치로 엉망이었다. 부모들의 목표가 너무 거대한 편이어서 필자는 부모에게 아들이 1주일 안으로 침실을 기꺼이 치울 수 있도록 침실의 어떤 한 부분만을 1주일 내로 치우는 것을 목표로 하여 아들과 협상해 보라고 격려한 적이 있다.

연구 결과들은 치료 과정에 있어서 내담자의 자기결정권의 필요성을 보여 주고 있다. 즉, 내담자가 자신의 운명에 대해 어느 정도의 통제력을 가지고 있다고 믿을 때, 과제를 더 잘 하려고 애쓸 것이고, 과제를 실제로 더 잘 처리하며, 변화과정에 더 헌신하게 될 것이다. 내담자들은 여러 행동 과정 대안 중에서 자신이 하나를 선택할 수 있을 때, 그 대안을 끝까지 완수하며 성공할 가능성이 많다는 경험적 증거가 있다(Miller, 1985). 중독분야의 몇 연구는, 내담자 자신이 치료 목표 선택의 기회를 가지며 자신이 받고 싶은 치료의 유형을 직접 선택할 때 훨씬 더 동기화되어 치료결과가 더 긍정적이라는 결과를 보여 주었다(Kissen, Platz, & Su, 1971; Parker, Winstead, & Willy, 1979). 따라서 내담자의 인식이나 욕구에도 불구하고 특정 치료 목표만 고집하는 것은 동기와 치료결과에 부정적인 영향을 미칠 것이다(Sanchez-Craig & Lei, 1986; Thornton, Gottheil, Gellins, & Alterman, 1977).

가정 9. 현실이란 관찰자에 의해 정의 내려지는 것이며, 치료자는 치료체계의 현실을 공동 구성하는데 참여한다.

베이슨(Bateson, 1972)이 쓴 바에 의하면 "사람들은 자신의 세계관에 따라 세상을 인식하고 행동한다. 그리고 거꾸로 그의 인식 방식과 행동 방식이 그의 세계관을 결정한다." 이와 같이, 새로운 치료자-내담자 관찰시스템의 구성원으로서, 내담자가 제기하는 문제에 대한 우리의 이해방식은 우리가 가진 치료모델, 철학과 개인적 경험을 바탕으로 한다. 아인슈타인은 우리가 무엇을 관찰 할 것인가를 결정짓는 것은 우리의 이론이라고 믿었다. 예를 들면, 만약 당신이 구조적 가족치료자라면 당신은 '고착'이나 '분리'(Minuchin, 1974) 같은 병리학적 가족구조 입장에서만 문제를 보려는 경향이 강해질 것이며, 정신역동에 중점을 두는 치료자라면 해결되지 못한 갈등이나 정신적 결핍으로만 문제를 보려고 할 것이다. 우리는 우리가 볼 수 있는 것만 받아들일 수 있는 것이다. 따라서 치료자들이 이론을 '가지지 않는다는 것은 불가능하다'(Anderson & Goolishian, 1991b).

인간은 '신의 시각(God's eye)'이라는 것을 가질 수는 없다. 즉, 우리가 밖에 서서 안에 있는 내담자를 들여다 볼 수 있는 객관적 외부 세계란 없다. 치료자들과 슈퍼바이저/치료팀은 새로운 치료자-내담자 문제 관찰체계의 구성원들이다. 우리는 내담자가 문제로 가득 찬 자신의 이야기를 재저작하는 데 도움을 주는 공동작가인 셈이다. 내담자와의 치료적 담화에서 우리는 내담자의 잘못된 신념에 도전할 수 있는 그리고 행동패턴을 바뀌게 할 수 있는 의미 있는 차이가 발생할 수 있도록 내담자와 상호작용 해야 할 필요가 있다. 앤더슨(Anderson, 1991)에 따르면 내담자와의 대화에서 발생할 수 있는 치료적 구성(construction)에는 세 가지 종류가 있다. (1) 내담자가 자신의 문제를 보는 기존의 방식과 '너무 비슷한' 구성, (2) 내담자에게 '너무 별난' 것으로 인식되어져 내담자가 거부하거나 저버리는 구성, (3) 지나치게 비슷하거나 별나지 않기 때문에 내담자의 원래의 문제 인식이 변화될 수 있게 하는 구성이 그것들이다. 위 세 가지 구성 중 세 번째 것은 치료 과정 중에 치료자가 내담자에게 '가까이' 있어야만 만들어질 수 있는 것이다. '가까이' 있다는 말은 내담자의 주요한 언어나 신념의 요소들을 조심스럽게 활용하는 것이다. 또한 내담자의 예상언어*를 치료적 질문과 과제처방 시에 포함시키는 것을 의미한다. 이렇게 해야 가족들이 해결하기로 결심한(solution-determined) 이야기를 저작하는데 치료자가 공동저자가 될 수 있다.

가정 10. 상황을 보는 데는 여러 가지 방법이 있으며 더 '옳은' 방법이란 없다.

세상에서 일어나는 각각의 사건들을 설명하는 데에는 최소한 두 가지 또는 그 이상의 방법이 있다. 베이슨(Bateson, 1980)은 이것을 '이중 또는 복수 비교'(p. 97)라고 칭했다. 기실, 진실에 대한 궁극적인 설명이란 없을 것이다. 위대한 초현실주의 예술가인 르네 마그리뜨는 그의 작품 이미지에 대해 정확한 설명을 해주거나 이해시켜 달라는 사람들의 요청에 대해 언급하는 것을 좋아했다. 르네 마그리뜨는 "우리는 최후에 대상물을 보기 위해서 항상 더 멀리 꿰뚫어 보기 원하며 이것이 우리가 존재하는 이유이다."(Whitefield, 1992, p. 62)라고 했다. 마그리뜨의 그림에서 발견되는 이미지에는 진실과 의미가 감추어진 다양한 방식들에 대한 은유가 많다.

---

* [역자 주] 예상언어는 4장에서 설명되고 있는 '예상질문'에 사용될 수 있는 언어이다. '예상질문'이란 문제없는 상황을 예상하게 하는 질문으로 치료목표를 유도해 내고, 예외를 증폭시키고, 내담자에게 변화의 불가피성을 알려 주어, 내담자의 인식과 행동에 중대한 변화를 만들 수 있다. 예를 들면, 예상질문은 다음과 같은 것들이다. "더 이상 여기 오지 않아도 될 때를 어떻게 알 수 있을까요?" "만일 당신 아들이 귀가 시간을 어기지 않은 다음 한 주를 비디오로 촬영하여 내게 보여 준다면, 당신들 세 사람은 얼마큼 사이가 좋아져 있을까요?"

치료자로서 우리는 자신이 선택한 치료모델에 지나치게 얽매여서는 안 된다는 점에 주의해야 한다. 프랑스 실존주의 철학자인 에밀 샤르띠에는 "당신이 가지고 있는 생각이 단 하나일 때보다 더 위험한 것은 없다."고 주장했다. 치료적 융통성은 다루기 힘든 청소년들의 경우에는 필수적인 요소이다. 해결지향 단기가족치료는 모든 청소년 사례에 적합한 만병통치약이 아니다. 임상적으로 필요할 때, 필자는 해결지향 단기치료 접근을 버리고 다른 치료접근의 생각들을 통합하여 완전히 다른 치료법을 만들어 내려고 노력하고 있다.

요약

이 장에서는 해결지향 단기가족치료 접근의 이론적 근간이 되는 10가지 가정을 제시하였다. 이 가정들은 치료자가 치료를 진행하고 청소년과 가족의 어려움을 바라보는 데 매우 실용적이고 긍정적인 렌즈가 된다. 또한 치료자들로 하여금 좀 더 치료적으로 유연하게 하며, 제기하는 문제 영역에서 좀 더 내담자의 강점을 활용하고, 작고 현실적인 행동적 목표를 협상하는 데 도움이 될 것이다.

Pathways to Change

Chapter 03

창조적 치료자

도전이 되는 가족과 안전지대 밖에서 가능성을 창조하고 활기차게 상담하기

음악가인 당신이 어떤 곡을 연주할 때 시작 부분의 주제는 제한이 있지만, 시작 부분이 지나면 제한이 거의 없는 자유로운 모험과 같다!

—오넷 콜맨(ORNETTE COLEMAN)

오넷 콜맨(Ornette Coleman)의 음악은 혁신적이고 모험적이어서 우리로 하여금 진귀하고 창조적인 음악적 현실로 순식간에 빠져들게 만든다. 그러나 아쉽게도 단기치료 문헌이나 단기치료 세미나를 들여다보면 치료자의 독특한 강점이나 재능, 독창성을 활용해서 상담에서 새로운 가능성을 창조할 수 있다는 점은 거의 강조되지 않는다. 도전을 주는 가족을 만나서 힘겹게 막다른 골목에 처해 있음에도 불구하고 치료자는 자신이 좋아하는 모델이 제공해 주는 안전지대에 머무름으로써, 위험을 감수하여 상상력을 넓힐 기회를 차 버리고 치료방법에서의 선택을 스스로 제한하는 경우가 많다. 어떤 치료자들은 자신이 애지중지하는 치료모델 하나로 모든 사례를 처리하려는 안이한 생각을 가지기도 하고, '심리치료는 실험이 아니란 말이야'라는 생각에 굴복해 버리기도 한다. 도전이 되는 가족을 만났을 때 치료자가 안전지대에 숨게 되는 또 다른 이유는 가족이 가지고 있는 문제가 위협적이고 만성적인 특성을 가지고 있기 때문이다. 이럴 때 치료자는 두려움과 혼란을 느끼게 되고, 치료 진행은 어려운 상태로 빠지게 될 수도 있다.

필자는 이 장(chapter)이 치료자가 안이함의 족쇄에서 벗어나도록 돕는 데 도움이 되기를 희망한다. 따라서 치료자가 도전이 되는 힘든 가족을 만났을 때 자신을 활용할 수 있는 치료 방법에 관련된 몇 가지 답변을 제시하고자 한다.

- "내담자와의 치료적 관계 중 어떤 요소가 우리로 하여금 위험을 감수할 수 있도록 힘을 북돋아 주고 있는가?"
- "이 가족의 이야기는 어떤 방식으로 우리가 함께 위험을 감수할 수 있도록 영감을 주는가?"
- "어떤 식으로 나를 구성하거나 사용할 때 이 도전이 되는 가족과 협력적인 관계를 맺을 가능성이 좀 더 높아질까?"
- "도전이 되는 내담자와의 치료 과정에서 긍정적 변화를 위한 아이디어를 떠올리려면 구체적으로 어떻게 우리 자신을 활용할 수 있을까?"
- "문제 상황에 대한 구성이나 줄거리 중 어떤 것이 미학적으로 나와 이 가족을 가장 즐겁게 만들어 줄 것인가?"
- "이 가족의 문제 이야기를 듣고 나에게 어떤 생각이 떠오르는가?"
- "나는 가족원의 목소리를 가라앉힐 수 있는 어떤 말과 행동을 하고 있는가?"
- "만약 내가 이 가족의 머릿속에 들어갈 수 있다면, 내가 질문하고 상담하는 것을 어떻게 인식하고 있을지 궁금하다"
- "나는 이 가족과 유사한 가족에게 어떤 도움이 되는 말과 개입을 했던가?"
- "이전에 이 가족과 나를 한 번도 만나지 않았던 제3자의 관점에서 본다면, 상담 진행 상황이 정체되어 있는 것에 대해서 뭐라고 생각할까?"
- "다루기 힘든 이 가족과의 상담에서 내가 절대로 실패하지 않을 것을 안다면 어떨까?"

또한 필자는 이번 장에서 단기치료에서 자신을 창조적으로 사용하는 체계론적인 틀과, 다루기 힘든 가족을 만났을 때 안전지대에서 벗어나 여러 가지 가능성을 창조하고 생기 있게 작업할 수 있는 몇 가지 실천 지침을 제시하려고 한다.

창조적으로 치료자 자신을 사용하기: 체계론적 틀

우리가 새로운 내담자를 만나면, 순환적인 상호작용 과정이 작동하기 시작한다. 내담자가 말하는 문제 이야기, 가족 주제, 비유들이 정서적으로 우리에게 다가와 공감이 되고, 종종 우리 마음에 다양한 연상을 불러일으킨다. 즉, 우리의 직업적, 개인적 삶의 경험에서 유래하는 특정한 생각과 감정을 불러일으키고, TV나 영화, 문학 작품 속의 인물이나 역사적 인물의 이미지를 떠올리게 한다. 유사한 어려움을 가지고 있던 이전 내담자에 대한 기억도 떠올리고, 혹은 심지어 그 가족의 문제를 해결하는 데 도움이 되었던 가족의 주요 강점과 전문성을 활용하기 위한 창조적인 아이디어도 떠올리게 된다. 내담자가 제시하는 문제의 성격, 변화 이론, 주요 강점, 목표 등이 어떤 치료 접근이나 전략과 기법의 조합이 가장 잘 들어맞는 것인지를 결정할 것이다. 거기에다가 창조적인 역량을 지닌 치료자들은, 자신만의 주요 강점, 전문 영역, 유사한 내담자를 도왔던 성공적 경험, 그리고 내담자와 실행 가능한 현실을 함께 만들어 내기 위한 상상력의 힘을 어떻게 활용할지 마음속으로 즐겁게 그려 볼 것이다. 숀(Schon, 1983)은 이러한 과정을 **행동 중의 반영**(reflection-in-action)이라고 칭했다. 위험을 감수함으로써 우리는 내담자와 함께 그들의 문제 이야기를 새롭게 구성할 수 있고, 회기 중에 참신한 치료적 실험을 시도해 볼 수 있으며, 그다음에는 내담자 가족원이 어떻게 반응하는지 주의 깊게 관찰하고 경청한다. 여기에서 가장 중요한 점은 우리가 가족에게 제공하는 생각과 실험이 비록 참신한 것이라고 하더라도 문제 상황을 바라보는 그들의 관점에 가급적 가까운 것이어야 한다는 것이다. 우리가 치료 과정에서 말하거나 시도하는 것은 본능적인 반사작용으로 순식간에 일어나는 것일 수도 있고, 혹은 내담자가 가지고 있는 문제 이야기나 주제에 자극을 받은 행동 각본(과거에 만난 유사한 가족에게 효과가 있었던 변화 전략)에 의해서 나온 것일 수도 있다. 가족 구성원들이 보이는 언어적, 비언어적 피드백에 따라 우리는 그다음 치료 선택을 한다. 혹은 내담자 가족에 좀 더 잘 맞추기 위해서 필요한 조정을 한다. 이 전체 과정 동안 치료자는 비판적으로 메타 관찰(meta-observe)을 해야 한다—즉 자기 자신에게서 한 발짝 떨어져서 각 가족원과 맺고 있는 관계에 관해 자신을 관찰해야 한다. 우리가 얼마나 잘 연결되어 있는가? 우리는 내담자들의 문제를 좀 더 잘 이해하는 방식으로 내담자들과 협력하여 우리의 구성(construction)과 행동이 내담자 가족이 원하는 유형의 결과를 만들어 내고 있는가? (**그림 3.1** 참조) 숀(1983)은 이러한 유형의 비판적인 자기반성(self reflecting)을 **행동에 대한 반영**(reflection-on-action)이라고 했다. 마지막으로, 우리는 우리 자신의 가정과 믿음을 비판적으로 점검하여 새로운 아이디어의 형성이나 내담자가 만들고 싶어 하는 변화를 막을 가능성이 있는 잘못된 혹은 도움이 안 되는 시각을 얼마든지 포기할 수 있다는 열린 자세를 가져야 한다.

가족이 가진 문제 이야기

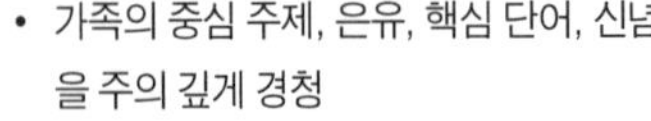

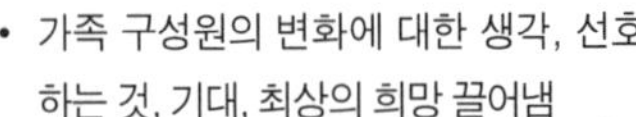

- 가족의 중심 주제, 은유, 핵심 단어, 신념을 주의 깊게 경청
- 가족 구성원의 변화에 대한 생각, 선호하는 것, 기대, 최상의 희망 끌어냄
- 가족 구성원의 주요 지식과 기술 영역, 열정 발견

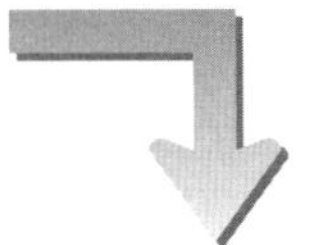

행동 중의 반영

우리 안에 연상을 불러일으킴

- 가족 이야기에서 어떤 부분이 가장 큰 영감을 주며 미적 즐거움을 주는지 생각함
- 유형 인식과 전형성 찾음
- 유사한 가족에게 적용했던 과거의 상담계획 활용
- 자신의 치료 방식에 대해 생각하고, 내담자의 독특한 특성에 맞춤
- 가족 구성원이나 이야기가 TV, 영화, 역사적 인물, 유명한 책의 캐릭터나 이야기와 얼마나 닮았는지 상상함

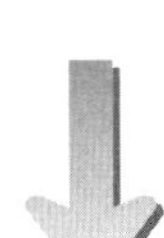

안전지대 벗어나는 위험 감수하기

- 유머와 장난 사용
- 가족 이야기의 대안적 구성 제안
- 가족 구성원의 호기심, 상상력, 전문성을 끌어내는 질문
- 가족의 상담목표를 염두에 두되, 가족원의 핵심적 지식과 기술을 건드리는 치료적 실험 시도

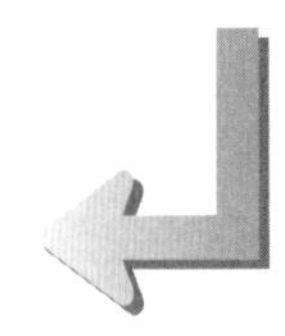

행동에 대한 반영

- 내담자의 언어, 비언어 피드백 면밀하게 사정
- 내담자에게 적합한지를 판단

반영한 내용을 창조적으로 행동에 옮기기

내담자에게 적합하지 않다면 치료자로서 당신은 이렇게 할 수 있다.

- 가족에게 새롭게 제안할 치료 요인을 만들기 위해 당신의 창의력, 상상력, 핵심 지식 기술 영역 활용
- 당신의 치료 접근 방법에 새로운 발상 결합을 시도
- 상담할 때 평이하고 지루하게 하지 말고, 놀랍고 새로운 요소를 좀 더 많이 시도

행동에 대한 반영

- 내담자의 언어, 비언어 피드백 면밀하게 사정
- 내담자에게 적합한지를 판단

그림 3.1 자신의 창조적 사용을 보여 주는 체계론적 틀

창조적 역량을 가진 치료자: 자신을 체계론적으로 활용하기 위한 실천 지침

어떤 상담 회기라도 치료자는 자신의 창의력이나 직감을 즉흥적으로 사용하여 내담자로 하여금 다양한 가능성을 만들 수 있도록 할 수 있으며, 이때 치료자가 사용할 주요 강점은 많다. 치료자가 자신의 장점을 사용하는 것은 단순히 우리가 내담자와 함께 하는 활동의 한 측면이 아니라, 그 못지않게 중요한 것으로, 우리가 특정한 방법을 왜 선택했는지에 대한 철학과 관련된다. 디즐러(Deissler, 1989)는 다음과 같은 질문을 스스로에게 던져보자고 제안 한다. "우리가 구성(construction)하는 것을 우리는 어떻게 구성하는가?" 혹은 "우리가 고안하는 것을 우리는 어떻게 고안하는가?" 이러한 질문을 우리 자신에게 던져 봄으로써, 더 이상 우리의 인식의 한계에 매이지 않게 되고, 내담자와 함께 우리의 창조성, 독창성, 협력적 해결책 구축과정을 자유롭게 적용할 수 있게 된다고 주장했다. 다음에 소개하는, 치료자 자신을 창조적으로 활용하기 위한 실천 지침은, 수년간 영향력 있는 이론가와 교육자에게서 배운 임상 실천의 지혜(Seligman, 2002, 2003; Gilligan, 2002; Hoffman, 1988, 2002; O'Hanlon & Weiner-Davis, 1989; Goolishian & Anderson, 1988; O'Hanlon, 1987; Minuchin, 1986; Minuchin & Fishman, 1981; Keith & Whitaker, 1981; Erickson, 1964, 1965; Whitaker, 1975)와 상담하기 어려운 청소년을 직접 만나면서 쌓아온 필자의 경험에 근거한 것이다. 창조적 역량을 가진 치료자는

- 가족이 제시하는 문제를 선물로 바라본다.
- 모험심이 많고, 놀라움으로 가득하며, 위험을 감수하는 일도 꽤 편안히 여긴다.
- 가족이 제시하는 문제에 대한 두 번째, 세 번째, 네 번째 대안적 설명에 대해서 진심으로 알고 싶어 한다.
- 다음에 어떤 질문이나 시도를 할지 결정하거나, 가족과 관계를 맺을 때 어떻게 그들에게 맞출 수 있을지를 생각하기 위해서 가족 구성원의 언어적, 비언어적 피드백을 주의 깊게 듣고 읽어 낸다.
- 열정적이고 열성적이며, 영감을 주는 코치와 같다.
- 역경에 직면했을 때도 낙천적인 태도를 유지한다.
- 모든 순간을 소중히 여기며, 생각과 감정에 숨김이 없다.
- 모든 가족 구성원을 진실 되게 대하고, 그들과 일체가 된다.

- 자신의 전문성은 가족 구성원의 전문성을 끌어내는 능력임을 믿는다.
- 상담에서 대화를 나눌 때, 시적인 언어나 은유, 생각을 샘솟게 하는 시각적 측면을 활용한다.
- 무슨 수를 써서라도 특정 치료모델의 노예가 되는 것을 피한다.
- 문제 해결의 실마리나 과거에 있었던 성공적 행동 시나리오를 알아채는 자신의 직감을 신뢰한다.
- 유머, 어리숙해 보이는 행동, 장난을 많이 사용한다.
- 자신이 무능한 것 같고, 혼란스럽고, 정체된 느낌을 받을 때, 가족 구성원의 지원을 적극적으로 구한다.
- 가족에게 힘을 북돋아 주기 위해서, 자신이 가지고 있는 주요 강점, 독창성, 그리고 전문 영역을 정기적으로 활용한다.

실천 지침에 관한 생각

아래에서는 임상에서 실천지침이 적용되는 방법을 보여 주는 사례를 통하여 창조적 역량을 발휘하기 위한 실천 지침을 제시한다. 내담자 가족이 그 회기에 원하는 독특한 욕구가 무엇인지와, 치료 과정에서 무엇이 효과적일지에 따라서, 한 회기에서도 여러 전략을 다양하게 사용할 필요가 있다.

가족이 제시하는 문제를 선물로 여긴다.

내담자의 문제를 제거해야 할 적이라기보다는 선물로 바라보기 시작하면 어떤 일이 벌어지는가? 문제를 선물로 바라보게 되면 무엇보다도 문제에 내재된 긍정적 특성을 이해하게 되고, 그 문제가 내담자에게 자원과 해결책으로서 얼마나 도움이 되어왔는지를 이해하기 시작하게 된다. 유용한 정보를 가득 담고 있는 책인 『치료자를 치료한 환자와 특별한 치료 이야기(*The Patient Who Cured His Therapist and Other Stories of UnConventional Therapy*)』(1999)의 저자인 심리치료자 스탠리 시걸(Stanley Siegel)은 이 점에 대하여 이렇게 썼다.

> 내담자의 '문제'는, 문제가 아니라 발견되어 사용될 때를 기다리는 해결책일

> 수 있다. 문제는 안정성, 휴식, 연속성, 혹은 심지어 문제에 집착해 있는 내담자에게 안전까지 제공해 주기도 한다. 내담자의 문제에서 무엇이 틀렸는지가 아니라 무엇이 '맞는' 것인지를 탐색할수록 창조성을 더 발견할 수 있으며, 삶에 적응하는 자질 면에서 인간의 영혼이 얼마나 생각보다 앞서 있는지를 보게 될 것이다. (p. xiii)

내담자의 문제를 우리가 내담자에게 주려는 도움을 좌절시키려는 위협적인 적으로 보지 않고, 내 집을 방문한 친구나 협력자를 바라보는 따뜻하고 자애로운 집주인처럼, 문제가 내 상담실에 온 것을 환영할 수 있다. 아래에 나오는 사례는 만성적으로 자해를 해온 15세 소녀 실비아에 대한 것이다. 우리는 이 사례를 통해서 내담자가 제시하는 문제를, 다양한 치료를 받아온 힘든 내담자와 치료 동맹을 맺는 데 도움이 되는 지혜를 제공해 주는 협력자로 수용하는 방법을 알 수 있다.

실비아와의 첫 회기에서, 이전에 자해를 했던 경험이 어떻게 도움이 되어왔는지에 대해서 말해 달라고 요청했다. 실비아는 분노 폭발하는 친구로 인해서나 가족 내 스트레스로 인해 '외로울' 때, 어떻게 자해 행동이 그녀에게 '동반자'가 되었는지에 대해 말했다. 그녀는 또한 '자해 행동은 제가 신뢰할 수 있는 친구였어요.'라고 덧붙였다. 이전에 실비아를 만났던 5명의 치료자와 부모가 자해 행동을 중단시키려고 시도했던 해결책에 대해서 물어보자마자, 그녀는 치료자들과 부모가 얼마나 많은 설교를 늘어 놓았는지와 어떻게 그들에게 비난받는 느낌을 받았었는지, 그리고 어떻게 그들이 자신의 이야기를 듣지 않는 것 같았는지를 즉시 이야기했다. 부모는 실비아의 자해 행동을 멈추게 할 수 없다는 사실 때문에 좌절할 때와 딸을 생활치료시설로 보내야 할 것 같은 느낌 때문에 심리적으로 위축되는 경향을 보였다. 실비아에 따르면, 예전에 만났던 치료자들과 부모는 왜 그녀가 자해행동을 하며, 그게 어떻게 그녀에게 도움이 되는지 이해하려 하지 않고, 대신 그들은 오로지 자해행동을 없애려고만 했다고 한다. 실비아에게 이러한 결정적 정보를 얻기 위해 시간을 들임으로써, 그녀의 삶에서 자해행동이 가지는 중요성을 이해할 수 있었고, 편안하고 위협적이지 않은 치료 분위기를 만드는 데 매진할 있었다. 이 분위기에서 실비아는 지지받는다고 느꼈으며, 대안적 대처 전략 탐색에 있어 좀 더 수용적이었다.

일단 우리가 내담자의 세계로 들어가서 내담자를 알게 되면, 문제가 내담자를 심미적으로 만족시키는 측면이 있음을 이해하게 된다. 내담자의 문제를 선물로 보는 발상은 새로운 것이 아니다. 위대한 최면가였던 밀턴 H. 에릭슨(Milton H. Erickson)은 내담자의 문제나 증상이 적절한 조건만 주어지면 새로운 배움과 개인적 성장의 기초가 될 수 있다고 믿었다(Gilligan, 2002; Havens, 1985; Erickson, 1965, 1980a, 1980b).

내담자의 문제가 어떻게 선물이자 자원으로 기능하는지 알 수 있는 방법은, 내담자들에게 아래에 소개하는 장난기 어린 질문을 하는 것이다.

- "문제가 상담 받으러 당신에게 왔다고 상상해 보세요; 문제에게 어떤 질문을 하시겠어요?:
- "우리가 문제, 당신, 그리고 당신이 처한 상황에 대해서 무엇을 배울 수 있을까요?"
- "문제가 어떤 방식으로 당신의 친구가 되어 주었다고 말할까요?"
- "문제가 어떤 면 때문에 당신 곁에 머무는 것일까요?"
- "문제가 당신의 삶에서 영원히 사라진다면, 당신은 어떤 점에서 그 녀석을 그리워할까요?"
- "문제를 통해서 당신이 얻게 된 지혜는 어떤 것인가요?"

이런 장난스런 질문을 하고 자신의 어려움에 대하여 내담자가 가지고 있는 전문성을 끌어냄으로써, 내담자가 문제를 자원으로 유지하면서 계속 사용하고 싶어 하는 측면이 무엇인지 알 수 있게 된다. 내담자가 문제를 자원으로서 선택하는 몇 가지 방식을 소개하면 다음과 같다. 문제는 기분을 좋게 해주는 효과가 있다, 내담자의 마음을 안정시키는 특성이 있다, 억압적인 사고 패턴을 중단시키는 효과가 있다, 사람을 만날 때 내담자의 역량을 강화해 준다 등. 일단 우리가 내담자와 든든한 관계를 형성하고 나면 다양한 치료 도구를 내담자에게 소개하여 내담자가 문제를 통해서 얻는 이런 효과를 좀 더 적응적이고 건강한 수단을 통해 얻을 수 있게 할 수 있다.

모험심이 많고, 놀라움이 가득하며, 위험을 감수하는 일도 편안해 한다.

상담하기 힘든 청소년 내담자와 가족은, 종종 '비슷비슷한' 치료를 하는 여러 치료자를 만난 후에 우리를 찾아오며(Watzlawick et al. 1974) 이들은 몹시 지치고 꽉

막힌 느낌을 가지고 있을 수도 있다. 그러나 상담 시 대화에 새로움과 장난기를 불어넣고 드러난 문제영역에 강점과 자원을 집중시키고, 제한되고 고정되어 문제로 가득 찬 시각과 상호작용 패턴을 자유롭게 풀어 줌으로써 이들의 역량을 강화할 수 있다. 능숙한 재즈 음악가처럼, 우리는 내담자의 마음에 좀 더 매혹적으로 다가가기 위해서 다른 치료모델로부터 새로운 발상이나 전략을 가져와서 놀랍도록 창조적인 방식을 채택함으로써 이를 성취할 수 있다. 하지만 우리는 내담자와 그들이 가진 문제 이야기에 존경심과 찬사를 보여야 하므로 내담자가 만들어 내던 원래의 멜로디로 언제든지 돌아갈 수 있어야 한다. 내담자에게 의미 있는 변화를 만들어 내기 위해서, 문제중심적이고 틀에 박힌 내담자의 연주 방식을, 우리가 소개하는 새롭고 창조적이며 더 빠른 비트의 연주에 결합시켜야 한다. 그러면 우리는 새롭고 특별한 무언가를 함께 창조할 수 있게 된다.

청소년 야외활동 운동의 아버지, 커트 한(Kurt Hahn)은 언젠가 도전적인 인생 상황에서 위험을 감수하는 일의 중요성에 대해서 이렇게 이야기한 적이 있다. "우리는 모두 우리가 알고 있는 것보다 더 괜찮은 사람들이다. 우리가 이 사실을 깨달으면서 성장할 수 있다면, 진짜 모습보다 작은 사람으로 안주하지는 않을 것이다."(Curtis, 1995, p. 74). 커트 한의 교육경험에서 발견한 것이나 치료자들이 힘든 상황에 처했을 때 발생하는 일은, 사람들이 너무 지나치게 신중해서 작은 것에 만족하는 것으로 그친다는 점과 지도력이 필요하거나 위험을 감수해야 할 때인데도 공포 때문에 행동이 마비된다는 점이다. 필자는 천부적인 지도자로서의 능력을 무시하지 말아야 하고, '편의주의보다 옳은 행동이 우선이다'는 커트 한의 의견에 동의한다(Khan, 2001, p. 43).

가족이 제시하는 문제에 관련된 여러 가지 설명에 대해서도 진심으로 알고 싶어 한다.

뛰어난 가족치료의 선구자였던, 해리 굴리시안(Harry Goolishian)은 '지식은 언제나 가까이에 있다'고 믿었다(Goolishian & Anderson, 1988). 이 지혜의 말은 여러 해 동안 필자의 마음 속에 울려 퍼졌고, 필자가 새로운 가족을 상담하게 될 때, 특히 치료 경험이 많은 가족을 상담하기 시작할 때 필자의 마음 속 깊은 곳에 있었다. 가족들은 문제로 가득 찬 상황과 좌절했던 부정적 과거 치료 경험에 대해서 긴 이야기를 하고 싶어 한다(Goolishian, personal communication, March 7, 1988). 우리는 '알지 못함(not-knowing)'의 자세를 가지고 질문을 해야 하고, 여러 번 상담을 경험한 가족이 문제 때문에 어떠한 괴로움을 겪었으며 과거의 치료에서 효과를 보지 못한 것에 관련된 여러 가지 설명에 관심을 기울여야 한다. 상담자가 현재 알고 있는 것이 내담자 가족에 대해 마땅히 파악할 것을 방해하기도 한다는 것을 인식해야 한다. '알지 못함'은 일종의 선물이다. 알지 못함의 상태에서, 우리는 내담자 가족의 이야기에 좀 더 마음을 열고 다가갈 수 있고, 좀 더 알고자 하는 강한 열망을 가질 수 있다. 원시부족의 문화에 대해서 알기 원하는 호기심 많은 문화인류학자가 하는 것처럼, 내담자 가족을 자신들의 삶에 대한 전문가로 초대해서, 그들의 독특한 문화를 우리가 이해할 수 있도록 도와 달라고 요청해야 한다. 또한 빠른 속도로 목표 설정과 해결책을 구축하기 위해, 상담을 급히 한 방향으로 끌고 가지 않음으로써 내담자 가족의 말에 대해 관대한 경청을 해야 한다(Hoffman, 2002). 료이타드(Lyotard, 1996)는 존중하는 태도로 하는 경청의 중요성과 언어게임에 대해 논하면서 '언어 게임은 정의의 게임이다(p. 71)'라고 주장했다. 상대를 존중하는 태도와 깊은 호기심을 가지면 신성한 대화의 공간이 창조되어 치료자와 내담자가 협력해 새로운 생각과 의미를 공동구성하는 데 도움이 된다.

열정적이고 열성적이며, 영감을 주는 코치와 같다.

도전이 되는 어떤 가족들은 문제의 뿌리가 깊고 사기가 저조하다는 면에서 반복되는 슬럼프로 인해 조직력이 와해된 축구팀의 분위기와 유사하다. 이들은 열정과 열심을 가지고 선수들에게 영감을 주는 카리스마 있는 새로운 코치를 간절하게 원하고 있다. 빈스 롬바르디가 감독으로 부임하기 전, 그린 베이 패커스 팀은 이전부터 하위권에만 머물러왔고 플레이오프에 진출한 적이 단 한 번도 없었다. 하지만 빈스 롬바르디의 지도하에 다섯 번 결승에 진출했고 이 중에서 세 번 NFL 챔피언이 되었다. 그린 베이 패커스 팀을 영원한 NFL의 명문 구단으로 만든 롬바르디의 리더십은 어떤 것이었을까? 롬바르디는 선수들 각자에게 다가가 개별적으로 영감을 불어 넣었다. 그는 자신감을 가지고 우수성을 추구하면서 모든 선수들로 하여금 계속 노력하여 각자 한계를 넘어서 자신이 도달할 수 있는 최고 단계에까지 이르도록 역량강화했다. 마지막으로, 롬바르디는 정기적으로 선수들을 만나서 자신이 코치로서 하고 있는 활동에 대해서 평가를 들었고, 팀워크를 살리기 위해서 필요하다고 생각하는 것들을 자유롭게 이야기 할 수 있도록 했다(Maraniss,

1999).

롬바르디와 비슷하게, 우리는 내담자들이 스스로 문제를 해결하고야 말 것이라는 강한 확신을 전달함으로써, 선호하는 현실세계로 옮겨갈 수 있도록 그들을 열정적으로 격려할 수 있다. 그리고 코치로서 우리는 비슷한 문제를 가진 다른 가족이 성공적으로 문제를 극복했던 이야기로 영감을 불어넣을 수 있고, 문제에 맞선 씨름에 대한 가족 구성원의 용기, 열정, 흥분을 불러일으키기 위해서 우리의 낙천주의와 열정을 활용할 수도 있다. 또한 목표를 정확히 정하고 적절한 타이밍에 작전시간을 요청하는 전략을 통해 그들을 성공으로 이끌 수 있다.

역경에 직면했을 때 낙천적 태도를 유지한다.

상담하기 힘든 어떤 내담자들은 즉 위기에 취약한 가족이거나 다양한 치료를 해도 문제를 유지시키는 상호작용 패턴이 전혀 변하지 않는 것 같은 가족들은 우리 치료자의 마음에 비관주의와 무능력감을 줄 수도 있다. 우리는 어떤 일이 있어도 내담자를 더 실망시킬 수 있는 비관적인 마음가짐을 가져서는 안 된다. 그 대신 상황이 나빠질 때조차도 긍정적인 자세를 견지하는 태도로 내담자 가족에게 모범을 보여야 한다. 셀리그맨과 동료들은(Seligman et al., 1995, 2003) 엄밀한 연구를 통해서, 교사와 부모가 아동과 청소년에게 긍정적인 설명을 해주는 스타일을 유지하는 경우, 아이들이 우울과 불안의 어려움에 빠지지 않는다는 사실을 보여 주었다. 그는 우리가 아동과 청소년에게 가르쳐 줄 수 있는 최고의 인생 기술 중 하나는 논박기술(disputation skills)이라고 주장했다(Seligman, 2003). 우리는 가족 구성원들이 상황의 유지 또는 악화의 원인일 수 있는 편협하거나 경직된 신념, 혹은 비생산적인 시도된 해결에 대해서 의심해 보도록 요청할 수 있다. 예컨대, 치료자는 다음과 같이 질문할 수 있겠다.

- "아드님의 행동에 대한 그 설명은 어떤 식으로 투약 외의 다른 조치를 시도해 보도록 안내해 주나요?"
- "길게 볼 때 따님에게 소리를 지르면, 그 아이가 미래에 더 좋은 선택을 하게 될까요, 아니면 나쁜 선택을 하게 될까요?"
- [부모에게] "따님이 자해 행동을 계속 하는 또 다른 이유를 두세 가지 더 생각해 볼 수 있으실까요?"
- [치료자는 질문으로 의문을 제기할 수 있다] "그걸 어떻게 아시나요?"

- "그런 방식으로 생각하셔서 당신에게 어떻게 피해가 왔나요?"

우리가 내담자 가족의 변화 능력에 대해서 신뢰하면, 이들의 행동에 큰 영향을 줄 수 있다(Hubble et al., 1999). 내담자 가족이 만사가 순조로울 때와 역경을 딛고 성공했던 과거 경험에 대해서 말해 보게 하고 상담 목표를 성취했을 때의 모습을 상상의 수정구슬 속에서 그려 보게 함으로써 희망과 낙관주의를 불어넣을 수 있다. 필자는 종종 부모를 가족회기에 초청해서, 이들이 힘든 시기를 이겨냈던 경험과, 어린 시절 지금의 자녀와 비슷한 어려움에 부딪혔을 때 끝내 이겨냈던 사연을 청소년 자녀가 들을 수 있게 하는 시간을 갖곤 한다.

역경에 부딪히거나 치료 과정이 정체되었다고 느낄 때 취할 수 있는 또 다른 통로는 기어를 바꾸고 내담자와 함께 기본으로 돌아가서, 다음과 같은 영역에 대해서 탐색해 보는 것이다. 즉, 이전에 제안했던 치료적 실험이 가족원의 변화를 위한 준비 단계와 맞지 않았던 것인지(Prochaska, 1999), 이들이 가진 변화 이론, 치료에 대한 기대와 선호하는 방식을 잘못 이해했던 것인지(Hubble et al., 1999)를 탐색해 본다. 이때 치료 목표가 지나치게 크거나 비현실적이어서 협상을 다시 해야 할 수도 있다. 일단 이러한 조정이 이루어지고 나면 내담자나 치료자 모두 새로운 동기가 생겨 변화 과정이 시작될 수도 있다.

모든 순간을 소중히 여기며, 생각과 감정에서 숨김이 없다.

치료자로서 우리는 내담자에게 일어날 수 있는 기적 같은 순간을 예민하게 느끼고 소중히 여겨야 한다. 내담자에게 가까이 머물 수 있는 능력이 있고, 어떤 주제에 대해서 이야기할 때 내담자의 비언어적 행동만 보고서도 변화를 정확하게 포착할 수 있고, 우리 자신을 내담자의 감정 상태를 감지하는 수단으로 활용하는 능력이 있다면, 그리고 우리의 감정과 생각에 숨김이 없다면, 내담자와 강력하고 의미 있는 치료 관계를 형성할 수 있을 것이다. 치료자가 내담자에 대해 가지고 있는 생각과 감정을 반영하여 숨김이 없는 몇 가지 사례를 소개하면 다음과 같다.

- "지금 이 방 분위기가 무겁게 느껴지네요. 먹구름이 머리 위를 뒤덮고, 거의 장례식장에 와 있는 것 같은 느낌이에요. 혹시 저 말고 이렇게 느끼시는 분이 또 계세요?"
- 너도 알겠지만, 로드니 데인저필드라는 유명한 코미디언이 있지. 그가 했던

유명한 말이 이거였어. "난 항상 푸대접이야!" [청소년 내담자에게 물어보면서] "부모님에 대해서 너도 이렇게 느끼니? 그러니까, 부모님이 노력을 좀 더 하셔야 한다고 생각하느냐?"고.

- "때때로, 내담자 분들이 어떤 일에 대해서 이야기 하시면, 제 머릿속에서 많은 새로운 생각이 떠올라요. 정말 엉뚱한 생각일 수도 있고, 도움이 될 수도 있죠. 혹시 지금 떠오르는 생각을 여러분께 말씀드려도 될까요? 진짜 터무니없는지, 도움이 되는지 알도록이요."
- "당신은 어떻게 해서 가족 안에서 그렇게 불가사의한 존재가 된 건가요?"

모든 가족원을 진실하게 대하려고 하며 그들과 일체가 된다.

우리는 모든 가족원을 진실하게 대하고, 그들과 일체가 되려는 자세를 유지할 필요가 있다. 가족을 진실하게 대하는 치료자는 선의와 돌봄으로 또한 지지와 지혜를 거침없이 제공함으로써 그들의 마음을 사로잡는다. 이런 치료자는 가슴 깊은 곳에서 나오는 공감과 너그러움을 가지고 가족 구성원들의 경험을 보고 느낀다. 치료자가 내담자에게 불어 넣는 희망은 치료자의 심장에서 우러나오며 이것은 그들에게 줄 수 있는 일종의 선물이다. 치료자는 내담자에게 진실하게 다가가기 위해서 마음에 '잠재의식에 존재하는 험담, 주저함, 불신'(Trungpa, 1988, p. 114)이 없어야 한다.

선구적 물리학자 데이비드 봄(David Bohm)은 '우리는 모두 하나'라고 믿었다. 만물은 분리될 수 없는 전체의 부분들이기 때문에(Bohm, 1980) 우주 안에 존재하는 만물은 서로를 감싸 안는다는 것이며 봄은 이것을 숨겨진 질서(implicate order)라고 칭했다. 봄(1980)에 따르면 인간으로서 우리는 분리되려는 성향을 가지고 있으며, 다른 사람들을 자신과 분리된 개체로 바라본다. 타인과의 관계에서 벽을 없앤다면 우리는 관계 안에서 하나의 존재가 된다. 그리고 우리가 각 가족 구성원들과 강력한 연결 혹은 일체감을 설정하게 되면 이심전심으로 의미를 만들어가는 중요한 대화를 통해서, 말할 수 없는 것들 혹은 속으로는 오래 지속되어 오고 있었지만 언급하지는 않았던 내용을 전달할 수 있을 것이다.

가족 구성원의 강점을 끌어내는 능력을 자신의 전문성으로 생각한다.

새로운 가족을 만날 때는 가족원을 초청해서 충분히 시간을 가지면서 그들의 주요 강점, 전문 영역, 열정을 품고 있는 분야가 무엇인지를 알아가는 것이 매우 중요하다. 가족이 품고 있는 보석과 열정을 세심히 탐색하여 상담 시의 대화와 치료적 실험(과제)에서 가족의 강점이나 재능과 관련된 은유와 독특한 주요 단어를 사용할 수 있다. 내담자가 자신의 긍정적인 부분에 대해서 이야기하고 삶 속에서 자신이 어떻게 빛나고 있는지 말하도록 요청하는 것만으로도 변화를 위한 농익은 치료 분위기와 긍정적 정서를 만들어 낼 수 있다. 예를 들어 조직 폭력단에 관련된 청소년을 만났는데 농구를 아주 많이 사랑하고 재능도 있다면, 평소에 농구 코트에서 얼마나 펄펄 날아다니는지 물어보거나, 그동안 시도했던 슛과 드리블링 중에서 최고로 멋졌던 장면, 그리고 다른 플레이를 하는 방법에 대해서 질문하면, 농구에 대한 열정과 기술 덕분에 이 청소년의 기분이 좋아질 것이다. 그리고 이런 대화를 하면 왜 보호관찰에 처하게 되었는지나 다른 어려움을 겪게 되었는지 이야기할 때보다 기분이 훨씬 좋아질 것이다. 한 발 더 나아가, 농구 코트에서 그가 어떻게 능력을 펼치는지 이야기해 보라고 권하면, 이 청소년과 치료적 관계를 빠르게 만들어 낼 수 있을 것이다. 만약 가장 잘하는 플레이가 페이드 어웨이 슛이거나 3점슛이라면, 우리는 부모에게 다음 주에 이 청소년이 어떤 행동을 하면 2점이나 3점을 줄 수 있겠는지 논의할 수 있다. 부모는 어떤 행동을 2점이라고 하고, 어떤 행동을 3점이라고 할지에 대해서 규칙을 정해야 할 것이고, 일주일 동안 가능한 한 많은 점수를 올리게 하기 위해서 아들이 잘했을 때 줄 수 있는 포상 체계를 만들 수 있다. 이런 변화 전략이 내담자에게 효과가 있다면, 당신은 변화가 충분히 드러나서 그들이 만족감을 느낄 때까지 이 체계를 계속 유지하기를 바랄 것이다.

치료적 대화에서 시적 언어, 은유, 마음을 끌고 생각을 불러일으키는 시각적 요소를 활용한다.

도전이 되는 내담자가 억압을 받았던 문제 이야기와 견뎌냈던 이야기를 꺼내 놓을 때 주의 깊게 경청하면 이들이 경험했던 정서적 고통과 절망감에 공감할 수 있고 이들의 놀라운 적응유연성에 경외심을 표할 수 있으며, 이야기에 감동을 받아 좀 더 듣고 싶어지거나 어떤 연상이나 이미지를 떠올릴 수도 있다. 이러한 생각, 감정, 이미지는 우리 마음속의 창조 과정을 자극하여 창의적인 생각을 불러일으키며, 가족에게 제안할 만한 참신한 대안적 이야기나 흥미로운 실험을 구성(construction)하는 데 도움이 될 수 있다. 아름다운 벽걸이 융단을 직조하는 것처럼, 우리는 은유, 심미적으로 매력 있는 이미지, 그리고 내담자의 이야기가 우리 마음속에 불붙인 새로운 구성(construction)에 대하여 이야기할 수 있으며 이것들을 내담자의 문제 관점과 자원으로 가득 찬 이야기와 결합할 수 있다. 올맨(Allman, 1982)이 지적한 것처럼, '가족이 자신들을 하나의 체계로 바라보도록 돕고 의미를 가지고 함께 즐기는 법을 가르칠 때 우리는 각 가족원이 자신의 시와 창조성으로 향하도록 문을 열어 주는 것'이다(p. 53).

아래에 소개하는 14세 소년 찰스와 가족의 사례는 은유를 사용하여 치료자가 가족원 안에 있는 '창조적 반짝임'을 자극하고 정체된 상담 상황에서 가능성으로의 문을 여는 방법을 보여 준다.

찰스는 공격적이고 폭력적인 행동 때문에 1년 넘도록 생활시설에서 거주했다. 주말에 부모가 방문했을 때 그는 공격적인 행동을 보였고 약 6주 동안 부모와 격리조치되어 있었다. 부모는 이런 극단적인 처벌을 통해서, 찰스가 죄책감을 느끼고 공격적인 행동을 바꾸어야 한다는 책임감을 배울 것이라고 느꼈다. 치료 팀은 부모의 입장을 지지했다. 자문가 역할을 맡은 사람으로서, 필자는 치료 팀과 부모가 침묵을 깨도록 격려했고, 치료 팀에게 찰스를 포함한 가족회기를 시작하자고 권유했다. 찰스는 부모와 만나고 싶어 했고, 좌절감과 공격적인 행동을 좀 더 잘 관리하기 위해서 착실하게 단계를 밟아오고 있었다. 또한, 찰스는 부모가 방문했을 때 자신이 저질렀던 공격적인 행동을 만회할 또 다른 기회를 원하고 있었다. 처음에는 부모가 다시 방문하는 것을 꺼려했고, 찰스가 여전히 위협적일 것이라는 과거의 생각에 사로잡혀 있는 듯 보였다. 그리고 자신들이 기관을 방문했을 때 보였던 최악의 행동에 대해서 찰스가 스스로 어떻게 생각하고 느낀다고 말하는지 알아야겠다고 요구했다. 부모가 걱정하는 마음을 이야기하는 것을 주의 깊게 경청하고, 찰스가 부모에게 한 번만 기회를 달라고 애원하는 모습을 보면서, 아무런 안전장치나 보조원 없이 혼자서 균형을 잡으려고 혼신의 힘을 기울이며 팽팽한 외줄 위를 걷는 찰스의 이미지가 머릿속에 떠올랐다. 필자가 떠올린 극적인 이미지를 가족에게 말하자, 찰스는 활기찬 모습을 보이며 필자가 언급한 은유가 가족이 처한 상황에 대한 자신의 느낌을 정확하게 대변했다고 말했다. 그러자 부모는 회기 중 처음으로, 정서적으로 지지적인 태도로 찰스를 격려하면서 이것은 모두가 함께 협력하는 과정이라고 말했다. 찰스의 어머니는, 부자가 함께 농구하는 것을 즐긴다는 사실을 기억하면서, 남편에게 가족 모두가 입을 수 있는 농구 유니폼을 사면 어떻겠냐고 제안했다. 이후 가족 회기의 분위기는 좋아졌고, 웃음과 장난기로 가득해졌으며, 부모는 기관을 다시 방문하는 계획에 수용적인 태도를 보였다.

우리가 생각한 시적 언어와 이야기를 내담자 가족의 구성(이야기)과 엮어서 직조할 수 있다면 가족의 자기 치유 능력과 창의력이 나타날 것이고, 이렇게 함으로써 가족은 스스로 참신한 해결책을 만들어 낼 수 있을 것이다.

무슨 수를 써서라도 특정 치료모델의 노예가 되는 것을 피한다.

우리는 치료자로서, 우리가 사랑해 마지않는 치료모델에 너무 집착하지 않도록 주의해야 한다. 위대한 최면 치료자였던 밀턴 H. 에릭슨은 이렇게 강조했다. '그렇다. 치료는 언제나 내담자에게 맞춰서 계획되어야 하며, 내담자를 치료에 끼워 맞춰서는 안 된다(Erickson & Rossi, 1983, p. 415).' 내담자가 가진 문제 이야기와 상호작용 패턴을 다양한 시각으로 바라보고, 우리가 치료 방법을 선택하는 방식을 내담자가 변화에 대해 가지고 있는 독특한 생각, 기대, 변화하려는 의지의 단계, 상담 목표 등에 맞춤으로써, 치료의 효과를 좀 더 극대화할 수 있다. 치료자들은 다양한 개인치료와 가족치료 접근의 아이디어에 익숙해지고 이것들을 논리적으로 결합시킴으로써 치료자로서의 지평을 넓힐 수 있게 되면 좀 더 다양한 개입방법을 갖추게 될 것이다. 게다가 관련 연구에 따르면 치료자가 가족치료 모델을 유연하게 통합적으로 활용하면 상담하기 힘든 청소년 내담자에게서 가장 훌륭한 결과가 나타난다고 한다(Henggeler, Schoenwald, Rowland, & Cunningham, 2002; Alexander et al., 1998; Lebow & Gurman, 1996).

중요한 실마리, 패턴, 과거에 있었던 성공적 행동 시나리오를 알아채는 자신의 직감을 신뢰한다.

상담이 진행되는 동안, 우리가 활용할 수 있는 또 다른 중요한 자원은 직감인데, 우리가 치료적 선택을 해야 할 때와 가족 회기에서 어느 방향으로 가야 할지 신속히 결정해야 할 때, 믿을 만한 동료나 친구처럼 도움이 되었다. 심리학자이자 연구자인 게리 클라인(Gary Klein)은, 소방관, 경찰관, 응급실 간호사, 그리고 공항의 관제사가 본능적으로 직감을 활용하는 과정에 관한 획기적인 연구를 해왔다. 클라인과 동료들이 발견한 가장 흥미로운 사실은, 모든 전문 분야를 통틀어서, 연구에 참여한 대다수는 실제로 어떤 행동을 취하기 전에 머릿속으로 위기 상황을 그려보는 상상, 혹은 실패 이유를 **미리 찾아보는 상상**을 했다는 점이다. 이 전문가들은 자신이 선택한 행동이나 위기 개입 계획에서 발생할 수 있는 약점이나 결함을 제거하고 안전을 확보하기 위해서, 선택한 전략을 실행한 후에 실패하는 상황을 상상할 것이다. 그리고 자신이 선택한 행동계획이 실패한 이유를 항목별로 적을 것이다. 그다음에는, 자신이 세운 계획의 약점을 면밀하게 평가하고, 이를 개선할 수 있겠는지, 좀 더 확실한 새 행동계획을 세워야 할지를 살펴볼 것이다(Klein, 1998, 2002). 클라인은 심화된 연구를 통해서, 전문가들이 문제 해결과정에서 특정 행동을 선택하는 다른 이유들을 탐색했고 마침내 이것을 **인식 우선 결정 이론**(recognition-primed decision-making model)으로 정리하였다. 클라인에 따르면(2002)

> 당신이 패턴을 알아차린다면, 친숙하다는 느낌을 가질 수 있다—그렇다! 이전에 본 적이 있는 것이다! 우리는 어떤 한 분야에서 일을 할 때 경험을 축적하면서 인식된 패턴의 저장고를 만든다. 우리가 알게 된 패턴이 많아질수록, 새로운 상황을 우리가 창고에 쌓아온 패턴 중의 하나와 짝짓기가 쉬워진다. 새로운 상황이 발생하면, 우리는 이 상황을 우리가 과거에 만난 적 있는 패턴에 짝지음으로써 친숙하다고 인식한다. (p. 11)

클라인은 사람들이 목표를 먼저 선택하고 난 후에 행동을 하는 것이 아니라고 주장했다. 사람들이 어떤 행동을 성공할 수 있다고 생각했을 때 목표가 떠오른다는 것이다. 한 발 더 나아가 목표가 언제 달성 가능한지를 인식하는 능력이 적극적인 문제해결을 유발한다(Klein, 1998, 2002)고 했다.

클라인(Klein)의 이론은, 우리가 어떤 개입 기술을 사용할지 선택할 때와 내담자들의 관심사를 평가하고 우리가 제안하는 치료적 실험을 이들이 수행할 준비가 되었는지를 평가할 때 도움이 될 수 있다. 통상적으로 우리가 현재 만나고 있는 내담자에게 치료적으로 어떤 개입을 시도할 지를 선택하는 과정은 과거에 다른 내담자들을 겪어본 경험에서 얻은 친숙한 힌트나 패턴과 매우 관계가 깊다. 패턴을 인식하는 일은, 효과적으로 문제를 해결해야 하는 사람들 특히 체스 챔피언에게 중요한 일이라고 알려져 왔다(Klein, 1998, 2002; Simon, 1955, 1956). 내담자를 만날 때 완벽할 사전부검(premortems)*을 할(완벽한 문제사정을 할) 시간적 여유가 항상 있는 것이 아니므로 자신의 본능을 믿고 특정한 질문을 던지거나 과거에 만났던 유사한 가족에게 효과적이었던 치료적 실험을 시도해 볼 가치는 여전히 있다.

유머, 어리숙해 보이는 행동, 장난을 많이 사용한다.

순응적이지 않고 상담하기 힘들어 보이는 가족을 의뢰 받으면, 필자는 항상 가족의 문제 이야기나 가족 상호작용 안에 존재하는 재미있고 어리숙해 보이는 요소에 조심스레 귀를 기울이고 관찰한다. 이런 요소들은 가능성을 창조하기 위해 긍정적으로 활용 가능하기 때문이다. 일단 우리가 가족으로 하여금 문제 상황에 관한 메타-관점을 가질 수 있도록 도울 수 있으면, 이들은 때때로 그동안의 시도된 해결과 상호작용 방식이 얼마나 모순적인지 깨닫기 시작하고, 그동안의 행동에 대해서 웃음을 터뜨리며, 상황을 변화시키는 것이 흥겨운 놀이나 흥분되는 모험이 될 수 있음을 발견한다. 치료자가 유머, 흥겨움, 비관례적인(즉흥적인) 자유 연상(off the wall free associations), 장난을 활용하면 만성적인 어려움을 완화시킬 수 있고 자기 치유와 문제해결 능력을 강화할 수 있는 긍정적 정서 분위기를 만들어 낼 수도 있다.

무능하고 혼란스럽고 정체된 느낌일 때 가족 구성원에게 적극적으로 지원을 요구한다.

도전이 되는 어떤 가족은 치료자에게 커다란 무력감과 완전히 실패했다는 느낌을 안겨주기도 한다. 이것은 끔찍한 악순환이다. 우리가 무력감, 나약함, 혼란스러움

* [역자 주] premortems: 사전부검, 비지니스 용어로 미리 이 프로젝트가 실패할 수 있는 이유가 무엇인지 논의하고 회의하여 사전에 생길 수 있는 문제들을 미리 파악하고 대비하는 것.

을 느끼지 않으려고 노력하면 할수록, 우리는 더욱 분투하고 도움이 안 되는 행동을 더욱 많이 하게 된다. 하지만 우리는 무력감을 숨기려고 하기보다는 드러내놓고 오히려 완전히 서툰 모습을 보여야 한다. 대부분, 이런 가족들은 실제로 우리에게 미안해 할 것이고, 우리를 도와주고 싶어 할 것이다. 다루기 힘든 가족을 만나 정체된 느낌이나 혼란스러운 느낌을 갖게 될 때, 필자는 아무런 도움도 되지 못한다는 좌절감과, 오히려 그들을 퇴보시키고 있다는 느낌, 그들을 돕는 일에 끝내 실패할 것 같다는 두려움을 느끼고 있다고 그들에게 말할 것이다. 그리고 필자의 삶에 존재하는 다른 개인적인 두려움에 대해서 자유연상하면서 말하거나, 이들을 전문가의 위치에 모시고 필자가 무엇을 놓쳤던 것인지, 혹은 비슷한 가족을 만난다면 필자가 어떻게 도우면 좋겠는지 등을 알려 달라고 요청할 것이다. 필자가 상담하기 힘든 가족에게 반응하고 질문하는 몇 가지 방식을 소개한다.

- "제가 여러분을 만나서 완전히 잘못하고 있는 것 같습니다. 이번 주는 치료자로서 정말 힘든 한 주간이었어요. 요즘, 저는 상담일을 때려치우고 요리 학교에 가서 셰프가 되려는 생각을 심각하게 하고 있어요. 여러분 생각은 어떠세요? 제가 이 일을 포기해야 할까요, 아니면 계속 유지해야 할까요?"
- "여러분에게 도움이 되려면 정말로 정신을 똑바로 차려야 할 것 같아요. 제가 조만간 어떤 작은 변화라도 만들어 내지 못하면, 슈퍼바이저가 여러분에게서 손을 떼도록 결정할 것 같아서 두렵습니다. 몇 가지 이유 때문에 저를 내쫓고 싶어 하거든요. 믿어 주세요… 저는 지금 상어가 제 발 밑에서 맴도는 느낌이랍니다!"
- "아, 정말로 힘든 한 주구나. 직장 상사는 내담자들이 더 짧은 시간 내에 원하는 성과를 얻을 수 있게 하라고 지적하고 있어. 아내는 집 청소할 때 내가 정말 허술하게 한다고 지적하고 있고. 문제는 내가 절대로 그녀보다 더 깨끗하게 청소할 수 없다는 거지. 부엌일은 더 잘 할 수 있는데 말야. 내가 좀 더 청소를 잘 하려면 어떻게 해야 하는지 조언 좀 해줄래? 좀 더 짧은 시간에 네가 원하는 목표를 이루도록 도우려면 내가 뭘 어떻게 다르게 할 수 있을까? 네가 도와준다면, 내가 이걸 못할 거라고 생각하고 있는 상사에게 뭔가 보여 줄 수 있을 거야. 그 양반이 틀렸다는 걸 반드시 증명하고 싶고, 날 귀찮게 하지 못하게 만들고 싶어!"
- "여러분과 비슷한 다른 가족을 만나고 있는데요, 정말 어떻게 도와야 할지 모르겠습니다. 이분들을 어떻게 도와야 할지 조언해 주실 수 있나요?"

경험에 따르면, 심지어 가장 상담하기 힘든 가족이라도, 곤경에 처한 치료자를 구해 내고, 너그러운 마음을 가지며, 좀 더 바람직한 치료 방향을 말해 주고 싶어 하는 마음이 있다. 예를 들어, 16세인 딸이 대마초를 피우지 않도록 설득해 달라고 요청하면서도 정작 자신은 알코올중독에 빠져 있는 부모의 사례를 생각해 보자. 이런 상황에 대해서 필자는 호기심을 가지고 완전히 마음을 연다! 이럴 때는, 바보처럼 행동하고, 이 상황과 관련된 열린 질문을 많이 던지는 것이 도움이 된다. 예를 들어

- "아버님(어머님)이 정기적으로 술을 마시는 모습을 따님이 본다면, 술에 취하는 것이 괜찮다고 생각할까요, 아니면 괜찮지 않다고 생각할까요?"
- "좀 늦은 것 같지만, 질문 드릴게요. 따님이 아버님(어머님)에 관해서 품을 만한 가장 큰 걱정거리는 무엇일까요? 만약 따님이 저에게 이야기를 해준다면요. 따님이 조금이라도 대마초에 덜 취하고 좀 더 책임 있는 모습을 보일 수 있게 될 그런 것에 대한 걱정 말입니다."
- "이렇게 하시라고 압박하거나 이렇게 하는 게 옳다고 말하려는 건 아닙니다. 하지만 만약 댁에서 어떤 약물이나 술도 안 된다는 규칙을 세우신다면, 따님이 아버님(어머님)의 말씀을 심각하게 받아들이고 정신을 차릴 거라고 생각하시나요?"
- "지금 저는 정말 혼란스럽고 도통 어떻게 해야 할지 모르겠습니다. 제가 따님에게 약에 취하지 말고, 당신의 음주에 대해서는 관심을 두지 않게 설득하려면 과연 어떻게 해야 할까요?"

이런 질문을 사용하면, 위협적이지 않은 방식으로, 약물을 남용하고 있는 부모가 자신의 문제 행동에 관심을 갖고, 자신의 행동이 청소년의 행동에 끼치는 영향에 대해서 생각해 볼 수 있게 된다. 자신에게 문제가 있다는 사실을 부모가 인식한 후에는, 숙고 단계로부터 변화를 준비하는 단계로 옮겨가기 위해서 부모에게 좀 더 협력적이고 개방적으로 개입할 수 있게 될 것이다(Prochaska, 1999). 그렇게 되면, 부모가 자신의 약물 남용 문제에 대해서 좀 더 책임감을 갖게 될 것이고, 십대 자녀에게 좀 더 권위 있는 모습을 보이게 될 것이다.

가족 역량강화를 위해서 자신이 갖고 있는 주요 강점, 창의성, 전문성을 정기적으로 사용한다.

우리가 상담 중 어느 때라도 활용할 수 있는 중요한 자원은 우리 자신의 주요 강점, 열정, 창의성, 독특한 재능, 그리고 인생 경험이다. 가드너(Gardner, 2004)는 사람의 마음과 행동을 변화시키기 위한 중요한 지렛대 중 하나가 청중에게 반향을 일으키는 이야기를 들려주는 것이라고 주장했다. 지나간 인생 경험을 되돌아보면, 예전에 친구들이나 가족이 우리에게 들려주었던 정서적으로 강렬한 이야기나, 우리 자신이 오랫동안 참고 견디면서 배웠던 인생의 지혜 중에서 내담자가 겪고 있는 상황과 비슷해서 함께 나눌 가치가 있는 사연이 존재할 수 있을 것이다.

때때로 우리는 무기력감이나 도전이 되는 내담자의 행동에 정신이 팔리거나 마비되어서, 가능성을 창조할 수 있는 내적 강점과 자원이 우리에게 매우 많다는 사실을 완전히 잊곤 한다. 필자는 재즈와 블루스, 미식가 요리(74쪽 참조), 그리고 현대 미술에 열정을 가지고 있기 때문에, 새로운 아이디어를 얻기 위해서 이 분야의 지식과 기술 관련한 나의 전문성을 꺼내거나 관련된 은유를 활용한다. 융은(Jung, 1923) '창조적인 인간은 자신이 사랑하는 것을 가지고 논다'고 믿었다. 상담하기 힘든 가족들을 만나서 상담이 정체되었다고 느껴질 때, 우리는 다음과 같은 유형의 질문을 자신에게 던져볼 수 있다.

- "이 가족을 가장 잘 돕기 위해서 내 안에서 끌어낼 수 있는 주요 강점은 무엇일까?"
- "만약 마일스 데이비스, 살바도르 달리, 그리고 에머릴 라가세가 내 사무실에 노크하고 즉석에서 자문을 해주겠다고 한다면, 이 가족을 만날 때 내가 무엇을 다르게 해야 한다고 조언을 해줄까?"
- "내가 십대 시절 힘든 시간을 보낼 때, 부모님이 가르쳐 주신 지혜의 말 중에서 지금 만나고 있는 부모들과 공유할 만한 것은 어떤 것일까?"
- "미식가 요리사(gourmet cook)로서 이 회기에 양념을 하기 위해서, 내가 가진 전문 지식을 어떻게 활용할 수 있을까?"
- "이 가족을 포기하기 않도록 나에게 영감을 불어 넣어 주는 원천은 무엇일까?"
- "이제부터 갖게 될 중간 휴식 시간에 기적이 일어난다고 상상해 보자. 다시 상담실에 들어와서 내가 무엇을 다르게 하면 좀 더 효과적일까? 내가 하는 질문에 이들이 좀 더 긍정적으로 응답한다면, 이들을 바라보는 내 관점이 어떻게

달라질까? 이들은 내가 말하거나 시도한 것 중에서 무엇이 가장 효과적이었다고 말할까? 이 가족과 의사소통하는 방식을 새롭게 바꾸면 어떤 방식으로 부모가 딸과 잘 지낼 수 있는 데 도움이 될까? 또 무엇이 좀 더 좋아질까?"

아래에 소개하는 사례는 크리스라는 17세의 혼혈 청소년을 상담한 사례로서, 내담자에게 에너지를 불어넣어 다시 신나게 재즈를 연주하도록 역량강화하기 위해서 고등학교 친구네 집 차고에서 재즈 블루스를 불렀던 개인적인 경험과 음악 지식을 활용한 방법을 보여 준다.

크리스는 '가족에서 벗어나려고 하고' '학업 성취도가 낮으며' '친구들과 잘 지내려고 하지 않아서' 어머니가 상담실에 데려왔다. 크리스는 어머니가 '너무 많이 잔소리를 한다'고 느꼈다. 크리스와 어머니 두 사람 모두 이러한 상황이 변화될 가능성을 매우 낮게 보고 있었다. 두 번째 회기까지, 상담실 안 분위기는 매우 무거웠고, 필자는 다양한 질문으로 이들의 비관주의를 변화시키려고 무던히도 노력했지만 이들이 경험하는 공허감에 필자조차 심하게 빠져들어 옴짝달싹 할 수 없다는 느낌이 들었다. 하지만 상담하는 동안 크리스가 베이스 전자 기타 연주에 빠져 있고, 음악 지능 면에서는 강점이 있다는 사실을 알았기 때문에(Gardner, 1993), 세 번째 회기에서는 크리스를 단 둘이 만나 줄곧 음악 이야기를 나누었다. 크리스는 전자 음악에 대한 감각이 있었다. 이때까지 크리스의 정서적 반응은 여전히 평이했고 목소리도 거의 들을 수 없었다. 그래서 필자는 알고 있던 음악 지식과 개인적 경험을 풀어 놓기로 마음먹었고, 자기 개방의 하나로 필자가 가수로서 빛나는 순간을 맞이했던 '15분간의 공연'에 대해서도 말해 주었다. 필자는 절친한 친구가 어떻게 집 안에 밴드 연습실을 만들었으며, 필자가 어떻게 초청을 받아서 애창곡인 재즈 블루스, <*Take Out the Dog and Bark the Cat*>[인기 그룹 스틸리 댄(Steely Dan)에서 리듬 기타를 연주하던 엘리엇 랜달(Elliott Randall)이 작곡하고 연주했던 곡]을 부르게 되었는지 이야기해 주었다. 마치 머릿속으로 그림을 그리듯 이 노래를 불렀던 경험을 이야기 하면서, 필자는 몇 소절을 부르기 시작했다. 그러자 상담을 시작한 후 처음으로 크리스는 활기찬 모습으로 변했고 필자에게 미소를 지었다. 크리스는 점점 크게 말하면서, 베이스 전자 기타를 연주하며 신나는 기분을 다시 경험하고 싶다고 이야기했다. 필자는 그렇게 해보라고 격려했고, 친구들과 모여서 다시 연주를 시작하라고 권했다. 그리고 음악을 전부 들어 보고 싶으니 상담실로 데모 CD를 가져와 보라고 부탁했다. 우리가 음악에 대하여 즐거운 대화를 나눈 결과, 정체된 상담분위기에서 벗어날 수 있었고 크리스는 활기를 되찾았고 미래를 향한 새로운 가능성을 열 수 있었다.

요약

이 장에서 필자는 치료 과정 중 의사결정과 상담이 정체되었을 때 도움이 될 15가지 실천 지침을 소개하였다. 가장 상담하기 힘든 내담자를 만나 어려움을 겪고 있을 때조차도, 우리는 치료 정체 현상을 해결하기 위해서 언제나 우리 자신의 주요 강점과 창의성을 활용할 수 있다. 우리는 꿈꾸고 도전하고 안전지대 바깥에서 살아감으로써 변화를 위한 촉매제로서의 우리 자신을 창조적으로 활용할 수 있는 가능성을 무한대로 확장시킬 수 있다.

매튜의 야생 버섯 파스타 레시피(4~6인용)

재료

_ 잘게 썬 황색 양파 1개
_ 잘게 썬 마늘 4쪽
_ 버섯 2와 1/2 파운드(크리미니 버섯, 포르토벨로 버섯, 포르치니 버섯, 표고버섯, 살구버섯 혼합; 줄기는 제거하고 버섯 갓은 잘게 썬다.)
_ 흰 송로버섯 기름 1~2 방울
_ 소금 1 티스푼
_ 새로 갈은 후추 1 티스푼
_ 싸우어 크림 1온스
_ 백포도주 1/4컵
_ 버터 혹은 마아가린 1스틱
_ 비표백 밀가루 2~3 테이블스푼
_ 페투치네 파스타 면 1파운드

요리 방법

1. 눌어 붙지 않는 큰 냄비에 버터를 넣고 녹이고, 파스타를 삶을 다른 냄비에 6 쿼트의 물을 넣고 끓이기 시작한다.
2. 잘게 썰은 양파와 마늘을 넣고 볶으면서 소금과 후추를 넣는다.
3. 버섯을 넣는다; 재료를 잘 섞으면서 볶는다.
4. 와인, 싸우어 크림, 흰 송로버섯 기름을 넣고, 잘 섞는다.
5. 소스를 꺼룩하게 하기 위해서 밀가루를 넣고, 맛을 내기 위해 소금과 후추를 좀 더 넣는다.
6. 파스타 면을 적당히 익을 때까지 익히고, 물에서 건지고 다시 냄비에 넣는다.
7. 파스타 면에 버섯 소스를 얹고 함께 잘 섞은 후 바로 먹는다.
8. 추가사항: 파스타 위에 신선한 파마산 치즈를 뿌리든지 신선한 이탈리아 파슬리 잎으로 장식한다.

Pathways to Change

Chapter 04

첫 가족 면접

변화를 위한 환경의 공동 창조

당신이 무엇을 할 수 있든지 간에, 꿈꿀 수 있으며, 시작하라. 대범함 속에 천재성, 힘, 마술이 있다.

—요한 폰 괴테(JOHANN VON GOETHE)

변화를 가능케 하는 환경의 공동 창조

새로운 가족과 상담을 시작할 때 치료자는 가족이 만성적인 어려움의 족쇄에서 놓여나서 미래에 있을 성공적 현실을 그려볼 수 있도록 역량을 강화하고, 희망과 쾌활함을 주고, 인정받는 기분을 느낄 수 있는 치료 분위기 창조를 위해 애쓸 필요가 있다. 다루기 힘든 청소년과 가족을 변화시키기 위한 환경을 만들기 위해서, 치료자가 해야 할 중요한 치료활동들이 있다. 즉, 첫째, 회기의 형식 설명하기, 둘째, 라포형성, 셋째, 내담자의식 사정, 넷째, 의도적인 체계적 면접 등이다. 이 네 가지 중요한 치료활동을 논의하고 난 후, 해결지향적 단기가족치료 면접을 수행하는 절차를 개괄하겠다. 치료적 실험 (과제) 설계와 선택에 필요한 지침에 관해서도 논한다.

회기의 형식 설명하기

새로운 내담자와 라포형성 과정을 시작하기 전에, 필자는 내담자에게 회기의 형식을 설명하고 회기를 녹화해도 되는지와 필자의 동료들을 자문팀으로 참가시켜도 괜찮은지에 대하여 내담자에게 동의를 구하고 서면동의서를 받는다. 회기에 대한 설명을 할 때에는 가족에게 어떤 시간은 전 가족이 함께, 어떤 때는 부모만, 때로는 청소년 개인 상담만을 할 때도 있다는 것을 설명해 준다. 회기 중 중간에 휴식 시간이 있으며, 그때에는 필자의 동료들이 상담실로 들어오고 우리(가족과 치료자)는 일면경 뒤로 가서 지금까지의 면담에 대한 필자의 동료들의 소견을 듣게 될 것이라고 설명한다. 이후에는 팀과 다시 방을 바꾸어 이제는 가족이 팀의 의견에 대해 생각해 보는 시간을 가지게 됨도 말해 준다. 또한 가족의 목표에 부합한 실험과 유익한 아이디어를 브레인스토밍하기 위해 상담팀이 우리에게 합류하기 위해 잠깐 들어올 수도 있다는 것을 설명하여 준다. 필자는 혼자서 작업할 때에도, 회기를 돌아보고 가족에게 실험과 유익한 아이디어를 제공하기 위해, 가족이 가진 많은 자원과 스스로 만든 상담전 변화에 대한 칭찬을 준비하고, 그들이 시도해 볼 만한 유용한 생각과 실험을 제안하고, 오늘 상담이 어떠했는지 피드백을 듣기 위하여 '나 자신만의 시간'인 짧은 휴식시간을 갖는다.

치료 과정을 비디오에 녹화하자는 필자의 요청과 관련해서는, 비디오카메라가 치료자의 제2의 눈과 귀가 되어, 치료자가 회기에서 놓친 중요한 것들을 포착해서 내담자들을 더 잘 도울 수 있게 된다고 설명해 준다. 필자의 동료들이 회기를 관찰하고 협력하는 것에 대해서는, 사고능력과 창의력 면에서 '세 명의 머리는 한 사람의 것보다 낫기' 때문이라고 가족들에게 말하곤 한다. 상담장면을 녹화하는 것이나 자문 팀의 회기 관찰에 대해 거절하는 가족은 드문 편이다. 때로는 가족들이 자문팀을 치료실에 들어와서 합석하도록 요구하는 경우도 있다. 필자와 동료들은 이 요구를 기꺼이 받아들이곤 한다.

치료동맹 확립

회기의 형식에 대해서 설명한 후에는, 관계 형성 과정에 들어간다. 먼저, 부모로부터 시작하여 가족 각자에게 가장 잘 하는 일은 무엇인지, 각자의 강점이나 재능, 취미는 무엇인지를 이야기 해달라고 청한다. 부모에게는 특히 그들의 직업과, 직업에서의 그들의 강점에 관해 자세히 듣고자 관심을 보인다. 이러한 정보들은 제기하는 문제를 다룰 때 치료자에게 매우 유익하게 이용될 수 있다. 아래 사례에는 자신의 딸과 권력 갈등을 경험하고 있는 아버지를 면접할 때, 필자가 그 아버지의 체스게임 능력을 어떻게 활용했는지가 잘 나타나 있다.

> 밥(Bob)과 그의 딸 패트리셔와 첫 면접이 시작되어 10분쯤 지나자 필자는 아버지가 세계적인 체스선수라는 것을 알아냈다. 그는 세계적으로 유명한 게임에서 수없이 우승한 사람이었다. 밥이 자신의 대단한 체스실력에 관해 이야기하는 것을 들으면서 필자는 그를 챔피언이 되게 한 그만의 게임스타일이 무엇인가를 그와 함께 추적해 보았다. 밥은 성패를 좌우하는 것은 '첫 번째 말 놓기'라고 했다. 필자는 그에게 '첫번 말을 어디에 놓을지'를 어떻게 결정하는가에 대해 좀 더 자세히 이야기해 달라고 요청했다. 밥에 의하면 무엇보다도'상대방의 계산된 말 놓기'와는 다르게 첫 번째 말을 놓기 위해 주의 깊게 생각해야 한다고 했다. 이 전략은 그가 체스게임을 할 때 지속적으로 사용되었다. 이와 반대로 그의 딸 패트리셔를 대할 때는 '첫 번째 말 놓기'처럼 조심스럽게 생각하지 않고, 딸의 성미 급한 행동에 맞서 소리 지르는 등의 과잉반응을 보여 딸과 권력갈등에 들어가곤 하였다. 필자는 밥의 '첫 번째 말 놓기' 전략을 활용하기로 마음먹었다. 필자는 밥에게 딸이 그의 비위를 건드리려 할 때마다 체스의 '첫 번째 말 놓기' 전략을 사용해 보라는 과제를 내 주었다. 밥은 패트리셔에 대해서 '첫 번째 말 놓기' 방식으로 생각함으로써 곧 소리지르는 것을 줄일 수 있었고 딸의 행동도 변화되었다는 것을 알게 되었다.

청소년들을 상담할 때, 필자는 그들이 몇 학년인지, 좋아하는 과목은 무엇이고 왜 좋아하는지, 어떤 운동을 하는지, 좋아하는 가수는 누구인지, 특별한 재능이나 취미가 있는지를 알아보곤 한다. 여러분이 청소년 음악을 좋아할 필요는 없지만, 만약 여러분이 유명한 헤비메탈그룹이나 랩그룹의 이름을 알고 있으면 청소년들은 여러분을 멋있는 사람이라고 생각할 것이다. 미국의 경우 길거리에서 많이 지내 본 젊은이를 상담할 때는 그들이 사용하는 은어나, 특히 마약을 파는 거리 이름, 마약 사용에 필요한 도구 이름 등을 알고 있는 것이 도움이 된다고 한다(Selekman, 1989).

필자는 다루기 힘든 청소년과 그 부모에게 유머를 많이 사용하고, 가족의 행동을 정상화(normalize)시키고 긍정적으로 재명명(relabeling)하여 준다. 이때 가족이 사용하는 중요한 단어들, 신념, 가족의 중요 주제 등을 활용한다. 즉, 면접을 좀 더 즐겁게 하기 위해 필자가 활용할 수 있는 유머러스한 요소들이 있는지 찾아내기 위해 필자는 첫 면접에서 가족의 이야기를 적극적으로 경청한다. 유머는 가족치료를 진전시키고 새로운 가능성을 만들어 낸다. 가족의 핵심언어와 신념체계를 활용함으로써, 치료자는 가족들에게 '가까이할' 수 있는 동시에 문제사정 결과를 가족의 세계관에 부합되게 만들 수 있다.

초기 상담에서는 특히 치료자가 구조화된 면접을 이끌고 있다는 것, 상담목표를 가족과 상의하는 것, 나쁜 상호작용이 생기면 치료자가 이를 제거할 수 있다는 것을 가족에게 보여 주어야 한다. 치료자가 이러한 행동을 보일 때, 가족은 현재의 상황에 변화를 일으킬 수 있는 치료자의 능력에 대해서 신뢰감을 갖게 된다. 치료실에서 심한 논쟁과 비난이 일어나면 치료자는 부모와 청소년을 갈라놓고 따로따로 만나야 한다. 청소년과 부모사이에 치료 목표를 협상하는 것이 불가능할 때에도 따로 만나는 것이 좋은 전략이 될 수 있다. 이때, 단기치료자는 부모와 청소년의 목표를 따로 들은 후에 협상으로 유도할 수 있다.

내담자 의식 사정과 변화 준비 단계

드세이저(de Shazer, 1988)는 가족 중 누가 문제해결을 위해 가장 동기를 많이 가지고 있는가를 사정하는 데 필요한 매우 유익하고 실질적인 지침을 개발하였다. 그는 다음과 같이 치료자-가족 관계의 세 유형을 제시하였다. 즉, 방문형, 불만형, 고객형이 그것이다. 이 치료자-가족 관계유형은 고정된 것이 아니며, 치료자가 가족과 더 잘 맞게 되고(de Shazer, 1985) 가족과 협력적 치료 관계를 맺음으로써 변하게 된다. 프로차스카와 동료들(1994)은 드세이저의 치료자-내담자 관계 유형 틀을 뒷받침할 만한 경험적 근거를 제시하였다. 그러나 그들은 이 관계 유형을 변화 준비 단계라고 불렀다. 변화 준비 단계에는 숙고 전, 숙고 중, 준비, 행동, 유지, 종료의 여섯 가지 단계가 있다. 아래에서 각각의 치료자-내담자 관계 유형에 대한 간단한 설명과 함께 방문형과 불평형의 경우는 사례 제시를 하고, 치료적 실험(과제) 선택을 위한 지침을 제시한다.

방문형/숙고 전 내담자

'방문형' 청소년과 그 가족은 보통 사회조종대리인(social control agent)*에 의해 치

---

* [역자 주] 사회조종(social control)이란 안정적인 사회질서를 유지하고 사회변화의 과정을 통솔하기 위한 사회나 사회구성원들의 조직화된 노력을 의미한다. 이 노력은 종종 사람들에게 제한을 가하며, 사람들에게 이미 확립되어 있는 규범과 법률을 지킬 것을 요구한다. 사회조종대리인은 이러한 노력을 실행하는 기관에서 일하는 경찰, 법관, 사회복지사 등을 지칭

료자에게 보내진다. 또 다른 흔한 방문형 내담자는 걱정되고 절망한 부모에게 이끌려서 치료자에게 오는 청소년이다. 문제가 있느냐고 물으면 청소년들은 대부분 문제가 없다고 대답한다. 가장 힘든 청소년들은 보호관찰관, 학교의 상담교사, 교감, 아동보호사회복지사(Child Protective Service Worker)에 의해 의뢰되는 경우들이다. 방문형 가족의 경우, 첫 면접의 초기에서부터 치료적 조종성(maneuverability)을 가능하게 해주는 동시에 의뢰 과정을 알게 해주는 다음과 같은 유용한 질문 두 가지를 사용하면 좋을 것이다. "의뢰자가 무엇 때문에 너에게 상담이 필요하다고 생각했다고 보니?" "네가 여기에 더 이상 오지 않아도 된다고 의뢰자를 확신시키려면 상담 중에 어떤 변화가 일어나야 된다고 생각하니?" 마지막으로 이 청소년들과 부모들을 전문가 위치에 올려놓고 다음과 같이 묻는 것이 도움이 된다. 즉, "이전에 많은 치료자를 만나셨지요. 그들이 놓친 중요한 것 중에 제가 알아야 할 것이 무엇이 있나요?"

필자는 아래와 같은 세 가지 치료전략이 방문형에게 유용하다는 것을 알게 되었다. 첫 개입 전략은 단기치료자가 청소년에게 공감해 주는 것, 치료를 강요받는 가족의 딜레마를 이해하는 것, 가족이 어떤 상담목표를 갖더라도 이를 수용하는 것이다. 어떤 방문형 청소년은 이성 친구문제를 해결하기 원하고, 자신에 대한 부모의 행동을 변화시킬 방법을 배우기 원하거나, 자신을 감시하는 사회조종대리인을 떼어 내 버리는 것 등을 상담목표로 가지기도 한다. 단기 치료자는 사회조종대리인을 내담자로부터 떼어 내 주겠다고 제안함으로써, 치료자 자신과 사회조종대리인 사이를 분리시킬 수 있다. 이 전략은 법원명령을 받은 청소년의 경우에 도움이 된다. 훨씬 더 반항적인 방문형 청소년들에게 필자가 쓰는 마지막 전략은 '콜롬보' 접근법이다. 어떤 청소년들은 가장 숙련된 단기 치료자까지도 무력감을 느끼게 만드는데, TV형사 콜롬보는 다루기 힘든 방문형 청소년들에게 무력감과 기타 전략을 활용하는 방법을 필자에게 가르쳐 주었다(보다 자세한 내용은 5, 6, 7장의 '콜롬보'식 접근법을 참조하시오).

위의 어떠한 전략으로도 치료자-가족 간에 공동치료목표를 산출하지 못하면 필자는 그들이 한 일 중 그들에게 유익한 일을 무엇이든 칭찬해 준다. 예를 들면, 첫 회기에 약속대로 참석한 점에 대해 내담자를 칭찬해 주고 치료적 과제는 내주지 않는다. 방문형 청소년들에게는 '땡땡이치지 않고' 약속에 오는 책임 있는 행동을 한 것에 대해 언제나 칭찬해 준다.

한다.

다음의 사례는 내담자에게서 보호관찰관을 떼어 내는 것을 돕기 위해 보호관찰관과 필자와의 사이를 분리시킨 것의 효용성을 보여 주고 있다.

크리스토퍼는 학교 사물함에 10달러어치 마리화나가 든 가방을 보관한 것이 발각되어서 보호관찰관에 이끌려 필자에게 의뢰되었다. 그는 이 사건으로 3주 동안 정학처분을 받았다. 크리스토퍼가 전에 한 번도 법적인 문제를 일으킨 적이 없었기 때문에, 부모는 아들의 마리화나사건으로 인해 매우 충격을 받았다. 첫 면접의 초반부에 부모는 가족내의 어떤 점이 변화되어야 할지, 크리스토퍼로 하여금 마약을 팔거나 사용하게 만든 가족 내 문제는 무엇인지 전혀 모르겠다고 했다. 크리스토퍼는 마약 사용에 대해 부인했지만 친구들 중에 마약을 하는 아이들이 있다는 점은 인정하였다. 그는 학교에서 학생주임의 감시를 받고 있는 한 친구를 대신해 가방을 보관하고 있었다고 주장했다. 그러나 그는 예전에 마리화나와 알코올을 실험적으로 해 본 적이 있다고 했다. 크리스가 사법체계와 학교에서 더 이상 문제를 일으키지 않도록 돕는 것 외에 부모가 치료목표를 전혀 정하지 못했으므로, 필자는 회기의 대부분 시간 동안 그들의 강점과 자원을 끌어내고, 앞으로 법적으로나 학교에서 문제를 갖지 않도록 예방 전략을 가족과 토의했다. 크리스토퍼의 주요 목표는 필자가 자신에게서 보호관찰관을 떼어 내 주는 것이었다. 필자는 이 문제를 개별 상담 시간에 아래와 같이 크리스토퍼와 상의했다.

크리스토퍼: 커티스씨(보호관찰관)는 정말 저를 화나게 해요. 그분은 언제나 제가 별 문제없나 체크하기 위해 저희 학교 주변을 맴돌아요. 저를 마약 판매책이나 뭐 그런 종류로 생각하나 봐요. 솔직히 말씀드리면 저는 마리화나를 딱 세 번 피워봤어요. 전 실제로 맥주를 더 좋아 하는데 그것도 파티에서나 마셔요. 보세요! 전 문제가 없다고요. 왜 상담 받으러 와야 하는지를 모르겠어요. 제 정신은 아무 이상이 없거든요.

치료자: 보호관찰관이 학교에서 너에 대한 정보를 알아내고 감시하면 너 정말 괴롭겠다. 내가 그 사람을 너에게서 떼어 낸다면 좋겠니?

크리스토퍼: 글쎄요. 만약 선생님이 그렇게 하실 수 있다면 너무 좋겠어요. 그렇지만 어떻게요?

치료자: 좋아, 두 가지 방법이 있어. 나는 커티스 씨를 잘 알아. 우리는 다른 사례의 경우에도 함께 일했기 때문에 얼마나 자주 너와 부모님을 만나야 하는가는 내가 정하도록 재량권을 나에게 주고 있지! 비록 내가 너의 보호관찰기간인 9개

월간 너와 너의 가족을 만날 것이지만, 매주 만날 필요는 없어. 커티스씨를 네게서 떼어 내는 또 다른 방법은 그 사람이 틀렸다는 것을 입증해 보이는 거야. 네가 책임 있는 행동을 해서 약물중독이나 판매책이 아니란 것을 그에게 보이는 거야. 너의 학교생활에 대해서 그가 잘못 알고 있다는 것을 증명하기 위해서 취할 수 있는 행동에는 어떤 것이 있을까?

크리스토퍼: 모든 수업에 출석하고, 그리고 그……. 그……. 파티에 가지 않고……. 모르겠어요. 그리고 숙제를 잘해 가는 것…….

치료자: 집에서는? 집에서 너희 부모님으로 하여금 네가 마약 사용자나 판매자가 아니라는 것을 믿으시게 하려면 어떤 방법이 있을까?

크리스토퍼: 주말에 시간 맞춰서 귀가하고, 술 안 마시고, 집안 일 돕는 거요.

치료자: 네가 이러한 일을 다 하면 커티스씨는 네가 한 일 중 어떤 것에 가장 감동받을 것 같니?

크리스토퍼: 수업에 들어가는 거요. 그 사람은 제가 친구들하고 파티에 가려고 수업을 빼 먹는다고 생각해요. 네! 저희 선생님한테 제가 수업도 받고 숙제도 해온다고 들으면 기절할걸요.

치료자: 집에서는? 네가 집에서 할 수 있는 일 중에서 커티스씨를 가장 놀라게 할 행동은 뭘까?

크리스토퍼: 주말에 제 시간에 집에 들어가는 거예요. 그 사람은 제가 주말 내내 친구들과 술 마시고 파티 하느라 집에도 안 들어간다고 생각할 거예요. 그 사람은 아무 것도 몰라요.

치료자: 그가 틀렸다는 것을 함께 증명해 보자! (우리는 의기투합해서 힘차게 악수했다)

필자는 크리스토퍼와 그의 부모와 9개월에 걸쳐 7회의 회기를 가졌다. 이 중 두 회기에는 부모와 보호관찰관, 그리고 학교 측도 참석했다. 크리스토퍼는 집행유예 기간을 성공적으로 지냈을 뿐만 아니라, 첫 면접에서 커티스씨를 떼어놓기 위해 자신이 할 수 있는 책임 있는 행동이라고 말했던 모든 것을 실천에 옮겼다.

불평형/숙고 중인 내담자

불평형/숙고 중인 내담자는 부모, 어떤 때는 청소년, 학교 관계자일 수도 있고, 경찰 등 사회조종대리인일 수도 있다. 부모와 그 외 관련된 어른들은 청소년 내담자의 행동에 대해 관심은 많지만, 자신을 문제해결 과정에 포함시키지는 않는 사람들이다. 다루기 힘든 청소년의 경우 흔한 시나리오는, 부모는 상담에 오지 않으면서 상담자가 개별 치료를 통해서 청소년 자녀만을 '고쳐'주기를 바라는 경우이다. 이런 부모들은 약속된 상담에 자녀들을 데리고 가기 위해 시간을 낼 틈이 없다고 불평하는 경우도 많이 있다.

불평형/숙고 중인 내담자들은 내담자의 행동에 대해 상당히 깊은 통찰력이 있기 때문에, 필자는 그들이 통찰력이 대단하며 그 통찰력 덕분에 필자가 문제를 더 잘 이해하게 되어서 고맙다고 칭찬을 해준다. 또한 문제의 내담자와 함께 지내기 위해 그들이 사용해 온 좋은 전략이 있다면 이에 대해서도 칭찬해 준다. 불평형 부모에게 사용할 만한 유용한 치료전략 두 가지는 **관찰과제**(de Shazer, 1988)와 **결정을 위한 균형 척도**(the decisional balancing scale)(Prochaska et al., 1994)이다. 부모는 첫째 주 동안에 매일 청소년이 격려할 만한 행동이나 책임 있는 행동을 하는지 조심스럽게 관찰하라고 요청받는다. 결정을 위한 균형 척도란 부모로 하여금 그들이 사용해 온 비생산적인 시도된 해결을 계속 사용하는 것의 장단점을 목록으로 만들어 보게 하는 것이다.

다음 사례에서는 엄마인 루시가 17세인 아들 밥을 치료에 데리고 왔는데 루시는 아들이 '음주 문제'가 있고 '숙제도 하지 않고' '더러운 옷과 종이조각이 널려 있는 침실 바닥을 청소하지 않는다'고 생각하고 있었다. 아래에 인용한 것은 첫 회기의 일부이며 이때 필자는 엄마인 루시를 개별 면접하였다.

치료자: 루시, 당신은 당신이 밥에 대해 가지고 있는 걱정과 어려움을 제게 자세하게 설명해 주셨습니다. 그런데 제가 당신 집안의 사정에 대해서 좀 더 완벽하게 알기 위해서 한 가지 숙제를 드리고자 합니다. 즉, 확대경으로 살펴보듯이 다음 주 동안 밥이 당신을 걱정시키지 않는 때나 당신이 원하는 일을 잘 해낸 경우들을 조심스럽게 살펴봐 주시기를 바랍니다. 그런 경우에 밥이 어떤 긍정적인 행동을 하고 있는지 살펴서 제게 좀 적어다 주십시오.

루시: 전 정말 그 애가 걱정스러워요……. 저는 정말로 그 애가 주말에 친구들과 함께 술에 취하지 않으면 좋겠어요. 그 애 침실은 돼지우리 같고요. 그리고 또…….

치료자: 그런데요, 문제라는 것은 마치 유사(流沙)처럼 한번 빠져들면 헤어나기가 어렵지요. 그 아이에 대해 점점 더 걱정하고 불평할수록 문제는 더 커져서 우리를 삼켜버리지요. 우리는 그 모래더미에서 빠져 나와서, 혹시 밥이 우리가

원하는 일을 하고 있는지를 살펴보아야 합니다.

루시: 선생님 말씀이 맞을지도 모르겠어요. 저는 모래더미에 오래 동안 빠져 있었고 이제는 그게 지겨워요.

치료자: 그러니까 다음 일주일 동안 확대경을 꺼내서 관찰하시듯 어머니가 '모래에 파묻혀 있지' 않을 때는 밥과 어머니에게 무슨 일이 일어나는지를 자세히 관찰해 오십시요.

루시는 다음 주에 올 때, 자신이 관찰한 밥의 변화된 행동을 종이 한 페이지 가득 써 왔다. 루시는 밥이 주말에 '술에 취하지 않고 집에 들어오는' 것을 보았고 '숙제하는 것'을 두 번이나 보았다고 했다. 루시는 또한 침실을 돼지우리 같이 해 놓는 것은 밥이 마음먹기에 따라 달라질 수 있는 문제이며, 따라서 이 문제에 대해 부담을 덜 가지게 되었다고 했다.

고객형/행동-단계 내담자

고객형은 치료자와 함께 문제를 해결해 보고자 상담에 참석하는 내담자이다. 필자의 임상경험으로는 일반적으로 부모들이 고객형이다. 그러나 가끔 치료자가 청소년과 부모 사이에 계약을 잘 하면 다루기 힘든 청소년이 고객이 되겠다고 결심하기도 한다. 여기서 계약이란 예를 들면 딸이 다음 주 동안 적어도 두 번 학교 가는 시간에 맞추어 일어나면, 엄마는 딸을 쇼핑에 데리고 가는 것이 그 예이다. 이상적으로 가족 회기에 적어도 한 명이라도 고객형이 있으면 제기하는 문제는 해결될 수 있다. 누가 고객형인지를 알아보는 유용한 방법은 아래와 같은 질문을 해 보는 것이다. "가족 중 누가 이 문제에 대해 가장 관심이 많은가요?" "그 밖의 사람은?', (해당 내담자에게 묻기를) '1에서 10까지의 척도에서 10은 너에게 가장 관심 있는 사람이라면 가족 한 사람 한 사람에게 어떤 점수를 주겠니?" "이 문제가 해결되었을 때 가족 각각에게는 어떤 변화가 생길까요?"

주의할 점의 하나로 프로차스카와 동료들(1994)은 어떤 내담자들은 행동 단계에 있는 것으로 보이지만 실제로는 준비 단계에 있다는 점을 지적하였다. 그들은 행동을 하고 싶은 상태에 가깝지만 목표를 성취하는데 잠재적 장애가 될 수 있는 것들—즉 비관적인 생각이나 자기패배적 생각, 가족의 지지 부재, 상위 체계 원조자의 비관적 태도 등—에 대한 불안감을 표현할 수도 있다. 어떤 청소년이나 가족은 유지 단계에 있는데, 이들은 이미 목표를 성취하기 위해 중요한 단계를 밟았지만 과거에 자신들을 문제에 처하게 했던 옛날의 유형과 부정적인 습관으로 돌아갈까 봐 두려워한다. 이 경우, 내담자의 자신감을 더욱 향상시키기 위해 그들이 제 궤도에 머물기 위해 이미 하고 있는 것들을 강조하고 증가시키는 외에, 목표유지 도구와 해결향상 도구를 추가로 가르칠 수 있다(9장 참조). 마지막으로 어떤 청소년과 가족은 종료 단계에서 우리에게 올 수도 있다. 즉, 그들은 과거의 유형으로 다시 돌아가거나 부정적 습관으로 다시 미끄러지는 것에 대해 완전히 자신감을 가지고 있는 상태이다. 그런데 어떤 가족이더라도 가족원들이 각기 다른 변화 준비 단계에 있을 수 있으며, 조심스럽게 이 변화 과정에 개입을 맞추어야 한다는 점을 기억하는 것이 중요하다.

가능성을 위한 면접

해결지향치료자는 의도적인 방법으로 질문하는데, 의도적 방법의 질문이란 가족들의 협력유형이 무엇인지 사정하여서 이 협력유형에 적합한 질문들을 하는 것이다. 예를 들면 어떤 가족에서 예외질문으로 중대한 예외 자료를 발견하면, 치료자는 이러한 범주의 질문을 계속해서 사용해야 하고 점차적으로 예상질문을 사용하여 가족을 미래를 향하여 움직이게 해야 한다. 의도적 면접은 순환적 춤과 유사하다. 이는 가족들의 언어적 비언어적 피드백이 치료자로 하여금 질문의 종류를 선택하는데 안내역할을 하기 때문이다. **그림 4-1**의 의도적인 체계적 면접의 지침은 면접 과정 중에 질문유형을 선택하거나 바꿔야 할 중요한 지점들을 제시해 주고 있다. 아래에서 논의될 다양한 개입질문들은 자기치유(Tomm, 1987)를 가능케 하며 새로운 가능성을 열어서 가족을 억압했던 문제로부터 자유롭게 할 수 있다. 아래에서는 몇 가지 질문의 범주들과 질문범주 선택을 위한 지침을 제공하겠다. 또한 개입적 질문의 유용성을 보여 주는 사례들을 제시하고자 한다.

치료전 변화 질문

1987년 와이너-데이비스 등은, 내담자들이 종종 기관이나 클리닉에 처음으로 전화를 한 후 치료를 받으러 오기 전까지의 동안에, 자신들의 어려움을 해결하기 위한 행동을 취한다는 연구 결과를 발표하였다. 이런 현상은 기관의 대기자 명단에 올라 기다리거나 인테이크 전화 후 첫 면담이 지연되는 경우에 흔히 나타난다. 이러한 연구 결과와 모든 내담자는 변화에 필요한 강점/자원을 갖고 있다는 필자의

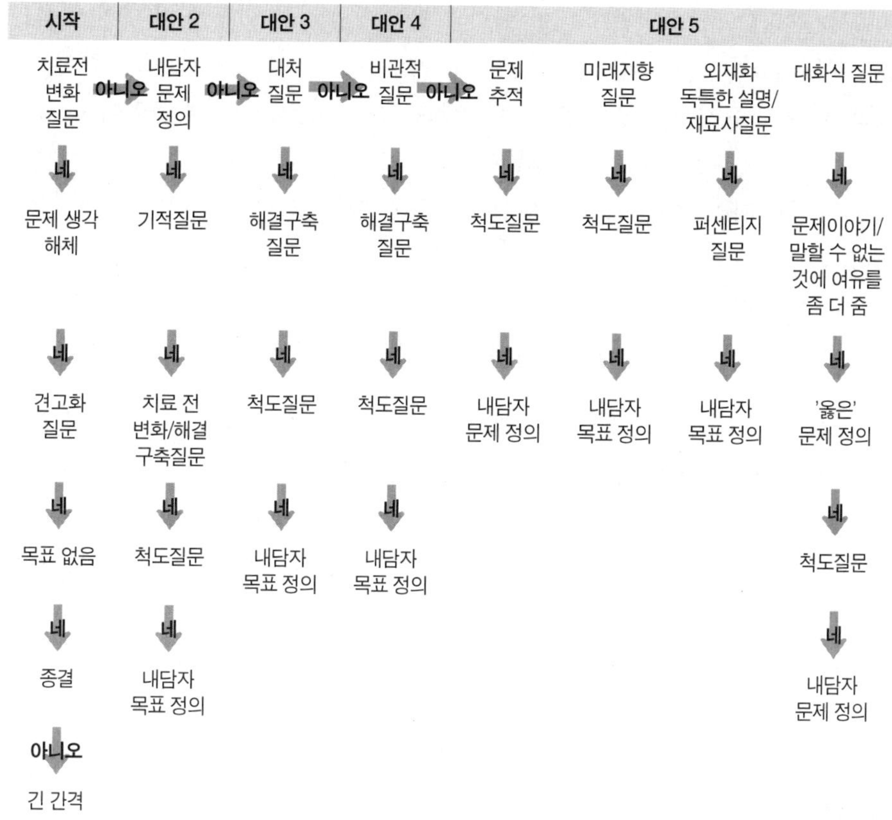

그림 4.1 첫 회기의 의도적인 체계론적 면접을 위한 지침

믿음에 근거하여, 필자는 대기자 명단에 있었거나 지연시간이 있었던 사례들은 다음과 같은 질문으로 시작한다. 즉, '당신이 맨 처음 우리 상담소에 전화한 이후로 무엇이 나아졌습니까?'라는 질문으로 시작한다. 이러한 질문은 내담자가 변화를 위한 강점/자원을 갖고 있음을 믿는다는 치료자의 태도를 내담자에게 전달해 준다. 뿐만 아니라, 이 질문은 이미 변화가 일어났다는 것을 전제로 하고 있다. 따라서 긍정적인 자기실현적 예언을 성취하는 방향으로 움직이는 데 도움이 된다.

아래의 사례는 상담의 지연을 치료전 변화에 잘 활용한 경우이다(첫 전화 후 2주가 지났다).

랜디는 16세의 비행소년으로 소년원에서 한 달을 보낸 후 가족치료를 위해 필자에게 의뢰되어 왔다. 그는 엄마 매리와 함께 상담에 왔다.

치료자: 랜디가 '빵'[소년원에 대한 랜디의 언어]에서 나온 이후에 더 나아진 점은 무엇이죠?

매리: 글쎄 모든 것이 다 좋았어요! 얘는 학교에도 가고, 제 말도 잘 들었어요. 마리화나도 피지 않고요. 딴 사람이 된 거 같아요.

치료자: 와! 어떻게 랜디가 그런 '대단한' 일들을 하게 만드실 수가 있었지요?

매리: 음. 얘가 소년원에서 나오는 날 소년원으로 얘를 데리러 가서 말했어요. 나는 이제 더 이상 너의 어리석은 짓을 참지 않겠다고……. 이제부터 내 말을 듣고 나와 살든지, 아니면 술주정뱅이 아빠한테 가서 살라고 했어요.

매리가 랜디의 변화에 대해서 말할 때, 필자는 환호와 '어떻게'라는 예외 질문을 활용하였다. 환호는 예외사건을 강조해 보여 주며 예외사건을 '중요한 뉴스'로 만들어 준다. '어떻게'라는 질문은 가족으로 하여금 스스로를 칭찬하게 만든다. 필자는 첫 회기와 이후의 회기 대부분을 여러 가지 치료전 변화를 확대하고 강화하는 데에 사용했다. 다른 치료전 변화 질문들은 다음과 같다. "그가 그런 일을 하는 게 색다른 것인가요?" "그게[예외 행동이] 더 자주 일어나게 하기 위해서 무엇을 계속해야 합니까?' '어떻게 그렇게 하셨어요?"

'왜 이제' 질문들

해결지향치료자들은 치료 상황은 변화를 위한 장(場)이지 문제를 말하는 장이 아니라는 것을 굳게 믿는다(Fredrickson, 2003; Gingerich et al., 1988). 그러나 목표설정을 위한 준비작업으로서, 내담자들로부터 그들이 왜 치료를 받으러 왔는지를 정확히 알아내는 것은 필수적인 일이다. 그러므로 치료전 변화를 말하지 않는 내담자에게는 "무엇이 문제지요?"라고 묻기보다는 "어떻게 여기 오시게 되었지요?" "오늘은 무엇을 변화시키고 싶은가요?"라고 질문을 시작하는 것이 더 도움이 된다. 만일 부모가 끝도 없이 문제의 보따리를 풀어 놓으면, 필자는 "가장 먼저 변화시키고 싶은 것이 무엇입니까?"라고 묻는다. 일단 내담자가 우선적으로 변화시키고 싶어 하는 것이 무엇인지 구체적으로 알게 되면, 문제의 행동을 아주 작은 조각들로 나누어 어떤 것을 먼저 풀고 싶은지 결정할 수 있게 된다.

해결책 구축 질문들

다루기 힘든 청소년 사례의 첫 회기 시작 때에, 문제 자체에 대해 말하지 않은 채로 문제에 대한 해결에 대해서 말하고 상담목표에 대해 협상하는 것은 결코 쉬운 일이 아니다. 그러므로 단기치료자는 내담자가 문제에 대한 이야기(problem talk)를 하는 것을 방지하는 동시에 예외에 관해서 탐색할 필요가 있다. 예외란 내담자가 문제로 인해 압박 받지 않도록 도와주는 행동, 사고, 신념, 감정 등을 말한다. 이러한 예외들이 확대될 때 해결구축을 위한 주춧돌 역할을 할 수 있다. 예외지향적 질문들의 예는 다음과 같다.

- "당신은 걱정하고 있는 문제를 제게 자세히 설명해 주셨습니다. 그러나 우리가 취해야 할 일이 무엇인지를 알기 위해서는 언제 이런 문제들이 발생하지 않는 지와 대신 어떤 일이 생기는지를 제가 지금 알아야 합니다."
- "빌[아들]에 대해서 두 분[부모]이 다르게 행동하는 점은 무엇인가요?"
- "어떻게 그런 생각을 하게 되었지요?"
- "당신이 그렇게 한 것이 그전과는 다른가요?"
- "만약 지금 빌이 여기 있다면, 당신 둘이[부모] 서로 간에 문제없이 잘 지내기 위해 계속했으면 하는 두 가지는 무엇이라고 빌이 말할까요?"
- "그것이 좀 더 자주 일어나려면 두 분들이 무엇을 해야 하나요?"
- "문제가 정말로 해결되었다는 것을 어떻게 알 수 있을까요?"

레베카와 그의 엄마 린다는 가족주치의에 의해 필자에게 의뢰되었다. 린다는 16살 된 자기 딸이 '우울증'에 걸렸다고 믿고 있었다. 우울증의 가족사도 없고, 우울증을 야기할 만한 사건이 없었음에도 불구하고, 어머니인 린다는 잡지 기사를 읽고 난 후 레베카가 잡지에 실린 '십대 사춘기의 증세'를 모두 보인다고 믿기 시작했다. 예를 들면, 가족들과 떨어져 혼자 있고 싶어 하는 것, 엄마와 대화하지 않는 것, 성적이 약간 떨어진 것, 감상적이 되는 것 등이 그것이다. 엄마의 걱정에도 불구하고 가족주치의는 레베카에 대한 진단을 확실히 하지는 않았고, 치료를 좀 받으면 도움이 되겠다고 생각했다. 린다는 딸 레베카를 첫 상담에 데리고 왔다.

치료자: 어떻게 오셨습니까?

린다: 네. 제 생각엔 레베카가 10대 우울증에 걸린 것 같아요.

치료자: 그것을 어떻게 아시죠?

린다: 제가 생각하기에 10대 우울증이라고 생각되는 증상을 모두 다 가지고 있어요.

치료자: 레베카가 기분이 좋을 때는 어떻게 다른지 궁금하네요.

린다: 음. 피아노를 치거나 주방에서 저를 도와주지요. 남자 친구의 장점도 얘기하고요…….

치료자: 레베카의 남자 친구가 가사일 돌보기 상장을 받을 만한 사람인가요?

린다: (웃으면서) 그 남자앤 좋은 아이예요.

치료자: 그러니까 레베카는 남자를 보는 안목이 있군요.

린다: 아주 잘 볼 줄 알지요.

레베카: 네, 우리 엄마는 정말로 스티븐을 좋아해요……. 그런데요, 저는 저희가 여기 올 필요가 전혀 없다고 생각해요. 저는 제 친구가 이사 간 것 때문에 좀 방황했을 뿐이에요…….

린다: 오! 헬렌 말이니? 난 너희 둘이 그렇게 친한 줄 몰랐다.

레베카: 네. 학교가 끝나면 엄마가 회사에서 돌아오시기 전까지 저는 그 애 집에 있곤 했어요.

치료자: 헬렌이 이사가서 네가 좀 방황하는 것에 관해서, 엄마가 네게 어떻게 도움이 되실 수 있겠니?

레베카: '우울증'에 관한 20가지 질문을 하지 마세요! 때로 엄마는 잡지 기사에 푹 빠지시거든요.

치료자: 예전에 네가 방황할 때, 엄마가 너에게 도움이 되 주셨거나 도움이 되 주실 만한 다른 것이 있니?

레베카: 그 점이라면……. 제 생각에 엄마가 저하고 오랫동안 쇼핑가시지 않은 것 같아요.(미소 지으며 엄마를 쳐다본다.)

필자는 린다와 레베카를 단 한 회기 상담했다. 예외지향 질문을 한 것 말고도 "그걸 어떻게 아시죠?"라는 질문을 함으로써 린다의 마음속에 딸이 십대 우울증이 아닐 수도 있다는 의심을 불러일으켰다. 레베카는 자신의 행동을 친구를 잃은 것에 대한 방황이라고 표현함으로써 정상화시켰는데, 당연히 이러한 방황은 일시적이고 해결될 수 있는 문제이다. 그러고 나서 필자는 레베카가 덜 방황하도록 엄마가 할 수 있는 좀 더 생산적인 일이 무엇인지 레베카가 말할 수 있게 유도하였다.

독특한 설명 질문과 독특한 재묘사 질문들

독특한 설명(unique account) 질문과 독특한 재묘사(unique redescription) 질문은 마이클 화이트(White, 1988)가 개발하였다. 이것들은 가족들을 압박해 온 지배적

이야기(dominant stories)에 대항할 수 있는 새로운 이야기를 저술하고자 하는 가족들을 돕기 위한 것이다. 독특한 설명 질문은 중요한 예외들을 특정 상호작용과 일련의 사건들에 연결함으로써 가족들로 하여금 중요한 예외를 깨달아 알게 한다. 예를 들면 독특한 설명 질문은 다음과 같은 것이다. '당신은 상황을 바꾸기 위한 이 중대한 조치를 어떻게 취하실 수 있었습니까?' '이러한 중요한 조치를 취하기 위해 당신은 무슨 준비를 해야 한다고 스스로에게 말했나요?'

독특한 재묘사 질문이란 가족으로 하여금 가족자신, 가족 관계, 중요한 타인에 대한 재묘사를 하게 함으로써 예외나 독특한 설명이 중요한 의미가 있다는 것을 깨닫게 하는 질문이다. 이러한 질문들은 '의식 속에서 작용하여 대안(代案)적 지식을 끌어낼 수 있도록' 가족에게 힘을 부여한다. 독특한 재묘사 질문은 아래와 같은 것들이다. '이것이 당신 자신의 어떠한 중요한 면을 보여 주나요?' '당신의 새로운 모습이 당신의 자아상을 어떻게 변화시켰나요?'

아래의 인용은 랜디와 그의 엄마 매리와의 첫 면담에서 발췌한 것이다. 필자는 랜디가 소년원 출소 후 새 삶을 살기 위해, 출소 직전에 자신에게 뭐라고 말했었는지 알 수 있도록 '독특한 설명' 질문을 이용하였다.

치료자: '여기서 나가면 다른 사람이 되겠다'고 네가 소년원에서 결심했는데 뭐라고 자신에게 말하면서 결심했니?

랜디: 글쎄요, '나는 이런 곳(소년원)에서 인생 마감하는 것보다는 더 잘할 수 있다' '마리화나를 끊어야만 한다' '학교 땡땡이를 치지 말아야지' '엄마 말씀을 잘 들어야지' 등등 이였어요.

치료자: 와! 너 소년원에서 정말로 반성 많이 했구나.

매리: 이번엔 저 애가 정말 노력하고 있는 걸 알겠어요.

치료자: 랜디, 네 인생을 새로운 방향으로 계속 개척하기 위해 다음 단계에 할 일은 뭐니?

랜디와의 첫 면담 때, 랜디가 한 달간의 소년원생활을 통해 너무 많이 변한 것을 보고 놀랐다. 필자는 면담 중에, 책임감 있는 새로운 랜디와 과거의 무책임한 랜디 사이의 차이를 여러 번 비교해 주었다. 엄마는 랜디의 변화를 볼 수 있었고, 랜디가 새로운 인생을 설계하며 자신의 이야기를 재저작하는데 어머니가 공동저자가 된 것이다.

예상질문

예상질문(presuppositional questions)(O'Hanlon & Weiner-Davis, 1989)은 치료전 변화와 예외를 증폭시키고, 내담자에게 변화의 불가피성을 알려 주며, 치료목표를 유도해 내고, 문제없는 미래를 공동 창조해 내기 위해 쓸 수 있는 강력한 개입질문이다. 예상질문은 내담자의 인식과 행동에도 중대한 변화를 만들 수 있다. 내담자 자신의 예상(豫想)을 주의 깊게 들어 보면 어떤 지점에서 고착되어 있는지 어떤 방향으로 나아가야 할지에 대한 단서를 찾을 수 있다. 만일 현재 문제 상황에 대한 내담자의 인식이 왜곡되어 있다면, 치료적 대화를 미래로—변화의 가능성이 좀 더 많은—전환하는 것이 좋다. 예상질문은 다음과 같은 것들이다.

- "더 이상 여기 오지 않아도 될 때를 어떻게 알 수 있을까요?"
- "만일 당신이 쟈니가 귀가 시간을 어기지 않은 다음 한 주일을 비디오로 촬영하여 제게 보여 준다면, 당신들 세 사람은 얼마큼 사이가 좋아져 있을까요?"
- "어떤 다른 일이 일어날까요?"
- "쟈니, 너의 부모님과의 관계에서 네가 무엇을 다르게 할까?"
- "네가 아빠와의 관계를 똑바로 한 후 상상의 수정구슬을 통해 본다면, 두 사람이 어떤 일을 함께 하고 있을 것 같니? 그리고 너는 아빠에게 어떻게 다르게 말할까?"
- "우리가 함께 상담을 성공적으로 끝내고 난 한 달 후에 세븐일레븐에서 우연히 만난다고 예상해 보자. 그리고 너는 상담을 그만하기 위해서 네가 취한 행동들에 대해서 되돌아보며 나에게 얘기한다면 네가 무엇을 했다고 말하겠니?"
- "오늘 회기가 끝나고 집으로 돌아가면 네가 원하는 것이 이루어져 있다고 상상해봐. 그렇다면 네 상황에 어떤 변화가 일어나 있을 것 같으니?"
- "다음 주 동안에 네가 옳은 방향으로 가고 있다는 것을 알게 하는 작은 증거는 무엇일까?"
- "다음 주 동안에 6이 되기 위해서 무엇 할 거니?"

기적질문

드세이저가 개발한 기적질문은 내담자를 문제가 없는 미래로 신속하게 옮겨가게 하기 위한 것이다. 이 질문은 특히 내담자의 문제가 해결되었을 때는 어떤 이상적인 모습인가를 자세하게 설명하고 하고, 치료 목표를 유도해 내려는 때에 특히 유용하다. 필자는 내담자가 예외질문을 부정하거나 문제 상황에 대해 비관적일 때는 기적질문을 즉시 사용한다. 기적질문의 예는 다음과 같다.

- "오늘 밤 세 분이 집에 가셔서 주무시는 동안에 기적이 일어나서 문제가 해결되었다고 상상해 보세요. 내일 아침 기적이 일어났다는 것을 어떻게 알 수 있을까요?"
- "무엇이 달라졌을까요?"
- "당신이 그것을 어떻게 해냈을까요?"
- "세 분 사이에 뭐가 또 달라졌을까요?"
- "당신이 그렇게 할 때 가장 놀랄 사람은 누구일까요?"
- "그다음은 누구죠?"
- "기적이 일어난 후 제가 파리가 되어 댁의 거실 벽에 붙어서 세 분을 관찰한다면 세 분이 함께 무엇을 하고 있는 것을 보게 될까요?"
- "네 동생이 여기 앉아 있다면, 기적이 일어난 후에 너와 엄마의 사이가 어떤 식으로 달라졌다고 말할까?"
- "그렇게 변한 것은 너에게는 어떤 차이가 있니?"
- "이 기적들 중에 어떤 것이 조금이라도 이미 일어나지 않았는지 궁금한데요."

기적질문의 가장 큰 장점은 가능성을 확장하는 것이다. 즉, 삶의 여러 영역에서 기적이 만들어 낼 변화가 어떤 것일지를 가족들로 하여금 자세히 말하게 하고, 주변사람들이 기적 후에 달라진 것을 무엇을 보고 알아챌 수 있을 것 같은지를 가족들로 하여금 자세히 말하게 함으로써 가능성을 확장하는 것이다.

아래 사례는 14세의 우울증 소년과 엄마와의 상담에서 변화를 위한 장(場)을 만드는데 기적질문이 얼마나 효과적인지를 잘 보여 주고 있다. 로버트는 우울증과 학교 부적응, 교우관계 실패 등의 문제로 학교상담가에 의해 필자에게 의뢰되었다. 아래 인용은 로버트와 그의 엄마가 필자의 예외지향 질문을 부인한 뒤 첫 면담에서 발췌한 것이다.

치료자: 두 분이 오늘 밤 집에 돌아간 후 주무시는 사이에 기적이 일어나서 문제가 해결되었다고 가정해 보세요. 내일 아침 기적이 일어났다는 것을 무엇을 보고 알 수 있을까요? 무엇이 달라져 있을까요?

로버트: 네, 아마 잠이 깨면 미소 띤 얼굴로 침대에서 일어나 아빠에게 '학교에 갈 시간이에요'라고 말할 것 같으네요!

치료자: 그렇게 '미소 띤 얼굴로 일어나면' 학교에서는 어떻게 다르게 행동하게 될까?

로버트: 수업시간에 더 잘 듣고, 집중하겠지요. 쓸데없는 질문도 하지 않고 숙제도 할 거예요.

치료자: 달라진 로버트를 보고 어떤 선생님이 가장 놀라실까?

로버트: 모든 선생님이 아마 기절하실 거예요.

치료자: 어떤 선생님이 제일 먼저 기절하실까?

로버트: 아마도 죤슨 선생님일 거예요.

치료자: 네가 죤슨 선생님을 정신차리시게 도와드린 후에, 선생님은 네가 변한 것에 대해 어떤 말씀을 가장 먼저 하실 것 같으니?

로버트: '로버트. 너 수학시험 A 받았다!?'

치료자: 그다음엔 누가 기절하실 것 같으니?

로버트: 윌리암 선생님이요.

치료자: 그분이 깨어나면 너에 대한 그분의 첫 마디는 무얼까?

로버트: 잘했어, 로버트!

치료자: 학교에서 네가 달라질 것은 또 무엇일까?

로버트: 네, 친구 두어 명을 사귀게 되겠죠.

치료자: 2명?

로버트: 네. 한 명은 수업에서 만난 후안이라는 이름을 가진 아이예요.

치료자: 후안에게 그냥 말만 걸거니 아니면 그 아이와 너는 무얼 할거 같으니?

로버트: 후안에게 말을 걸고 학교 끝난 후 엘트로 식당으로 타코 먹으로 가자고 할 거예요.

치료자: 그 애가 타코를 먹고 싶어 할 것 같은 인상을 주었구나! 타코를 좋아하는 사람과 좋아하지 않는 사람의 구별을 어떻게 할 수 있지?

로버트: 한 가지 있어요……. 피부색……. 그 앤 히스패닉(스페인계 사람)이거든요. (웃는다)

치료자: 오! 집에서는 뭐가 달라질까? 만일 아빠가 여기 계신다면 기적이 일어난 뒤 네가 어떻게 변했다고 하실까?

필자는 로버트와 그의 엄마에게 30분 가까이 기적질문을 하고 끝냈다. 로버트의 아빠와 엄마가 로버트에게서 그리고 부모자녀 관계에서 알아차릴 만한 변화를 질문했을 뿐만 아니라, 친가와 외가의 조부모, 친척들로까지 기적질문을 연장했다. 로버트와 엄마는 문제가 해결될 때의 상황에 대해 자세히 설명을 할 수 있었기 때문에, 필자는 그들이 기적이 일어난 상태에서 자신들이 할 것이라고 답한 행동들을 하도록 지시하기만 했다.

대처질문

좀 더 비관적이고 기적질문에 잘 반응하지 않는 가족에게는 방법을 바꾸어서, 다음과 같은 질문을 통해 그들의 비관적 자세를 볼 수 있게 한다. '어떻게 상황이 더 나빠지지 않았을까요?' '상황이 더 나빠지지 않게 하기 위해 당신과 다른 사람들은 무엇을 했나요?' 일단 부모들이 몇 가지 구체적인 예외들을 발견하면 필자는 다시 방향을 바꾸어 문제해결 전략을 확대하기 위해 다음과 같이 묻는다. '어떻게 그런 아이디어가 떠올랐지요!?' '어떻게 그렇게 하셨어요!?' '그런 일이 더 자주 일어나도록 하기 위해 당신이 어떤 일을 계속 해야 할까요?'

다음의 사례에서 필자는 아프리카계 미국인 편모 준에게 대처질문을 활용했는데 그녀는 열 여섯 살 난 아들 씨드가 계속해서 변하는 것에 매우 비관적이었다.

씨드는 오랫동안 낙제 점수와 학교에 무단결석 하는 문제를 가지고 있었다. 첫 면담 초기에 필자는 예외지향적 질문을 하였으나 별 효과 없이 '비슷한 것을 되풀이하며' 고착 상태에 빠져 있었다. 필자가 예외지향적 질문을 해도 어머니는 다음과 같이 말할 뿐이었다. "그 애는 항상 낙제 점수를 받아요." "학교에 가지 않으려 해요." "태도도 나빠요." 등등. 필자가 기적질문을 해도 어머니는 씨드가 변할 것인지, 어머니가 무엇을 다르게 행동하여 아들의 행동에 영향을 줄 수 있을 것인지 등을 상상조차 하지 못했다. 반면에 씨드는 그가 해낼 수 있는 몇 가지 기적행동을 똑똑히 말했는데, 그 중에 두 개는 이미 그가 하고 있는 것이었으며 그것은 숙제를 해 가는 것과 학교에 가는 것이었다. 그러나 어머니는 아들의 행동에 변화가 있다는 어떠한 언급도 하지 않았다.

준: 선생님도 아시다시피 그것이 저 아이에게서 제가 싫어하는 것이에요……. 그 애가 자기 내부에 엄청난 분노를 품고 있다는 것……. 저는 어제 이 아이가 학교에 갔는지도 확실히 몰라요……. 왜 그런 거 있잖아요. 내 자식인데…….

치료자: 그런데, 어떻게 더 나빠지지는 않았는지가 저는 궁금하네요.

준: 그 앤 좋은 가정 환경을 가졌어요. 아시다시피 그 애는 빈민가에서 자라지 않았잖아요.

치료자: 상황이 더 나빠지는 것을 막기 위해 어머니가 하신 그 밖의 일은 무엇인가요?

준: 저는 씨드에게 TV의 교육프로그램을 보게 하고요……. 대화를 많이 나누고, 농담도 하고 유머도 하고 장난으로 주먹으로 치기도 하고…… 단지 재는 가끔 반항을 하는 거지요.

치료자: 음. 십대들은 때때로 정말 반항적이 되지요. 더 나빠지지 않도록 어머니가 취한 다른 방법은 어떤 것이 있나요? 제 말씀은 애가 가출을 할 수도 있고, 마약을 할 수도 있잖아요. 그런데도 씨드는 심지어 상담에도 왔잖아요!

준: 네. 정말 기적이네요. 잘 모르겠어요……. 제가 대화 통로는 열어 둔다는 점인 것 같아요.

치료자: 어떻게 그렇게 하시지요?

준: 글쎄요. 저 자신이 아이가 저를 필요로 할 때 언제나 아이 주변에 있으려 노력하구요, 제가 아이를 염려하며 때로는 자랑스러워한다는 것을 아이에게 알게 해주고 있어요……. 사실, 며칠 전에는 아이를 칭찬해 주었어요. 제가 식료품점에 뭘 사러 갈 일이 있어서 집에 돌아올 때까지 밖에 나가지 말라고 했는데 정말 저를 기다리고 있더라구요.

치료자: 와! 어떻게 애가 그렇게 할 수 있게 만드셨나요?

준: 네. 그래서 아주 기특하다고 생각했어요. 그리고 이번 주에는 학교도 며칠 갔어요.

치료자: 정말이요! 그러면 어머님은 씨드가 조금 발전했다는 걸 이미 확인하셨네요. 어떻게 하셨기에 그런 일이 일어났지요?

준: 제 생각에는 대화 통로를 열어 두어서 그런 거 같아요. 그리고 엄마를 우습게 알면 안 된다는 것을 알게 하구요. 엄마가 뭐라고 말하면 말 그대로이라는 것이지요!

치료자: 네, 엄마를 '우습게 알지 말아라'!

독자들이 분명히 볼 수 있듯이, 우리는 면담과정에서 완전히 U턴을 했다. 어머니는 비관적 태도를 보였었으나, 그것을 바탕으로 치료적 대화를 긍정적인 방향으로 돌릴 수 있었고, 중요한 예외를 발견했다. 필자는 어머니에게 관찰과제를 주며 회기를 끝냈다. 어머니가 아들과의 관계에서 하는 행동 중에서, 아이가 집과 학교에서 상황을 반전시킬 수 있는 행동을 하도록 어머니가 촉진하는 것은 무엇인지를 관찰해 오는 과제를 주었다.

척도질문

척도질문은 치료에 앞서 가족문제를 양적으로 정확히 측정하고, 가족이 1주일 내에 도달하고자 하는 지점을 알고자 할 때 좋은 질문이다. 척도질문은 목표설정을 위한 훌륭한 도구이며, 치료 과정 동안에 초점을 분명히 유지하도록 도와준다. 일단 가족이 문제 상황에 대해 1부터 10까지의 점수로 평가하면, 단기 치료자의 할 일은 각 요소들에서 1주일 이내에 최소한 0.5점 이상 더 높은 점수를 얻기 위해, 청소년과 그 부모가 해야 할 일에 대한 합의를 이끌어 내는 일이다. 필자는 내담자들이 두 번째 이후 회기에서 나아졌다면서 더 높은 점수를 가지고 돌아오면 가지고 온 점수 중 최고점수를 주지 않는 편이다. 예를 들어 두 번째 회기에 온 엄마가 5, 6점이라고 말하면, 필자는 엄마에게 '6 마이너스를 주시겠어요 혹은 5 플러스를 주시겠어요?'라고 질문한다. 척도질문은 제기하는 문제를 해결할 가능성에 대한 가족의 자신감 수준을 측정하는데도 사용된다. 필자는 아들과 자주 언쟁하는 부모에게 다음과 같은 질문을 한다. '1부터 10까지의 범위에서 10은 어머님이 이 어려움을 아들과 함께 해결 할 수 있다는 자신감이 충만한 상태라면, 어머님은 얼마나 자신 있으십니까?' 일단 부모들이 척도 상의 점수를 말하면, 필자는 청소년이 좀 더 높은 점수를 얻도록 엄마가 청소년을 위해 어떤 조정을 할 것인지와 엄마가 해야 할 일이 무엇인가를 묻는다. 그러면 이것이 치료를 위한 첫 번째 목표가 된다. 이와 같이 기적질문(de Shazer, 1988) 후의 척도질문은 정보가 포함된, 현실적인 치료목표(de Shazer, 1991)를 가족과 협상하는 데 사용될 수 있다(**그림 4.2** 참조).

청소년과 부모가 상담목표에 대하여 합의하지 못할 때 필자는 각각의 목표를 설정하고 일한다. 청소년의 협력을 얻는 또 다른 효과적인 방법은 가장 성가시고 화나게 하는 부모의 행동이라고 청소년이 생각하는 것에 대해 척도로 재게 하는 것이다. 예를 들면 치료 한 달 전과 현재, 부모의 '소리 지르는' 행동에 대해 1부터 10까지의 척도에서 청소년이 점수를 매기게 한다. 또한 부모가 이 행동을 줄이는 노력의 표시로 한 주 동안에 1점을 올리려면 어떤 행동을 할 필요가 있는지 얘기한다.

라틴 아메리카 배경을 가진 15세의 조세피나는 가출과 가정문제로 학교 상담교사

가족이 제기하는 문제
마리화나 피우는 것
숙제를 전혀 하지 않는 것
가정의 규칙을 지키지 않는 것

기적질문

가족의 기적
마약을 하지 않음
숙제를 함
가정의 규칙을 지킴
부모는 많이 소리치지 않음
아들이 좀 더 자유를 가짐

척도질문
부모가 아들에 대해 현재 3점을 줌. 일주일간 숙제를 하면 4점이 될 것임

치료자는 부모와 아들 간에 좀 더 현실적이고 좀 더 작은 목표를 협상함

치료목표
아들이 5일 중 2일간 숙제를 할 때 부모는 4점을 줄 것임

협상으로 받게 되는 특권
아들이 목표를 성취하면 금요일 밤에 1시간 늦게 집에 들어올 수 있음

그림 4.2 치료목표 잘 형성하기

에 의해 필자에 의뢰되었다. 상담교사에 의하면 조세피나의 엄마는 한때 '알코올중독자'였다. 첫 면접 내내 조세피나의 엄마는 매우 비관적이었고 '상담은 도움이 되지 않았다'거나 '과거에도 효과가 없었다'는 의견만 얘기했다. 먼저 필자는 조세피나 엄마에게 조세피나의 문제 행동에 점수를 매기라고 했고 이후 회기는 점차 자리를 잡아가고 엄마는 덜 부정적이게 되었다. 엄마는 조세피나에 대한 두 가지 치료목표를 정했는데, 그것은 조세피나가 가출을 하지 않는 것과 항상 엄마와 다투는 것을 그만두게 하는 것이었다. 필자는 조세피나가 가출행동을 그만둔다는 지나치게 거대한 목표보다는, 서로 다투는 문제에 대해 먼저 작업하기로 어머니가 동의하도록 만들 수 있었다.

치료자: 1부터 10까지의 점수에서 10은 최고점, 1은 최악입니다. 4주전 어머님과 언쟁하는 조세피나의 행동에는 몇 점을 주시겠어요?

엄마: 아마 2점이요. 지난번에 가출을 했기 때문에 그게 영향을 끼친 거구요, 그래서 지금은 외출금지 상태에요.

치료자: 오늘은 몇 점을 주시겠어요?

엄마: 최근에는 많이 좋아졌어요. 조세피나에게 6점을 주고 싶어요.

치료자: 와! 대단한 발전이군요. 어떻게 2점에서 6점으로 점수를 올릴 수 있었나요?

엄마: 외출금지를 시켜도 제가 예전에 그랬던 것처럼은 화를 내지 않으려고 노력했기 때문인 것 같아요.

치료자: 조세피나가 7점을 받으려면 어떻게 해야 할까요?

엄마: 저한테 싸움을 걸지 않고 제 말을 잘 들어야죠. 만약 저와 싸우지 않고 이틀을 보낸다면 저는 조세피나에게 7점을 주겠어요.

치료자: 다음 주 동안 조세피나에게 그러한 변화가 생기도록 할 만한, 뭔가 다른 게 있을까요?

엄마: 조세피나가 진짜 변하면 되지요. 저도 그렇게 심하게 화내지 않으려고 해요.

치료목표를 좀 더 논의하기 위해 엄마와 개별면접을 한 후, 필자는 조세피나가 엄마의 목표를 수용할지를 알아보기 위해 회기의 휴식시간에 조세피나를 만났다. 그리고 조세피나 자신의 개별 목표가 있는지 혹은 필자가 함께 노력해 주어서 얻고자 하는 특권(예: 외출 등)같은 것이 있는지를 함께 탐색해 보았다. 조세피나는 엄마와 다투지 않고 이틀 이상을 보낼 수 있다고 자신 있게 말했다.

1주일 후 조세피나와 엄마는 함께 왔는데 조세피나는 9점을 받았다고 했다. 조세피나가 엄마와 일주일 내내 한 번도 싸우지 않고 지냈기 때문이다. 필자는 두 번째 회기 전부를 가족의 변화를 강화하는 데 사용했다.

마지막으로, 여러 번의 치료 실패 경험을 가졌고 가족원이 매우 비관적인, 보다 만성적인 청소년 사례의 경우에 필자는 척도를 거꾸로 하여 −10은 최악이자 희망이 없는 상태이고, −1은 문제 상황이 약간 개선된 상태로 바꾸어 질문하기도 한다. 이 질문은 자살 생각이 있는 내담자를 포함하여 가장 비관적인 내담자의 낙관주의와 자신감 수준을 극적으로 증가시킬 수 있다.

퍼센트 질문

퍼센트 질문은 척도질문과 비슷하게 치료 과정 동안 가족의 진전에 대한 양적 측정을 가능하게 하고, 치료에 명확한 초점을 제공해 준다. 퍼센트 질문은 또한 가족들에게 문제상황에 대한 이중진술(White, 1986)을 제공함으로써 그들에게 새로운 가능성을 열어 준다. 퍼센트 질문의 몇 가지 예는 다음과 같다. "빌(Bill)은 몇 퍼센트의 시간 동안 부모님께서 그를 책임지게 합니까?" "빌, 너는 몇 퍼센트의 시간 동안 네 자신을 책임지니?' '네가 거식증을 이겨내기 위해 싸우는 시간 대 네가 거식증에게 패하는 시간의 퍼센트는 어느 정도이지?"

다음의 사례는 딸의 행동에 대해 병리적 명명을 하는 부모를 이중진술을 하도록 만드는데에 퍼센트 질문이 어떤 식으로 유용하게 쓰일 수 있는지를 보여 주고 있다. 이때 치료자는 딸의 행동이 정상적이며, 해결 가능한 청소년 행동인 것을 지적하였다.

> 마조리는 딸의 '행동장애'문제를 다루는 데 도움을 얻고자 딸을 데리고 상담 받으러 왔다. 마조리의 16세 된 딸 사라는 만성적으로 '규칙'을 '어기고' '끊임없이 엄마와 다투고' 때때로 '학교를 빠지곤' 한다. 다음의 발췌부분은 첫 면접의 일부이다.

치료자: 무슨 문제로 오셨습니까?

마조리: 저의 딸 사라가 '행동장애'를 갖고 있어요. 그 애는 제 말을 전혀 듣지 않아요. 저희는 끊임없이 싸우고, 그 아이는 제 말을 무시하지요. 학교를 빠지는 날도 며칠씩 되는 거 같아요.

치료자: 따님이 '행동장애'가 있다는 걸 어떻게 아시지요?

마조리: 음……. 학교 상담 선생님이 그렇게 생각하세요……. 선생님이 보시기엔 어떠세요?

치료자: 우선 제가 궁금한 게 하나 있어요. 사라의 행동에서 보통 십대의 반항으로 여겨지는 것과 이상행동으로 여겨지는 것의 비율이 얼마나 된다고 생각하세요?

마조리: 음……. 저는 그런 식으로 생각해 보지 않았어요……. 그렇지만 선생님께 말씀드린다면 60퍼센트는 일반적 반항이고 40퍼센트는 지나친 것 같아요.

치료자: 그러면, 4주전에는 퍼센트가 어떻게 달랐나요?

마조리: 4주전이라……. 그때는 극도의 반항상태였다고 생각되는군요.

치료자: 그때는 몇 퍼센트를 주셨을 것 같으세요?

마조리: 오, 제가 말씀드렸어야 하는데……. 그때는 사라가 정말로 저를 화나게 했어요. 반항행동이 90퍼센트 되었던 것 같아요.

치료자: 우와! 반항 행동 쪽이 어떻게 60퍼센트로까지 내려갈 수 있었나요? 어머님이 어떻게 다르게 행동하셨는데요?

마조리: 제가 소리를 많이 지르지 않았거든요. 산책을 하곤 했어요.

치료자: 사라가 덜 반항적으로 행동하게 할 만한 다른 일은 또 무엇이 있었을까요?

회기의 나머지 시간 동안에는 딸의 정상적 십대행동에 더 잘 대처할 수 있도록 하고, 딸과 보다 협조적인 관계를 맺도록 돕기 위하여 마조리의 다른 중요한 예외들을 유도해 내었다. 마조리와의 세 번의 회기 후에 그녀는 자신의 딸 사라가 정상적인 십대라는 사실을 확신하게 되었다. 마조리가 마지막에 비율로 평가한 사라의 행동은 '50퍼센트의 정상적 반항' 대 '50퍼센트의 이상 반항'이었다.

비관적 질문

가족에게 대처질문을 했는데도 가족들이 비관적인 태도를 바꾸지 않으면, 필자는 방법을 바꾸어 비관적 질문을(Berg & Gallagher, 1991) 활용하여 그들의 협력 반응 유형에 맞춘다. 매우 비관적인 부모들은 치료자가 희망과 변화의 장을 만들기 위해 최선을 다 했음에도 불구하고 자기 자녀의 행동이 계속 악화될 거라고 하면서 극단적인 결과를 말하며 완강한 태도를 보인다. 그러므로 이러한 때에는 비관적인 부모의 수준에 적절하게 맞추는 것이 필요하다. 때로는 아래와 같은 일련의 비관적 질문들을 함으로써 가족들이 자신들의 어려운 상황을 잘 헤쳐 나가는 데 도움이 될 수 있는 대처전략과 유용한 문제 해결방안을 만들어 내게 할 수도 있다. 비관적 질문의 몇 가지 예는 다음과 같다.

- "만일 상황이 더 좋아지지 않으면 무슨 일이 일어날까요?"
- "그다음엔 어떻게 될까요?"
- "누가 가장 힘들어할까요?"
- '누가 최악이라고 느낄까요?"
- "작은 변화라도 만들기 위해서 당신이 할 수 있는 가장 작은 일은 무엇입니까?"
- "다른 가족들은 무슨 일을 할 수 있을까요?"
- "아주 조금이라도 그것을 지금 발생하게 하려면 어떻게 하면 될까요?"

- "당신 같은 상황의 다른 부모라면 오래 전에 상담을 포기했을 수도 있는데 당신은 왜 다시 한 번 시도를 하시나요?"
- "당신 같은 상황의 다른 부모라면 지금쯤 아들을 기숙사 학교나 군사학교로 보내버렸을 수도 있는데 무엇 때문에 그렇게 하지 않으셨나요?"
- "당신의 딸이 계속해서 물불을 가리지 않고 행동하기 때문에, 만약 딸이 더 이상 주위에 없다면 삶이 어떨 것 같은지 생각해 보신 적이 있으신가요?"

가족의 상황이 최악이더라도 비관적 질문은 청소년에 대한 부모의 애정을 끌어내고 부모가 청소년을 포기하지 않게 할 수도 있다. 이 질문들은 자유방임형의 부모들에게 정서적 긴장을 만들어 내어 문제해결 노력에 더 관여하게 만들 수도 있다. 특히 심각한 문제나 비극적 결과로부터 아동을 구출하기 위하여 상담자인 당신이 부모보다 더 열심히 노력하고 있는 것 같을 때 그러할 수 있다. 아래 사례는 가능성의 문을 열수 있도록 비관적 질문을 사용하는 방법을 보여 준다.

달시는 14세의 백인 청소년으로 현재 치료받고 있는 정신과 병원 의사가 치료를 위한 외출 허가증을 주어 자문을 위해 나에게 보냈다. 부모인 헬렌과 찰리, 그리고 가족을 상담해 온 세 명의 치료자가 함께 왔다. 달시가 정신과에 세 번째 입원을 한 것은 부모와 여동생에게 식육점용 칼로 위협을 가했기 때문이다. 달시는 폭력적이고 자해를 했으며 반항하는 행동을 오랫동안 해왔다. 심각한 우울증을 몇 번 경험했으며 때로는 자살 위험도 있었다. 달시와 부모 사이의 갈등은 매우 심해서 따로 거주하는 것, 특히 생활 치료시설을 찾아보기도 했다. 가족은 너무나 많이 비관적이어서 중요한 사람을 떠나 보내는 장례식에서 막 돌아온 분위기였다. 그들의 비관주의에 협력하기 위하여 내가 비관적 질문을 사용하자 너무나 놀랍게도 회기 중에 비약적 발전이 이루어졌다. 부모는 회기 중 이 시점까지 달시에 대해서 단 한 가지도 긍정적인 것을 말하질 못했고 달시의 퇴원에 대해 상상조차 하질 못했었다.

치료자: 이런 상황에서 어떤 부모들은—좋은 생각이라고 생각 하지 않습니다만—자녀를 그룹홈이나 정신건강병원, 혹은 입양 보내려고 했을 수도 있을 겁니다. 어떻게 그렇게 하지 않으실 수 있었나요?

헬렌: 절대로 그렇게 할 순 없지요! 저는 달시를 너무나 많이 사랑해요.(달시는 의자에 앉은 채로 몸을 앞으로 기울이고 그 소리를 듣는 게 좋다는 것을 비언어적으로 인정한다.)

치료자: 어머니는 당시를 정말로 사랑한다는 것을 어떤 식으로 달시에게 보이시나요?

헬렌: 저는 달시가 허락할 때는 달시에게 허그와 뽀뽀를 많이 해요.

치료자: 오늘 상담 중에 어머니는 달시가 '건강이 좋아지면' 정말 좋겠다고 하셨어요. 달시가 정말로 '좋아졌다'는 것을 말해 주는 확실한 증거는 무엇일까요? 달시가 좋아졌다는 것을 보여 주려면 달시가 구체적으로 무엇을 할 필요가 있을까요?

헬렌: 음, 화가 나도 자해를 하지 않겠지요. 무엇이 화나게 하는지를 말로 할 거예요. 다른 사람이 무엇을 했길래 화가 났는지, 달시가 어떻게 반응했고 무엇을 다르게 할 수 있었을지를 얘기할 것 같아요.

찰리: 달시는 분노조절에서 많이 좋아졌어요!

헬렌: 네, 정말로 많이요!

찰리: 저희는 레드롭스터 식당에 갔었어요. 달시가 케첩 병을 흔들었는데 갑자기 케첩을 뒤집어썼어요. 그 전 날까지라면 핵폭발이 있었겠지요. 그런데 달시는 그냥 웃어넘겼어요. 저는 웃음을 참지 못해 애썼어요. 달시에 대해서가 아니라 케첩 때문에요. 저는 달시가 이 당황스런 상황에 잘 대처한 것이 너무나 자랑스러웠어요.(달시는 찰리를 올려다보며 미소 짓는다.)

치료자: 달시, 네가 이 상황에 너무나 잘 대처했다는 것을 알고 있니? 정말 놀랍다! 나같으면 화가 났을 거야. 잘했어!

회기 중의 이 부분 후에는 상담실 분위기가 극적으로 바뀌었고 달시와 부모는 달시가 정신건강병원에서 퇴원해 집으로 올 때 침실을 어떤 식으로 할 것인지에 대해서 논의하기 시작했다.

외재화 질문

문제의 외재화(externalizing the problem)(White, 1984, 1985, 1986, 1987, 1988a 1988b, 1995; White & Epston, 1990)는 면접과정에서 해결지향 질문에 잘 반응하지 않는 어려움이 매우 많은 가족에게 좋은 치료적 선택이 될 수 있다. 가족이 제기하는 문제는 문제의 생활방식, 문제의 경력, 문제의 상호작용 유형, 또는 객관화된 억압자 등으로 외재화될 수 있다. 가족이 제기하는 문제를 외재화할 때에는 그 문제에 대한 가족 성원의 언어나 신념을 조심스럽게 활용하는 것이 가장 중요하다.

그렇지 않으면 가족 구성원들은 자신들의 문제에 대한 새로운 구성을 '너무 이상하다'면서, 받아들이지 않을 수도 있다. 마이클 화이트(White & Epston, 1990)에 의하면 문제의 외재화는 어려움이 많은 가족에게 활용했을 때 다음과 같은 여섯 가지의 장점을 가지고 있다.

1. 문제에 대해 책임 있는 사람이 누구냐에 대한 논쟁을 포함하여 가족들 사이의 비생산적인 갈등을 감소시킨다.
2. 문제를 해결하려는 시도에도 불구하고 문제가 계속되는 것에 대하여 여러 사람이 느끼고 있는 실패감을 줄여 준다.
3. 가족들이 서로간에 협조하는 길을 열어 준다. 또한, 문제에 대항하는 싸움에서 단결하게 하여 그 문제가 그들의 생활과 관계에 미치는 영향으로부터 벗어날 수 있게 해준다.
4. 가족들이 문제와 그 영향으로부터 벗어나서 가족의 생활과 관계를 재생시킬 수 있는 행동을 취할 수 있도록 새로운 가능성을 열어 준다.
5. '매우 심각한 문제'에 대해 더 가볍고, 더 효과적이며, 덜 스트레스가 되는 방식으로 대처할 수 있도록 사람들을 자유롭게 해준다.
6. 문제에 관해서 독백보다 대화를 할 수 있도록 해준다(pp. 39-40).

다음은 오랫동안 지속되어 온 가족 간의 비난-역비난의 상호작용을 멈추게 하기 위해서 문제의 외재화를 적용한 사례이다.

브라운씨네는 재혼가족이었다. 프레드와 리사는 둘 다 전에 한번 결혼한 적이 있다. 그들의 전 결혼은 행복하지 못했으며 전 결혼에서 얻은 리사의 외아들인 션이 현재의 가족문제로 확인되었다. 션은 오랫동안 절도, 학교 폭력, 리사의 말을 듣지 않는 문제를 가지고 있었다. 션은 새아빠인 프레드를 매우 싫어하고 프레드의 첫 결혼에서 낳은 두 아들과도 사이가 좋지 않았다. 첫 면접 내내 가족 내 하위집단들 사이에 많은 언쟁과 비난이 오고갔다. 예외적인 요소를 끌어내어 기적질문을 하려던 필자의 시도는 좌절되었다. 그러나 부모는 다른 사람을 '비난하는 것'이 전 결혼을 망가뜨렸으며, 현재의 가족 문제의 주범이라고 지적했다. 필자는 과거의 이런 '비난'패턴을 외재화 시키기로 작정하고 션을 문제의 초점으로부터 비켜나게 했다.

치료자: 여러분들 주위에 얼마나 오랫동안 이 '비난하기' 패턴이 영향을 주어 왔습니까?

프레드: 네. 전처와는 5년 동안 결혼생활을 했고 리사와 저는 지난 2년간 함께 살았습니다.

리사: 저는 이렇게 서로 탓하는 문제를 거의 9년 동안이나 안고 살았어요. 션의 아빠와 션은 아직도 모든 것을 제 탓이라고 합니다.

션: 저 지금 나가도 돼요? 저는 엄마의 잔소리가 지겨워요. 엄마는 항상 제가 하는 일마다 흥분해서 간섭해요.

치료자: 자 이렇게 두 사람 사이에 비난하기가 끼어 들어서 두 사람을 싸우게 한다는 것을 아시겠어요?

프레드: 선생님이 맞아요. 저희는 서로 탓하는 것을 그만 두고 지난 일은 잊어야 해요. 저희는 이제 새식구이고 잘해 나가야 하거든요.

치료자: 리사, 이렇게 비난하기가 당신으로 하여금 션을 탓하게 하려 했지만 당신이 비난하기와 싸워 이겨서 다르게 행동한 때가 최근에 언제 있는지 궁금하군요.

리사: 사실은 어제 집안 여기저기에 물건을 흩트려 두는 션을 보고 그 애 아빠가 떠올라 션에게 화풀이를 하려고 했어요. 하지만 저는 션에게 더러운 옷은 세탁 바구니에 담아 놓으라고 좋게 말했지요.

션: 네……. 엄만 언제나 제가 '돼지' 같다며 소리질렀었지요.

치료자: 션. 나는 너의 어머님이 비난하기와 싸워 이기셨기 때문에 하이파이브를 해드리려 한다. (리사에게 하이파이브를 함. 그리고 놀랍게도 션도 자신의 어머니에게 하이파이브를 함)

면접의 나머지 시간들은 보다 긍정적인 분위기였다. 우리는 가족이 비난하기에 맞서 싸워 이기기 위해 행동을 취하고 있는 동시에 비난하기의 초대를 거스르지 못하고 가족들이 여전히 비난하고 있다는 점에 초점을 맞추었다. 필자는 가족이 비난을 이기기 위해 행하는 매일의 일들을 주의 깊게 보고 오라는 과제를 주었다. 또한 비난이 승리하는 경우도 주의 깊게 보고 오라고 요구했다. 필자는 그 비난이 매우 강력한 녀석이어서 쉽게 쓰러지지 않을 것이기 때문에 비난과 한판 전쟁을 치를 태세를 갖추도록 가족을 훈련하라고 권했다. 션은 가족 중에서 가장 '훌륭한 선수'였기 때문에 가족을 위한 연습프로그램을 개발하는 책임을 맡았다. 프레드와 리사에게는 매일 비난과 싸워 이기거나 진 경우를 표로 만들라는 과제를 주었다.

미래지향 질문

미래는 아직 오지 않았기 때문에 내담자에게 미래란 변화를 위한 비옥한 땅이다. 그리고 우리 치료자들은 내담자들이 앞으로 살기 원하는 미래를 디자인할 때 함께 하는 공동건축가인 셈이다. 연구들은, 과제 수행과 관련하여 숙달되고 성공적인 미래를 상상해 낼 수 있는 사람은 실패를 예견하는 사람보다 훨씬 더 과제 수행성적이 뛰어나다고 보고하고 있다(Sherman, Skov, Hervitz & Stock, 1981). 스파노스와 라드케(Spanos & Radtke, 1981)와 스파노스(Spanos, 1990)의 최면 연구에서는 미래 사건에 대한 상상 속으로 빠져 들어가게 하는 것이 강력한 환각효과를 일으킨다는 것을 밝혀냈다. 이 연구의 대상자들은 상상을 현실이라고 믿었다. 이러한 연구는 치료 현장에서 상상과 상상된 미래를 사용하는 것에 대한 실증적인 지지를 제공해 준다. 미래지향 질문(future-oriented questions)은 특히 과거에 얽매여 있고, 만성적이며, 문제가 많은 가족의 사례에 적당하다. 펜(Penn, 1985)에 따르면 미래지향 질문은 '새로운 해결책을 실제에서 행동으로 옮겨 보도록 촉진하며, 대안적인 행동을 제시해 주고, 학습을 촉진해 주며, 체계의 특정 변화 모델에 대해 언급한다'(p. 299). 미래지향 질문의 예들은 다음과 같다.

- "쟈니가 직장을 얻으면 가족 중에서 누가 제일 놀랄까요?"
- "다음엔 누가?" "당신이 아버지에 대한 '분노와 쓰라린 감정'[내담자가 사용한 말]을 극복한 후 상상의 수정구슬을 응시한다면 당신과 아버지의 관계에 어떤 변화가 생겼을까요?" "또 달라진 것은 없을까요?"
- "제가 수정구슬을 응시하고 있을 때, 저를 가장 놀라게 할 당신의 변화는 뭘까요?"
- "우리가 상담을 성공적으로 끝내고 함께 가족의 비디오테이프를 틀어본다면 우리는 거기서 어떤 변화된 모습들을 보게 될까요?"
- "보호관찰관이 그 비디오테이프를 보고 네가 달라진 것 중에 무엇이 가장 기쁘다고 말할까?"

빌리는 17세의 백인 청소년으로 LSD와 PCP('천사의 가루'), '마술 버섯' 판매 혐의로 체포된 후 9개월간의 상담 명령을 받았다. 빌리의 가정환경에는 스트레스가 매우 많았다. 어머니는 양극성 장애를 가지고 있고 아버지는 언제나 고함을 치고 그를 비난했다. 여동생은 심한 행동 문제로 생활치료시설에 있었다. 놀랍게도 빌리는 첫 회기에 혼자 나타났다. 아래 축어록은 첫 회기의 목표설정 부분이다. 이 부분은 우리의 추측 언어와 은유적 언어를 내담자에 맞춰야 한다는 것을 보여 준다. 빌리는 환각을 좋아했으므로 상상의 수정구슬 사용이 빌리에게 잘 맞을 거라고 생각했다!

치료자: 내가 너에게 상상의 수정구슬을 줘서 네가 '분노와 씁쓸함'을 이겨낸 후 그것을 들여다보았다고 생각해 보자. 그 속에 무엇이 보일까?

밀리: 글쎄요, 제가 아버지와의 관계를 고쳤다는 것을 볼 거예요.

치료자: 오케이, 우리가 지금 수정구슬을 들여다보고 있어. 아버지와의 관계를 '고치기' 위해 네가 무엇을 했다고 나에게 말해 줄래?

빌리: 저는 아버지께 의심의 좋은 점에 대해 말하고, 아버지가 저에게 하시는 말씀을 듣고, 아마 제가 다른 투로 말하겠네요.

치료자: 그렇게 하면 아버지와의 관계가 어떻게 달라지겠니?

빌리: 음, 저희는 아마 서로 좀 더 잘 지낼 거에요. 지금 선생님과 제가 얘기하고 있는 식으로 아버지께 얘기할 수 있을 거에요.

우리의 상상의 수정구슬 대화는 대략 30분가량 계속되었다. 빌리는 가족 전부와 관계를 '고치기' 위해서 그가 필요로 하는 것을 한 단계씩 체계적으로 설명했다. 우선적으로 나는 빌리에게 그가 만들어 낸 해결전략을 아버지에게 실험해 보라고 했다. 아버지가 아들과 함께 상담에 왔을 때는 그 둘의 관계는 아주 많이 개선되어 있었으며 아버지는 빌리의 노력에 대해 고마워했다. 빌리는 약물을 사용하지 않고 있었다.

문제추적 질문

단기치료자가 해결지향 모델로는 가능성이 없다고 생각할 때, 다른 좋은 치료적 선택은 MRI의 단기 문제중심치료접근법(Fisch et al., 1982; Watzlawick et al., 1974)이다. 이 접근법을 취하게 되면, 치료의 초점은 문제 상황에 대한 가족들의 인지를 바꾸는 것뿐만 아니라, 가족내에서 문제를 유지시키는 상호작용 순서를 적극적으로 깨뜨리는 것이 된다. 문제추적 질문(problem-tracking questions)(Palazzoli, Boscolo, Cecchin, & Prata, 1980)은 가족 구성원들이 제기하는 문제를 유지시키는 반복적인 상호작용을 비디오처럼 자세히 묘사할 수 있게 해주는 질문이다. 반복적인 상호작용 패턴에 대한 정보를 확보하고 나면, 단기치료자는 문제를 유지시키는 이 패턴을 깨뜨리기 위해 몇 가지 지점에 초점을 둔다. 문제추적 질문의 예는 다음과 같다.

- "네 오빠가 술에 취해 집에 왔을 때 그 모습을 비디오로 네가 보여 준다고 하면, 누가 가장 먼저 뭐라고 하시겠니? 엄마 아니면 아빠?"
- "엄마가 먼저 뭐라고 하신 다음에 너의 오빠는 어떻게 하지?"
- "그때 엄마의 반응은?"
- "그다음엔 어떻게 되지?"
- "그다음엔 또 어떻게 되지?"

이상적으로, 단기치료자는 문제가 되는 가족 상호작용 패턴을 묘사하는 상세한 그림을 확보하게 될 것이다. 이 그림을 확보한 후 유형개입(O'Hanlon, 1987)이 문제유지 패턴을 깨뜨리는 데 이용 될 수 있다.

대화식 질문

포스트모던 가족치료 접근법은 오늘날 가족치료 분야에서 점점 더 인기를 얻고 있다(Anderson, 1997; Friedman, 1995; Anderson, 1991; Anderson & Goolishian, 1988a; Deissler, 1989; Lussardi & Miller, 1991). 포스트모던 가족치료 접근법은 치료 경험이 여러 번 있으며 매우 어려움이 많거나 외상적 경험이 있는 가족에게 특히 유용하다. 필자는 이 협력적이고 의미에 기반을 둔 접근법이, 가족 내에 비밀이 있어 보이거나 관련된 상위 체계에 다수의 협력자가 있는 경우에도 유용하다는 것을 발견했다. 필자의 임상경험을 통해 해결지향 단기치료법만을 사용하는 것은 문제로 가득 찬 상황에 대해 가족이 할 이야기가 많은 경우 이를 편집해 버리기 때문에 가족들의 힘을 약화시킬 수 있는 문제점을 가지고 있다. 해결지향질문은 가족 구성원들이 가족사에 관한 독특한 이야기를 자유롭게 하는 것을 방해하기 때문에 치료적 대화를 중단시킬 수도 있다. 대화식 질문들은 치료적 대화가 계속될 수 있도록 돕는다는 면에서 치료자의 기본적인 도구이다(Anderson & Goolishian, 1988a; Anderson & Goolishian, 1988b). 이 질문들은 개방형질문이며 '미리 알고 있음'(preknowing)에 반대되는 '알지 못함'(not knowing)의 자세에서 질문되어진다. 알지 못하는 자세에서 질문 한다는 것은 치료자가 배우려는 자세를 갖는다는 것을 의미한다(Anderson & Goolishian, 1988a). 가족 구성원들이 가족사에 대해 마음대로 재진술할 때 이 '알지 못함'의 자세는 '아직 말하지 못한'(not yet said) 것들을 끌어낼 수 있게 되고, 가족에게 새로운 의미와 가능성이 생기게 된다. 대화식 질문의 예는 다음과 같다.

- "많은 치료자들을 만나셨는데 그들이 당신 가족에게서 간과하거나 놓친 것은 무엇이지요?" "만약 제가 당신 가족의 경우와 비슷한 다른 가족을 상담한다면 그들을 돕기 위해 제게 해줄 말씀은 어떤 것이 있나요?"
- "[청소년에게] 부모님이 덜 논쟁하시도록 네가 부모님에게 해드리고 싶은 조언이 있니?"
- "너의 숙제에 대해 부모님이 덜 책임지시도록 네가 부모님에게 해드리고 싶은 조언이 있니?"
- "여러분의 상황에서 변화를 만들 만한 것으로 빠진 것이 무엇이 있나요?"
- "만약 제가 여쭈어 봐 드리기를 원하시는 질문이 하나 있다면 그건 어떤 것인가요?"
- "아직 여러분들이 말씀하시지 못한 가족 문제가 있다면 그것은 어떤 것인가요?"
- "그 주제에 대해 말씀하실 때 가족 중 누가 가장 힘들어할까요?"
- "만약 '베기(cutting)'가 상담에서 다루어진다면 어떤 질문을 정말 하기 원하실까요?"
- "여러분이 여기 처음 오시기 전에, 가족회기 중에는 말하지 않겠다고 스스로에게 다짐한 것이 있으신가요?"

다음의 사례는 면접과정에서의 치료적 융통성에 대한 중요성을 보여 준다.

필자는 샤론과 그의 엄마에게 해결지향질문을 사용하는 것으로 첫 번째 면접을 시작하였다. 샤론은 16세인데 만성두통 문제를 가지고 있었다. 종합검사를 몇 년 동안 했지만, 가족주치의와 다른 두통전문가들도 이 문제에 대한 신체적 원인을 찾아내지 못했다. 샤론은 12세 때부터 두통으로 고생해 왔다. 필자는 샤론에 대한 면접에서 해결지향질문을 사용했으나 예외를 만들어 내지 못했다. 면접의 이 시점에서, 필자는 이러한 형식의 질문을 포기하고 대신 대화식 질문을 이용했다. 다음에 인용한 것은 첫 면접에서 발췌한 것이다.

치료자: 너희 가족 중에서 누가 가장 네 머리를 아프게 하니?

샤론: 아빠요. 아빠는 너무 고집불통에다 보수적이에요. 언제나 게이와 유대인을 욕해요.

엄마: 예……. 그는 때때로 그런 경향이 있어요. 그러나 점점 나아지고 있어요.

인터뷰를 통해 샤론이 아빠에 대해 말할 때는 아주 감정적이 되는 것을 알 수 있었다. 필자는 특히 아빠와의 관계에 관한 것 등 자신의 얘기를 할 여유를 더 주기 위해 샤론만 따로 만나기로 작정했다.

치료자: 아직 네가 말하지 못한 가족 문제가 하나 있다면 그게 뭘까?

샤론: (흐느끼며 울기 시작)음……. 전 게이인 것 같아요. 아빠가 알게 된다면 저와 다시는 말하려 하시지 않을 거예요. 전 그게 두려워요. 제발 엄마에게 말하지 마세요.(흐느껴 욺)

치료자: 네가 스스로 말 할 준비가 될 때까지는 한마디도 안 할께. 게이라고 느낀 게 얼마나 됐니?

샤론: 6학년 때 이후로요.

치료자: 머리 속에 늘 담아두고 있기엔 너무 버거운 짐이었겠구나?

샤론: 네. 제가 이러한 생각을 다 털어놓을 수 있는 가장 안전한 곳은 저의 작문 시간뿐이에요. 저는 이야기 속에서 여러 가지 다른 주인공들의 역을 다 해봤어요. 어떤 때는 남자가 되기도 하고 어떤 때는 반은 여자, 반은 남자가 되기도 했어요.

샤론과 필자는 앞으로의 면접에서 그녀의 생활방식을 선택하는 이야기를 계속하였다. 너무나 놀랍게도 두 번째 회기에서 샤론은 그녀가 게이라는 것을 엄마에게 털어 놨다. 처음에 엄마는 매우 충격을 받았지만 세 번의 가족회기을 가지고 난 뒤에는 받아들였다. 이것은 샤론이 왜 스트레스성 두통을 앓고 있었는지, 아빠가 게이를 비난할 때 왜 그렇게 강하게 반응했는지의 이유를 엄마에게 설명해 주는 가치 있는 경험이었다. 엄마는 또한 성공적으로 샤론의 아빠에게 샤론을 좀 더 이해시킬 수 있었다.

견고화 질문

견고화 질문(consolidating questions)은 치료전 변화를 확대시키고 두 번째와 그 이후 회기에서 일어나는 가족의 변화를 강화시켜 주는 데 유용하다. 때때로 필자는 상상의 수정구슬이나 비디오테이프적 은유를 이용해서 2주나 6개월 후에 내담자의 상황이 어떤 식으로 향상될 것인지를 자세하게 설명해달라고 요청한다. 견고화 질문의 몇 가지 예는 다음과 같다.

- "계속해서 이러한 변화가 생기게 하려면 무엇을 하셔야 할까요?"
- "어떻게 해서 그러한 변화가 생겼는지 알고 계세요?"
- "예전으로 돌아가게 하려면 무엇을 하셔야 하나요?"
- "주요한 퇴보를 막으려면 무엇을 하셔야 할까요?"
- "화요일 날 뒤로 퇴보한 것으로부터 배우신 것 중에, 다음번에 비슷한 스트레스 상황에 처하시면 사용할 만한 것은 무엇이 있을까요?"
- "수요일 날 어떻게 제 궤도에 서 계실 수 있으셨나요?"
- "제가 만일 다음에 열릴 부모집단에 당신을 연설자로 초대한다면 다른 부모님들에게 어떤 도움이 될 만한 조언이나 충고를 하실 것인지요?"
- "이것이 우리가 함께 하는 마지막 상담회기라고 해보자, 이 시간에 어떤 재미있는 일을 하고 싶니?"
- "지금부터 한 달 후에 여러분이 성공적으로 상담을 마치셔서 축하하는 자리에 모였다고 합시다. 여러분이 만들어 낸 변화를 되돌아보며 각자 짧은 연설을 하신다면 어떤 것을 저와 나누고 싶으실까요?"

의도적인 체계적 면접을 할 때, 단기치료자는 이 질문에서 저 질문으로 바꿀 준비가 언제든 되어 있어야 할 뿐만 아니라, 가족들의 언어적, 비언어적 피드백을 주의 깊게 읽을 줄 알아야 한다. 가족에게 '가까이 있음으로써' 익숙한 것도 볼 수 있는 동시에, 새로운 가능성도 언제나 볼 수 있어야 한다.

해결지향 단기가족치료 면접의 절차

가족 성원들과 라포가 형성되면, 필자는 치료전 변화에 관해 물을 뿐만 아니라, 가족들이 지금 치료를 받게 된 계기가 무엇인지를 탐색하면서 면접을 시작한다. 필자는 첫 면접에서 가능한 빨리 가족들이 변화에 대한 이야기(change talk)(Gingerich et al., 1988)를 하도록 끌어들이고, 예상질문을 통해 그들을 미래로 안내하려는 시도를 한다(O'Hanlon & Weiner-Davis, 1989). 이때 가족에게 현재와 미래의 변화에 대해서만 이야기하게 함으로써 가족들은 자신들이 문제를 가지고 있다는 생각이 열어지는 경험을 하게 된다. 특히 상당한 치료전 변화를 보인 가족들이 이런 경험을 하는 것을 보아왔다. 일단 부모들이 자신의 자녀가 변했으면 하는 문제 영역을 밝히면, 필자는 문제를 좀 더 해결 가능한 행동으로 분해하고 가족들과 더 현실적이고 세분화된 목표를 정하기 위해 협의한다. 기적질문(de Shazer, 1988)과 척도질문(de Shazer, 1985), 퍼센트 질문 등은 목표설정 과정에서 쓸 수 있는 유용한 도구이다. 그렇지만 부모와 청소년 간에 아무런 목표가 협의되지 않으면 치료실에서의 상호작용은 파괴적이 되며, 기적질문으로도 예외와 치료목표를 산출해 내지 못하게 되는데, 이때 필자는 가족을 하위체계로 분리시켜서 면접하고 각기 다른 치료목표를 설정하고 상담을 진행한다.

부모와 함께 브레인스토밍하기

부모하고만 면접을 할 때 필자는 부모가 사용해 온 과거나 현재의 시도된 해결을 탐색하고, 부모와 별도의 치료목표를 협의하며, 그들이 가진 기대나 관심거리에 대해 얘기를 나누는 데 시간을 사용한다. 부모들이 과거에 시도해 보았던 해결책을 탐색하는 동안 필자는 다음과 같은 질문을 한다. '우리가 지금 사용해 볼 만한 것으로 예전에 아드님의 다른 문제를 해결하기 위해 사용해 본 방법이 있습니까?' '따님에게 시도해 보려고 했지만 어떤 이유로든 적용하기 어렵겠다고 생각하셨던 방법이 있습니까?'이러한 유형의 질문은 잠재적인 해결책을 만들어 낼 뿐만 아니라 부모의 자원과 창의성을 이용할 수 있게 한다. 필자는 격려를 통해서 부모의 자원과 창의성을 강조하는데, 이것은 이런 잠재적 해결책이 부모에게 '가치 있는' 것으로 보이게 하는 데 도움이 된다. 필자가 부모와 별도의 치료 목표를 세울 때는 부모로 하여금 그들이 자녀에게 적용하고자 하는 새로운 행동양식—예를 들어 7일 가운데 이틀은 아들에게 소리지르지 않고 지내기 등—을 체험하게 한다. 때때로 치료목표를 정의하지는 못하지만 부모들은 자녀의 문제 행동에 대해 뭔가 하기를 원하기도 한다. 만약 그들이 과제를 요청하면 그들의 독특한 협력 반응 유형에 따라 관찰과제(Molnar & de Shazer, 1987)를 내주거나 '뭔가 다른 일 행하기'(de Shazer, 1985) 과제를 준다.

청소년 역량강화

필자는 청소년들과의 개별면접을 통해 다음의 것들을 하기 좋아한다. 즉, 라포 강화, 개별 치료목표 세우기, 부모의 치료목표에 대해 협상하기, 가족 상황에 대한 자신의 이야기를 할 여유 주기, 만약 그들이 부모로부터 얻고 싶어 하는 특권이 있어서 필자가 이에 대해 옹호해 주기를 원하는지 알아보기 등이 그것들이다. 다루기 힘든 내담자의 대다수는 '방문형'이기 때문에 필자는 그들이 원하는 목표가 무엇이든지 간에, 그것이 치료에 온 목표와 전혀 상관이 없는 것이더라도 수용한다. 그렇지만 치료자가 청소년과 잘 합류한다면, 청소년은 치료자나 부모가 요청하는 어떤 것이든 간에, 특히 그 대가로 특권을 보상받는다면, 기꺼이 하려 든다는 것이 필자의 임상 경험이다. 청소년 사례의 경우에는 흔히, 단기치료자가 세대 간의 협상자가 될 필요가 있다. 대다수의 청소년 내담자들은 부모가 원하는 것이 아니라 자신들이 원하는 목표와 기대에 관심을 기울여 주는 치료자에게 협력하려고 하므로 필자는 청소년들에게 다음과 같이 묻기를 좋아한다. '내가 어떻게 너를 도와줄 수 있을까?'이러한 대화적 질문은 청소년들이 자신의 목표와 기대를 밝히고, 그가 바라는 특권을 함께 이야기하고, 가족사에 대한 청소년의 이야기를 말할 수 있도록 문을 열어 주는 역할을 한다. 6장에서 다루기 어려운 청소년들을 효과적으로 상담에 끌어들이게 하는 10가지 전략을 다룰 것이다.

필자는 일면경 뒤에서 회기를 관찰하던 반영팀을 면접을 시작한지 40분쯤 후에 치료실로 들어오게 한다. 이때 가족과 치료자는 면접에 관한 반영 팀의 의견을 듣기 위해 일면경 뒤로 간다. 한번에 한 가지씩 반영팀원들은 가족의 자원과 강점에 관한 중요한 주제를 반영(反映)하고, 가족이 경험한 중요한 예외에 대한 칭찬을 하며, 가족의 문제 상황에 대해 새로운 구성(construction)을 제공하고, 가족과 협력하는 치료자의 능력과 변화를 위해 노력중인 가족을 돕는 치료자의 능력에 대해 반영한다. 루사디와 밀러(Lussardi & Miller, 1991)에 의하면 "반영은 한 가지 설명으로부터 여러 가지 설명으로의 이동이며 정보와 새로운 의미, 그리고 새로운 행동의 가능성이 일어날 수 있게 해주는 것이다."(p. 235). 반영을 할 때, 팀원들은 "나는 ……로 인해 놀랐다." "……로 감명 받았다." "내겐 ……한 거 같다." "……이 인상적이다." "……를 할 수 있겠는지." 등과 같은 구절로 말하는 것이 중요하다. 팀원들이 너무 많은 생각들을 폭탄처럼 퍼붓지 않도록 주의하는 것도 중요하다. 반영팀원들은 그들의 의견에 가족들의 언어와 신념체계를 조심스럽게 활용함으로써 가족들에게 '가까이 있을' 필요가 있다.

또 하나의 유용한 반영팀 구성은 치료실에 두 명의 치료자가 들어가는 것이다. 한 사람은 관찰자의 역할을 하며, 다른 한 명은 가족을 면접한다. 회기의 휴식 시간에 치료자들은 가족 앞에서 반영을 하게 된다. 다음에는 치료자의 반영에 대해 가족들이 반영한다. 이러한 반영 팀의 구성은 팀원들을 치료실에 동참할 수 있도록 가족이 허용해야 가능하다.

필자는 일면경 뒤에서 반영팀의 의견에 귀를 기울이는 가족들이 자신들에 대한 반영 팀의 대화에 몰두하고 심지어 마치 최면에 걸린 것 같이 보이는 것을 관찰해 왔다. 사실, 고개를 끄덕끄덕('그렇다'는 최면 반응)하거나, 부모가 미소 짓거나 눈물을 훔치거나, 가족들 사이에 비언어적 애정 표현들이 오가는 것을 종종 목격해 왔다. 종종 반영팀의 반영이 가족들의 예외를 좀 더 '가치 있게' 만들기도 하고, 상황에 대한 그들의 오래된 생각을 바꾸기도 하고, '아직 말하지 못한' 것(Anderson & Goolishian, 1988b)들을 가족들이 들추어낼 수 있는 여지를 만들어 주기도 한다. 일단 반영 팀의 대화가 끝나면, 우리는 다시 방을 바꾸어 가족과 면접 치료자가 팀의 반영에 대해 반영한다.

반영 팀은 가족들을 이렇게 임파워하는 효과가 있기 때문에, 치료자와 반영팀이 가족에게 치료과제를 항상 내 줄 필요는 없다. 반영팀의 대화에 대해 충분히 논의한 후, 만약 팀의 반영이 가족에게 '뉴스가 될 만한' 것이 아니면서, 가족이 적극적으로 뭔가를 하기 원할 정도로 특정 문제에 대해 관심이 여전히 많다면, 필자는 가족에게 과제를 받고 싶은지를 물어 본다. 이 시점에서 필자는 반영팀을 치료실로 들어오게 해서 그 가족의 독특한 협력 반응 유형에 적합한 두어 가지 치료적 실험에 대해 팀과 브레인스토밍을 한다. 팀과 필자는 우리가 선택하고 설계한 과제를 가족에게 제시한 후, 그들에게 과제로 하고 싶은 것을 고르게 한다. 그러나 어떤 경우의 첫 면접에서는, 팀과 필자는 가족의 독특한 협력 반응 유형에 적합한 과제가 하나 밖에 생각나지 않을 수도 있으며, 이때는 이것이 이 시점에서 가족에게 가장 유용한 과제라고 추천한다.

필자는 혼자 일할 때에도 휴식시간을 가지는데 필자 자신만의 시간을 통해 가족들의 이야기에 대해 생각하면서, 칭찬할 내용을 준비하고, 가족에게 적절한 치료과제를 설계하거나 선택한다. 회기중간 휴식을 갖기에 앞서, 필자는 가족들에게 치료과제를 주어도 괜찮은지를 물어 본다. 짧은 휴식이 끝나면, 필자는 가족에게 칭찬을 해주고, 가족의 이야기에 대한 새로운 구성을 제공하고, 그들이 실험해 볼 유용한 치료과제를 준다. 과제를 원치 않거나, 방문형 가족으로 드러난 경우에는 단지 반영만 해준다. 회기중의 이 부분을 필자는 '사설(社說)'이라고 부르며, 사설의 결론으로, 가족들과 다음 약속을 정한다.

치료적 실험의 설계, 선택, 실행을 위한 지침

이하에서는 가족의 치료목표, 특유의 협력 반응 유형, 변화를 위한 준비 단계를 고려하여(Prochaska, 1999) 첫 면담에서 주요 해결중심 단기치료 실험을 설계, 선택, 실행하기 위한 유용한 지침을 제시하려고 한다. 면접에서 주어지는 모든 칭찬, 가족의 이야기에 대한 대안적 구성, 치료적 실험들은 대개는 면접을 진행하는 과정으로부터 도출된다. 위스콘신주 밀워키에 있는 단기가족센터의 드세이저와 그의 동료들은 BRIEFER라는 매우 유용하고 정확한 체계를 개발하였다. 이것은 단기치료자들과 훈련생들이 특정 상황에서 임상적으로 어떤 과제를 선택할 것인가를 결정하는 데 도움을 줄 수 있다. 필자는 다루기 어려운 청소년과 그의 가족을 치료할 때 BRIEFER II (Gingerich & de Shazer, 1991) 순서도(flowchart)가 매우 유용함을 발견하였다. 그러나 내담자가 좀 더 단순한 해결중심 접근에 잘 반응하지 않는 것으로 보이면 협력관계를 촉진하고 변화를 증진하기 위하여 새로운 치료 방법을 사용할 것이다. 이제 치료적 실험 설계와 선택을 위한 실제적인 지침을 제공하고 사례를 제시하고자 한다.

첫 회기 과제 공식

가족들이 애매한 혹은 포괄적인 불평을 제기할 경우, 진저리치와 드세이저(Gingerich & de Shazer, 1991)는 첫 회기 과제 공식(de Shazer, 1985, 1988; Gingerich & de Shazer, 1991)을 추천한다. 이것은 애매한 과제이기 때문에 이러한 가족의 독특한 협력 반응 유형에 적합할 것이다. 드세이저(de Shazer, 1985)는 이 과제는 말하자면 '첫 번째와 두 번째 회기 사이에 뭔가 가치 있는 변화를 알아챌 수 있으리라는 일종의 예언 같으므로, 그리고 실제로 그럴 가능성이 많으므로' 이러한 타입의 내담자에게 적합할 것이라고 주장한다(p. 139).

16세의 라틴계 소녀 아일린은 성매매, 가출, 심한 약물 중독과 마약매매, 폭력 등으로 보호관찰관에 의해 필자에게 의뢰되었다. 그녀의 어머니는 폭력적이고도 알코올에 중독된 남성들과 네 번 결혼하였으며 가족은 자주 이사 다녔다. 아일린의 계부인 스티븐은 아일린과의 관계를 돈독히 하기 위하여 많은 노력과 관심을 기울였으나 둘 사이에는 언쟁도 많았다. 첫 회기에서 가족이 작지만 현실적인 치료목표를 설정할 수 있도록 도우려 애썼으나 실패로 끝났다. 부모는 가출과 약물사용이 멈춰지기를 원했다. 첫 회기의 대부분 시간 동안 부모가 아일린의 행동이 얼마나 끔찍한지에 대해 끊임없이 불평을 쏟아냈기 때문에 부모에게 아일린의 행동과 가족상황에 대한 완전한 그림과 관련하여 첫 회기 과제 공식을 내주었다. 한 주 후에 아일린은 부모와 자신에게 일어난 긍정적인 사건들을 보고하였다. 그들은 '긴 가족 드라이브' 시간을 가졌으며 '지역의 숲 보존 공원으로 긴 산책'시간을 가졌으며 아일린과 스티브는 언쟁 없이 둘이서 '집안의 수리할 일'을 했다. 부모는 아일린의 책임 있는 행동으로 매우 의기충천해 있었다.

앞에서 언급했듯이 목표설정이 어렵거나 협력 작업이 어려운 방문형 가족에게 진저리치와 드세이저(Gingerich & de Shazer, 1991)는 내담가족이 자신들을 위해서 한 일, 예를 들면 상담실에 온 것이든 어떤 것에 대해서든 단지 칭찬만 해주고 치료과제를 주지 말라고 권유한다. 방문형 내담자는 최소한 첫 면접에서는 고객이 아니며 변화를 위한 준비 정도에 있어서 행동실천 단계에 있지 않기 때문에 과제를 수행하지 않을 것이기 때문이다(de Shazer & Prochaska, 1999).

기적이 일어난 것처럼 행동하기

만약 가족들이 어떠한 예외도 찾아내지 못할 경우, 진저리치와 드세이저(Gingerich & de Shazer, 1991)는 단기 치료자에게 기적이 일어난 것처럼 행동하라는 과제를 주라고 제안한다. 어떤 사례 상황에서는 부모에게 한 주간 동안에 이틀을 선택하여 자녀가 보고 싶어 하는 기적이 일어난 것처럼 행동하라고 한다. 그리고 기적이 일어난 척 하면서 자녀가 어떻게 반응하는지 관찰하게 한다. 이와 유사하게 필자는 청소년이 가장 갈등을 느끼는 선생님에게 청소년과의 관계에서 기적 시나리오라면 일어날 만한 기적 같은 행동을 하게 해왔다. 다음의 사례는 만성적인 비행 청소년과 그 가족에게 이 과제를 주어 효과를 본 경우이다.

폴은 '주의력 결핍장애' 문제와 만성적으로 부모님 말씀 안 듣는 것, 부모님의 돈 훔치기, 선생님 구타 등의 문제로 필자에게 의뢰되었다. 폴과의 첫 번째 상담은 그가 지역정신병원에서 퇴원한 직후에 이루어졌다. 폴은 학교 선생님을 구타하여 병원에 입원되었었다. 면접 초기에 필자는 그의 부모로부터 예외를 도출해 보려고 하였지만, 부모는 예외지향질문을 거부하였다. 기적질문을 한 후에 필자는 부모가 폴에게서 원하는 두 가지 중요한 변화를 알아낼 수 있었다. 그것은 '폴이 부모에게 욕을 하지 않을 것'과 '부모가 '안 돼'라고 말하면 절대 덤벼들지 않을 것'이었다. 폴은 기적이 일어난 후에 자신과 가족에게 발생할 수 있는 것을 상상하여 긴 변화의 목록을 만들어 왔다. 기적질문 후 부모가 다시 부정적이 되자 필자는 가족들을 분리시키기로 작정했다. 필자는 폴과 따로 만나서 1주일 중 2일을 선택해서 그에게 부모들이 바라는 기적행동을 해서 그들을 '깜짝 놀라게 하자'고 요청했다. 폴은 '좋은 생각'이라며, 특히 그가 변한 것처럼 행동할 때 부모님이 그에게 어떤 다른 반응을 보일지 보고 싶다고 했다. 일 주일 후, 그의 부모들은 '정말 기적이 일어난 게 틀림없다'고 보고하였다. 그들은 폴의 행동에서 최소한 여덟 가지 중요한 예외를 발견했다고 보고했다. 가장 중요한 것은 일 주일 내내 부모에게 '욕을 하지 않았고' '덤벼들지'도 않았다는 것이었다. 그 후의 가족상담에서는 효과가 있는 것을 더 많이 하기가 포함되었다. 치료는 네 번의 면접으로 성공적으로 끝났다.

뭔가 다르게 행동하라

예외가 발견되었지만 그것이 부모의 목표와는 아무런 관계가 없는 경우, 진저리치와 드세이저(1991)는 뭔가 다르게 행동하라는 과제(de Shazer 1988; 1991)를 제안한다. 마치 겉보기에는 으스스하지만 마법을 일으키는 '해골의 열쇠' 같은 이 개입은 특히 지나치게 간섭하거나 과잉 반응하는 부모들에게 유용하다. 필자는 부모들에게 자녀들이 부모의 성질을 다 파악하고 있으며, 자신이 나아가야 할 방향도 모두 알고 있다고 설명해 준다. 추측을 어렵게 하는 행동을 앞으로 해야 하는 이유를 위와 같이 간략히 말한 다음, 부모들에게 다음과 같은 지시를 한다. "오늘부터 다음에 우리가 만날 때까지 저는 여러분 각자가 비록 좀 낯설고 무시무시하고 엉뚱한 것이더라도 뭔가 좀 다르게 행동해 보셨으면 합니다."(de Shazer, 1985, p. 123). 다음은 부모의 엉뚱한 행동이 오랫동안 지속된 아들의 행동 변화에 어떻게 영향을 끼쳤는지를 보여 주는 사례이다.

데보라와 17살인 그의 아들 셋(Seth)은, 셋의 좀도둑질, 강간, 폭력, 갱단 가입, 학교무단결석 등의 이유로 보호관찰 중에 필자에 의뢰되어 왔다. 데보라에 의하면, 셋은 화가 나면 물건을 때려 부셔 가족들을 괴롭히고, 그녀와 파워 싸움을 해서 이긴다고 했다. 그녀가 셋에게 소리를 질러 제압하려 할수록 더욱더 사납게 행동을 한다는 것이었다. 그녀는 어쩔 줄 몰라했으며 셋을 위해서라면 무엇이든지 할 준비가 되어 있었다. 셋이 첫 면접을 거부했기 때문에 필자는 그의 엄마를 통해서 개입해야 했다. 필자는 데보라에게 '뭔가 다르게 행동하라'는 과제를 주었다. 일 주일 후 데보라는 셋의 행동에 극적인 변화가 일어났다고 알려왔다. 데보라는 셋이 그녀를 화나게 할 때마다 '리~ 리~ 리자로 끝나는 말은' 동요를 불렀다고 한다. 이것은 셋을 완전히 진정시켜서 '괜찮아요?' '엄마 무슨 일이에요?'치료자를 더 자주 만나야 하는 거 아녜요?'등의 말을 하게 했다. 확실히 데보라가 엉뚱한 행동을 하면 할수록, 셋의 행동도 더 많이 변해 갔다. 셋은 엄마한테 점점 더 공손해졌고 더 이상 법적인 문제를 일으키지 않았다. 필자가 가장 놀란 것은, 셋이 세 번째 면접에 참석하여 정신이 오락가락한 엄마를 돕고 싶다고 말한 점이었다.

예측 과제

진저리치와 드세이저(Gingerich & de Shazer, 1991)는 예외가 의도적이 아니고 우연히 일어나는 사례에서 예측 과제(prediction task)를 내주도록 권유한다. 예측 과제는 내담자로 하여금 긍정적인 자기실현적 예언 행동을 하도록 촉발할 수 있다. 다음은 부모와 폭식증에 걸린 16세의 딸 패트리샤가 매주 최소 3일은 패트리샤의 식욕 이상 문제 때문에 고생하지만 그 이유를 설명하지 못하는 사례이다.

패트리샤와 그녀의 부모는 HMO를 통해 필자에게 의뢰되어 왔다. 패트리샤는 일년 동안 치료받았던 정신과 의사로부터 폭식신경증이라는 진단을 받았다. 패트리샤의 폭식증 문제가 아무런 변화가 없자 부모는 가족치료를 받아 보기로 했다. 첫 면접 초기에 필자는 패트리샤의 식욕이상 현상이 무작위(정상과 이상현상이 불규칙하게 발생함을 의미)로 나타난다는 사실을 발견했다. 그렇지만 부모나 패트리샤는 예외가 발생하는 이유를 설명하지 못했다. 필자는 예측 과제를 내주었다. 매일 밤 부모와 패트리샤는 패트리샤가 다음날 '폭식증에 굴복하지 않고 이겨낼지'의 여부에 대해서 각기 예언하고 다음 날 낮에는 그녀가 성공하기 위해서 무엇을 했는지를 밝혀 보게 했다. 다음 주 패트리샤는 부모와 함께 치료실로 찾아와 '일주일 중 6일을 이겨냈다'며 폭식증에 대항해 '이룩한 승리'를 기뻐하며 말했다. 부모와 패트리샤 모두 폭식증에 대항해 가족이 승리할 수 있게 한 몇 가지 예외에 대해서 보고했다. 예측 과제가 이렇게 좋은 효과를 가져오자 이후 회기에서도 계속해서 이용했다.

효과 있는 것을 자주하기

마지막으로, 가족들이 의도적으로 예외행동을 할 준비가 되어 있다면, 진저리치와 드세이저(1991)는 단기 치료자에게 **효과가 있는 것을 더 많이 처방하라고** 제안한다. 이런 가족의 경우 관찰과제(de Shazer, 1988; Molnar & de Shazer, 1987)는 현재의 예외행동들을 증폭시키고 앞으로 가족이 더 만들어 갈 변화를 눈여겨보게 하는데 특히 유용하다.

만일 가족들이 치료적 실험을 요구하지 않거나 가족원 전부가 방문형/숙고전인 사람일 경우 필자는 모든 것을 단순화하여 칭찬만 한다. 게다가 어떤 다루기 힘든 청소년이나 가족의 경우에는, 앞서 논의한 해결중심치료 실험이 적절치 않고 다른 치료접근 개입에 더 잘 반응할수도 있다. 그들은 어쩌면 문제로 가득 찬 긴 이야기에 보다 많은 시간을 할애하길 원하거나 유형중단 개입법(O'Hanlon, 1987)이나 이야기치료 실험(Eptson, 1998, 2000; White, 1995; White & Epston, 1990), 가족 연결 의식(Selekman, 2002) 또는 가족 연극이나 예술치료 활동(Selekman, 1997)에 더 잘 반응할 수도 있다. 필자는 9장에서 이러한 전략들을 자세히 다룰 것이다.

치료적 실험을 선택하고 설계할 때에는, 이 실험을 가족원의 변화 준비 단계, 협력 반응 양상, 변화 이론, 목표, 주요 지적 영역(Prochaska, 1999; Gingerich & de Shazer, 1991; Hubble et al., 1999; Gardner, 1993, 2004)에 맞추는 것이 중요하다. 가족원이 제시된 실험에 잘 따르고 실험에 성공하게 하려면 실험 내용을 구체적이고 쉬운 용어로 수행 단계별로 적어서 제시하고, 수행과정과 관련하여 내담자 가족이 궁금해 하는 것이 있으면 이야기 나누는 것이 도움이 된다. 마지막으로 필자는 가족에게 여러 가지 치료적 실험을 제공하여 선택하게 하는 것을 좋아하는데, 이것은 가족과 협력적 관계를 촉진하는 또 다른 효과적인 방법이 된다.

요약

이 장에서는 다루기 어려운 청소년 가족과의 첫 번째 면접을 수행하기 위한 포괄적인 안내서를 제공하려 하였다. 가족의 문제 이야기, 주요 강점, 과거의 성공, 이상적인 치료 성과 목표에 대한 중요한 정보를 이끌어 내기 위한 몇 가지 치료적 질문을 제시하였다. 네 가지 주요 해결중심 치료적 실험에 대해서도 논의하였다. 어려운 청소년과의 첫 번째 가족면접을 어떻게 하느냐에 따라 가능성을 향한 문을 열 수도 있고, 흔들리는 시작이 될 수도 있으며 이보다 더 나쁘면 조기 종결이 되기도 한다. 그러므로 우리는 각 가족원과 의미 있는 연결을 하고, 따뜻하고, 존중해 주는, 긍정적인 치료 분위기를 만들기 위해 노력해야 하고 우리의 치료질문과 실험을 그들의 변화 준비 단계와 고유의 협력 반응 유형에 맞추어야 한다.

Pathways to Change

Chapter 05

상담하기 어려운 부모와 협력 관계를 만들기 위한 지침

단단히 결심하고 용기를 내어 열심히 노력하면 장애물을 능히 극복할 수 있다. 절대로 겁내지 말라. 단호하게 맞서되 결코 적대적인 태도를 보이지는 말라. 자신을 위해서 추구하는 목표를 단념하라고 누군가가 당신을 설득하도록 놔두지 말라. 개척자가 되는 것을 두려워 말고 과감하게 새로운 길로 나아가라.

—랄프 번츠(RALPH BUNCHE)

누구나 상담 경력 전체를 통틀어 상담하기 어려운 부모와 맞닥뜨려 본 적이 한 번 이상 있을 것이다. 이런 부모들은 우리에게 극단적으로 화를 내고 적대적이었으며, 매우 충동적으로 행동하는 청소년 자녀에게 지나치게 방임적인 태도를 가지고 있었다. 또한 이들은 행동문제를 초래하는 자녀의 정신질환 문제나 약물중독문제와 씨름하고 있는 경우가 많았다. 이 부모들 중 일부는 현재의 힘든 상태가 청소년 자녀, 배우자, 확대가족의 구성원, 이전의 치료자, 학교, 그리고 상위 체계에 속한 전문가들 탓이라고 비난할 수도 있다. 이 부모들 중 다수는 십대 자녀의 치료에서 여러 번 실패한 경험이 있는데 이전의 치료자들이나 치료 프로그램 담당자, 상위 체계에서 일하는 사람들이 이 부모들에게 잘못한 것들이 많다. 어떤 경우에는 치료 계획을 세울 때 이 부모들이 주도적인 목소리를 내지 못하게 했으며 특권을 가진 전문가의 자세로 부모를 바라보는 원조 전문가들로 인해 부모들이 역량을 잃게 된 것이다. 이 전문가들은 문제 중심적인 시각, 자신이 선호하는 방식, 부모 역할에 대한 자신의 문화적 가치관에 입각해서 부모들을 잘못 이해했고, 이 전문가들이 시도한 다양한 해결책은 '같은 것을 추가하는 것(more of the same)'이었기 때문에 문제 상황이 더욱 복잡하게 되고 악화된 것이다.

이 장에서 필자는 가장 상대하기 어려운 부모들과 강력한 치료 동맹을 형성하는 방법에 대하여 논할 것이며, 이들과 가능성을 공동 창조하는 데 도움이 되는 치료 지침을 제시할 것이다. 상담하기 어려운 부모들 중 일부는 여러 가지 양육 방식과 특성을 가지고 있다는 사실을 기억해야 하며, 따라서 반드시 치료적 유연성을 가져야 한다.

관계가 중요하다

성공적인 치료 성과를 설명하는 변인의 30%는 **관계요인**과 관련이 있다(Selekman, 2002; Hubble et al. 1999). 십대 자녀에 관해서 겪고 있는 어려움을 치료자가 완전히 이해하고 있다고 느끼고, 치료자에게 수용 받는 느낌을 받으며, 치료자가 공감적으로 다가오는 경험을 하게 되면 십대 자녀를 둔 내담 부모와의 치료 관계는 발전하기 시작할 것이다. 또한, 치료자의 **구조화 기술**(structuring skills), 즉 치료 회기가 혼돈 상태에 빠지거나 내담자 가족의 의사소통이 부정적으로 오고갈 때 이 상황을 잘 관리해 내고, 전문적인 역량을 확실하게 보이면서 자신이 도움을 줄 수 있다는 자신감을 전달하며, 하위 가족 체계를 만날 시점과 치료적 과제를 제안할 시점을 적절하게 포착하는 치료자의 능력은 긍정적인 치료적 결과에 기여한다고 알려져 왔다(Alexander, 1998; Alexander & Parsons, 1982). 마지막으로, 램버트(Lambert, 2003)는 연구를 통해서 치료적 관계의 질에 관한 피드백을 정기적으로 내담자에게서 끌어내면, 우리의 치료 태도를 내담자가 가진 독특한 욕구와 예상에 좀 더 잘 들어맞도록 정확하게 조절하는 데 도움이 됨을 밝혀냈다. 또한, 이렇게 함으로써 조기 치료 중단이 일어나는 것을 막고 치료 성공을 극대화하는 데 도움이 된다는 사실을 밝혀냈다. 우리는 상담하기 어려운 부모에게 매 가족 회기의 마지막에 다음과 같은 질문을 던질 수 있다.

- "오늘 상담이 어떠셨나요?"
- "상황에 대해서 뭔가 새로운 걸 알게 되셨나요?"
- "무엇이 가장 도움이 되었나요?"
- "오늘 이야기를 나누지 않았거나 언급하지 않았지만 다음에 만나게 되면 이야기를 더 나누고 싶은 것이 혹시 있었나요?"

- "오늘 상담이 예전에 여러분이 경험했던 다른 상담 회기와 어떻게 다르게 느껴졌나요?"
- "앞으로 우리가 상담을 계속하는 동안 여러분이 마음을 좀 더 편안하게 가지실 수 있도록 제가 뭔가 바꿔야 할 부분이 있나요?"

도전이 되는 부모와의 협력 관계를 촉진하는 다른 중요한 방법은, **치료 외적인 요소**(Selekman, 2002; Hubble et al. 1999)—즉 그들의 언어, 비유, 신념, 스스로 만들어 낸 치료전 변화에 대한 정보—를 대화할 때 활용하는 것이다. 그들이 가지고 있는 변화에 대한 생각, 치료방식, 기대를 당신에게 말해 달라고 정중하게 요청하라. 그러면 내담자가 가진 적응유연성을 보호하는 요인과 주요한 강점이, 치료를 하는 데 도움이 되어 안내해 줄 것이다(Selekman, 2002; Prochaska, 1999). 성공적인 치료 성과를 설명하는 요인의 40%는, 내담자가 가진 치료 외적인 요인을 잘 살려낼 수 있는 치료자의 전문성과 관련이 있다(Hubble et al. 1999). 우리는 여러 번의 치료 경험을 가지고 있는 부모에게, 예전의 치료자들이 시도한 방법 중에서 무엇이 도움이 되었는지와, 무엇이 문제를 더욱 심각하게 만들었는지에 관해서 구체적인 정보를 제공해 주는 전문가의 역할을 해달라고 할 필요가 있다. 우리는 이들에게 다음과 같은 질문을 던질 수 있다.

- "이전 치료자들이나 치료 프로그램에서 두 분이나 따님에게 시도했던 방법 중에서 가장 효과적이었던 것이 구체적으로 어떤 것이었는지 생각하실 수 있으시겠어요?"
- "그것이 구체적으로 어떻게 도움이 되었나요?"
- "오늘 따님에게 그 전략을 다시 시도해 보신다면, 도움이 될 거라고 생각하세요?"
- "저를 만나시기 전에 많은 치료자를 만나셨죠. 그들이 두 분의 상황에 대해서 놓치거나 간과했던 것 중에서 제가 알아야 할 중요한 것은 어떤 것인가요?"
- "우리가 그것에 대해서 이야기를 나눈다면, 따님에게 구체적으로 어떻게 도움이 될까요?"
- "과거에 만나셨던 치료자들이 한 행동 중에서 두 분께서 가장 싫어하셨던 것은 어떤 일이었나요?"
- "두 분이 가장 완벽한 치료자를 만나게 되었다면, 그 분이 하는 것 중에서 무엇이 가장 도움이 된다고 생각하실까요?"
- "이번에 제가 어떻게 두 분에게 최대의 도움이 될 수 있을까요?"

- "제가 두 분에게 어떤 치료 방법을 사용할지 선택할 권한을 드린다고 해보죠. 이 중에서 어떤 치료 방법을 가장 먼저 시도해 보고 싶으세요? 가족치료, 해결 지향 부모집단, 집단이 아닌 개별회기에서 두 분과 제가 부모역할 문제를 이야기하는 것 중에서 말이지요."

이런 중요한 질문을 던짐으로써, 치료자는 과거에 시도했지만 도움이 안 되었던 방법을 반복하지 않을 수 있다. 또한 어떤 문제를 먼저 이야기하기를 바라는지, 누가 회기에 와야 한다고 생각하는지, 어떤 방식으로 치료를 시작하기 원하는지 등, 치료가 어떻게 진행되기를 바라는지 부모의 선호방식을 명확하게 이해할 수 있다. 상담하기 힘든 부모는, 과거에 청소년 자녀를 치료에 데려갔을 때, 상담 목표를 설정하거나 치료 계획을 세울 때 거의 아무 말도 하지 못했고, 무력해지는 느낌을 자주 받았다. 이들이 과거의 치료자나 치료팀의 권고에 협력하지 않을 때에는, 청소년 자녀가 좋아지지 않은 원인이 부모에게 있다고 비난 받았고, 아들이나 딸의 치료를 망쳐버리려고 한다는 비난도 자주 받았으며, '비협조적'이라는 꼬리표까지 받았다.

가장 상담하기 어려운 부모들도, 십대 자녀가 겪고 있는 어려움을 해결하는 데 도움이 될 만한 주요한 강점을 가지고 있다. 이전 치료자들은 자주 이들의 강점을 간과했는데, 그 이유는 바로 이러한 강점이 '비협조적'이고, '비순응적'이며, '방어적'이라고 씌어진 지배적 이야기와 맞지 않았기 때문이었다. 이 부모들에게 자신의 강점, 재능, 잘 하는 것, 과거의 성공적인 양육 경험을 이야기해 달라고 정중하게 요청하면, 긍정적인 감정에 불을 붙이고, 청소년 자녀가 겪고 있는 어려움을 해결해 줄 수 있는 자신의 능력에 대해서 희망과 긍정적인 관점을 심어 줄 수 있다. 우리는 부모들에게 다음과 같이 강점과 과거의 성공 경험을 강조하는 질문을 던질 수 있다.

- "두 분의 주요 강점은 무엇입니까?"
- "아드님의 문제 행동을 좀 더 잘 관리하기 위해서 두 분의 주요 감정을 어떤 방식으로 활용할 수 있다고 생각하시나요?"
- "그 방식이 구체적으로 어떻게 도움이 될거라고 생각하시나요?"
- "아드님과의 관계를 증진시키는 데 도움이 되는 두 분의 주요 강점을 또 어떻게 사용하실 수 있을까요?"
- "직장의 인간관계에서 도움이 되었던 주요 강점이 어떤 방식으로 양육에도 도움이 될 수 있을까요?"

- "두 분이 과거에 사용했는데 효과가 있었던 전략 중에서 현재 당면한 문제 행동에 대해서 우리가 적용해 보았으면 하는 것이 있는지 생각해 보실 수 있을까요?"
- "큰 따님이 십대로서 비슷한 어려움을 겪었을 때가 언제였나요? 두 분은 그 문제를 풀기 위해서 어떻게 하셨나요?"
- "과거에 아드님이 겪었던 다른 문제를 성공적으로 해결하는데 두 분의 주요 강점을 어떻게 활용하셨나요?"
- "그 특정 상황에서 두 분의 어떤 주요 강점이 가장 도움이 되었다고 생각하시나요? 그리고 그 이유는 무엇이지요?"

이러한 질문들을 사용하면, 창조적인 해결 전략이 도출되기 때문에, 심지어 가장 상담하기 힘든 부모에게도 여러 가지 가능성이 열릴 수 있다. 따라서 이러한 질문은 부모의 독특한 생각과 해결 전략을 시험하기 위해서 이전보다 훨씬 더 많이 사용될 것이다.

마지막으로 치료 이외의 요인 영역 중 또 하나 중요한 것은 부모가 어떤 변화 준비 단계에 위치해 있는지 정확하게 사정하는 것이다(Prochaska, 1999). 만약 부모가 **숙고 전 단계**(precontemplation stage)에 있다면, 치료자는 관계 형성 기술을 사용해야 하고, 즉각적인 변화를 추구하지 않는 방법과(Fisch et al., 1982), 변화를 하면 이롭다는 유익한 생각의 씨앗을 뿌리는 방법 사이를 번갈아 오가야 할 것이다. 숙고 전 단계에 있는 부모는 전형적으로, 자신에게 문제가 없다고 생각하거나, 십대 자녀의 어려움과 아무런 관련이 없다고 생각한다. 또한 그들은 의기소침해진 상태에서 상담에 오거나, 혹은 무언가를 변화시켜서 얻는 이점에 대해서는 인식하지 못할 수도 있다. **숙고 단계**(contemplation stage)에 있는 부모는 어느 정도 자신의 양육 방식이나 전략에 문제가 있다는 사실을 인식한다. 그러나 자신이 기존에 시도해 왔던 해결 전략을 변화시키는 것에 대해서 양가감정을 느끼며 기존의 방법으로도 충분히 통할 것이라고 생각한다. 기존의 전략이 실제로 통할 거라는 확신을 상당히 가지고 있다. 이들 부모로 하여금 기존에 시도했던 해결 전략을 지속하는 경우의 장단점을 종이에 모두 적도록 하면, 자신이 가진 양가감정을 시각적으로 검토하는 데 도움이 될 수 있고, 새로운 시도를 해볼 생각을 가질 수 있다. 다루기 힘든 부모 중 일부는 변화를 위한 **준비 단계**(preparation stage)에 있으며, 새로운 양육 전략을 시도해 보고 싶어 한다. 하지만 이들은 변화의 방향으로 나아가는 데 구체적으로 방해가 되는 것들이 있다고 말할 것이다. 이런 방해물에는 예를 들면, 격정적이고 폭력적인 아들이 앙갚음할지도 모른다는 두려움, 딸의 식이장애 행동이 악화되기만 할 것이라는 두려움, 혹은 새로운 변화 전략을 실행할 때 가족원과 함께 팀으로 해 나갈 수 없을 것이라는 걱정이 포함될 수 있다. 한 편으로 다른 부모들은 접수할 때 너무나 절박한 심정이어서, '출발점에 서는' 첫 번째 회기에 왔을 때부터 이미 변화하려는 동기가 **행동 단계**(action stage)에 올라와 있을 수 있다. 이런 부모에게는 일단 치료자가 잘 형성된 행동적 치료 목표를 설정하고 과거에 시도되었던 해결책과 변화에 관해서 이들이 어떤 생각을 가지고 있는지만 알게 되면, 변화의 공을 굴리기 위해서 당장 시도해 볼 수 있는 치료적 과제를 이들에게 줄 수도 있다. 다루기 힘든 부모를 만날 때는, 특별히, 회기 내에 행하는 당신의 치료적 행위와 시도를 각 부모가 위치해 있는 독특한 변화 준비 단계에 주의 깊게 맞추는 것이 중요하다. 이들 부모가 그렇게 분노하고 비관적인 주요 이유 중의 하나는 이전의 치료자들과 치료 프로그램이 부모의 변화 준비 단계에 맞지 않는 개입을 했기 때문이며, 특권을 가진 전문가 역할을 하면서, 자신이 만든 치료계획과 치료 목표에 협조하지 않는다고 부모를 비난했기 때문이다. 가장 다루기 힘든 부모조차도 자신이 겪고 있는 답답한 어려움에서 해방되길 바라고, 치료자와 협력하기를 원한다. 하지만 우리가 내담자에게 저항하는 치료자가 되는 덫에 걸려들지 않는 것이 중요하다.

상담하기 어려운 부모의 유형과 치료적 이슈

우리가 기술하게 될, 각각의 부모들이 나타내는 다양한 양육 스타일과 태도 안에는 임상가들에게 주는 함의가 존재한다. 이 절에서는 다양한 유형의 부모와 협력적 관계를 형성하는 방법에 관한 실용적인 지침을 사례와 함께 제시한다.

분노하고 적대적인 부모

분노하고 적대적인 부모는 우리가 상대해야 할 가장 다루기 힘든 내담자일 것이다. 이들은 치료자의 인내심을 테스트하는 전문가적 솜씨를 가지고 있다. 우리 모두는 이런 부모를 알고 있다. 이들은 대기실에서 아이에게 소리를 지를 수도 있고, 치료를 시작할 때 우리 얼굴을 정면으로 쏘아보면서 과거에 받았던 상담은 시간 낭비였고 우리가 해야 할 일은 아무 일도 하지 않는 것이라고 말할 수도 있으며, 나머지 가족 구성원들이 뻔히 보는 앞에서 청소년 내담자에게 언어적인 폭력을 행사하거나 심하게 나무랄 수도 있다. 그리고 이들은 누군가에게 비판을 받거나 오해를 받았다고 느끼면, 혹은 앞으로는 청소년 자녀와 다른 방식으로 상호작용하는 게 좋겠다는 권유의 말을 들으면, 노발대발하며 반응할 수도 있다. 보통 이런 부모들은, 이전의 치료자들과, 치료 프로그램 관계 직원들, 그리고 상위 체계의 전문가들에게 잘못 취급을 받았다고 말한다. 어떤 경우에는 조직적인 차원에서 인종차별을 경험했다고 말할 수도 있다. 이런 부모는 아이들, 특히 십대 청소년 자녀에게 자주 소리를 지르고 벌을 준다. 이들은 물리적인 힘이나 협박 같은 수단을 사용함으로써, 청소년 자녀의 문제 행동을 효과적으로 통제하고 성공적으로 관리할 수 있다고 믿는다. 이런 부모의 다수는 이전의 치료자들이 자녀의 행동 문제를 해결하지 못했다는 사실에 극단적인 좌절감을 느끼고 있을 수 있고, 실업 문제와 과거에 자녀를 치료하기 위해서 썼던 비용 때문에 재정적인 문제를 겪고 있을 수도 있으며, 혹은 원가족에서 유래한 미해결된 가족 문제를 가지고 씨름하고 있을 수도 있고, 든든한 지지 체계가 없을 수도 있다.

이러한 부모 중 일부는 청소년 내담자를, 자신의 삶에 존재하는 모든 문제와 스트레스의 근본 원인이라고 본다. 이들은 문제의 청소년 자녀가 '부정적인 의도'를 가지고 있고, 비참한 삶의 길로 가고 있다고 믿는다. 어떤 경우에는, **부정적 정서가 증가하는 패턴**(negative sentiment override pattern)이 가족 안에 자리 잡게 될 수 있는데, 이런 패턴 안에서 부모가 청소년 자녀에 대해서 부정적인 감정을 품게 되면, 서로 긍정적인 가족 상호작용을 경험할 가능성마저 완전히 사라지게 된다(Dishion & Kavangh, 2003; Weiss, Halford, & Kim, 1996). 이런 부모는 바로 그 청소년 자녀가 이 가족의 '문제'라는 생각을 치료자에게 확신시키려고 애쓴다. 치료자가 동의하지 않으면, 이들과 치료적 관계를 맺는 데 어려움을 겪고 조기에 상담이 종결될 수도 있다.

이러한 부모는 쉽게 만족하지 않고, 경직되어 있으며, 청소년 자녀에게 지나치게 비현실적인 기대를 할 수 있다. 이들은 공감을 거의 표현하지 않고, 자녀가 비치는 정서, 욕구, 기대에 대해서 민감성이 결여되어 있는 것으로 보인다. 이런 가족에서는 대개 타협과 협상은 허용되지 않는다. 이런 부모는 '내 말을 따르거나 집을 나가라'는 방식을 택한다. 연구에 따르면, 부모가 이런 타입의 양육 스타일을 가지고 있으면 아동과 청소년이 종종 두려움, 불안, 충동, 감정기복을 갖게 된다고 한다(Baumrind, 1991). 쉬들러와 블락(Shedler & Block, 1990)은 자주 약물을 남용하는 청소년의 부모는, 자녀가 어릴 때, 비판적이고, 정서적으로 응답을 하지 않는다고 한다. 가트맨, 카르츠, 후븐(Gottman, Kartz, & Hooven, 1997), 그리고 슈나이더와 패터슨(Snyder & Patterson, 1995)은 자신의 성격을 자주 제어하지 못하는 부모의 자녀들은 공격적인 경향을 보이고 부모와 상호작용할 때 분노하며 교우 관계가 빈약할 수 있고 학교에서 문제 행동을 보이며 비행을 하기도 한다는 사실을 발견했다. 헹글러와 동료들(Henggeler et al., 2002)은 부모의 높은 통제 척도 점수와 낮은 따뜻함 척도 점수는 청소년 자녀들의 비행과 약물 남용과 상관관계가 있다는 연구 결과를 보여 주었다. 어떤 경우에는 청소년들이 부모에게 언어폭력과 공격적 행동을 보이면 부모가 자신의 부모로부터 받았던 학대에 대한 옛날 기억을 떠올리게 되어 부부 싸움을 하는 경우도 생긴다(Greene, 1998). 이와 유사하게, 어떤 청소년들은 사회적 신호를 잘못 파악해서 어려움을 겪게 되고, 상대방이 나에게 적대적인 의도를 당연히 가지고 있을 거라고 생각하는 인지적인 편견을 가지고 있으며, 이러한 성향이 부모에 대한 지나친 언어적 학대와 공격적인 행동을 활성화시킬 수도 있다(Dodge, 1991).

분노하고 적대적인 부모에 관하여 기억해야 할 가장 중요한 사항은, 이들에게는 속상해 하고 방어적인 모습을 보일 수밖에 없는 합당한 이유가 많이 있다는 것이다. 이들은 과거에 거쳐 온 치료자들과 치료 기관의 직원들이, 자신이(부모가) 직접 치료 목표를 설정하고 치료에 대한 기대를 표현하며 독특한 문화적 차이가 반영된 자신만의 양육 기술을 충분히 존중받을 자유를 빼앗아 가버렸다고 느끼거나, 혹은 관철시키고 싶은 치료 형태를 선택할 권리를 앗아갔다고 느낄 수 있다. 또한 이들은 끊임없이 욕을 하고 부모의 규율이나 기대를 따르지 않는 폭군 같은 청소년 자녀를 다루느라 힘들어 하고 있을 수도 있다. 우리는 이들의 책임감, 혹은 이들이 문제의 원인에 대한 특정한 설명이나 과거에 시도했던 해결책에 집착하는 이유를 존중해야 한다(Kegan & Lahey, 2001). 호기심을 사용해서, 우리는 이들의 독특한 관점을 이해하는 데 도움이 될, 책임감 이면에 숨겨져 있는 생각과 이야기들과, 서로 최고의 협력적인 관계를 맺을 수 있는 방법을 함께 탐색해 나갈 수 있다. 아울러, 이들의 끈질김과 헌신, 그리고 자녀를 도울 방법을 끝내 포기하지 않는 태도와 같은 특성을 강점과 자원으로 포착할 수 있게 된다. 하지만 아무리 숙련된 치료자라도 부모의 격렬한 분노와 적대적인 모습을 맞닥뜨리게 되면, 지나치게 반응을 보이거나 방어적인 모습을 보이는 경우가 있다. 부모들에게 상한 감정과 생각을 충분히 표현할 수 있도록 시간을 주고, 오랫동안 견뎌온 역경에 대해 이야기해 달라고 정중하게 요청하면서 공감적이고 수용적인 모습을 보인다면, 부모들이 덜 방어적이고 우리가 해야 하는 말에 좀 더 열린 태도를 취하며 우리에게 협력할 것이다. 당신이 과거에 만났던 부모가 유사한 어려움을 어떤 식으로 풀어 나갔는지를 말해 주면, 지금 만나고 있는 부모들이 오랫동안 고군분투해 온 경험을 정상화하는데 상당히 도움이 될 수도 있겠다.

분노하고 적대적인 부모를 위한 치료 지침

1. 부모가 가지고 있는 주요 강점, 재능, 전문 지식 영역을 말해 달라고 정중하게 요청함으로써 이들과 한 팀이 되라.
2. 부모가 문제 이야기, 변화에 대한 나름의 생각, 그동안 시도했던 해결책(부모가 스스로 시도했던 방법과 과거 치료자의 프로그램)에 대해서 말하게 하라. 가장 중요한 부분은 이전의 치료자들이 놓쳤던 부분과 시도해 보았지만 도움이 되기는 커녕 상황을 오히려 더 악화시킨 방법이 무엇이었는지 알아내는 것이다.
3. 치료전 변화와 과거의 성공 경험에 대해서 질문하라. 치료전 변화를 통해 새롭게 발견한 자생적 해결 전략을 좀 더 많이 사용하는 방법이나, 과거에 성공적이었던 경우나 양육 전략을 현재의 문제 상황에 적용하는 방법이 의미가 있을지를 부모와 함께 탐색하라.
4. 부모가 각각 어느 정도의 변화를 위한 동기 단계에 와 있는지 판단하라. 당신이 던지는 질문과 치료적 제안을 이들이 현재 위치해 있는 단계에 맞추라.
5. 숙고 전 단계에 있는 부모에게는, 즉각적인 변화를 자제하라는 말로 시작하라: "두 분은 자녀의 어려움 때문에 오랫동안 괴로움을 겪어 오셨습니다. 따라서 우리는 주의 깊게 계획해서 신중하고 천천히 나아가야 합니다." 그다음에는, 부모가 행동을 변화시키면 도움이 될 것이라는 생각을 이들의 마음에 심을 수 있다. 예를 들어, 부모가 긍정적인 정서 상태를 유지하면 자녀에게 유익하다는 최근의 연구를 제시하고, 그렇게 되면 이들의 문제 해결 능력과 대처 능력이 얼마나 크게 높아지며 탄력성은 얼마나 많이 강화되는지를 설명할 수 있다(Fredrickson. 2002; Seligman, 2002, 2003). 또한, 이들이 양육 방식을 바꾸겠다는 생각을 할 수 있도록 부정적인 정서가 아동에게 끼치는 해악에 관한 연구 결과를 설명하는 것도 도움이 될 수 있다. 치료자는 부모가 숙고 단계로 움직일 때까지, 즉각적인 변화를 자제시키는 방법과 변화하면 도움이 될 것이란 생각을 심는 방법 사이를 번갈아 오고 갈 필요가 있다. 아울러 이 부모들은 인

내와 헌신, 그리고 자녀에게 가능한 최상의 치료방법을 발견하려고 계속 노력한 점에 대해서 칭찬받을 자격이 있다.

6. 숙고 단계의 부모에게는 **결정 균형 척도**(Proshask et al., 1994)를 사용하여, 자녀에게 협박하고, 소리지르며, 구타하고, 몇 달 동안 연달아 외출금지시키는 방법을 계속 고집하는 것이 어떤 면에서 좋고 어떤 면에서 나쁜지를 돌아보도록 도울 수 있다. 사람들의 학습과정에서는 시각적 자료가 가장 효과적이기 때문에, 회기와 회기 사이에 내어 주는 이 과제를 통해 이전에 시도했지만 효과가 없었던 방법을 계속 쓰면 안좋은 결과가 좀 더 많이 생긴다는 사실을 눈으로 확인하게 되면, 부모의 마음을 움직일 수 있다. 이 시점에서 부모가 변화를 위한 **준비 단계**까지 발전했다면, 효과가 없었던 방법을 중단하고 새로운 양육 전략에 대해서 좀 더 이야기하고 싶어 할 수도 있다. 숙고 단계의 부모를 위한 또 다른 유용한 방법으로서, 이들에게 셜록 홈즈나 미스 마플 같은 명탐정 역할을 부여하고, 일상 생활 속에서 청소년 자녀가 고무적이거나 책임감 있는 행동을 한다는 실마리나 신호를 관찰하도록 과제를 부여하는 것이 있다.

7. **준비 단계**에 있는 부모는 행동을 취하게 될 가능성이 높지만, 몇 가지 장애물이 있다고 말할 것이다. 우리가 할 일은, 이들과 함께 정확하게 어떤 장애물이나 제한점 때문에 행동에 나서거나 새로운 양육 전략을 적용하기가 힘든지를 명확하게 확인하는 것이다. 치료자는 부모에게 다음과 같이 질문할 수 있다. "새로운 시도를 하지 못하도록 막고 있는 장애물이 구체적으로 무엇이라고 생각하시나요?" "여러분의 앞길에 어떤 방해물이 있나요?" "또 어떤 것이 문제가 될 수 있을까요?" 우리가 부모와 함께 장애물과 제한점을 정확하게 정의하고 나면, 이를 제거하기 위해서 취할 수 있는 구체적인 시작 단계를 확인할 수 있다. 예를 들어, 부모의 서로 다른 양육 스타일과 팀워크의 부족이 걸림돌이 될 수 있다. 부모를 하나의 팀으로 좀 더 일체화시키기 위한 시도와 실험으로, 부모에게 각기 일상생활 속에서 배우자가 청소년 자녀와 다른 자녀들에게, 자녀들이 정말로 좋아하는 일을 하는지 효과적이고 창조적인 행동을 하는지 개별적으로 관찰하여 잘 기억해 두거나 기록하도록 제안할 수 있다. 다음 회기에 올 때까지는 기록한 내용을 서로 확인하지 말라고 요청한다. 만약 부모가 자녀에게 권위를 주장하기 위해 강압적 힘을 사용하지 않으면 위기에 대한 책임을 져야 할 것이라고 생각한다면, 부모에게 일주일에 두세 번 정도 '탐정 역할'을 수행하도록 하되, 위협, 고함, 매질을 사용하지 않으면서 청소년 자녀가 그들에게 어떻게 다르게 반응하는지를 관찰하고 다른 상황에서는 자녀들의 행

동이 어떻게 변화하는지를 살펴보라는 과제를 내어 줄 수 있다. 부모는 관계 안에서 자신이 좀 더 경쾌하게 댄스 스텝을 바꾸면 자녀의 스텝도 따라서 경쾌하게 바뀐다는 사실을 놀라움 속에서 발견할 수도 있다.

8. 무언가 다른 것을 하는(do something different)(de Shazer, 1988)것도 준비 단계에서 행동 단계로 옮겨가고 있는 부모에게 효과적일 수 있다. 때로는 자녀가 버릇없이 굴 때의 부모 반응이 지나치게 뻔하다는 점과 청소년 자녀와 관련된 문제 상황에 새로움을 불어넣어야 한다는 것을 강조할 필요가 있다. 청소년 자녀가 부모의 신경을 건드리거나, 자녀를 위험한 상황에서 빼내고 싶은 생각이 들 때마다, 기발하고 충격적이거나 지금까지와는 전혀 다른 새로운 시도를 하는 것이다. 이러한 시도는 자녀와의 힘겨루기의 덫에 빠졌거나 정서적으로 지나치게 쉽사리 반응하며 청소년 자녀에게 쉽게 이용당하고 조종당하는 부모에게 아주 효과적이다.
9. 이상에서 제안한 전략이 효과가 없거나 치료자가 부모와 긴밀한 치료적 관계를 맺지 못했다면, 무엇 때문에 상담이 진전이 없는지를 호기심을 가지고 부모와 함께 탐색할 필요가 있다. 다음과 같은 질문도 필요하다. "우리가 서로 어떻게 하길래 상담이 진전이 없다고 생각하세요?" "우리가 서로 무엇을 했길래 혹은 하지 않았길래 상황이 여기까지 온 걸까요?" 치료자는 상담에 함께 와서 부모와 치료자의 상호작용을 관찰하고 있는 다른 자녀에게 다음같이 물어볼 수도 있다. "우리가 서로 어떤 행동을 하길래 상담이 정체되는지 중립적이고 비난하지 않는 방식으로 말할 수 있겠니?" 부모는 청소년 내담자의 말보다는 다른 자녀의 피드백에 좀 더 귀를 기울이고 이에 따라 행동을 하고 싶어 할 것이다. 치료자는 자신에게 다음과 같이 물어볼 필요가 있다. "이 부모는 내가 하고 있는 어떤 행동 때문에 이야기할 때 어려움을 겪는다고 말할까?" 치료자와 내담자 가족이 상호 영향을 주는 방식을 좀 더 잘 이해하게 되면, 각자 앞으로 상호작용할 때 피하거나 개선해야 할 부분을 확인할 수 있다(Stone, Patton, & Heen, 2000).
10. 상담이 정체되었을 때, 기본으로 돌아가서 우리 자신의 행동을 반성해 보는 것이 항상 도움이 된다. 우리는 이렇게 자문할 수 있다. "치료 목표가 지나치게 큰가?" "제대로 문제를 짚고 있는가?" "부모의 변화 준비 단계를 내가 잘못 사정해 왔나?" "부모가 불편하게 느끼고 수용할 준비가 되지 않은 치료 과제(실험)를 제안한 적이 있나?" "좀 더 작은 변화를 추구해야 하나?" "내가 이 부모에게 지나치게 큰 기대를 걸고 있나?" "내가 과연 좋은 치료자인가?" "변화를 만

들어 낼 진짜로 중요한 내담자가 상담에 안 온 건가?" 일단 우리가 이 질문들에 대한 답을 마음속으로 하면서 비판적으로 탐색하고 난 후 우리의 생각에 대한 부모의 생각을 물어볼 수 있고, 우리가 어디서 엇나간 것인지와 어느 지점에서 치료 태도를 바꾸어야 하는지를 함께 알아낼 수 있다. 치료자로서 정기적으로 우리의 작업을 비판적으로 평가하고 내담자에 대한 사고방식과 개입방식을 기꺼이 바꾸려고 하는 태도가 중요하다.

11. 치료 체계를 확장하고 또 다른 가족원과 이 가족의 사회 관계망 안에 있는 핵심 구성원을 상담에 초청하면, 치료가 정체된 느낌이 들 때 도움이 될 수 있다. 우리는 부모에게 다음과 같이 질문할 수 있다. "1부터 10까지 매겨 있는 척도에서, 10점이 사람들이 당신에 대해서 가장 관심을 많이 갖는 것이라면, 이곳에 없는 가족원, 친척들, 목사님, 그 외에 관련 원조 전문가들, 혹은 당신의 제일 친한 친구들에게 몇 점을 주시겠어요?" "우리가 새로운 아이디어와 추가적인 지지를 얻기 위해서 누군가를 초청한다면, 이 분들 중에서 어떤 분이 가장 도움이 될까요?" 만약 당신이 혼자서 단독으로 상담하고 있다면, 우리가 어떻게 정체 현상을 겪는지를 확인하고 몇 가지 새로운 아이디어를 제공받기 위해서 동료치료자를 반영팀으로 초청해도 될지 부모에게 허락을 받는 방법도 가능하다(Anderson, 1991).
12. 정체된 상황에서 벗어나고, 변화 과정을 막고 있는 비밀을 드러내기 위해서 부모에게 다음과 같은 질문을 할 수 있다. "저는 현재 여러분 가족과 동일한 상황에 있는 다른 가족을 돕고 있습니다만, 좀처럼 진척이 없는 느낌입니다. 이 가족을 돕기 위해서 제가 어떻게 하는 게 가장 좋을지 조언을 좀 해주시겠어요?" "지금 우리는 커다란 장벽에 부딪힌 것 같습니다. 제가 알아야 하는데 아직까지 이야기 하지 못하셨던 뭔가가 혹시 있으신가요?" "우리가 그 이야기를 나누면, 누가 가장 많이 불안해할까요? 그리고 그 이유는 무엇일까요?" "저는 처음에 여러분이 저를 만나러 오시기 전에 여기에서는 절대로 얘기하지 않겠다고 혼자서 다짐하신 것이 있으신지 궁금합니다."
13. 가족 회기에서, 한 구성원이 먼저 비난하고 다른 쪽이 맞받아서 비난하는, 비난-역비난 상호작용 패턴이 지속적으로 나타난다면, 부모만 따로 만나는 개별 회기를 진행해서 이런 패턴을 중단시키는 방법이 도움이 된다. 상담 장면을 녹화해서 함께 확인하는 방법도 큰 도움이 될 수 있다. 이렇게 하면 가족은 어떻게 서로 상대방을 폭발하게 만드는지를 확인할 수 있고, 이러한 상호작용이 얼마나 파괴적인지 관찰할 수 있으며, 앞으로는 어떻게 상호작용해야 효과가

있을지에 대해서도 인식을 높일 수 있다. 치료자들처럼 부모와 십대 청소년도 맹점을 가지고 있고, 서로 맹렬하게 상호작용하고 있는 도중에는 자신의 말을 듣거나 행동을 볼 수 없기에 자신의 행동이 다른 사람들에게 어떤 효과를 주는지도 알 수가 없다.

14. 가족이 비난-역비난 패턴을 통해서 서로를 희생자로 만들 때 선택할 수 있는 또 다른 치료적 대안은 외재화(Selekman, 1999; White, 1985; White & Epston, 1990)이다. 치료자는 부모에게 상호작용의 패턴은 때때로 고유의 생애 주기를 가지고 있으며 세대 간에 전승된다는 개념을 소개할 수 있다. 우리는 부모에게 청소년 자녀와의 관계에서 가지게 되는 이 패턴이 무엇의 포로가 되는 것 같은지 물어봄으로써 외재화 과정을 시작할 수 있다. 그런 다음, 이렇게 서로 '비난하고' '논쟁하'거나 '깎아내리는' 패턴이 점차 성장하면서 청소년 자녀와 부모를 어떻게 이용하려 드는지 물어볼 수 있다. 치료자는 부모에게 이렇게 질문을 할 수 있다. "이 '비난'이라는 녀석이 어떤 방식으로 아드님 문제에 달려드나요?" "이 '비난'이라는 놈이 어떻게 여러분의 관계를 재앙으로 몰고 가나요?" "이 '비난'이라는 놈이 여러분의 관계를 오염시키고, 정말로 그 정도까지 이르게 하나요?" "최근에 아무 때라도, 이 '비난'이라는 녀석이 두 분께서 아드님을 대하는 방식을 자기 마음대로 좌지우지하려고 두 분을 세뇌시키려고 할 때, 그렇게 하지 못하게 막거나 당당하게 맞서서 싸울 때가 있었나요?" 이 가족이 '비난하는' 패턴에 대항해서 이기기 위해 함께 노력하면, 가족 의식이 만들어질 수 있다. 문제를 외재화할 때 가장 중요한 점은 내담자의 설명과 신념에 기초해 있어야 한다는 것이다. 그리고 문제에 관한 새로운 틀이나 설명은 부모의 신념 체계에 부합되거나 수용될 수 있어야 한다. 따라서 우리는 그동안 시도해 온 개입 기술이 정확한 목표를 향하고 있는지 아닌지를 판단하기 위해서 내담자가 보이는 언어적, 비언어적 피드백을 주의 깊게 살피고 경청해야 한다.

15. 부모에게 좀 더 효과적인 협상법을 가르치라. 이들이 정서적으로 민감한 부분, 즉 자신을 가장 흥분시키고 이성을 잃게 만드는 문제가 무엇인지 깨닫게 하고, 언제 어떻게 싸울지를 선택하는 방법, 자녀들의 말을 경청하는 방법, 자녀가 아닌 문제를 공격하는 방법, 그리고 강압적이지 않게 설득하는 방법을 조언하라(Brown, 2003). 관련 연구에 따르면, 최고의 협상가는 정서에 휩싸이는 상황과 화를 내는 상황을 피한다고 한다(Rackham & Carlisle, 1978).

16. 분노하고 적대적인 부모에 대해 기억해야 할 가장 중요한 지침은, 절대로 논쟁

하거나 암시적으로 비난하지 말라는 것이다. 보통 이런 부모는 이미 실패감을 느끼고 있고, 예전에 만났던 치료자들과 치료 기관의 직원들에게 비난을 받아왔으며, 각종 치료자나 정신건강 보호 기관을 전반적으로 매우 불신한다. 따라서 치료의 전체 과정 동안 우리는 부모의 감정에 매우 민감해야 하고 정기적으로 감정을 인정해 주어야 한다. 만약 우리가 제안한 치료 방법을 부모가 따르지 않으려 한다면, 지극히 정상적인 반응이라고 말하면서 아직 준비가 되지 않았는데 조급하게 개입하면서 변화하라고 밀어 붙인 우리가 책임을 질 필요가 있다. 이런 상황은 우리가 기존 치료계획을 재협상하고 치료 목표를 좀 더 작게 만들며 치료자의 권위와 안내를 강조하지 않을 필요가 있다는 증거일 수도 있다. 또한 내담자의 자제력과 자기주도를 강화하는 치료 방법을 제안하며, 내담자에게 최소한의 외적 행동만을 요청해야 할 때가 왔다는 사실을 나타내는 증거일 수도 있다(Beutler & Harwood, 2000).

사례: 로버트와 엘리자베스

로버트와 엘리자베스의 아들은 나의 내담자인 16세의 팀이다. 팀은 '선생님의 차를 열쇠로 긁고' '선생님들을 무시하며' '성적이 낮고' '친구들과 싸운다'는 이유로 학생 주임이 의뢰한 내담자였다. 팀은 이전에도 친구들과 싸워서 집행유예 선고를 받은 적이 세 번 있었다. 학생 주임은 팀이 아주 오랫동안 치료를 받았던 경험이 있고, 팀의 부모는 매우 다루기 힘든 사람들이라는 정보를 나에게 주었다.

팀의 부모를 처음 만난 곳은 우리 상담소의 대기실이었다. 팀의 아버지는 상담소에 오는 것은 시간 낭비라고 크게 떠들면서 악수도 하지 않고 필자를 지나쳤다. 엘리자베스는 필자를 닦달하면서 전문가로서 필자가 보유한 자격과 증명서에 대해서 캐물었다. 그녀는 필자가 사회복지사인 것을 알고는 무척 놀랐는데, 이전의 모든 치료자는 심리학을 전공한 사람이었기 때문이라고 했다. 팀의 부모와 '따뜻하고 즐겁게' 인사를 나눈 후에, 필자는 이 회기가 아주 길게 느껴질 것 같다고 혼자 되뇌었다. 또한 필자는 이 만남을 통해서, 팀이 어떻게 해서 권위적인 사람들에게 어려움을 느끼게 되었는지를 이해할 수 있었다. 필자는, 이들이 가지고 있는 주요 강점, 취미, 관심사가 무엇인지 질문하면서 각 가족원에 합류하려고 노력했다. 아버지는 자기 이야기를 하려고 상담에 온 것이 아니라고 분명히 말했다. 천만 다행으로, 어머니는 조금이나마 협조적으로 답변을 해주었다. 그녀는 테니스 복식 경기를 아주 좋아하며, 몇 몇 대회에서 복식으로 우승도 했다. 필자는 그녀에게 테니스를 그렇게 잘하는 비결이 무엇인지 질문했다. 그녀는 경기 중에 남편과 대화를 많이 나누고, 서로 상대방의 빈 자리를 잘 메꾸어 주며, 네트 플레이를 잘한다고 말했다. 팀에 대한 이야기로 넘어가면서, 전국 랭킹에도 오른 적이 있고 많은 대회에서 우승했던 주니어 테니스 선수였다는 사실을 알게 되었다. 이때 아버지가 갑자기 끼어들더니 팀은 태도 문제 때문에 대회에서 쫓겨난 적이 있다고 말했다. 테니스를 할 때 서브-앤-발리 전술을 주로 구사하는지 아니면 베이스라인 전술을 구사하는지 물어보았더니, 팀은 강하게 서브를 집어 넣고 네트 앞으로 달려가는 스타일이었다고 말해 주었다. 필자는 팀에게 어머니와 테니스를 쳐 본 적이 있는지 질문했고, 어머니는 아들과 함께 코트에 설 가능성은 없을 것 같다고 말했다.

이때 필자는 이 가족에게 무엇을 문제라고 보는지와 무엇이 변화하기를 바라는지 질문했다. 아버지는 다시금 커다란 목소리로 아들에게 '태도 문제'가 있다고 주장했다. 필자는 '태도 문제'가 무슨 뜻인지 설명해 달라고 요청했다. 로버트는 '태도 문제'란 '어른들에게 불손하게 이야기 하고' '욕을 하며' '거칠게 논쟁을 하고' '협조적이지 않은' 것이라고 정의했다. 필자는 문제가 확대될 위험을 무릅쓰면서, 가족 구성원 중에서 혹시 '태도 문제'로 힘들어 하는 사람이 또 있는지 물어보았다. 엘리자베스는 자신이 생각하기에는 때때로 바로 남편이 '태도 문제'를 보인다고 했다. 그러자 로버트는 방어적인 모습을 보이며 엘리자베스의 말에 동의하지 않았다. 필자는 또 다른 위험을 무릅쓰면서, 엘리자베스에게 최근에 남편과의 사이에서 '태도 문제'가 불거진 적이 있는지, 그리고 태도 문제 때문에 서로 대립한 적이 있다고 생각하는지 질문했다. 그녀는 팀이 집행유예를 받은 후 어떻게 로버트가 아들의 방에 있는 모든 물건을 내다 버리고 문을 봉해 버리는 엄청난 광란 행동을 보였는지와 그후 6개월 동안이나 아들에게 외출 금지를 시킨 일에 대해서 이야기했다. 엘리자베스는 남편이 팀의 문제에 대처하는 과정에서 너무나 충격적인 행동을 보였다고 느꼈다. 이 지점에서, 로버트는 심한 말로 엘리자베스를 공격했다. 필자는 팀을 잠시 상담실 밖으로 나가게 하고, 두 사람의 너무나도 다른 양육방식에 대해서 다루기로 결정했다.

로버트와 엘리자베스는 아들을 어떻게 다루는 것이 가장 좋은 방법일지에 관해서 거의 완전히 다른 생각을 하고 있다는 사실이 드러났다. 필자는 로버트가 부인의 양육 방식이 '지나치게 부드럽다'고 비난하는 것을 중단시키고, 만약 로버트의 권력 게임과 엘리자베스의 환상적인 테니스 기술 및 팀워크를 하나로 종합한다면, 얼마나 훌륭한 복식 팀이 탄생할지에 대해서 강조했다. 마침내 로버트가 미소를 지었다. 그에게 어떤 말이 그렇게 웃겼냐고 묻자, 그는 가장 최근에 뛰었던 클럽 대항 테니스 대회의 복식 결승에서 졌던 까닭은 코트에서 부인과 의사소통을 잘 하지 못했기 때문이었다고 답했다. 로버트와 어색했던 분위기를 깨뜨리고 좀 더 나은 관계가 형성되기 시작했기 때문에, 아들인 팀이 집행유예를 받고 나서 집에서 받은 극단적인 벌에 대해서 다시 이야기하고 싶은지 물어보았다. 필자는 십대 자녀에게 너무 길고 극단적인 벌을 주면, 마음 속에 적의를 쌓고 잔머리만 굴리게 된다고 강조했다. 로버트는 이 이야기를 해도 괜찮겠다고 동의했다. 확실히, 엘리자베스는 로버트가 아들에게 지나치게 심하게 대한다고 오랫동안 생각해 왔다. 로버트도 이런 지적에 동의했다. 또한 그는 최근에 25년 동안 일해 온 회사에서 좌천 당했으며, 그래서 화가 나 있었다고 말했다. 첫 번째 회기가 끝나기 전에, 필자는 로버트와 엘리자베스가 나와 힘겨루기를 하지 않으며, 로버트가 좀 더 편안한 집안 환경을 만드는 방법을 찾겠다는 약속을 하도록 만드는 데 성공할 수 있었다.

지나치게 비관적인 부모

어떤 부모들은 우리를 만나는 경험이 그동안 다른 치료자들을 만나본 경험이나 자녀가 받았던 실패한 치료 경험과 비슷할 거라는 생각으로 의기소침한 모습으로 나타난다. 이들은 청소년 자녀의 만성적인 행동 문제를 풀기 위해 시도했던 노력이 계속 실패하면서 실제로 **학습된 무기력 상태**(learned helplessness), 즉 자신이 실패한 이유는 광범위하고 변하지 않는 성격 상의 문제 때문이라고 생각하는 상태에 실제로 빠지게 될 수도 있다(Selekman, 1998, 2002). 우리는 이런 부모를 처음으로 만났을 수 있지만, 이들은 청소년 자녀에 대해서 거의 포기하고, 생활치료 시설이나 기숙학교, 아니면 친척에게 보내버리려고 하고 있을 수도 있다. 이들은 자신의 우울감에 대해서 자신을 탓할 뿐만 아니라 배우자, 확대 가족 구성원이나 이전에 만났던 치료자를 탓하는 경향이 있다. 이들은 자신의 강점과 책임 있는 행동을 알아채기보다는 오로지 십대 자녀에 대해서 부정적인 것만 곱씹는 경향이 있을 수 있다. 이들은 이미 가정에서는 자신이 완전히 실패했다고 생각하여 청소년 자녀에게 정서적으로 전혀 신경 쓰지 않고 자녀를 모니터링하거나 마땅한 제한도 전혀 가하지 않는 상태일 수도 있다.

셀리그맨과 그의 동료들은(Seligman et al., 1995) 연구를 통해서, 어린이들은 부모를 통해서 비관주의를 직접적으로 학습하며, 이는 나중에 어린이들이 임상적인 우울증과 불안 문제에 빠져드는 계기가 된다는 사실을 밝혀냈다. 비관적인 부모들의 비판은 아이들이 자신을 바라보는 관점에 누적되는 영향을 끼친다(Peterson & Park, 1998). 이 아이들은 부모와 비슷한 방식으로 자신이 경험하는 어려움이나 장애를 변화시킬 수 없을 것이라고 믿기 시작할 것이고, 실제로 다른 삶의 영역에서도 자신감을 잃게 될 것이다. 심지어는 자신이 상황을 초래하지 않았을 때에도, 상황이 변화 불가능하다고 생각하면서 어떤 노력도 기울이지 않게 될 것이다(Seligman et al., 1995).

지나치게 비관적인 부모를 위한 치료 지침

1. 앞 절의 분노하고 적대적인 부모에 대한 지침 1부터 7까지를 실행하라.
2. 만약 잘 형성된 행동적 치료 목표를 설정하는 과정에서 부모가 치료전 변화를 전혀 발견하지 못하거나 기적질문에 답하기를 어려워한다면(de Shazer, 1988), 먼저 대처질문을 사용하라. 그리고 필요하다면, 비관질문(pessimistic questions)을 시도하라(Selekman, 2002; Berg & Miller, 1992). 우리는 부모에게 다음과 같이 질문할 수 있다. "때때로 여러분은 자신의 상황을 암울하게 느끼시는 것 같네요. 한 번 말씀해 보세요. 상황이 더 나빠지는 걸 막기 위해서 어떤 노력을 해오셨나요?" "어떻게 그렇게 했는지 알고 계세요?" "상황이 훨씬 더 나빠지는 걸 막기 위해서 또 어떤 노력을 해오셨나요?" "똑같은 상황에 있는 다른 부모들은 이미 오래 전에 실패를 인정했을 거예요. 군사학교에 보내서 군인으로 만들려고 하거나, 심지어는 입양을 보냈을 겁니다! 두 분은 어떤 이유로 이런 방법을 선택하지 않으신 건가요?" "여러분 자녀의 장례식에 누가 참석할까요?" "추모 연설은 어떨 것 같으세요?" "당신의 자녀가 없어진다면, 당신과 남편의 삶은 어떤 모습이 될까요?" 부모가 가진 비관주의에 적극적으로 동조하고 과장함으로써, 가능성의 문을 열 수 있다.
3. 지나치게 비관적인 부모에게 던질 수 있는 또 다른 질문은, 마이너스 척도질문(subzero scaling question)이다(Selekman, 2002). 우리는 이렇게 질문할 수 있다. "−1부터 −10까지 그려진 자가 있다고 상상해 보세요. −10점은 여러분의 상황이 전혀 풀리지 않은 상태이고요, −1점은 여러분의 상황이 조금 좋아질 수 있는 상태에요. 그렇다면, 4주 전의 상황에 몇 점을 주시겠어요?" "−10

점이요." "그러면 2주 전은 어떤가요?" "−7점이요!" "−7점까지 가기 위해서 어떤 노력을 하셨던 거죠?" "또 어떤 노력을 하셨나요?" "그 노력이 어떻게 변화를 만들어 낸 거죠?" "오늘은 몇 점을 주시겠어요?" "−5점이요." "여러분이 어떤 노력을 하셨는지 알고 계세요? 혹은 그런 일이 일어나게 하기 위해서 스스로 어떤 다짐을 하셨나요?" "우리가 1주일에 한 번씩 만날 것이라고 가정해 보세요. 여러분이 여기에 와서 점수가 몇 단계 올라가서 −4가 되었다고 저에게 말씀하시는 거죠. 그러면 여러분은 어떤 노력을 했다고 저에게 말씀하실까요?" 이런 유형의 척도질문은, 청소년 자녀의 문제 행동이 실제로 해결될 수 있다는 희망 및 기대 수준을 높일 수 있다.

4. 일단 부모와의 치료 동맹이 형성되면, 부모역할 수행시 비합리적이거나 자기패배적 생각이 들 때 스스로 이런 생각을 능숙하게 논박하는 방법을 치료자가 부모에게 가르치기 시작할 수 있다. 부모들에게 이 비합리적이거나 자기패배적 생각을 스스로 논박할 증거를 찾는 방법과 자신과 청소년 자녀의 행동에 대한 대안적 설명을 찾는 방법, 또한 지나친 걱정과 부정적인 생각을 야기할 수 있는 생각에 매달리는 일이 쓸모없는 일이라는 것을 가르칠 수 있다(Seligman, 2002, 2003). 부모에게 독백 방법을 알려 주고 자신에게 다음과 같은 질문을 하게 함으로써 상황을 최악이 아닌 것으로 보는 방법을 가르칠 수 있다. 질문들을 다음과 같다. "현실적으로 일어날 수 있는 최악의 일은 무엇일까?" "최악의 일이 생기는 것을 막기 위해서 내가 할 수 있는 일은 무엇일까?" "일어날 수 있는 가장 좋은 일은 무엇일까?" "가장 좋은 일이 일어나도록 내가 노력할 수 있는 한 가지 일은 무엇일까?" "어떤 일이 일어날 가능성이 가장 높을까?" "만약 그 일이 일어나면 그 일을 처리하기 위해 내가 할 수 있는 일은 무엇일까?"(Seligman et al. 1995, pp. 219-220). 일단 부모가 좀 더 긍정적인 시각을 갖고, 자기파괴적인 생각을 스스로 논박하는데 능숙해지면, 청소년 자녀들에게 자기 설득 기술과 패닉 상태에서 벗어나는 방법을 가르칠 수 있게 된다. 부모가 이런 것들을 배우게 되면, 청소년 자녀도 우울감에 빠져들지 않고 스트레스 요인에 효과적으로 대처할 수 있게 된다.

5. 만약 한 쪽 부모가 계속 비관적인 시각을 가지고 있으면, 도움이 되지 않는 생각과 예전의 신념을 바꾸기 위해서 다른 가족원에게 이렇게 질문할 수 있다. "부인께서 딸을 포기할 준비가 되지 않았다는 것을 보여 주는 어떤 신호를 관찰하셨나요?" "또 어떤 신호가 있을까요?" "네가 보기에는 엄마가 언니를 포기할 준비가 되신 것 같으니?" "엄마가 여전히 언니를 걱정하고 있다는 것을 어

떻게 표현할 수 있을까?" "아버님께서 따님 문제에 대해서 그렇게 견뎌내실 수 있는 힘은 어디에서 나오나요?" 문제 상황에 대해서 가족원들이 견지하고 있는 강력한 대안적인 관점을 활용함으로써, 비관적인 부모의 경직된 믿음을 느슨하게 만드고, 새로운 관점으로 문제 상황을 바라볼 수 있도록 도울 수 있다.

6. 만약 비관적인 부모가 계속 잔소리하거나 소리 지르거나 너무 걱정을 많이 한다면, **무언가 다른 것을 하라**(do something different)는 지침이 도움이 될 수 있다. 이 지침을 활용하면 부모의 반영 기술을 강화하고 자녀의 도전이 되는 행동을 좀 더 너그럽게 받아들이도록 만드는 데 도움이 될 수 있다(Selekman, 2002; de Shazer, 1985, 1988).
7. 매우 비관적인 부모에게 효과적인 또 다른 치료적 지침으로, 일 주일 이상, 매일 청소년 자녀의 문제 상황이 어째서 그다지 나빠지지 않았는지 그 이유를 모두 적어 보게 하는 방법이 있다(Molnar & de Shazer, 1987). 종종 이 실험은 청소년 자녀의 행동 문제를 관리하는 데 필요한 창조적인 문제 해결 전략과 대처 전략을 자신이 이미 가지고 있다는 사실을 부모가 인식하는 데 도움이 된다. 아울러 상황이 개선될 수 있다는 희망 및 기대가 높아질 수 있다.
8. 만약 부모가 계속해서 청소년 자녀의 만성적인 문제나 자신의 **무망감이나 절망으로** 괴로워한다면 이 어려움을 외재화할 수 있다. 그렇게 함으로써 가족 구성원의 힘을 모아 문제에서 벗어나려는 노력을 하나로 뭉치게 할 수 있다 (Selekman, 2002; White & Epston, 1995).
9. 효과적인 치료 전략을 찾을 때까지, 앞 절에 나오는 분노하고 적대적인 부모에 대한 지침 9부터 지침 16까지를 실행하라.

사례: 바바라와 폴

바바라와 폴 부부는 이전의 다른 내담자 소개로 내방하였다. 아들인 스티브는 18세로, 심각한 알코올중독에 빠져서 가족 규칙을 지속적으로 무시하고, 교통 법규를 어기며, 어머니와 동생 켄트에게 언어폭력을 가하고 있었다. 스티브는 마지못해서 두 번째 가족 회기에 참석하겠다고 했다. 부모 중에서 어머니인 바바라가 스티브의 변화 가능성에 대해서 훨씬 더 비관적이었다. 스티브는 어머니의 비관주의 때문에 더욱 어머니에게 화를 내고 무례하게 행동하는 것 같았다. 바바라는 스티브의 행동이 더 나빠지면, 과거에 머무는 경향이 있었다. 그리고 현재에 관해서는, 스티브가 잘

못하는 것만 주목하는 경향이 있었다. 스티브는 바바라의 부정적인 사고방식이 싫었고 바바라를 어떻게 변화시켜야 할 지 몰라서 매우 속상해 하고 있었다. 스티브는 바바라의 관심이 자신(스티브)에게만 꽂혀 있다고 느꼈다. 한편, 바바라는 스티브의 문제 행동, 특히 알코올 문제에 대해 남편인 폴이 지지해 주지 않는다고 느꼈다. 이때에, 필자는 바바라가 스티브의 알코올 문제에 대한 우려를 표현해 온 과정이나 이 문제를 풀기 위해서 노력해 온 과정에 대해서 묻기 시작했다(Kegan & Lahey, 2001). 바바라는 스티브가, 10대 시절과 20대 초반을 심각한 알코올 문제와 마약 문제로 고생했던 오빠들(스티브의 외삼촌)처럼 될까봐 두려웠다고 털어놓았다. 스티브가 외삼촌들의 알코올 문제와 마약 문제에 대해서 들은 것은 이번이 처음이었다. 스티브는 바바라에게, 자신은 통제가 안 될 정도로 술을 많이 마실 의도는 없었고, 다른 마약에 손을 댈 계획도 전혀 없었다고 분명히 말했다.

바바라는 스티브로부터 이런 말을 들으니 격려가 된다고 말했지만, 아들에 대한 또 다른 걱정거리를 꺼냈다. 바바라는 유머 감각이 있었기 때문에 자신의 비관주의에 대해서 농담을 나눌 수도 있었다. 필자는 그녀에게 허락을 받아서 스티브의 행동에 대해 다른 식구들은 어떻게 바라보고 있는지 알아보기로 했다. 폴과 켄트는 둘 다, 최근에는 스티브가 좀 더 책임감 있는 모습을 보였고, 친구들과 놀러 나가서 과음하지는 않았으며, 바바라를 포함한 모든 식구들과 좀 더 점잖게 이야기를 나누고 있다고 확인해 주었다. 스티브는 자신의 잘 한 행동에 대해 어머니가 인정하시면 그 행동을 더 자주 할 것이고 그러면 모자간에 잘 지내는 데 도움이 될 거라고 했다. 바바라는 가족의 피드백이 매우 유익하다고 생각했으며, 자신의 비관적인 사고방식에 대해서 이야기해도 괜찮다고 말했다. 필자는 그녀가 그다음 한 주 동안 실천해 볼 수 있는 다양한 논박 도구들과 탈파국화(decatastrophize)하는 방법을 연습하도록 가르쳐 주었다. 그리고 자신이 유능한 형사라도 되는 것처럼 상상력의 돋보기를 꺼내 들고 스티브가 앞으로 보일 책임감 있는 행동과 고무적인 행동을 발견해 보라고 했다. 이런 치료 전략을 통해서 바바라는 좀 더 긍정적인 관점을 갖게 되었고 스티브가 가장 긍정적인 모습을 보이는 상황을 더 잘 알아챌 수 있게 되었다.

자유방임적인 부모

자유방임적인 부모는 통상적으로 자녀들에게 지나치게 허용적이고, 청소년 자녀와 관련된 생활 규범과 벌칙이 없거나 지속적 실행을 하지 않으며, 부모로서의 책임을 친척이나 친지에게 미루고 자신에게 과하게 몰입되어 있지만 청소년 자녀와는 정서적으로 단절된 상태에 있으며, 자녀에게 자유방임적인 태도를 보일 수 있다. 어떤 부모는, 청소년 자녀와 '친구가 되어 주는 방법'—즉 자녀의 행동에 제한을 가하지 않고, 되도록 많은 자유를 주는 것—이 자녀의 협력을 얻는 데 도움이 되고, 문제의 발생을 줄이는데도 도움이 된다고 생각할 것이다. 어떤 방임적인 부모는 새로운 양육 전략을 시도하는 것을 거부하고, 실제로는 청소년 자녀의 문제를 더욱 심화시키는 것이더라도 자신들이 보기에 효과 있어 보이는 방법을 더 많이 하기도 한다. 마지막으로, 어떤 경우 우리 상담자들은 급박하고 생명을 위협받는 상황으로부터 청소년들을 구하기 위하여 부모보다 더 이들을 걱정하고 더 관여하는 경우도 있다.

자유방임주의 양육방식은, 청소년 자녀들에게 중대한 삶의 어려움을 야기시킬 수 있다. 가장 중요한 점은, 청소년 자녀가 자신의 감정을 통제하는 법을 배우지 못할 수도 있고, 인내하는 것을 너무 힘들어 할 수도 있으며, 자기 마음대로 일이 풀리지 않으면 감정을 폭발할 수도 있다는 것이다. 부모가 자유방임적인 양육방식을 고수하면 청소년 자녀들이 좀 더 반항적이고 공격적이며 친구들을 지배하려는 성향을 가질 수 있고, 심각한 마약 중독자가 되거나 우범자가 될 수도 있다는 결과가 여러 연구에서 보고되고 있다(Reivich & Shatte, 2002; Henggeler et al., 2002; Steinberg, Darling, Fletcher, Brown, & Dornbusch, 1995).

자유방임적인 부모를 위한 치료 지침

1. 앞 절에 나오는, 분노하고 적대적인 부모에 대한 지침 1부터 7까지를 실행한다.
2. 만약 당신이 해당 청소년이 보이는 극단적으로 위험한 행동에 대해서 부모보다 훨씬 더 불안해거나, 생명을 위협받는 끔찍한 상황에서 구출해 내려는 노력을 부모보다 훨씬 더 많이 하는 상황이라면, 부모에게 긴장감을 불어 넣는 방법이 가장 도움이 될 수 있다(Minuchin & Fishman, 1981). 치료자는 다음과 같이 말할 수 있겠다. "만약에 아드님이 계속 마약에 빠져 있거나 자해를 한다면, 정맥 혹은 동맥을 다칠 수도 있고 그러면 모든 게 끝장날 겁니다." "제가 두려워 하는 부분은, 그 아이가 지금 마약에 중독되어 있다는 사실이 아니라 배후에 있는 사람들입니다." "예전에 한 번은 심각하게 마약에 중독된 아이와 상담을 했는데요, 그 아이는 험악한 시카고 서부 지역에서 마

약을 얻곤 했는데 이 때문에 꽤 많은 마약 빚이 있었어요. 결국엔 마약 판매상이 그 아이의 집을 불태워 버렸답니다!" 이러한 말을 하면, 부모의 불안감을 높이고, 비슷한 일이 자녀에게 일어나는 것을 막기 위해서 행동을 취하게 만들 수 있다.

3. 이와 유사한 방식으로, 비관질문을 사용하면 자유방임적인 부모가 행동을 취하도록 에너지를 불어 넣을 수 있다. 치료자는 아이가 죽으면 누가 장례식장에 갈 것이고, 추모사는 어떨 것 같으며, 자녀가 사라져버린 그들의 삶은 어떤 모습이 될지 질문할 수 있다(Selekman, 2002; Berg & Miller, 1992).
4. 자유방임적인 부모와 만날 때 도움이 되는 또 다른 전략은, 호기심을 가지고 개방형질문을 많이 함으로써 이들의 양육방식과 신념에 관해서 당신이 느끼는 혼란스러움을 떨쳐 버릴 수 있도록 도와달라고 요청하는 것이다. TV 드라마에 나오는 콜롬보 형사처럼, 우리는 이들이 양육 스타일과 청소년 자녀와 상호작용 하는 방식을 바꿔야 하는 필요성에 직면하게 할 충분한 단서를 꺼내놓기를 기다린다(Selekman, 2002). 예를 들어, 치료자는 부모에게 다음과 같은 질문을 던질 수 있다. "저를 좀 도와주세요……. 좀 혼란스럽네요(머리를 긁적인다). 두 분은 조니가 코카인 남용을 중단하기를 바란다고 말씀하시고 있어요. 훌륭한 말씀이라고 생각해요. 하지만 지금처럼 조니가 집에서 친구들과 술을 마시는 것이 허용된다면, 어떻게 코카인을 끊는 게 가능한 일인지 이해가 잘 안가네요. 이 상황을 이해할 수 있도록 좀 도와주세요. 제 머리가 어떻게 되었나 봐요—아내가 종종 제게 하는 이야기죠—하지만 술 마시는 게 괜찮다면 코카인도 괜찮을 거라고 생각할 것 같습니다. 두 분 생각은 어떠세요? 제 말이 이상하게 들릴 수도 있을 겁니다. 제가 틀릴 수도 있지요."
5. 만약에 이 부모가 청소년 자녀와 지나치게 감정적으로 단절되어 있다면, 의미 있는 방식으로 이들이 관계를 회복할 수 있는 가족연결 만들기 의식(family connection building rituals)을 활용할 수도 있겠다. 예를 들어, 가족회기 중에 청소년 자녀에게 상상으로 타임머신을 타고 아버지와 훨씬 더 친밀했던 과거로 돌아가보도록 요청하라. 그다음에는, 청소년에게 색상과 움직임 등 모든 감각을 활용해서 그 경험을 떠올려 보게 한다(Selekman, 1997; 2002). 이때 치료자는 다음과 같은 질문을 할 수 있다. "함께 어디에 있나요?" "거기에 또 누가 있나요?" "모두들 옷은 어떻게 입었나요?" "함께 무엇을 하고 있나요?" "함께 무슨 이야기를 나누고 있나요?" "이 경험에서 가장 특별한 부분은 무엇인가요?" 청소년 자녀가 시간 여행에 대해 반응을 한다면, 긍정적이었던 상호작용

과 활동을 현재 아버지와의 관계 속에서 어떻게 재현할 수 있을지에 대해 이야기할 수 있다.

6. 자유방임적인 독신 부모의 경우에는 이들의 역량을 강화하고 자녀에 대한 영향력을 높이며 집 안에 좀 더 질서를 세우기 위해서, 부모의 애인, 청소년 내담자의 성인 형제자매, 그리고 심지어 청소년 자녀에게 격려해 주는 타인(청소년을 걱정하는 헌신적인 가족 외부의 존재)을 초청하는 방법이 매우 효과적이다.
7. 여전히 정체된 상태에 머물러 있다면, 효과적인 치료 전략을 찾을 때까지, 앞 절에 나오는, 분노하고 적대적인 부모에 대한 지침 9부터 지침 16까지를 실행한다.

사례: 피터와 린다

피터와 린다는 학교 사회복지사가 의뢰하였으며, 아들인 15세 마크가 '방화와 자해행동' '심각한 불안' '우울증 문제'를 보이고 있었다. 마크는 자해행동과 심각한 우울증 삽화로 인한 네 번의 정신과 입원 치료를 포함하여, 다양한 치료를 받은 경험이 있었다. 마크의 부모는 그가 9살일 때 이혼했다. 피터는 아들을 2, 3개월에 한 번씩 만나왔다. 처음에는 가족회기에 마크와 린다만 참석했다. 아버지인 피터에게도 가족회기에 참석해 달라고 초청했지만, 일이 바빠서 참석하기가 어려울 것 같다고 말했다. 마크에 따르면, 부모가 이혼한 이후로 아버지는 마크의 삶에 적극적으로 개입하지 않았고, 마크는 아버지의 새 부인을 무척 싫어했다고 한다.

필자에게 가장 놀라웠던 사실은, 마크가 학교에서 연필이나 몇 가지 날카로운 물체로 반복적으로 자해하는 위기 상황이 벌어졌는데도, 부모가 단 한 번도 아들에게 관심을 보이거나 불안해 하지 않았다는 점이다. 그리고 학교사회복지사는 마크의 부모보다 오히려 자신이 좀 더 불안해하고 있으며, 그에게 편안함을 주기 위해서 좀 더 노력하고 있다고 느꼈다. 린다는 여러 가지 개인적 문제로 씨름하고 있었기에 아들에게 정서적으로 좀 더 신경을 쓰는 게 사실상 어렵다고 솔직히 인정했다. 그녀는 결혼할 예정이었던 남자 친구가 바람을 피우고 있다는 사실을 알고 헤어진 지 얼마 안 된 상태였다. 또한 실직을 한 데다가 마크와 동생을 부양하느라 재정적으로 어려움을 겪고 있었다. 마크는 어머니가 단 한 번도 자신을 살뜰하게 보살펴 준 적이 없으며, 그저 자기 일에만 신경 쓴다고 말한 적이 있었다. 또한 그는 어머니가 '항상 불평불만을 늘어 놓고' 끊임없이 '잔소리를 해댄다'고 불평했다.

이때 필자는 마크의 아버지를 치료에 끌어들여 부자 사이에 연결 짓기를 촉진할 수 있을지 살펴보기로 결정했다. 마크는 간절하게 아버지와 다시 연결되고 싶어 했다. 부모가 이혼하기 전에 마크와 아버지는 분명히 '매우 가까운 사이'였고, '함께 낚시도 자주 다녔다'. 피터가 마침내 가족회기에 오자 필자는 그와 좋은 관계를 형성하고 이후의 가족회기 참석에도 흥미를 가지게 하려고 매우 열심히 노력했다. 연결 짓기 과정(connection building process)을 시작하는 방법으로 나는 마크를 상상의 타임머신에 태워서 아버지와 단둘이 정말 특별한 시간을 보냈던 때로 보냈다. 마크는 8살 때 아버지와 함께 송어 5마리를 낚았던, 가장 기억에 남는 낚시 여행으로 돌아갔다. 마크는 상상 속에서 아버지가 커다란 웃음을 지으면서 자신을 얼마나 자랑스러워 했는지 모른다고 말했다. 마크와 피터는 둘 사이의 관계에서 중요한 의미가 있는 이 여행에 대해서 이야기할 때 눈에 띄게 밝은 모습을 보였다. 필자는 마크에게 이 특별한 여행 중에서 어떤 부분을 아버지와의 관계에서 회복하고 싶은지 물었다. 그는 두 말할 나위도 없이, 아버지와 다시 '낚시하러 가기'를 원했다. 마크의 눈가에는 이슬이 맺히기 시작했고, 아버지에게 좀 더 관심을 가져 달라고 고백했다. 그러면 아버지가 관심을 좀 더 보여 주기 위해서 당장 구체적으로 할 수 있는 일이 무엇이겠느냐고 질문했을 때, 아버지가 자신을 좀 더 자주 만나 줄 수 있을지 요청했다. 피터가 마크에게 좀 더 자주 연락하고 만나기 시작했다는 점에서 가족치료 회기는 매우 성공적으로 종료되었다. 가장 놀라운 사실은, 피터가 마크에게 학교나 집에서 스트레스를 견뎌야 하는 힘든 시간이 다가오면 언제라도 전화하라고 말한 것이다. 시간이 지나면서, 마크의 행동은 두드러지게 개선되었는데, 자신이 아버지의 삶에서 중요한 부분을 차지한다는 느낌을 좀 더 많이 가지게 되었기 때문이었다.

정신건강이나 물질 남용 문제가 있는 부모

어떤 경우에는, 부모 중 한 명 혹은 두 명 모두 치료받지 않은 정신건강이나 물질 남용 문제와 씨름하고 있다는 사실이 치료 초반에 드러나지 않을 수도 있다. 이것은 가족 비밀일 수도 있는데 청소년이 자신을 걱정하는 치료자와 상위 체계의 전문가들로 하여금 자신의 드라마틱한 문제 행동에 초점을 맞추게 함으로써 부모가 가지고 있는 정신질환이나 물질 남용 문제를 영웅적인 방식으로 숨길 수도 있다

(Selekman, 2002). 때로는, 가족 구성원들이 부모의 문제를 넌즈시 빗대어 말하는 것을 듣고 그 의미를 우리가 잡아낼 수도 있고, 혹은 가족 구성원 중의 한 명이 한쪽 부모, 혹은 양쪽 부모가 가지고 있는 정신건강이나 물질 남용 문제가 가족의 스트레스 수준을 높이고 청소년의 행동 문제를 심화시키는 데 기여하고 있다고 폭로할 수도 있다. 이런 문제들 때문에 역할을 제대로 수행하기 어려운 부모와 함께 살고 있는 청소년에게 일어날 수 있는 중요한 현상 중의 하나는, 이들이 자신의 발달단계를 뛰어 넘어 부모의 역할까지 감당하게 된다는 것이다(Selekman, 2002; Perez-Bouchard, Johnson, & Ahrens, 1993). 이런 가족 역할에 묶여 있으면 청소년은 정서적으로 과도한 부담을 지게 될 수도 있고 행동 문제가 심각해질 수도 있다. 마지막으로, 심각한 물질 남용 문제를 가지고 있는 부모와 함께 살고 있는 청소년은 그 자신도 이런 문제를 가지게 될 위험성이 높다(Perez-Bouchard et al., 1993).

정신건강이나 물질 남용 문제가 있는 부모를 위한 치료 지침

1. 앞 절에 나오는, 분노하고 적대적인 부모에 대한 지침 1부터 지침 7까지를 실행하라.
2. 만약 부모가 자신의 정신건강이나 물질 남용 문제를 부모 역할에 방해가 된다거나, 스트레스나 삶의 다른 문제에 대한 대처 능력에 걸림돌이 된다고 인식하고, 변화 준비 단계나 행동 단계에 들어서 있다면, 부부치료나 부모에 대한 개별 치료가 도움이 될 경우 치료자는 이를 제안할 수도 있다.
3. 어떤 경우 부모가 의욕이 없거나 정신증을 보이거나 심한 불안 증세를 보여서 약물치료가 필요하다면, 정신과 의사가 개입하는 것이 좋을 것이다. 부모 중 한 쪽이, 알코올이나 마약 중독과 관련해서 스스로 통제가 안 되는 상태라고 인정하고, 심각한 신체적 후유증과 금단 증세를 겪고 있다면, 외래 혹은 입원 해독 치료가 적절할 수도 있다. 위의 두 경우 모두 치료자는 치료 노력을 하나로 하기 위하여 정신과 의사와 적극적으로 협력할 필요가 있을 것이다.
4. 만약에 부모의 정신건강이나 물질 문제가 청소년의 문제를 변화시키는데 걸림돌이 되고 있다고 의심되거나 충분한 증거가 있다면 치료자는 호기심을 가지고 다음과 같이 질문함으로써 TV에 나오는 형사 콜롬보 스타일로 상담을 진행할 수 있다. "찰리 문제에서 진짜로 제가 혼란스러운 것이 뭔지 아세요? 어머님(아버님)은 언제나 아드님에 대해서 관심과 걱정이 많으신 것 같아요. 그리고 어머님(아버님)은 정말 아드님을 사랑하시죠. 하지만 왜 그런지는 잘

모르겠지만 아드님은 방과 후나 주말에 계속 문제를 일으키고 있어요. 우리가 무엇을 놓치고 있다고 생각하시는지요? 혹시 우리가 이야기를 나눴더라면 제 혼란스러움이 해소되었을 그런 이야기를 우리가 아직 나누지 않은 것이 있을까요?" 호기심을 활용하고 콜롬보처럼 상담을 하면, 당신은 위협적이지 않은 방식으로, 부모가 개인적인 어려움이나 비밀을 좀 더 개방적으로 이야기하고 싶어지도록 만들 수 있다. 그리고 청소년이 문제를 계속 일으키고 있는 일과 부모의 행동이 어떻게 관련되어 있는지를 좀 더 이해할 수 있으며, 변화를 위해서 좀 더 적극적으로 노력할 수 있게 된다.

5. 이와 비슷한 방식으로, 당신은 동료들을 반영팀으로 초청하여(Anderson, 1991) 아직 듣지 못한 것—즉 가족 비밀—에 대해서 몹시 궁금하다는 표현을 할 수도 있다(Anderson & Goolishian, 1989). 이렇게 함으로써 증상을 보이는 부모가 자신의 개인적 어려움이나 정서적으로 스트레스가 되는 가족문제에 대해서 이야기를 시작하는 문을 열게 할 수 있다.
6. 도움이 되는 또 다른 팀 전략으로 **치료적 토론**(therapeutic debate)이 있다(Selekman, 2002; Papp, 1983). 이 전략은 만성적인 문제, 지나치게 경직된 상호작용 패턴과 고정된 신념, 가족 비밀 때문에 고통받고 있는 가족에게 특별히 유용하다. 반영팀원은 치료실에 들어와서, 내담자 가족이 현재의 문제 상황을 변화시킬 때의 좋은 점과 좋지 않은 점에 대해서 토론할 것이다. 팀원 중에서 어떤 이는 부모의 입장을 대변할 것이고, 다른 사람은 청소년의 입장을 대변할 것이다. 또한 이 강력한 팀 전략을 사용하면, 이들이 정체된 상태에서 벗어나지 못하는 이유에 대해서 아주 구체적인 이야기를 시작할 수 있는데, 이 이유는 부모의 정서적인 어려움이나 물질 남용 문제에 대한 가족 구성원들의 근심임이 밝혀지는 경우도 있다.
7. 만약 내담자 청소년의 제시하는 문제가 부모와 동일한 것으로 보이면 외재화가 도움이 될 수도 있다(Selekman, 2002; White & Epston, 1990; White, 1995). 치료자는 다음과 같은 질문을 던질 수 있겠다. "그 우울증이 얼마나 오랫동안 여러분을 압박해 온 건가요?" "그 우울증이 어떻게 여러분 사이(모녀지간)를 그랜드 캐넌 같이 멀게 만든 거죠?" "마조리 부인(어머니), 말씀해 보세요, 성장기에 그 우울증이 부인의 어머니와 부인 사이의 관계도 힘들게 만들었던가요?" "그게 당신에게 어떤 영향을 끼쳤나요?" 우울증을 떨쳐버리기 위해서, 그리고 우울증이 당신과 어머니 사이의 관계를 망치도록 놓아 두지 않기 위해서 청소년 시절 당신이 노력했던 일들에 대해서 생각해 볼 수 있으시겠어요?" "우

울증이 친구들과 당신 사이를 망치게 하지 않기 위해서 어떤 노력을 했지요?" "청소년 시절 그 우울증과 싸워서 승리했을 때, 당신 자신과 당신이 처한 상황을 어떻게 다르게 보기 시작하셨나요?" 문제를 외재화하고, 과거와 현재의 빛나는 승리의 순간이나 문제와 싸워서 이겨낸 중요한 사례를 자원으로서 떠올림으로써, 당신은 세대 간에 전승되어 온 다양한 문제의 사슬에서 이 가족이 스스로 자유로워질 수 있도록 역량 강화할 수 있다.

8. 여전히 정체된 상태에 머물러 있다면, 효과적인 치료 전략을 찾을 때까지, 앞 절에 나오는, 분노하고 적대적인 부모에 대한 지침 9부터 지침 16까지를 실행하라.

사례: 메리

학교 사회복지사가 메리를 필자에게 의뢰하였는데 메리의 딸 드보라는 '자해' '물질 남용 의심' '낮은 성적', 그리고 우울의 징후를 보이고 있었다. 이 사회복지사와 학생 주임, 그리고 드보라를 가르치고 있던 두 명의 교사는 드보라의 팔에 난 자해 흔적을 보고 크게 걱정을 하고 있었다. 드보라의 부모는 이혼했고, 아버지는 가족치료에 참여하기를 거부했는데, 상담의 효과를 믿지 않았기 때문이었다. 아버지가 학교에서 100점을 받아오라고 압박하고, 친구들에게 거부당하며, 할아버지가 돌아가시는 등, 드보라의 삶에는 수많은 스트레스 요인이 있었지만, 그녀는 가장 큰 요인으로 '어머니의 알코올 문제'를 꼽았다. 드보라는 확신을 가지고 이 부분에 대해서 이야기했다. 드보라는 어머니가 해독 치료를 받게 되면, 자신에게 더 많이 소리를 지르고 괴롭힐 거라고 하였다. 그녀는 알코올 문제 때문에 어머니와 관계가 많이 멀어졌다고 느꼈다. 가족 회기를 네 번 진행하면서 필자는 드보라의 자해 행동을 성공적으로 안정시킬 수 있었고, 그녀는 여러 면에서 좋아지기 시작했다. 하지만 드보라 어머니의 알코올 문제는 훨씬 더 심각해져 가고 있었다. 이 가족을 다섯 번째 만났을 때, 필자는 그때까지 얘기하지 않았던, 드보라의 삶에 어떤 스트레스 요인이 있는지에 대해서 처음으로 메리와 자유롭게 탐색해 보았다. 그러자 메리는 딸이 어떤 식으로 어머니(메리)의 알코올 문제를 걱정하고 있는지와 알코올 문제가 어떻게 자신에게 개인적인 문제들을 일으키고 있는지를 말하기 시작하였다. 어머니가 자신의 알코올중독 문제를 인정한 후 드보라는 어머니의 용기를 칭찬하였다.

가족 회기가 여기까지 진행되었을 때, 필자는 메리를 변화를 위한 준비 단계에서 행동 단계로 부드럽게 옮길 수 있을지 알아보기 위해서, 메리와의 개별회기를 통해서 큰 기회의 창문을 활용해 보기로 결심했다. 가계 내 알코올중독 문제가 내려오고 술을 마시기 시작한 이후로 정기적으로 위스키와 보드카를 과음해 왔기 때문에, 필자는 메리가 심각한 금단증세와 진전 섬망증을 가지고 있을까봐 걱정스러웠다. 메리는 필자가 아는 정신과 의사를 만나기로 동의했다. 그 분은 중독 분야의 전문가로서 외래로 해독 치료를 해줄 수 있는 분이었다. 메리는 또한 술 없는 생활을 생활화하는 방법을 배우고, 재발 방지 방법에 대해서 배우기로 동의했다. 알코올 문제에서 벗어나게 되자, 메리는 상근직 업무를 전보다 더 잘 감당할 수 있게 되었고, 드보라에 대해서도 훨씬 더 정서적으로 잘 보살필 수 있게 되었다.

요약

상담하기 힘든 부모를 만나는 일은 치료자에게 최악의 악몽이 될 수 있다. 하지만 부모가 하루아침에 이렇게 도발적이고 경직된 유형의 상호작용 방식을 갖게 된 것이 아니라는 점을 기억하는 것이 중요하다. 그들은 종종 자녀에 대해 무얼 할지 몰라 당황스럽고 옴짝달싹 못하는 기분을 느낀다. 그리고 만약 우리가 그들을 존중하는 태도로, 그동안 답답했던 이야기와 여러 번 시도했지만 성공적이지 않았던 해결책에 대해서 자유롭게 이야기할 수 있도록 하고, 어떻게 하면 그들과 가장 잘 협력할 수 있는지를 스스로 말할 수 있게 한다면, 우리는 그들과 함께 변화를 위해 무르익은 치료 분위기를 만들어 낼 수 있을 것이다.

Pathways to Change

Chapter 06

다루기 어려운 청소년을 치료에 끌어들이는 효과적인 전략들

우리가 누구이며 무엇이 될 수 있는지를 누군가가 인정해 주는 순간이, 우리의 최고 가능성에 불을 붙여 주는 인생의 신비한 만남이 다가오는 순간이다.

—러스티 버커스(Rusty Berkus)

다루기 어려운 청소년들과 함께 일하는 것은 대부분의 숙련된 치료자들에게도 힘겨운 일이다. 의뢰자나 다른 협력자들은 종종 이 청소년들에게 '반항적'이고, '비협조적'이며, '반권위'적이고, '동기가 없다'고 낙인을 붙여왔다. 과거의 치료자들은 이 청소년들을 대상으로 '같은 것(치료법)을 추가'(Watzlawick et al., 1974)해 왔다. 예를 들면 부모와의 관계에서 아이들의 욕구는 고려되지 않은 채 아이들에 관한 것은 부모에게 책임을 지운다는 식으로 인식되어 왔다. 종종 과거의 치료자들은 부모만을 대상으로 대부분의 상담을 진행했으며 청소년들과는 제대로 합류하지도 않았고 청소년들이 치료를 통해 얻고자 하는 것이 무엇인지 제대로 확인하지도 않았다. 그러나 부모와 청소년들에게서 동시에 변화를 유도해 낼 수 있다는 것이 필자의 주장이다. 이 장에서 필자는 청소년의 강점과 자원을 이용하여 협력적인 치료 관계를 만드는 데 도움이 되는 다음과 같은 열 가지 끌어들이기 전략(engagement strategies)을 제시할 것이다.

1. 유머와 놀람
2. 활용
3. 담장의 다른 편에서 일하기

4. 친구 데려오기
5. 노련한 자문가로서의 청소년 활용하기
6. 인정과 공감
7. 자기노출
8. '콜롬보'식 접근
9. 투 스텝 탱고
10. 침묵을 존중하고 칭찬하기

이 장에서 제시되는 사례들은 다루기 어려운 청소년에 대한 열 가지의 끌어들이기 전략의 유용성을 보여 준다.

유머와 놀람

다루기 어려운 청소년들을 치료에 끌어들이기 위해 유머를 사용하는 것은 매력적이고 효과적인 방법으로 증명되어 오고 있다. 청소년들은 유머감각이 있고, 재미있고, 생동감 있는 치료분위기를 조성하는 치료자들을 좋아하는 것으로 알려져 왔다. 새로운 청소년의 사례마다 필자는 가족들의 이야기 중 익살스러운 소재를 주의 깊게 들었다가, 상담을 진행하고 치료과제를 계획하는 데 활용해 왔다. 청소년들을 보다 신속하게 치료에 끌어들이기 위해 청소년들의 우스꽝스러운 신체 포즈를 취해 보는 방법도 활용했다. 예를 들면 필자는 가족면접에서 청소년들의 비언어적인 행동을 표현하기 위해 의자에서 꾸부정한 우스꽝스런 자세를 취한 적이 몇 번 있는데, 이 행동은 부모와 아이들에게서 미소와 폭소를 자아내곤 했다. 또한 필자의 청소년기에 있었던 재미있는 사건들을 의도적으로 이야기함으로써 현재의 내담자의 문제는 성장 단계에서 자연적으로 생겨날 수 있는 고민거리라고 정상화하기도 한다. 마지막으로 청소년과 부모들이 자신들의 상황을 달리 볼 수 있게 만드는 동시에 치료실의 분위기를 밝게 해주는 농담들을 하곤 한다. 다음 사례는 내담자 가족의 이야기를 반영(反映)해 주는 적절한 농담 사용이 어떻게 가족들로 하여금 상황에 대한 새로운 인식을 하게 만드는지를 보여 준다.

부모들은 '반사회적 태도'를 보이고, 알코올과 대마초를 남용하는 짐(Jim)을 치료하기 위해 필자에게 데리고 왔다. 부모에 따르면 짐은 학교가 끝난 후 '몇 시간 동안 헤비메탈 음악을 미친 듯 틀어놓곤' 하였다. 부모는 헤비메탈 음악이 '반사회적인 태도에 불을 더 붙이고', 약물남용을 하게 한다고 느끼고 있었다. 1년 동안 부모는 헤비메탈 음악과 약물남용의 문제로 짐과 갈등하며 대립 중이었다. 아래의 축어록은 첫 번째 가족면접의 내용이다. 분위기가 경직되어 있었으므로 필자는 자신이 들었던 재미있는 헤비메탈에 관한 농담을 해보기로 작정했다.

치료자: 저는 최근 시내에 있는 comedy club에서 헤비메탈 음악에 대한 농담을 들었는데 그 이야기를 해드리고 싶어요. 진짜 재밌는 얘기거든요. 여러분도 아마 헤비메탈 음악이 청소년들의 잠재의식 속에 나쁜 메시지를 전해 주고 있다는 TV논쟁에 대해 들으셨을 겁니다. 예를 들면 '다리에서 뛰어내려라' '개를 쏴버려!' 등등이요……. 이제, 이런 장면을 상상해 보세요. 아이가 학교에서 돌아오자마자 부리나케 헤비메탈 음악을 틀자 이런 가사가 흘러나오는 거예요, '잔디를 깎아라!' '잔디를 깎아!' 그러자 모든 아이들이 자기 집 앞마당의 잔디를 깎는 거예요.! 부모들은 놀라 기절하고요…….

부: (소리 내 웃으며) 그것 참 재밌네요.

모: (소리 내 웃으며) 나도 아마 기절할거예요!

짐: (얼굴에 미소를 띠며) 제가 잔디를 깎으면 부모님이 놀라 쓰러지실 거예요. 저는 잔디 깎는 것을 싫어하거든요. (엄마를 향해) 엄마는 제가 잔디를 깎으면 아마 진짜로 기절하실 걸요.

모: 너는 10살 이후로 잔디를 깎지 않았다.

부: 네가 집안일을 거의 하지 않기 때문에 나도 기절할거다.

치료자: (짐을 쳐다보면서) 부모님은 네가 할 수 있다고 생각하지 않으시는 것 같구나. 그런데 만약 네가 잔디를 깎는다면 부모님은 정말 '쓰러지실' 것 같은데. 어느 분이 먼저 기절하실 것 같으니?

짐: 아마 아빠일걸요.

부: 고맙다. 짐. 아마 네 말이 맞을 것 같다. 나는 네 엄마보다 놀라는 것에 훨씬 더 민감하잖니.

치료자: 짐, 네가 잔디를 깍은 것을 보고 아빠가 기절하셨다면, 너는 아빠를 깨우기 위해 물 한 양동이를 머리에다 쏟아 붓지 않을까?

짐: 재미있을 것 같군요. (웃으면서) 아뇨……. 제가 잔디를 잘 깎아 놓은 것을 본 아빠가 어떻게 놀라시는지 궁금해서 기다릴 것 같아요.

> 짐의 잔디깎기에 대한 부모의 반응을 상세히 이야기한 후 치료실의 분위기는 밝아졌고 가족 간의 상호작용은 많이 변화되었다. 부모와 짐은 그의 잔디깎기를 최초의 치료 목표로 정하는 것에 서로 동의하였다. 1주일간 짐은 잔디를 깎았을 뿐만 아니라 스테레오 소리를 줄였고, 부모는 그가 약물 하는 것을 보지 못했다고 했다. 일주일 동안 일을 잘 한 보상으로 부모는 짐이 좋아하는 이탈리안 레스토랑에 짐을 데려 갔고, 그에게 자신이 좋아하는 음악을 원하는 만큼 크게 들을 수 있도록 헤드폰을 사 주었다.

청소년들을 상담할 때 필자는, 면담이 즐겁다고 느끼도록 만들기 위해서 가능한 많은 시도를 하며, 즉석에서 놀라움을 만들어 낼 수 있는 여유를 많이 갖는다. 예전에 필자가 상담했던 사례 중 하나는 치료 회기가 어떻게 즉석 드라마 형식으로 될 수 있는지를 보여 주는 좋은 예이다.

> '우울증이 있는', 15세의 고등학교 1학년생인 윌리엄은 '자살 충동' '사회성 결여' '성적 저하' 등으로 필자에게 의뢰되었다. 윌리엄과 그의 어머니는 그의 문제에 대해 매우 걱정하면서 상담 받으러 왔다. 기적질문 후 필자는 유용한 몇 가지 예외들을 발견해 냈고, 가족을 변화시키기 위한 장(場)을 성공적으로 조성하였다. 한 가지 중요한 예외는 윌리엄이 무술반에 나간다는 것이다. 윌리엄을 더 많이 임파워하고, 그가 '우울하다는' 지배적인 이야기에 도전하기 위해 필자는 그에게 필자와 일면경 뒤의 팀에게 유도와 태권도 시범을 보여 줄 것을 요청했다. 윌리엄의 훌륭한 무술 시범을 지켜본 후 일면경 뒤에 있던 상담팀원들이 모두 치료실 안으로 들어와 그에게 열렬한 박수갈채를 보냈다. 상담팀이 밖으로 나간 후 필자는 윌리엄의 엄마에게 '윌리엄이 옆에 있으면 든든하시겠네요!'라고 말했다. 윌리엄에게는 그의 이두박근을 만져봐도 되는지 물었다. 상담이 끝날 즈음 윌리엄을 칭찬해 주면서 팀과 필자는 그와 함께 무술을 배우고 싶다고 말했다. 이 칭찬의 말을 듣자 윌리엄의 얼굴이 환해졌다. 네 번의 치료로 윌리엄은 학교성적이 향상되었고 두 명의 새로운 친구를 사귀었으며, 더 이상 우울한 증세를 보이지 않았다.

활용

활용이라는 끌어들이기 전략은 에릭슨에 의해 발전되었다. 내담자와 라포형성을 하는 동안에, 에릭슨은 내담자가 제기하고 있는 문제 안에 있는 특별한 강점과 자원을 찾기 위해 주의 깊게 들었다. 이것은 에릭슨이 치료자들은 내담자의 강점과 자원을 이용하여 내담자가 가장 잘하는 것을 할 수 있도록 만들어야 한다고 믿었기 때문이다. 다음 사례는 반항하는 청소년에게 적용된 활용전략의 치료적 유용성을 보여 준다.

16세의 라틴계 남자아이인 라몬은 학교나 집에서 폭력적이고 공격적인 행동을 해서 그의 엄마인 제니타에 의해 치료실로 의뢰되었다. 3년 동안 라몬은 학교에서 줄곧 싸웠고 선생님들과 다투었으며, 그의 침실 벽에 구멍을 냈으며, 엄마에게는 위협적인 행동을 하곤 했다. 전에 개별치료를 받았었으나 라몬의 행동은 변화되지 않았다. 제니타는 라몬의 아버지와 5년 전에 이혼 했는데 그녀에 의하면 라몬의 공격적이고 거친 행동들은 그의 아버지가 과거에 라몬을 육체적으로 학대한 탓이라고 했다. 라몬의 아버지는 아이 앞에서 제니타에게 폭력을 사용하고 라몬을 가혹하게 벨트로 훈육했다. 라몬은 부모님의 이혼 이후 아버지와 연락한 적이 없다.

첫 번째 면접에서 필자는 라몬이 매우 재능 있는 예술가라는 사실을 발견했다. 실제로 그가 상담시간에 가져온 그의 스케치북에서 필자는 운 좋게 아주 잘 그린 그림을 보게 되었다. 라몬은 Marvel 만화에 나오는 'Hulk' 'Fantastic four' 'Thor' 같은 슈퍼영웅들을 즐겨 그렸다. 그러나 수년 동안 라몬은 그의 우수한 재능을 '좋은 사람들을 죽이고' '우주를 점령하는' 극악무도한 악한들의 모습을 그리는데 소모하고 있었다. 라몬의 그림에 감탄하면서 필자는 라몬이 그림 그리는 데 자부심과 흥미가 있는 것을 알 수 있었고, 그의 예술적 재능에 관심을 가지게 되었다. 라몬은 여자친구나 엄마와 '싸운 후'라든가 혹은 '학교에서 기분 좋지 않은 일이 있는 경우에' 자신이 새로 만들어 낸 악한들의 모습을 필자에게 얘기하기도 했다. 이 중요한 예외 이야기를 들은 후 필자는 어떻게 라몬의 예술적 재능과 이 건설적인 대처 방법을 활용할 수 있을지를 생각하기 시작했다.

라몬과 혼자 만나기 전에, 예외적 사실들과 과거에 유용하게 시도되었던 해결책들을 알아보기 위해 필자는 제니타를 면접했다. 제니타는 라몬의 행동에 대해서 아무런 예외도 발견하지 못했으며 미래에 기적 같은 일이 일어날 것을 전혀 상상조차 하지 못했다. 필자와의 첫 번째 면접 이전에 제니타는 라몬의 위협적인 행동 때문에 경찰을 부른 적도 있었다.

라몬은 엄마가 지나칠 정도로 그에게 소리지르는 것 때문에 자신이 공격적인 행동을 하게 된다고 엄마를 비난했다. 제니타는 자신이 라몬에 대해 지나치게 반응할수록 그의 공격적인 행동이 증가된 점을 인정했다. 제니타는 아들을 돕기 위해서 필자에게 협조하는 방편으로 기꺼이 과제임무를 맡겠다고 했으며 필자는 관찰과제로 라몬의 행동 중에서 예외적인 패턴에 관심을 기울이라는 과제를 주었다.

라몬과 개별면접을 하는 동안 필자는 그의 예술적 재능을, 특히 슈퍼 악한을 잘 그리는 재능을, 활용하기로 마음먹었다. 필자는 라몬에게 엄마를 '놀라게 할 수 있는' 재미있는 실험을 해보겠느냐고 제의했다. 또한 그 실험으로 인해 엄마가 그에게 소리를 덜 지를 수 있는 이점이 있음을 알려 주었다. 라몬은 필자의 의견에 동의했고 다음과 같은 과제를 받았다.

"학교나 엄마 또는 여자 친구 등 누구든지, 무슨 일이든지 간에 너를 화나게 할 때마다 네 침실에서 너의 창조적인 생각이 떠오르는 대로 극악무도한 악한들을 그려봐라. 네가 더 이상 열 받지 않을 때까지 그렸으면 더 좋겠다. 다음 주에 우리가 만날 때는 네 스케치북에 있는 새로운 '슈퍼악한들'의 모습을 기대한다."

필자는 제니타와 라몬에게 칭찬을 함으로써 가족면접을 종료했다. 일주일 후 제니타는 라몬의 폭력과 위협적인 행동들이 몰라보게 좋아졌다고 보고했다. 그녀는 라몬의 일로 학교에 와달라는 연락을 받지 않았으며 특히 라몬이 자신에게 말대꾸하지 않는 것에 가장 놀랐다고 했다. 라몬은 엄마가 소리를 덜 질렀다고 말했으며 한 주가 넘도록 거의 어머니와 언쟁하지 않았다고 했다. 필자가 가장 놀란 것은 라몬이 그의 실험적인 행동을 학교에까지 연장하기로 결심했다는 소식이었다. 라몬은 그의 스케치북에 있는 새로운 슈퍼 악한들을 자랑스럽게 필자에게 보여 주었다. 이후의 상담은 효과 있는 것을 더 처방하기, 새로 얻은 좋은 행동들을 견고히 하기, 관심 있는 학교측 인사와 협조하기 등의 내용으로 진행되었다.

담장의 다른 쪽에서 일하기

다루기 어려운 청소년과 그 가족과 함께 한 실천경험에서, 필자는 청소년들에게 개별상담 시간을 제공하는 것이 매우 유익하다는 것을 발견했다. 연구들에 따르면 청소년과 부모 모두 치료에서 개별면접을 기대한다고 한다. 개별면접 시간을 통해 치료자는 청소년과 더 가까워질 수 있고, 부모와 상담목표를 협상하며, 부모와 청소년의 개별적 목표를 설정하고, 부모로부터 얻고자 하는 특권을 아이들에게서 알아낼 수 있다. 필자가 상담했던 다루기 어려운 청소년 내담자들의 대부분은 "내가 어떻게 하면 너에게 도움이 될 수 있지?"라고 물었을 때 아주 놀라곤 했다. 이전의 치료 경험에서는 '아이들이 어떻게 행동해야 한다'거나, 청소년들이 '변해야 한다'는 부모의 바램이 우선시 되었기 때문이다. 아이들은 "내가 너의 부모님을 어떻게 변화시키면 좋겠니?" "너를 위해 부모님으로부터 내가 받아냈으면 하는 네가 원하는 특권 같은 것이 있니?"와 같은 질문은 결코 받아 보지 못했기 때문이다. 이러한 개방형질문은 치료자에게 매우 중요한 정보를 제공해 주는데 부모와 청소년 사이의 계약을 협상할 때 이용될 수 있다. 담장의 다른 쪽에서(청소년들을 위해) 일함으로써 치료자들은 청소년과의 치료적 동맹을 강화할 수 있으며, 세대 간의 협상자 역할을 효과적으로 해낼 수 있게 된다. 다음 사례는 줄리와의 첫 가족 면접 내용을 인용한 것이다.

줄리는 지난 3년 동안 가게 좀도둑질, 대마초 소지 혐의, 무단결석으로 보호관찰대상이었다. 그녀는 11세 이후 다양한 치료 경험을 가지고 있다. 지금은 16세가 되었고, 줄리의 부모는 그녀를 기숙사가 있는 학교로 보내기 위해 심사숙고 중이었다. 첫날 면접의 중반쯤에 필자는 줄리에 대한 부모의 목표를 확인할 수 있었는데, 다음 주 동안 최소 2번 정도는 스쿨버스를 타기 위해 줄리 스스로 제 시간에 일어나는 것이었다. 아래 발췌 부분은 줄리와 필자의 개별상담 내용이다.

치료자: 네가 어떻게 변하기를 원하는지에 대해 부모님 의견을 자세히 들었다. 그러나 내가 어떻게 하면 너에게 도움이 될 수 있는지를 너한테 듣고 싶구나…….

줄리: 부모님은 언제나 아주 사소한 것까지 야단칩니다. 제가 새 옷이 필요하다고 하면 '안 돼!'라고 하죠. 제가 제 시간에 학교에 가거나 제 시간에 집에 오는 등 바른 행동을 해도 그걸 알아채지도 못해요.

치료자: 그러면 속상하겠구나! 만약 내가 너의 부모님을 바꿀 수 있다면 어떤 부분이길 바라니?

줄리: 글쎄요……. 저한테 그렇게 심하게 야단치는 것을 못하게 할 수 있을까요?

치료자: 일주일 7일중 너한테 '야단치는' 날은 며칠이나 되지?

줄리: 7일요.

치료자: 그럼 이제, 부모님들이 그렇게 오랫동안 그리고 자주 너한테 야단치셨는데, 7일중 며칠이나 야단치지 않으면 조그마한 변화가 생겼다고 할 수 있을까? 내 말은 부모님이 좋은 출발을 하셨다고 하려면 며칠 정도로 야단치시는 날을 줄이면 될까?

줄리: 만약 최소한 하루라도 부모님들이 제게 야단치지 않는다면 전 행복할 것 같아요.

치료자: 그분들이 너한테 화내고 야단치시지 않는 대신, 그분들이 무엇을 하실 수 있을까?

줄리: 아마도 '잘했어' '노력하고 있구나' 같은 다정다감한 말을 해주시는 것이겠죠. 그런데 이제는 더 이상 제가 이런 말들을 듣질 못하고 있어요.

치료자: 예전에는 너한테 칭찬하셨었니?

줄리: 예, 보호관찰 받기 전에요.

치료자: 그때는 네가 무엇을 다르게 행동해서 칭찬 받은 거니?

줄리: 성적을 더 잘 받았고요, 마리화나 피우는……. 뭐 그런 종류의 파티에는 가지도 않았어요.

치료자: 그때, 부모님은 어떻게 널 칭찬해 주셨니? 그리고 그분들이 지금과 다르게 하신 것 중에 네가 좋아하는 것은 또 무엇이 있지?

줄리: 제 성적이 좋은 것이 자랑스럽다고 하셨었어요. 엄마는 제게 옷을 사주셨고, 아빠는 제게 농담도 더 자주 하셨었어요.

치료자: 오랜 시간 동안 네가 원하는 것이 무엇인지 또 부모님이 야단치시는 것을 변화시키기 위해 우리가 무엇을 할 수 있는지 등을 내게 알려 주어서 고맙구나. 너에 대한 부모님의 목표는 쉬운 것 같다. 네가 알람시간을 정해 놓고 최소 2번 정도 스쿨버스 탈 시간에 맞춰 일어나는 거야. 내 생각에 줄리가 부모님의 마음이 바뀌기를 원한다면 다음 주에 적어도 몇 번 정도는 할 수 있을 것 같은데.

줄리: 문제없어요. 만약 제가 정말로 원하면 저도 스쿨버스를 타기 위해 제 시간에 일어날 수 있고 다음 주에 적어도 3번 이상 등교할 수 있어요.

가족들을 칭찬한 후 각자 변화되기를 희망하는 상황이 계속 발생하는지를 살펴보는 관찰숙제를 내주었다. 1주일 후 가족은 보다 많은 희망과, 긍정적 태도, 그리고 많은 예외상황들을 필자에게 알려 왔다. 줄리는 학교버스를 타기 위해 5일이나 제

시간에 일어났으며 부모는 줄리를 '덜' '야단쳤고' 학기가 끝날 즈음에는 실제로 줄리를 '칭찬했다'. 가족의 변화를 확대시키는 이외에 필자는 어머니와 줄리가 함께 쇼핑하러 가는 시간을 정하도록 성공적으로 협상을 이끌었다.

이 끌어들이기 전략을 활용할 때, 치료자가 부모에게 잘 합류 할 것과, 자녀에 관한 부모의 목표를 성취하도록 돕는데 치료자가 최선을 다하고 있다는 것을 보여주는 것이 중요하다. 담장의 양쪽에서 조심스럽게 일함으로써 치료자는 현실적인 목표, 기대, 그리고 특권에 대해 협상할 때 협상을 보다 쉽게 할 수 있게 된다.

친구 데려오기

어떤 청소년들은 친한 친구를 상담에 데려올 수 있을 때 좀 더 쉽게 말문을 여는 것 같다. 오늘 날 청소년에게는 가족보다 또래나 'crew(친구들)' 혹은 'homies(내 친구)'가 훨씬 더 중요하기 때문에 청소년의 가장 가까운 친구를 개별 회기나 가족치료 회기에 포함한다는 동의서를 확보하려고 노력하면 상담의 관계 형성이나 치료적 지렛대 목적에서 많은 도움이 될 수 있다. 나는 청소년의 친구를 치료에 포함한다는 허락을 부모로부터 받는 중요한 타자 동의서 양식을 만들었다. 비밀보장의 원칙을 설명하고 동의서 양식의 몇 군데에 서명을 받는다. 내담자 서명과 부모, 친구, 친구의 부모로부터 동의서에 서명을 받는다. 이 친구들은 우리 내담자에게 관심이 많고 헌신적일 뿐만 아니라 자신들이 부모와 어려움을 성공적으로 해결하는 데 사용한 창조적인 문제해결 전략과 귀한 아이디어를 제공할 수도 있다. 이들은 또래 거부나 괴롭힘에 대처하는 유용한 아이디어를 떠올릴 수도 있다.

스튜어트는 17세의 백인 청소년으로 자해 행동과 우울이 꽤 오래되어서 학교사회복지사가 나에게 의뢰하였다. 스튜어트는 종종 학교에서 괴롭힘을 당했으며 이로 인해 날카로운 흉기로 자신의 팔을 수차례 찌르게 되었다. 그는 정신건강 관련하여 수차례 입원하게 되었고 다양한 약물치료를 받았다. 처음 몇 회기 동안은 스튜어트로 하여금 자신의 문제에 대해서 입을 열게 하거나, 자신을 전혀 인정해 주지 않는다고 느끼는 부모에게 자신의 주장을 하게 하는 것 모두 매우 힘이 들었다. 나는 스튜어트의 가장 가까운 친구 한 명을 지지와 신선한 아이디어를 위해 상담에 데려오게 하자는 아이디어를 꺼냈다. 스튜어트와 부모 모두 훌륭한 아이디어라고 생각했다. 그는 타냐를 데려오기로 결정했다. 타냐는 이전에 '자해'를 했고 '우울증으로 최고 힘든 문제'를 가졌었다고 했다. 나는 중요한 타인 동의서 양식에 서명을 받고 타냐와 타냐의 엄마도 확실히 서명하게 했다. 다음번 가족회기 때 스튜어트가 현재 씨름 중인 문제와 유사한 문제를 정복할 수 있었던 타냐의 지혜와 경험에 대해 이야기를 꺼냈다. 타냐는 부모가 어떻게 '좀 더 경청'하기 시작했는지, 또래들이 그녀를 거부할 때 자신이 어떻게 '자기 권리를 주장'하는 '위험을 좀 더 무릅썼는지', 그리고 '스트레스로 지칠 때' '휴식을 취하는 방법으로 요가를' 어떻게 했는지에 대해서 이야기했다. 타냐는 방과 후에 기타 레슨도 받기 시작했다. 타냐가 참석한 회기는 매우 생산적이었으며 스튜어트는 회기 중 훨씬 더 말이 많아졌다.

타냐가 포함된 회기와 이후의 가족회기는 스튜어트가 목소리를 내게 하는 데 성공적이었으며 그에게 소중한 대처전략을 제공해 주었고 스튜어트가 자신의 어려움을 스스로 해결할 수 있도록 그의 역량을 강화하였다.

노련한 자문가로서의 청소년 활용하기

다양한 치료 경험을 가진 다루기 어려운 청소년들은 치료자들이 그들과 부모에게 무엇을 해야 하는지와 하지 말아야 하는지에 관해 풍부한 지식을 가지고 있다. 필자는 청소년 개인이나 가족들에게 다음과 같은 질문을 한다. "나한테 치료받으러 오기 전에 많은 치료자들을 만났을 텐데, 그 사람들이 너에 관해 놓친 부분은 어떤 것이 있니?" "새 치료자는 변화를 만들려면 무엇을 해야 할까?" "만약 내가 너와 같은 10대들하고 상담한다면, 내가 그들을 돕는 데 도움이 될 만한 것 중에서 어떤 충고를 나에게 해주겠니?" 이런 개방형질문은 청소년으로 하여금 과거의 치료경험에 대해 이야기하게 하며, 필자와의 치료는 협력적인 것이라는 메시지를 전할 수 있으며, 협력적 관계를 증진할 수 있게 한다.

거식증을 보이고 있는 16세의 바바라는 섭식장애프로그램에 세 번의 입원 치료경험이 있으며, 외래로 정신과 의사와 심리치료사와의 다섯 번의 치료경험을 가지고 있다. 부모는 3개월짜리 섭식장애 입원프로그램이 끝나자 바바라를 필자에게 데려온 것이다. 부모에 의하면 퇴원 후 곧바로 '재발'하였다고 한다. 그녀는 '다시금 먹고 토하고를' 반복하고 있었다. 가족을 면접할 때 필자는 기적질문을 했다. 이 기적질문은 부모에게 희망을 주었고, 바바라의 변화를 돕기 위해서는 무엇을 부모가 다르게 해야 하는지를 명확히 하는 데 도움이 되었다. 반면에 바바라는 자신에게는 어떤 것이 기적인지에 대해 거의 말을 하지 않았다. 이전에 부모가 했던 시도된 해결이나 치료 목표를 알아내기 위해 부모와 잠깐 만난 후, 바바라가 치료를 통해 얻고 싶은 것이 무엇인지를 알아보고 바바라와 좋은 관계를 형성하기 위해서 바바라와 개별상담 시간을 가졌다.

치료자: 부모님과는 별도로 우리끼리 개인적 시간을 좀 갖는다면 더 도움이 될 것 같구나. 부모님들이 말씀을 엄청 많이 하시더구나!

바바라: 맞아요! 그것도 문제 중의 하나예요. 상담할 때마다 항상 그런 식이예요.

치료자: 말씀이 너무 많으셔?

바바라: 네……. 상담자들은 모두 부모님이 말씀을 많이 하시도록 그냥 내버려둬요. 엄마는 자기가 읽은 거식증과 식욕부진에 관한 새로 나온 책으로 일장연설을 하세요. 이전 날 오프라 쇼는 어쩌고저쩌고……. 그래서 전 상담 중에 별로 말을 안해요.

치료자: 그래서 이전 치료자들은 부모님이 말씀을 많이 하시게 그냥 있었구나. 이전의 상담자들이나 의사들의 행동 중 네 생각에 별로 도움이 안 되었거나 싫었던 점은 또 어떤 것이 있니?

바바라: 어떤 의사들은 항상 제 머리 속만 파고들려고 했어요. 정말 싫어요!. '기분이 어떤지 말해봐라'? 바보 같은 말 같으니라고! '부모님들은 휴가를 많이 가시기 때문에' '난 점점 거식증이 되간다' 이런 말만 시킨 한 정신과 의사도 있었어요. 웃기지도 않아요. 제 친구들은 여러 명이 살을 빼서 타이트 스커트를 입으려고 일부러 토하기도 하거든요.

치료자: 예전 상담가가 너나 부모님에게 시도해서 실패한 것 중에 내가 다르게 해보았으면 하는 게 어떤 게 또 있니?

바바라: 저희 부모님이 읽으신 책이나 TV에서 보신 것에 대해서 얘기를 많이 못하시게 해주세요. 부모님이 저를 사랑하시는 건 알지만, 엄마가 저에 대해서 지나치게 걱정하는 것은 좀 말려주세요. 매일 이런 소리를 들어요. '아가 괜찮니?' '오늘 그 가게에서 감자 칩과 쿠키를 사지 말아야 했을까?' '숙제하는 것 도

와줄까?' 이런 말이 절 미치게 해요.

치료자: 네 부모님의 어떤 것이 먼저 변했으면 좋겠니? 끊임없이 잔소리하시는 것? 아니면 너에 대해 지나치게 걱정하시는 것?

바바라: 두 번째 것이요. 저 때문에 걱정을 많이 하시면 저는 초조해져요. 그 때문에 더 많이 먹고 토하게 되지요.

치료자: 너로 하여금 먹고 토하고 싶게 만드는 부모님의 다른 점은 어떤 거지?

바바라: 제 친구를 부모님이 선택하려고 하시는 거요. 그 애들이 저하고 비슷한 문제를 가졌다고 가장 친한 친구 두 명을 만나지 말라고 하시거든요.

독자들이 분명히 알 수 있듯이, 바바라를 전문가 입장에 놓았기 때문에 바바라가 왜 이전의 치료 경험이 자신에게 도움이 되지 못했는지를 말할 수 있었다. 필자는 바바라와 부모에게 어떻게 다르게 접근해야 하는지를 알게 되었다. 추가로 얻은 것은, 의도와는 달리 딸의 거식증 문제를 지속시키는 부모의 특정 행동이 있음을 발견했다는 것이다. 유형개입을 사용하여 바바라가 '거식하려는' 충동을 극복하기 위해 무엇을 하는지 추적하게 함으로써 거식증 문제를 해결할 수 있었다.

인정과 공감

심각한 행동문제를 보이고 지역사회에서 길거리 갱단 같은 제2의 가족(Selekman, 2002; Taffel & Blau, 2001)에 소속된 대부분의 청소년들은 부모나 중요한 돌봄 제공자로부터는 인정받지 못하고 정서적으로 단절되었다는 기분을 느끼는 경우가 많다. 그들이 표현 하는 대로 말하자면 그들은 '무시당했다'고—자신의 말을 들어주지 않는다고—느끼고 이 어른들에게 관심을 가지지 않는다. 이것은 분노와 공격적이고 심각한 자해 행동으로 악화되기도 한다. 불행하게도 청소년들이 피난처로 찾는 제2의 가족은 훨씬 더 나쁜 상황에 있어서, 인정 받지 못하고 정서적으로 단절된 청소년들로 구성된 경우가 많다. 우리 치료자들은 청소년들과 부모-청소년 간의 경험을 의도치 않게 되풀이 하지 않는 것이 중요하다. 좋은 경청자가 되고 계속해서 청소년의 생각과 감정을 인정해 주고 무조건적으로 청소년과 계속해서 연결되어 있는 것이 청소년들을 치유하고 그들의 역량을 강화하는 과정을 촉진하는 데 도움이 된다.

라틴킹즈라는 거리 갱단의 한 명인 16세의 미구엘은 같은 학교의 라이벌 갱 단원을 심하게 다치게 한 이유로 학교에서 퇴학당한 후 어머니와 함께 상담을 받으러 왔다. 그는 분노폭발과 폭력 행동을 해왔고 그의 '친구들'('homies')과 함께 오랫동안 마리화나나 알코올을 사용해 왔다. 대부분의 어린 시절 동안 미구엘의 아버지 마를로스는 미구엘을 신체 정서적으로 학대했다. 또한 아버지는 미구엘을 열 네 살인 남동생 라울에 끊임없이 비교하였다. 라울은 '올 A 학생'이고 '스타 운동선수'였다. 미구엘은 '천사 같은' 남동생을 오랫동안 괴롭혀 왔다. 회기 중 기적질문 부분에서 미구엘은 '아버지는 절대로 변하지 않을거에요'라고 화난 목소리와 눈물 어린 눈으로 말했다. 나는 회기 중 이 시점에 미구엘이 아버지로부터 당한 피해와 정서적으로 고통스러운 이야기에 충분히 시간을 할애하기 위해서 미구엘을 개별상담하기로 했다. 미구엘은 다섯 살 때의 정서적으로 고통스러웠던 경험까지 이야기했다. 내가 인정과 공감을 사용하자 미구엘은 울기 시작했고 아버지와 다른 형태의 관계를 가지고 싶었던 못 이룬 꿈에 대해 슬퍼했다. 또한 그는 자신이 킹즈에 참여한 일과 동생을 괴롭혔던 일을, 아버지가 자신을 학대했던 일과 연결시켜 바라보기 시작했다. 이 매우 생산적인 회기 후에 미구엘은 분노조절 노력을 했으며 일자리를 찾기 위해 또한 남동생과의 관계를 개선하기 위해 열심을 보였다. 미구엘이나 어머니는 내가 아버지를 불러 가족치료를 하는 것을 원하지 않았다. 나는 그들이 원하는 바를 존중했다. 나는 또한 폭력이 가정에서 발생할 경우를 대비하여 집 근처의 쉼터 주소와 이름을 알려 주었다.

첫 상담 2주일 후 미구엘은 시간제 일자리 두 개를 유지하고 있었고 고졸 검정고시 준비를 위한 수업을 듣기 시작했다. 또한 라틴킹 '친구들'과 돌아다니는 것을 그만두었다. 그러나 가장 큰 발전과 가장 감동적인 하이라이트는 여섯 번째 회기 때 이루어졌는데, 미구엘이 남동생에게 그간 괴롭혔던 것에 대한 용서를 구한 것이다. 남동생이 미구엘의 사과를 받아들인 후 형제는 큰 포옹을 하였다.

자기노출

치료자의 의도적 자기노출은 다루기 어려운 청소년 상담 시 치료적 도구로서 유용하다는 것이 입증되어 왔다. 그런데 치료자의 자기노출 내용이 내담자가 제기하는 딜레마에 맞아야 한다는 점이 필수적이다. 청소년들은 청소년기에 비슷한 어려움을 겪은 상담자를 좋아하는 것으로 보고되고 있다. 그러나 모든 치료자가 살아오면서 격동의 청소년기를 겪은 것도 아니고 청소년들이 쓰는 비속어에 익숙하지도 않다. 대신 이런 치료자들은 청소년들과 상담하면서 유머를 사용한다거나 이야기해 주기, 배짱 있게 한 행동, 철없던 생각 등을 함께 얘기할 수 있다. 아래에 제시되는 스티브 사례는 의도적인 자기노출이 어떻게 청소년의 현재 어려움을 정상화시키고 젊은이에게 문제해결을 위한 새로운 아이디어를 제공해 줄 수 있는지를 보여준다.

약물남용을 하고 있는 17세의 스티브의 사례는, 치료자 자신의 의도적인 자기노출이 청소년의 현재의 어려움을 일반화시키고, 청소년에게 문제 해결을 위한 새로운 생각을 하게 만든 것을 보여 주는 사례이다. 비록 스티브가 비행 행동으로 인한 치료 경험이 많지만, 현재의 문제는 그가 여자 친구와 너무 많은 시간을 함께 보낸다는 것이다. 또 다른 중요한 문제는 직업을 가져야 하는 스티브가 이발하는 것을 거부한다는 점이다. 아래의 축어록은 가족 회기 중 스티브와 필자가 개별 상담한 내용이다.

치료자: 엄마가 최근에 네 여자 친구, 이발하기, 직장 얻는 것 때문에 잔소리 많이 하시지?

스티브: 엄마가 매번 똑같은 말씀하시는 것에 질려 버렸어요. 엄마는 항상 모든 일로 저를 달달 볶아요. 저도 몇 군데 제가 일할 수 있는 직장이 있어요. 그런데, 누가 뭐라 해도 머리는 깎지 않을 거예요. 제가 액자 가게에 간 적이 있는데요…….

치료자: 나도 너만한 나이 때는 꽤 날렸지! 엄청 긴 군복재킷에다 목이 긴 가죽부츠를 신고, 여기까지 오는 긴 장발에(필자는 몸소 손짓으로 여기저기 대 보였다.). 우리 부모님도 내가 직장을 얻기를 바라셨지. 나는 직장 구하려고 머리까지 자르지는 않겠어요! 하고 말했어. 그러나 사장들이 나를 꼭 보르네오섬에서 온 야만인 같다고 말했고 이곳저곳에서 취직을 거절당했지…….

스티브: (웃으며) 터프하신 편이셨네요.

치료자: 결국 이발을 하고 직장을 구했어. 부모님한테 빈대 붙어 지내는 대신, 돈을 벌어서 여자 친구랑 외식도 했지.

스티브: 선생님이 옳을지도 몰라요……. 엄마한테 돈 얻어 쓰는 것도 이젠 지겨워

요. 요즘엔 엄마도 돈을 안 주시거든요. 요즘에는 카렌(스티브의 여자 친구)이 돈을 내는데 그것도 지겨워요.

치료자: 결국 요점은 마약중독자처럼 꾀죄죄하게 다니면 아무도 그런 젊은이를 고용하지 않는다는 거야. 직장을 가지면 또 하나 이점은 네가 좋아하는 것—CD나 옷 같은 것을 살 돈이 생긴다는 점이야.

스티브: 맞는 말씀 같군요. 다음번에 우리가 만날 때는 제가 직장을 구했으면 좋겠어요. 그리고 머리도 자를 거예요.

가족상담 초기에 스티브와의 합류가 잘 이루어졌기 때문에, 필자는 머리를 자르기 싫어하는 현재의 그의 고충을 일반화시키고, 이러한 문제를 필자는 어떻게 해결했는지를 알려 주기 위한 방편으로 자기노출법을 써 보기로 했다. 필자가 필자 자신을 노출한 내용은 스티브가 제기하는 문제를 잘 반영하고 있었기에 스티브의 신념체계에 잘 받아들여졌다. 2주 후 스티브는 머리를 멋지게 자르고 비디오 가게에서 일하게 되었다는 좋은 소식을 가지고 두 번째 면접에 왔다.

'콜롬보'식 접근

어떤 다루기 힘든 청소년 내담자들은 우리 자신을 치료자로서 매우 무능하다고 느끼게 만든다. 종종 이런 청소년들은 법정에 의해 치료명령을 받았거나, 오랫동안 정신건강 전문가로부터 치료를 받아온 경우들이다. 인기 있는 TV극인 형사콜롬보는 가장 다루기 힘든 청소년을 대할 때 유용하게 쓸 수 있는 기술을 필자에게 가르쳐 주었다. 콜롬보는 아무런 어려움 없이 어눌함과 무능해 보이는 그의 스타일을 용의자에게 보여 준다. 그는 용의자를 찾아가 피해자를 잃어서 슬프겠으며 이 사건으로 인해 불편하겠다면서 용의자에게 납득이 가도록 공감해 준다. 혐의가 있는 용의자와 합류하면서, 콜롬보는 용의자에게 잘 보이기 위해 용의자를 칭찬하기도 한다. 수사 과정 전체를 통해서, 콜롬보는 '알지 못함'(Anderson & Goolishian, 1988b)의 자세에서 질문을 하고, 누가 살인을 저질렀는지, 어떻게 사건이 발생했는지에 대해 혼란스럽다고 말한다. 이는 살인 용의자로 하여금 균형감각을 잃게 하여 어떤 방식으로든 중요한 단서를 제공한다거나 자신의 유죄를 알려 주게 되어 결국은 콜롬보가 범죄 사건을 해결하게끔 한다.

아프리카계 미국인인 열 여섯 살의 데이빗은 자동차 라디오를 도둑질했고 불법주거 침입, 갱단 입단 등으로 1년 동안 가족치료를 받으라는 법정 명령을 받았다. 데이빗은 첫 상담에 엄마와 12살인 동생 죠지와 함께 왔다. 자동차 스테레오 훔친 것, 주택내 절도 등으로 체포되었으나 데이빗은 이런 범행들을 모두 부인했다. 그의 엄마는 그가 갱들과 달아날 것 같다고 염려했다. 이것이 인테이크 때 엄마의 가장 큰 걱정거리였다. 데이빗은 비행으로 인해 이미 다섯 번이나 치료경험을 가지고 있었다. 이 중 두 번은 첫 면접 이후로는 아예 면접에 가기를 거부하기도 했다. 데이빗은 첫 상담 시간 동안 자신이 왜 상담에 오게 되었는지, 문제를 무엇이라고 생각하는지에 대해 거의 말을 하지 않았다. 아래의 인용부분은 데이빗과 단둘이서만 면접한 내용이다.

치료자: (메모판을 들고 안절부절못하면서) 다시 상담 받아야 한다는 사실이 너한테는 정말 지긋지긋하겠구나. 이런! (메모판을 떨어뜨린다.)

데이빗: 왜 그래요? 좀 긴장되세요?

치료자: 글쎄, 조금. 내 슈퍼바이저가 네 사례를 줄 때 깜짝 놀랐다. 이해가 안 돼! 판사는 너한테 상담 받으라고 명령했지. 무엇 때문에? 내 말은 너는 아무 짓도 안 했는데 사람을 잘못 잡았다고 했잖니……. 진짜 헷갈린다(이상하다는 듯이 쳐다보며)

데이빗: 글쎄요, 저는 그 집(crib)에 무단침입 하지 않았어요. 저 말고 다른 애들이 그랬어요. 또 저는 동네(hood) 차에서 라디오 몇 개를 빼냈지만 다른 짓은 안 했다구요.

치료자: (못 알아듣겠다는 듯이) Crib, Hood 가 뭐지? 무슨 뜻이야? 아마 내가 구식이라 그런가 보다.

데이빗: 뭘 모르는군요. Crib은 집이고, Hood란 선생님이 사시는 곳이란 뜻이에요.

치료자: 아, 이제 알겠다. 동네를 말하는구나. 새로운 말을 내게 가르쳐 주어서 고맙구나. 어쨌든, 날 좀 도와줘……. 도대체 판사나 보호관찰관이 상담을 통해서 너한테 뭘 얻으라는 거지?

데이빗: 글쎄요, 갱 집단에서 나오고, 이제 강도짓 그만 하라는 거죠.

치료자: 그럼, 그 사람들은 너에게 '집'(crib)에서는 뭘 하라는 거야?

데이빗: 정말 문제 있는 분이시네요!(웃음) 선생님은 다른 사람들하고 좀 달라요……. 즉, 규칙을 지키고 학교에 가라는 거예요.

콜롬보식 접근법은 필자가 데이빗과 친해지는 데 매우 효과적으로 작용했음이 증명되었다. 필자의 서투른 치료자 스타일이 데이빗으로 하여금 자신이 위협받는다는 느낌을 가지기 어렵게 했다. 필자는 사회조종대리인도 아니며 법체계를 집행하는 사람도 아님을 분명히 했다.

그 이후의 치료 상담은 데이빗이 길거리 갱단들을 멀리 할 수 있도록 도와주고, 엄마에게는 새로운 자녀 양육기술을 알려 주고, 보호관찰관과 협력하는 데 중점을 두었다. 권투는 데이빗의 강점 중 하나였으므로 필자는 재능 있는 골든글러브 선수들을 훈련시킨 권투 코치인 필자의 친구를 데이빗에게 소개시켜 주었다.

투 스텝 탱고

법정 명령을 받은 방문형/숙고 전 단계 청소년은 '문제가 없기 때문에' 상담에 대해 전혀 관심이 없지만 이들의 삶에 등장하는 어른들은 이들의 행동으로 인해 문제를 느낀다. 따라서 청소년의 삶에 대해 관심을 가진 모든 성인들이 그렇듯이 우연히 마주치면 설교를 늘어놓고 변화시키려 하기보다는, **투 스텝 탱고**를 추는 것이 필요하다. 한편으로 우리는 청소년이 변하는 것을 막아야 하지만, 다른 한편으로는 변화의 장점에 대한 생각의 씨앗을 청소년의 마음에 뿌리고 가꾸어 줄 필요가 있다(Selekman, 2002; Prochaska, 1999; Fisch et al., 1982).

17세의 백인 청소년인 씬은 파티에서 술을 마신 후 음주운전으로 인하여 체포되었고 72시간의 상담 명령을 받았다. 부모에 의하면 씬은 음주운전으로 면허가 취소되었는데도 음주를 그만두지 않았다. 수염이 덥수룩하고 몸이 말라서 씬은 나이보다 훨씬 더 들어 보였다. 씬의 아버지 쪽으로는 대를 이은 알코올 문제가 있었다. 씬은 상담실 문으로 걸어 들어오자마자 '사회복지사를 싫어한다'면서 이것은 '시간 낭비'라고 명확히 말했다. 씬은 반항, 공격, 알코올남용 행동으로 치료를 받은 경험이 많았다. 청소년을 위한 물질 의존 프로그램에도 참여했었다. 알코올중독의 강한 가정배경, 씬의 반복되는 기억상실, 오한, 알코올로 인한 생리적 문제, 금주하지 못하는 것을 볼 때 알코올중독 치료가 필요하다고 생각되었다. 아래의 축어록은 씬같은 내담자와의 투 스텝 탱고의 효과성을 보여 준다.

치료자: 씬, 정말 너에게 귀찮은 일이지. 너는 특히 '사회복지사를 싫어한다'고 나에게 아주 분명히 말했어. 나는 네가 큰 목소리로 말하는 것을 분명히 들었어. 나는 너에게 무얼 하라고 말하지 않을 것이고 여기서는 변하려고 서두르지 않아도 된다는 점을 말하고 싶다. 즉, 너는 정말로 '파티를 좋아하고' 친구들과 '술마시길 좋아'하는 것뿐이지. 그런데 씬, 너 혹시 오랫동안 알코올 남용하는 남성들이 시간이 지나면서 남성호르몬인 테스토스테론이 줄어들고 여성호르몬인 에스트로겐이 많이 나오면서 가슴이 좀 나오고 얼굴의 털이 없어진다는 것 알고 있니? 가슴이 좀 나오고 과거에 수염이 있던 자리에 얼룩이 있는 네가 데이트 하기 위해 네 여자 친구를 차로 데리러 가는 것을 상상할 수 있니?

씬: (두려운 표정으로) 아니, 제가 그렇게 될 수 있다는 말씀이세요?

치료자: 응. 내가 전에 만났던 알코올중독 성인들 중에는 그렇게 된 분들이 있었어. 그렇게 되면 정말로 무섭겠다. (나는 머리를 흔들고 아래를 내려다보았다.) 파이팅. 급히 변하려 할 필요 없어. 우리는 71시간이 더 있거든! 천천히 하자. 그런데 알코올은 마치 리퀴드 드라노(Liquid Drano)* 같은 것인지 알고 있니—너 그게 뭔지 아니?

씬: 네.

치료자: 음 어쨌든 네 몸의 세포들은 알코올에 익숙해지는 방향으로 변해. 네가 신체적으로 알코올에 길들었는데 갑자기 어느 기간 동안 알코올을 섭취하지 않으면 네 몸이 쇼크 상태에 들어가게 되고 너는 DT가 생길 수 있어!

신: 그게 뭔데요?

치료자: 'DT는 알코올중독에 의한 섬망증(delirium tremens)야. 호흡과 맥박이 느려지고 환촉을 느낄 수도 있어. 환촉이란 벌레가 너의 온 몸을 기어가는 것 같은 거야! 너는 실제로 죽을 수도 있어!

신: (다시 겁에 질려 보이며) 이보세요……. 그게 저한테 실제로 일어날 수 있다고요?

회기 끝 무렵에 씬은 알코올중독 치료를 시작하기로 동의했고 알코올 없는 생활을 유지할 필요성을 느끼기 시작했다. 그는 계속 알코올 남용을 할 경우의 심각한 결과에 대하여 꽤 충격을 받은 것으로 보였다. 필자는 알코올중독 치료를 그의 인생을 다른 방향으로 시작하는 기회라고 명명했다.

---

* [역자주] 막힌 하수도를 뚫는 용도의 액체로 된 상품 이름

침묵을 존중하고 칭찬하기

치료에 대한 과정연구를 통해 보하르트와 톨맨(Bohart & Tallman, 1999)이 지적했듯이, 조용한 내담자는 우리가 도우려는 노력을 소극적으로 받기만 하거나 저항하는 사람은 아니다. 반대로 그들 마음속의 바퀴가 돌아 그들이 우리를 평가하고 조심스럽게 우리가 믿을 만한 사람인지 그들에게 정말 도움이 될 사람인지를 판단하고 있는 것이다. 종종 치료자들은 조용한 청소년을 '저항'한다거나 '비협조적'이라거나 '반권위적'이라고 생각한다. 과거에 치료자나 치료프로그램으로 인해 부정적인 경험이 많은 청소년이 왜 우리를 신뢰해야 하는가? 두꺼운 기록파일과 함께 내게 의뢰되어 온 청소년들에게서 내가 들은 가장 큰 불평은 이전 치료자나 치료프로그램 직원이 여러 번 비밀보장을 위반했다는 점이다. 치료자가 한 시간 동안 말하는 것을 조용히 앉아서 들으려면 많은 노력과 인내가 필요하다. 어른들은 한 시간 동안 아무 말도 하지 않은 채로 앉아 있지 못하는 경우가 많다. 청소년들의 침묵행동은 존중되어야 한다.

15세의 흑인 청소년 윌리는 '다른 학생들과 싸우고' '교사에게 욕을 하며' '바이스로드 거리 갱단에 관여'했다는 이유로 고등학교 학생주임 의뢰로 내방하였다. 그가 상담실에 오는 것은 '폭력적 행동으로 인한 정학에 대한 대안'이다. 어머니 라티샤에 의하면 과거에 '상담은 효과가 없었'으며 어머니가 '대부분 말을 하고 끝났다' 첫 번째 가족회기의 앞부분 절반 동안 '어머니가 대부분 말해서' 이전과 동일한 일이 반복되고 있었다. 필자는 이 시점에서 윌리를 단독으로 면담함으로써 윌리가 말을 하게 할 수 있을지 보기로 결심했다. 필자는 다음 같은 질문을 했다. "내가 너에게 어떻게 도움이 될 수 있을까? 내가 너의 엄마가 변하도록 할 수 있는 것이 있을까? 네가 얻고 싶은 것 중에서 내가 엄마와 협상해 줄 것이 있을까?" 윌리는 답이 없었고 가슴에 팔짱을 낀 채 앉아 있었다. 필자는 조용히 있고자 하는 그의 희망과 그가 과거에 부정적인 상담 경험이 많다는 사실에 근거해 볼 때 이것은 이치에 맞는다는 것을 강조했다. 필자는 또한 학생주임이 윌리를 괴롭히는 일을 그만두도록 윌리를 돕겠다고 했다. 윌리는 좀 더 조용해졌다. 필자는 한 시간이 끝날 때 필자가 한 시간 동안 얘기하는 것을 인내하고 듣고 있던 윌리의 능력에 대해 칭찬을 했다. 칭찬이 그의 얼굴에 미소를 띠게 했다. 필자는 '단서를 찾았다!'라고 생각했다. 필자는 그가 존중하는 자세로 경청한 능력에 대해 칭찬을 더 했고 다음번 우리가 만날 때 동일한 경청 전략을 사용할 것인지 질문을 했다.

다음번 가족회기 전 로비에서 나와 악수할 때 윌리는 미소를 지으며 '안녕하세요'했다 또한 개별회기에서 '학생주임이 괴롭히는 일을 그만두도록' 떼어버리자는 필자의 생각을 윌리가 다시 꺼냄으로써 나를 놀라게 했다. 필자가 계속해서 이야기 함으로써 윌리가 조용히 있고자 하는 요구를 존중하는 동시에 그와의 연결을 유지할 수 있었고, 그의 침묵에도 불구하고 치료 관계에서 신뢰를 쌓을 수 있었다.

요약

이 장에서 필자는 다루기 힘든 청소년 내담자를 효과적으로 치료에 끌어들이는 열 가지 전략을 제시하였다. 다루기 어려운 청소년 사례의 대부분에서 필자는 첫 가족면접에 이 열 가지 끌어들이기 전략을 몇 개 섞어서 활용하는 것이 도움이 된다는 사실을 알게 되었다. 열 가지 끌어들이기 전략은, 청소년의 협력 반응 유형, 가족들의 목표, 치료적 변화를 유도하기 위해 청소년과의 관계에서 치료자가 무엇을 다르게 해야 하는지를 바탕으로 각각의 사례에 따라 선택되어져야 한다. 여러분이 어떤 세팅에서 일하던지 간에 이러한 열 가지 치료에 끌어들이기 전략이 청소년들과의 협력관계 형성에 매우 효과적이라는 사실을 알게 될 것이다.

Pathways to Change

Chapter 07

문제가 없다고 하는 것이 문제인 법정명령에 의한 가족

성공의 팔십 퍼센트는 자랑이다.

—우디 알렌(Woody Allen)

대부분의 임상가들은 청소년 범죄자와 가족에 대한 사법 당국의 상담 의뢰를 몹시 두려워한다. 그 주된 이유는 문제 중심적 시각에 뿌리를 두고 있는 정신건강 문헌 속에 이 내담자들에게 도움이 되지 않는 정형화가 만연해 왔기 때문이다. 최일선 현장에서 범죄자인 청소년 내담자와 만나면서 좌절감을 느끼는 원조 전문가(helping professional)들은, 아이들에게 보통 '반사회적이다' '저항한다' '삐딱하다' '고분고분하지 않다' '방어적이다'와 같은 꼬리표를 붙임으로써 불만을 표현한다. 이러한 꼬리표를 수용해서 적용하게 되면, 치료자들은 내담자의 이야기와 치료 목표를 존중하지 않고, 내담자가 가진 주요 강점과 특별한 재능에 강한 호기심을 갖지 않으며, 내담자의 변화를 위한 준비 단계에 맞지 않는 치료적 개입을 하게 된다. 그러면, 치료 체계가 엉켜버릴 수 있고, 내담자들이 치료자를 교체해 달라고 요청할 수 있으며, 치료가 조기 중단될 수도 있다.

문제가 없다고 말하는 것이 문제인 가족(no-problem problem families)은 보통 법정 명령을 받은 내담자인데, 강제로 왔을 수도 있고 아닐 수도 있다. 이들은 상담에 올 만큼 심각한 문제가 있다고 생각하지 않는다. 하지만 이들의 반응과 행동에 대한 강제 권한을 가지고 있는 소년 법원 판사나 아동 보호 기관의 직원이 이 가족에게 치료를 받으라고 압박하고 있는 것이다. 이런 가족은 두 가지 유형으로 나뉜다. 첫 번째 유형은, 청소년 자녀가 처음으로 비행을 저지른 가족으로, 아마도

이 일 외에는 별 탈 없이 잘 지내고 있을 것이다. 그리고 아마도 지금까지 가족상담이나 어떤 종류의 상담도 받아 본 적이 없을 것이다(Selekman, 1997; Eastwood, Sweeney, & Piercy, 1987). 우리는 어떤 댓가를 치르더라도 이 가족과 관련된 새로운 문제를 일으키지 않기 위해서 주의할 필요가 있으며, 따라서 치료자로서 이들이 처해 있는 딜레마 상황을 강력하게 강조할 필요가 있다. 즉, 만약 청소년 자녀가 법을 어기고 법원에서 심리 치료를 받으라는 명령을 받지 않았다면 상담을 시작하지 않아도 되었겠지만, 이제는 보호관찰 기간 내내 강제로 상담을 받는 상황인 것이다. 치료자가 이들의 사례를 일반적인 사례처럼 취급하면서 심리치료를 시작할 때 아마도 이 가족이 따르지 않을 것 같은 치료적 과제를 부과하고 나서 당연히 따를 거라고 기대한다면 힘들어진다. 문제가 없다고 말하는 것이 문제인 가족원들은 심리치료가 시작될 때 보통은 변화를 위한 준비 수준이 숙고 전 단계(precontemplation stage of readiness to change)에 머물러 있다(Prochaska, 1999). 따라서 예컨대, 회기와 회기 사이에 이들에게 치료적 과제를 부과하면, 치료자는 오로지 좌절감만 느끼게 될 것이다.

문제가 없다고 말하는 것이 문제인 가족의 두 번째 유형은, 이전에 소년 사법기관을 포함하는 여러 상위 체계에서 다양한 원조 전문가를 만났고 아주 많은 치료 경험이 있는 가족이다. 하지만 이들이 의욕이 저하되어 있고 절망감을 느끼며 청소년 자녀가 지속적으로 법적인 문제에 휘말려 왔던 이유 중 하나는, 과거에 받았던 심리치료의 형태와 개입 기술이, 이들이 처해 있던 변화를 위한 준비 단계 및 변화 이론과 서로 모순되었기 때문이다(Prochaska, 1999; Hubble et al., 1999). 또한, 이전의 치료자들이 치료 목표를 너무 일방적으로 정했거나 내담자 가족에게 중요한 의미를 가지는 문화적 이슈를 민감하게 다루지 않았을 수도 있다. 아울러, 심각한 경제적 어려움, 부모의 물질 남용, 정신건강 문제, 지지체계의 부족, 몰락해 가는 지역사회의 험악한 분위기 때문에 내담자 가족의 변화 의지가 숙고 전 단계에 멈추어 있을 수도 있다(Prochaska, 1999).

치료자는 문제가 없다고 말하는 것이 문제인 가족을 만날 때 먼저 내담자 가족에게 진실하게 귀를 기울이면서 분위기를 만들어야 한다. 또한 가족원 각자의 관심사와, 치료에 의뢰된 이유를 바라보는 태도, 나름의 변화 이론, 문화적 가치와 기대, 주요 강점, 독특한 재능, 삶 속에서 가장 열정을 기울이고 있는 대상에 대해서 깊은 관심을 기울여야 한다. 통상적으로 이런 가족은 상담을 받고 있는 불편한 상황을 가능하면 빨리 벗어나고 싶어 하기 때문에, 부모가 보호관찰관, 판사, 혹은 다른 상위 기관의 관련 전문가들을 만족시켜서 청소년 자녀가 더 큰 문제에 빠지지 않고 더 이상 상담을 받으러 오지 않기를 원한다. 따라서 반드시 거쳐야 하는 단계를 잘 거쳐 갈 수 있도록 역량을 강화하는 과정에 가족원의 주요 강점과 재능이 이용되는 데 치료의 강조점을 두어야 한다. 마지막으로, 우리는 치료자로서 내담자 가족이 첫 번째 회기에 왔다는 사실만으로도 이미 회복으로 나아가는 단계를 시작했음을 인정하고 칭찬해 주어야 한다.

이 장에서 필자는 문제가 없다고 말하는 것이 문제인 가족과 강점에 기반한 건강한 대화를 나누는 방법에 관해서 논한다. 이 대화는 치료적 협력과 변화를 촉진하고, 가족원들의 전문 지식을 끌어내며, 그들이 구체적이고도 행동적인 치료목표를 잘 설정하도록 돕기 위한 다양한 질문을 포함한다. 아울러 보호관찰관, 판사, 혹은 상위 기관의 관련 원조 전문가들과 협력 관계를 성공적으로 만들어가는 방법을 기술한다. 두 가지 유형의 가족과 함께 여러 가지 가능성을 만드는 방법을 설명하기 위해서 두 가지 사례를 제시할 것이다.

❦ 협력과 변화를 촉진시키기 위해서 해결책에 확고하게 기반하는 강점 중심 이야기를 가족과 함께 쓰기

우리는 내담자 가족을 강점 중심 관점으로 바라봄으로써, 가족원 각자가 가지고 있는 중요한 강점, 재능, 그리고 삶에 대한 열정을 좀 더 알고 싶다는 진실한 관심을 표현한다. 단순히 가족의 삶에서 의미 있고 중요한 영역에 대해서 질문하는 것만으로도 그들의 기술을 끌어낼 수 있으며, 이미 풍부한 자원을 가지고 있다는 사실을 스스로 인정할 수 있도록 이끌 수 있다. 이러한 대화를 좀 더 확장하기 위해서, 우리는 가족원들이 과거에 겪었던 역경이나 도전이 되는 생활사건(life event)을 극복하기 위해서 어떻게 자신의 주요 강점과 재능을 효과적으로 사용했는지를 이야기해 달라고 정중하게 요청할 수 있다. 또한, 치료자는 가족원들과 함께 청소년 자녀가 좀 더 심각한 문제에 빠져들지 않도록 돕기 위해서 가족이 이미 취해 왔던 치료 전의 건설적인 노력을 탐색할 수도 있다. 이러한 노력으로는 예컨대, 청소년 자녀가 특정한 친구들과 어울리지 않기로 결심하고 특정한 장소에도 가지 않기로 결심한 일, 부모가 좀 더 세심하게 청소년 자녀에게 관심을 쏟았던 일, 그리고 기타 예방 조치를 들 수 있겠다. 아울러, 이러한 강점 탐색을 통해서 우리는 가족원 중에서 누구의 강점과 능력이 이 가족의 역량을 강화하여 더 이상 상담에 오지 않아도 될 만큼 회복시킬지 알게 될 것이다. 가족원들의 언어를 그대로 사용해서 소통하고 그들의 강점과 능력을 활용한다면, 우리가 제안하는 변화 전략에 가족이 좀 더 잘 협력할 것이다. 강점 중심 대화를 나눔으로써, 치료자와 내담자는 변화를 위한 파트너가 될 수 있는 협력적 치료 현실을 창조해 낼 수 있다.

첫 회기에서는, 가족원들이 치료전 변화(pretreatment changes)를 발견하기 어려워 할 수도 있으며, 성공적으로 상담을 받아 소년 사법체계에서 벗어나는 수단이 될 주요 강점과 능력을 어떻게 사용해야 할지 계획하는 데 어려움을 겪을 수 있다. 이럴 때는 미래지향적 질문을 사용해서 가족원들이 상담을 종결짓고 보호관찰을 이미 끝낸 상황을 상상하도록 한 다음에, 이 상상 속에서 목표를 달성하기 위해서 취했던 단계별 방법을 하나씩 말하면서 현재 시점까지 되돌아 오게 할 수 있다. 이런 질문을 사용하면, 목표 설정에 도움이 될 뿐만 아니라 이전에는 간과했던 치료전 변화에 대한 유용한 정보와, 지금 당장이라도 적용할 수 있는 해결 전략을 가족원들이 스스로 이야기하게 된다. 우리는 가족원들에게 향후 9~12개월 후의 미래에 초점을 맞춰 달라고 요청함으로써 미래지향적 탐색을 조금 더 진전시켜 나갈 수 있다. 이들은 개인으로서나 가족원으로서나 계속 옳바른 방향으로 나아가고 상황을 좀 더 개선하기 위해서 각자 어떤 노력을 하고 있는지를 말해 줄 것이다. 내담자가 선호하는 미래 상태를 좀 더 현실적으로 시각화하도록 돕기 위해서, 목표를 성취했을 때 누구와, 무엇을, 어디서, 어떻게 할 것인지를 최대한 자세하게 이야기하도록 돕는 것이 중요하다.

어떤 부모는 자녀가 체포되어서 기소를 당한다고 해도 놀라지 않을 것이며, 결국 이렇게 되었다고 심지어 기뻐할지도 모른다. 특히 만약 부모가 설정해 놓은 규칙과 한계를 청소년 자녀가 완전히 무시하고 있다고 느낄 경우 더욱 그러하다. 관련 상위 체계의 전문가들도 이 청소년이 마침내 자신이 저지른 행동에 대해서 책임을 지게 되었다고 기뻐할 수 있다. 체포되어 재판에 회부되는 시점까지, 이 청소년은 학교에서 몇 가지 문제를 일으키면서 교묘하게 범죄 행위를 저질러 왔을 수도 있고, 나쁜 또래 집단과 어울리지 말라는 주의를 부모로부터 받았을 수도 있다. 이럴 때 필자는 이 청소년이 처한 문제 상황을 선택에 관한 가치 있는 교훈을 배울 기회나 정직은 미덕이라는 사실을 되새길 수 있는 기회로 재명명(reframe)할지도 모른다. 이렇게 함으로써 청소년에게는 상담이 좀 더 나은 선택을 하는 방법, 정직하게 사는 방법, 그리고 세대 간 벽을 넘어 의사소통 하는 방법을 배울 수 있는 지혜의 장이 될 수 있으며, 부모에게는 자녀가 미래에 법적인 일에 연루되고 행동 문제를 겪지 않도록 도우려면 무엇을 다르게 해야 할지를 자녀에게 배우는 장이 될 수 있다. 만약 이 청소년의 손윗 형제자매가 비슷한 어려움을 이미 겪은 일이 있다면, 과거에 시도했던 문제 해결 전략 중에서 효과가 있었던 것이 무엇인지 생각해 보는 방법이 지금 문제에 처해 있는 자녀를 바람직한 방향으로 이끄는 데 도움이 될 수 있을 것이다. 아울러, 치료자는 이전에 어려움을 겪은 손윗 형제자매들이 어떻게 상황을 바꾸어 내고 다시금 제 자리로 돌아올 수 있었는지 대해서 좀 더 깊게 탐색해야만 한다.

마지막으로, 현재 문제를 겪고 있는 청소년에게 상담실 안팎에서 상황이 더 심각해지지 않도록 하기 위해 지인 중에서 어떤 사람들에게 도움을 청할 수 있는지를 물어보는 것이 도움이 될 수 있겠다. 이 사람들은 청소년을 깊이 걱정해 주고 격려하는 성인일 수 있으며(Selekman, 2002; Anthony, 1987), 부정적인 동료 집단에 속하지 않은 오래 된 친구일 수도 있다. 치료자는 든든하게 격려해 주는 성인(예컨대, 학생을 보살피고 걱정해 주는 선생님)이나 좋은 또래 친구들을 학교 같은 청소년이 문제를 겪고 있는 현장에서 **치료자를 돕는 조력자 팀**(consultation support team)의 일원으로 활동하게 할 수도 있다.

당신이 최선을 다해서 관계를 형성하려고 노력하거나 변화를 위한 **숙고 전 단계**(precontemplation stage)에서 앞으로 나아가게 하려고 아무리 애를 써 보아도 (Prochaska, 1999) 청소년 자녀의 범죄를 우연한 것으로 치부하거나 상담 받는 것을 시간 낭비라고 생각하는 가족들이 있다. 이럴 때 다소 위험하기는 하지만 이들을 전문가 위치에 모시고 치료자가 동일한 상황에 처해 있는 다른 가족을 도우려면 어떻게 해야 가장 좋을지 조언을 구하는 방법을 시도해 볼 가치가 있다. 예를 들어, 치료자는 다음과 같이 질문할 수 있겠다.

- "여러분의 의견을 정말로 듣고 싶습니다. 요즘 제가 여러분과 완전히 같은 상황에 있는 가족과 만나고 있는데요, 도대체 이분들을 어떻게 도와야 할지 모르겠습니다. 이 가족을 돕는 가장 좋은 방법이 무엇인지 조언해 주시겠습니까?"
- "만약 여러분을 전문가인 자문위원으로 모신다면, 이 가족에게 가장 도움이 될 만한 것으로 저에게 무슨 말이나 행동을 하라고 권하시겠어요?"
- "만약 여러분이 저라면, 이 부모에게 어떤 방법을 제안하거나 직접 시도해 보시겠어요?"
- "찰리야(내담자), 만약 네가 나라면, 그 친구가 좀 더 심각한 어려움에서 빠져나오게 돕기 위해서 어떤 방법을 사용하게 될까?"

이들로 하여금 동일한 상황에 빠져 있는 다른 가족의 처지에서 잠시 생각해 보도록 해서 얻을 수 있는 또 다른 이점은, 내담자 가족이 자신들에게 가장 적합한 해결책을 찾는 과정에서 자신들의 전문 지식과 풍부한 자원을 제시할 수 있다는 것이다. 아울러, 치료자는 좀 더 도전이 되는 가족들과 더 잘 협력할 수 있는 방법을 배우게 될 것이다.

하지만 이 전략이 통하지 않는다면, 우리는 한 번 더 TV형사물의 주인공인 콜롬보를 불러내어 그들이 어떻게 곤경에 빠졌는지를 이해하고, 문제를 해결하기 위해 필요한 창조성과 전문성을 끌어낼 중요한 단서를 찾을 수 있도록 도울 수 있다. 다음 사례는, 상담 과정에서 콜롬보 전략을 어떻게 활용할 수 있을지 잘 보여 준다.

16세 청소년 멜리사는 고급 백화점에서 1,000달러 상당의 옷을 훔쳐서 체포된 후, 9개월 동안 가족상담을 받으라는 법원 명령을 받았다. 고등학생인 멜리사와 친구 A, B는 체포되거나 법적인 문제를 경험하는 것이 이번이 처음이다. 멜리사의 부모인 밥과 캐롤은 보호 관찰관에게 딸이 집안에서는 거의 문제를 일으키지 않았다고 말했다. 이들은 주 검찰청과 판사가 9개월의 보호관찰과 가족상담 명령을 내린 것은 너무 지나치다고 믿고 있었다. 멜리사도 부모와 같은 생각이었고, 가족상담을 완전히 시간 낭비라고 생각했다. 축어록은 첫 번째 가족 회기의 중간부터 시작된다.

치료자: 들어 보니 여러분 모두 저를 만나러 오시는 일이 대단한 골칫거리였을 것 같습니다. 지난 주말에 아내가 저에게 차고를 청소하라고 시켰을 때 비슷한 느낌이었거든요. 하지만 아내에게 뭐라고 할 수는 없었어요. 그 끔찍한 일을 작년부터 쭉 미루어 오고 있었거든요. [밥(아버지)과 캐롤(어머니)이 웃는다.] 멜리사, 나는 이 상황이 일어난 과정이 아주 혼란스럽게 느껴진단다. (머리를 긁고 혼란스러운 표정을 지으며) 부모님과 보호관찰관 선생님은 모두 네가 아주 훌륭한 학생이고, 이전에는 단 한 번도 체포된 적이 없다고 말씀하셨어. 어떻게 하다가 네 가방 속에 1,000달러어치 상품이 들어가서 체포된 거니?

멜리사: 몰라요.

치료자: 내 말은… 하나 혹은 두 벌만 가져올 수도 있었는데, 아주 비싼 옷을 다섯 벌이나 가져왔잖아!

멜리사: 그게 얼마나 비싼 옷인지는 정말 관심 없었어요.

밥: 제 생각엔, 문제는 멜리사 같은 지극히 평범한 아이가 잘못된 판결을 받았다는 겁니다. 제 말씀은, 아마 청소년이라면 누구나 이런 일 한 번은 저지를 거라는

겁니다. 로빈슨 판사님과 주 검찰청이 지나치게 극단적으로 판단하신 것 같아요.

캐롤: 멜리사는 정말 좋은 아이에요. 그리고 저희 가족은 어떤 문제도 없어요. 래니어 씨(보호관찰관)에게 가족상담은 정말 필요없다고 말씀해 주실래요?

치료자: 래니어씨에게 좋게 말씀 드릴 수는 있습니다만, 제 말을 믿으실 것 같진 않아요. 그분은 좀 구식인데다가 상담을 받는게 힘들다고 생각하지는 않으시거든요.

멜리사: 젠장! 그러니까 선생님 말씀은, 우리가 9개월이나 여기 와야 한다는 거에요?

캐롤: 멜리사, 말 조심해!

치료자: 음… 어떤 식으로든 여러분을 돕게 되어서 기쁩니다. 래니어씨에게 여러분이 가족상담을 시간낭비라고 생각하신다고 말씀 드릴 수는 있어요. 하지만 그 분이 제 말을 그 뜻 그대로 이해하실 것 같지는 않네요. 최근에 제가 만났던 가족도 비슷한 이야기를 전해 달라고 하셔서 그렇게 했지만, 오히려 래니어씨는 아이를 야생마 길들이듯이 거칠게 다루시던걸요. 학교와 집에 여러 번 갑자기 들이닥쳐서 놀래키고 지역 경찰에게 시켜서 아이가 집을 나가면 뒤를 졸졸 따라 다니도록 하셨어요.

멜리사: 저한테도 그런 일이 일어날 수 있다는 말씀이세요? (겁을 먹은 듯하다.)

치료자: 응. 래니어씨는 특히 학생이 뭔가 숨기는 게 있다는 생각이 들면, 곧잘 돌변하신단다. 그래서 항상 나는 그 분이 나서기 전에 내가 먼저 학생들의 비밀을 아는 게 훨씬 편할 거라고 말하곤 하지. 그러니 멜리사야, 말해 봐. 오늘 여기 오기 전에 나한테 한 마디도 말하지 않겠다고 스스로 다짐한 이야기가 혹시 있니?

멜리사: 음… 이번이 처음은 아니였어요. 저도 그렇고 친구들도요. 그래요, 친구들은 자기들이 뭘 원하는지 저에게 말하고, 저는 걔네들을 위해서 그걸 들고 와요.

치료자: 전에 몇 번이나 그랬니?

멜리사: 한 10번은 그랬던 것 같아요.

밥: 어이쿠, 정말 놀랍구나! 그 옷을 전부 어디에 숨겼던 거니?

멜리사: 다락방에 있는 보관 옷장에요. 때로는 제 방 옷장 속에 숨기기도 했어요.

캐롤: 내가 어떻게 네 옷장이나 세탁물함에 새 옷이 있는 걸 못 본거지?

멜리사: 음… 가격표를 뗐고, 어떤 때는 친구네 집에 보관했어요. 제가 제 옷을 세

탁하는 모습 본 적 없으세요?

캐롤: 그래서 네가 직접 빨래를 한 거였구나! 어떤 친구가 이 일에 연루되어 있는 거니?

멜리사: 타라하고 킴, 그리고 스테이시요.

캐롤: 하느님 맙소사! 그 아이들이 이런 일을 함께 저질렀을 줄은 꿈에도 몰랐어.

밥: 정말로 충격을 받았다. 우리는 너에게 아주 많은 자유를 줬는데.

치료자: 멜리사야, 이렇게 오랫동안 이 일을 숨겨오다니, 정말 머리가 좋구나. 자, 이제는 래니어씨에게 전화를 걸기 전에, 혹시 저와 함께 이야기 나누실 것이 있을까요, 아니면 여전히 여러분이 이 상담을 시간 낭비라고 생각하신다고 래니어 씨에게 말해야 할까요?

독자들이 분명하게 확인할 수 있듯이, 필자는 콜롬보 전략을 사용해서 멜리사로 하여금 오랫동안 절도를 해온 이야기를 스스로 털어 놓도록 하는 데 성공했고, 부모의 관심도 끌어낼 수 있었다. 첫 번째 가족 회기가 끝날 때, 세 사람은 절대로 래니어씨에게 이 상담은 시간 낭비라고 말하지 말라고 입을 모아 요청했다. 이 회기로 인해 생긴 또 하나의 긍정적인 결과는, 멜리사의 부모가 자유방임형에서 벗어나 멜리사에게 조금 더 세심한 가르침을 주고 여러 가지 규칙도 부여하게 되었다는 점이다. 사실, 멜리사의 부모는 멜리사에게 한 달 동안 외출 금지 벌을 주었고, 멜리사 친구들 부모에게 모두 전화해서 절도 사실과 훔친 옷들에 대해서 다 알렸으며, 이 상황을 어떻게 대처하는 것이 좋을 지에 대해서 함께 머리를 맞대고 고민하게 되었다.

다음 사례는 강제로 상담을 받게 된, 이전 치료 경험이 많은 가족의 사례로서, 이들과 협력적인 관계를 만드는 방법을 보여 준다. 아울러, 이전의 치료자들이 제시했던 실패한 해결책을 반복하지 않으면서 앞으로 무엇을 다르게 할 것인지를 알아내려고 할 때, 치료 경험이 많은 가족에게 전문가의 역할을 맡겨서 치료자를 안내하도록 하는 방법의 이점을 보여 준다.

14세의 흑인 소년인 레온은 '조직 폭력단 가입이 의심'되고, '약물을 남용하며' '공공기물을 파괴하고' '부모의 말을 듣지 않는다'는 이유로 보호관찰관 스미스 씨가 의뢰한 내담자였다. 레온은 집행유예 조건을 어겨서 9개월의 보호관찰에 처해졌다. 레온은 이웃의 차를 파괴한 벌로 이미 보호관찰과 사회봉사명령을 받은 상태였다. 하지만 최근에 '대마초를 소지'한 혐의로 '폭력 조직단 동료들'과 함께 체포되었다. 스미스씨에 따르면, 레온과 그 가족은 이전에도 '여러 차례' 상담을 받았지만, 레온이나 부모의 행동은 '전혀 변하지 않았다'고 한다. 레온의 부모는 부모 노릇 하는 것과 '레온이 저질러 온 모든 문제'에 '완전히 지쳤으며' '상담자를 만나는 것도 피곤해 한다'고 한다.

레온이 약속을 어기고 어디론가 사라져 버리는 바람에 이미 첫 번째 약속은 취소된 상태였다. 한 주 후에, 레온은 부모인 켄과 루비, 그리고 10살 많은 형 테드와 함께 상담실에 왔다. 이들의 얼굴을 보아하니 필자를 만나러 오는 일에 아무런 기대도 걸지 않는 것 같았다. 한 마디로, 필자는 이들이 지난 3년 동안 만나온 상담자 중 다섯 번째 사람에 불과했던 것이다!

루비: 우리 아들이 스스로 정신을 차리지 않으면, 당신네 상담자들은 우리 아들을 도울 수 없어요.

치료자: 당신 말이 맞아요 루비. 제가 똑같은 실수를 반복하지 않도록 여러분이 예전 상담자들과 무엇을 하셨는지 말씀해 주시면, 정말로 감사하겠습니다. 그분들이 레온 혹은 여러분의 상황과 관련해서 무엇을 간과하거나 놓쳤나요?

루비: 그 양반들은 레온이 하는 헛소리를 다 믿어요. 걔는 선수인데도 말이죠.

치료자: 그게 무슨 말씀이신가요?

루비: 레온은 정말 번지르르하게 이야기를 잘 하거든요. 이런 이야기 저런 이야기 할 것 없이 마구 둘러대죠. 무슨 말씀인지 아시겠어요?

치료자: 그러니까 레온은 자신이 한 말을 지키지 않는 아이라는 건가요?

루비: 맞아요. 걔는 이런 곳에서 당신네들이 하는 말을 따르겠다고 해 놓고선 실제로는 아무 것도 하지 않아요.

치료자: 이전 상담자들이 뭘 잘못했길래 여러분이 화가 났거나, 혹은 상황이 악화된 건가요?

루비: 그 양반들은 레온이 요리 조리 빠져나가도록 그냥 놔두었죠!

치료자: 만약 제가 상담자로서 훨씬 더 적극적으로 나가고, 레온이 상담실 밖에서 자기가 한 말을 지키는지 좀 더 세심하게 점검한다면 도움이 될까요?

루비: 아마도요.

켄: 이거 보슈. 선생님에게 솔직히 말씀 드리는 건데, 난 이런 상담이 도대체 도움이 될 것 같지가 않수다. 녀석이 결국 감옥에라도 가게 된다면, 그건 걔 문제일 뿐이오.

치료자: 선생님 말씀, 잘 알아들었습니다. 저 같아도, 그동안 상담자를 네 명씩이나 만났는데 아무런 효과가 없었다면, 똑같이 느낄 겁니다. 방금 전에 제가 어머님에게 여쭈어 본 질문으로 다시 돌아가서 생각한다면요, 레온이 법정의 명령을 받아 저를 만나러 오는 동안, 제가 레온이 상담실 밖에서 우리가 그에게 하라고 요청한 행동을 잘 하고 있는지 좀 더 세심하게 점검한다면, 그러니까 자신의 행동에 좀 더 책임감을 가지도록 한다면, 조금이라도 도움이 될까요?

켄: 모르겠수다.

치료자: 만약, 제가 여러분이 이전에 만나셨던 스미스씨와 좀 협력해서 일을 한다면 도움이 될 거라고 생각하세요?

루비: 물론이죠. 제 생각엔 이전 상담자들은 자기 일을 열심히 하지 않았어요.

치료자: 아버님 생각은 어떠신가요?

루비: 아마도요.

치료자: 레온, 부모님과 이야기 하는 동안 우리 이야기에 귀를 기울여 줘서 고맙구나. 부모님처럼, 너에게도 또 다른 상담자를 만나야 하는 게 정말 넌덜머리가 나는 일이겠지. 이번이 상담자와 만나는 마지막 시간이 되려면, 내가 어떻게 너를 도와 줘야 할까?

레온: 모르겠어요.

치료자: 나는 스미스씨와 아주 긴밀한 관계를 맺고 있으니, 너를 도와줄 수 있을 것 같아. 그분은 내가 제안하는 것을 잘 들어 주시고, 사람들이 약속을 잘 지키면, 그러니까, 문제를 일으키지 않으면, 도와주시거든.

레온: 또 걸리면 소년원에 가야 하나요?

치료자: 그건 스미스씨 스타일 같구나. 그분은 정말 성실하시거든.

과거에 경험했던 치료자나 상담에 대한 걱정을 표현할 수 있도록 너그럽게 허용하고 감정도 표현할 수 있도록 하자, 부모는 상담자인 필자에게 거는 기대를 분명하게 이야기할 수 있었다. 그들이 이전에 만났던 치료자들처럼 느껴지지 않으려면, 레온과 부모에게 필자가 어떤 행동을 하지 말아야 할 지를 배웠다. 또한, 레온의 부모는 필자가 치료자로서 레온의 생활을 세심하게 점검하는데 좀 더 관심이 많은 것 같다고 말했고, 규칙적으로 스미스 씨와 협력하는 것이 도움이 될 것 같다고도 했다. 아울러, 필자가 백인 치료자라는 사실이 혹시 꺼려지는지 레온과 부모에게 물어보았으나 그들은 전혀 문제가 아니라고 말했다. 가족 회기가 끝나갈 무렵, 레온과 부모는 우리가 함께 건설적으로 만날 수 있을 거라는 희망을 좀 더 갖게 되었다.

내담자의 전문 지식과 현실적인 치료 목표를 끌어내기 위한 임파워먼트 질문

이 절에서 필자는 내담자들이 더 심각한 문제에서 벗어나고 미래에 성공을 일구어 낼 수 있도록 돕기 위해서, 이들이 가진 주요 강점, 능력, 과거의 성공 경험, 그리고 내담자가 가장 관심을 가지고 있는 부분을 끌어내는 창조적인 방법을 내담자가 스스로 생각하도록 촉진하는 다양한 내담자 역량강화 질문을 소개할 것이다. 문제가 없다고 말하는 것이 문제인 가족과 함께 치료 목표를 설정할 때에는 이들이 스스로 목표를 정하도록 돕는 것이 중요하다. 그런데 치료 목표는 청소년들의 범죄행위나 상담을 받아야만 하는 상황에 처한 이유와는 전혀 상관이 없다. 그리고 우리는 보호관찰관, 판사, 그리고 여타 관련 전문가들이 볼 때 이들이 진정으로 변했고 그래서 더 이상은 이들의 삶에 개입할 필요가 없다고 생각하도록 만들 방법을 가족원들이 스스로 생각해 보도록 안내하기 위해서 이 질문을 사용할 수도 있다. 아울러, 오래된 문제와 여러 영역에서 걱정을 안고 있는 가족을 만날 때, 치료자는 어떤 영역의 문제부터 다루기 시작할 것인지 우선순위를 정하도록 안내하고, 선택한 영역 안에서 아주 작고 현실적인 행동적 목표를 협상해야 한다. 마지막으로, 가족이 정한 최초의 치료 목표는 새로운 시작일 뿐이며 결코 문제의 끝이 아니라는 사실을 일깨워 주면 도움이 된다. 필자는 아래에서 내담자에게 힘을 불어 넣을 수 있는 세 가지 유형의 질문—의뢰 과정 질문, 목표 설정 질문, 그리고 미래 지향 질문—을 제시할 것이다.

의뢰 과정 질문

의뢰 과정 질문을 사용하면, 우리는 내담자 가족원들이 왜, 그리고 어떻게 상담에 의뢰되었는지를 생각해 보도록 정중하게 요청할 수 있다. 이 과정의 한 부분으로서, 과거에 다른 치료자들에게 의뢰되었던 과정과, 현재와 과거에 관련을 맺은 상위 체계에 대해서 탐색하면 도움이 된다.

- "어째서 판사님이 법정 명령으로 가족치료를 받으라고 하셨는지에 대해서 생각하시는 이유가 있나요?"
- "이 상담을 통해서 어떤 변화가 생기면, 판사님께서 여러분을 이곳에 잘 보냈

다고 생각하시게 될까요?"

- "지미야, 6개월 후에 브라운 판사님을 다시 만날 때, 네가 만들어 낸 어떤 변화를 보시면 깜짝 놀라실까?"
- "보호관찰관 선생님이 특별히 어떤 점을 보시면, 네가 정말로 변했고 더 이상은 상담에 보낼 필요가 없겠다고 생각하실까?"
- "보호관찰관 선생님이 보시기에 네가 좀 더 변하기를 바라는 부분이 있다면 또 뭐가 있을까?"
- "보호관찰관 선생님이 3주 후에 여기에 앉아 계신다고 가정해 보자. 네가 만들어 낸 어떤 변화를 보시고 가장 기뻐하실까?"
- "그 변화가, 어떻게 보호관찰관 선생님이 네가 아주 성실하게 이 시간을 보내고 있다고 믿으시도록 만들게 될까?"
- "아버님(빌)과 어머님(바바라), 3주에 한 번씩 보호관찰관 만날 때 지미가 만들 어떤 변화에 대해서 가장 이야기 하고 싶으실 것 같으세요?"
- "부모로서 어떠세요? 보호관찰관이 두 분의 어떤 새로운 모습을 보면 그것 덕분에 지미가 더 이상 심각한 문제에 빠지지 않게 되었다고 생각하게 될까요?"
- "지미야, 교장 선생님과 학교사회복지사 선생님이, 보호관찰관 선생님에게 네가 정말 변했다고 믿을 만한 어떤 행동을 하고 있다고 말씀하시게 될까?"
- "이전에 혹시 이런 상담을 받아 보신 적이 있나요?' '어떻게 해서 상담을 받으신 건가요?"
- "그 상담 경험이 여러분에게 도움이 되고 의미가 있도록 만들기 위해서 어떤 노력을 해오셨나요?"
- "과거에 한 번이라도 사법 기관에 관련되었던 적이 있나요?"
- "그때 여러분이 정말로 싫었던 사법기관의 특성이 있었나요?"
- "어떤 면이 싫었던 건가요?' '이번 일이 좀 덜 스트레스가 되고 좋은 결과가 나오도록 하려면, 여러분의 상담자이자 지지자로서 제가 어떻게 도와 드려야 할까요?"

목표 설정 질문

앞에서도 언급했듯이, 이전에 여러 번 상담을 받아 보았던 가족과 처음으로 범죄를 저지른 자녀가 있는 가족은 통상적으로 잘 형성된 행동적 치료목표를 세우는

데 어려움을 겪기 때문에 문제가 악화되거나 치료가 정체되는 상황이 벌어진다. 어떤 때는 치료 목표가 너무 높거나 희미했을 것이고, 치료자의 목표가 치료를 좌우할 때도 있었을 것이다. 하지만 치료 목표는 내담자가 주도적으로 정의하는 것이어야 한다. 우리의 일은, 내담자를 도와서 현실적이면서도 달성할 수 있는 치료 목표를 세울 수 있도록 돕는 것이다. 다음의 질문을 사용하면, 내담자가 선호하는 미래의 모습을 끌어내고 협력적으로 치료목표를 세울 수 있다.

- "오늘밤 여러분이 모두 아주 깊게 잠들어 계신 사이에 기적이 일어나서, 린다가 보호관찰에서 벗어나게 되었다고 상상해 보세요. 다음 날 아침 잠에서 깨어 났을 때 여러분 각자는 상황이 달라졌다는 사실을 알게 됩니다. 무엇이 달라져 있을까요?"
- "기적이 일어났다는 사실을 아실 수 있을까요?"
- "린다야, 기적이 일어나면 좀 더 심각한 문제에 빠지는 대신 무엇이 달라질 것 같니?"
- "부모님이 어떤 식으로 바뀌어 있으면, 부모님과 잘 지내고 문제에서 벗어나는 데 도움이 될 수 있을까?"
- "어머님 그리고 아버님, 두 분께서 부모 역할을 수행하실 때 어떤 점이 바뀌면 린다가 제대로 생활하는 데 도움이 될까요?"
- "기적 상황 중에서 아주 일부라도 이미 일어나고 있는 게 있는지 궁금하네요."
- "어떻게 해내신 건지 알고 계세요?"
- "그 일이 어떻게 변화를 만들어 낸 건가요?"
- "또 어떤 일이 일어나고 있나요? 기적 상황의 일부가 말입니다."
- "정말로 상담이 성공적이었다는 사실을 어떻게 아시게 될까요?"
- "이제 여러분이 싸우는 문제가 나아지기를 원하고 계신다는 사실을 알게 되었으니, 4주 전에 싸우셨던 상황을 기준으로 점수를 매겨볼까 합니다. 1부터 10까지 숫자로 여쭈어 볼게요. 10점은 거의 다투지 않는 상황이고, 1점은 항상 다투는 상황이라고 한다면 4주 전의 상황에 몇 점을 주시겠어요?"
- "각기 1점하고, 2점인가요?"
- "그러면 2주 전에는 몇 점을 주시겠어요?"
- "각기 4점하고, 5점이시군요."
- "여러분 각자는 4점과 5점이 될 때까지 어떤 노력을 하신 건가요?"
- "그렇게 하시니까 도움이 되던가요?"

- "오늘은 어때요? 싸우는 부분에 대해서 오늘은 몇 점이나 주시겠어요?"
- "우와! 6점, 7점이라고요?"
- "여러분 각자는 점수가 6점, 7점이라는 사실을 어떻게 아셨어요?"
- "여러분이 싸우지 않는 데 도움이 되는 또 다른 일은 뭐가 있을까요?:
- "우리가 주 1회씩 여기에서 함께 이야기를 나누었다고 해보죠. 여러분은 행운의 7점이나 8점이 될 때까지 좀 더 많은 노력을 하셨다고 말씀하셨어요. 그렇다면, 그런 일이 일어나게 만들기 위해서 어떤 노력을 하셨다고 말씀 하실까요?"
- "목표를 이루기 위해서 여러분이 가지고 있는 핵심적인 장점과 능력 중에서 어떤 것을 사용하셨다고 말씀하시게 될까요?"
- "과거에 여러분이 겪으셨던 다른 어려움들을 해결하기 위해서 여러분이 가지고 계신 주요 강점과 능력을 어떻게 사용하셨나요?"

미래 지향 질문

미래가 가지고 있는 가장 강력한 힘은, 아직 오지 않았기 때문에 마치 농토를 기름지게 만들 듯 미래를 가능성으로 풍요롭게 만들 수 있다는 것이다. 대부분의 비자발적인 가족은, 더 이상 법정에 앉아서 판사와 보호관찰관을 상대하지 않고 상담에 오지 않아도 되는 상황이 된다면 자신들의 삶이 어떻게 될지 이야기하는 것을 좋아한다. 소년 사법 기관와 상담에서 벗어나기 위해서 이들이 미래에 취하게 될 협력적인 노력에 대한 설명을 세부적으로 끌어낼수록, 치료자와 이들이 함께 긍정적인 자기실현적 예언을 만들어 낼 가능성이 높아진다. 다음에 소개하는 미래 지향 질문을 사용하면, 내담자가 긍정적인 자기실현적 예언을 행동에 옮기는 데 도움이 된다.

- "1년 후에 우리가 동네 슈퍼마켓에서 마주쳤다고 상상해 봅시다. 여러분이 저에게 다가와서 그동안 어떻게 상담을 잘 마무리했고 보호관찰을 끝냈는지를 이야기하는 겁니다. 여러분은 이 큰 일을 해내기 위해서 어떤 노력을 했다고 저에게 말씀하실까요?"
- "당신에게 가장 도움이 된 노력은 무엇이었을까요?"
- "그 노력이 상황을 좋게 만드는 어떤 변화를 만들어 냈을까요?"
- "만약 스미스씨[보호관찰관]도 식료품점에 나타나서 우리와 대화를 나누게 되

었다고 가정하면, 그 분이 구체적으로 어떤 변화를 보면 여러분이 달라졌다는 사실을 첫 눈에 알게 될까요?"

- "그 분이 여러분에게 진짜로 도움이 된 부분에 대해서 물어본다면, 여러 가지 변화 중에서 어떤 것이 가장 도움이 되었고, 그게 어째서 도움이 되었다고 말씀하실까요?"
- "여러분이 상담과 보호관찰을 통해서 몇 가지 교훈을 얻게 되었다고 가정한다면요. 여러분이 배운 것과 실제로 실천에 옮긴 것 중에서 어떤 것을 그에게 말씀하실까요?"
- "슈퍼마켓에서 만난 때로 다시 돌아가서, 보호관찰관과도 함께 멋진 이야기를 나눈다고 상상해 봅시다. 두 분은(메리의 부모) 메리가 착실하게 생활하도록 만들고, 메리와 원만하게 지내기 위해서 현재 어떤 노력을 하고 계신다고 말씀하실까요?"
- "메리야, 너는 어떠니? 너는 어떤 노력을 하고 있다고 구체적으로 이야기를 할 것 같으니?"
- "너랑 예전에 어울렸던 옛날 친구들이 슈퍼마켓에 지금 들어온다고 가정하고, 내가 그애들한테 네가 어떻게 달라졌는지 질문한다면, 그 아이들은 네가 어떻게 변했기 때문에 더 이상은 너와 어울리지 않는다고 말할까? 두 세 가지만 이야기해 보자."
- "네가 많이 달라져서 책임감도 더 갖게 되고, 부모님과도 좀 더 원만하게 지내고 있다면, 예전에 보호관찰 받을 때와 비교해서 어떤 점이 달라졌다고 스스로 생각할 것 같니?"
- "메리가 여러 면에서 계속 잘해 나갈 수 있도록 부모로서 도와주실 수 있는 새로운 방법에는 뭐가 있을까요?"

보호관찰관 및 판사들과 협력하기

우리는 보호관찰관 및 판사들과 협력할 때, 함께 만나고 있는 공통의 청소년 내담자가 범죄를 다시는 저지르지 않으면서 여러 삶의 영역에서 좀 더 잘 살아갈 수 있도록 돕기 위해서, 이들이 개입하게 된 배경을 존경심을 가지고 들어야 하고, 그들이 우리에게 걸고 있는 기대와 염려하고 있는 부분을 존중해야 하며, 함께 협력하고 싶다는 의사를 강력하게 전달할 필요가 있다. 치료자로서 우리는 책무(Kegan &

Lahey, 2001) 혹은 지위 때문에 개입하게 된 보호관찰관에게, 내담자가 처음에 문제에 빠지게 된 이유를 무엇이라고 생각하는지와, 보호관찰 처분을 성공적으로 종료하려면 특별히 어떤 부분이 바뀌어야 한다고 생각하는지를 묻고 호기심을 가지고 경청해야 한다. 비록 우리가 그들이 생각하는 문제 원인과 내담자에게 요구하는 지나치게 높은 목표에 동의하지 않을지라도, 일단은 판단을 유보하면서 그들의 의견을 존중해야 한다. 그러나 단기적으로는, 보호관찰관이 내담자에게 요구하고 있는 높은 목표를 달성하는 방향으로 이끌어 갈 작은 신호와 증거가 무엇일지에 관해서 보호관찰관과 협상을 시도할 필요가 있다. 다음에 소개하는 질문은 보호관찰관들과 함께 목표를 정할 때 도움이 되는 질문이다.

- "윌리가 변화의 길로 들어서도록 돕기 위해서 제가 가장 먼저 무엇부터 다뤄야 한다고 생각하세요?"
- "그 일이 어떻게 윌리를 달라지게 만들거라고 생각하시나요?"
- "뭘 보시면, 윌리가 더 이상 상담에 오지 않아도 된다고 생각하시게 될까요?"
- "어떤 작은 긍정적인 일을 보시면, 윌리가 상황을 개선하려고 노력한다고 생각하시게 될까요?"
- "우리가 모두 함께 격주 간격으로 윌리와 그 가족을 만났다고 상상해 보신다면요, 선생님께서는 어떤 작은 변화 소식을 들으시면 가장 기뻐하실까요?"
- "윌리의 부모님은 어떤 식으로 아들을 잘 관리하고 있다는 걸 선생님에게 보여 줄까요?"
- "예전에 윌리와 같은 어린 남자 아이들을 만나셨을 때 개입했던 치료자들은, 선생님께서 그 아이들을 잘 도울 수 있도록 어떤 조언을 해주었나요?"
- "윌리와 그 부모를 만날 때 일을 그르치는 상황을 피하기 위해서 제가 어떻게 해야 한다고 생각하세요?"
- "과거에 다른 치료자들과 일하셨을 때, 그분들의 협력 방식 중에서 어떤 부분이 가장 고마우시던가요?"
- "그렇게 하는 것이 어떻게 선생님과 아이들이 이루어 낸 결과에 도움이 되었나요?"

이러한 질문을 사용하면 보호관찰관과 함께 작고 현실적인 치료목표를 세울 수 있고, 성공적인 협력 관계를 설정할 수 있게 된다. 우리는 내담자를 만날 때처럼, 우리의 일을 효과적으로 수행하는데 보호관찰관이 도움을 줄 수 있도록, 이들의 강점, 재능, 그리고 전문적인 경험과 지혜를 활용하고 싶어 한다. 우리가 이들의 전문적인 기술과 의견을 존중하고 가치 있게 생각한다는 느낌을 줄 수 있다면, 매우 빠르게 협력적인 업무 관계를 맺을 수 있다.

치료자가 보호관찰관 및 판사들과 견고한 협력 관계를 맺을 수 있는 또 다른 중요한 방법은, 이들과 월 1회 점심 약속을 지키려고 노력하는 것이다. 이렇게 정기적으로 만나면서 함께 얼마나 잘해 나가고 있는지와 우리의 활동을 통해서 무엇이 좋아져야 하는지에 대해서 논의할 수 있다. 보호관찰관이 원하면 아무 때나 가족상담 회기에 올 수 있도록 허용하는 개방적인 원칙을 정하는 것이 가장 좋다. 실제로, 통상적으로 필자는 내담자 가족이 상담을 끝내려면 자신을 돕는 이들이 무엇을 기대하고 있는지를 알 수 있게 만들기 위해서 가능하면 보호관찰관과 기타 관련 원조 전문가들을 첫 번째 가족 회기에 참여시키려고 한다.

판사들은, 우리가 치료자로서 지키려는 가치와 치료모델에 친숙해질수록 가족에 대해 우리가 하는 조언에 수용적인 모습을 보인다. 이런 노력은 개별적으로 할 수 있지만, 여러분 지역의 소년 법정에서 근무하고 있는 판사들을 한 곳에 모아서 여러분이 적용하는 치료모델에 대해서 한 시간 가량 설명하는 시간을 확보하는 편이 좀 더 효율적이다. 또한, 판사들이 우리의 치료모델에 대해서 우려하는 부분을 흔쾌히 이해하고, 우리가 소년 범죄자와 가족을 만날 때 어떻게 하면 좀 더 효과적으로 접근할 수 있을지에 대한 그들의 제안을 수용한다면 도움이 될 것이다. 어떤 판사들은 여러분이 그들 바로 다음 차례에 내담자 및 가족과 만나고 싶다는 생각과 여러분도 재판에 참관하겠다는 생각에 수용적인 태도를 보일 수도 있다. 이렇게만 될 수 있다면, 심지어 상담을 명령받은 가장 다루기 힘든 가족과 만날 때에도 상담이 훨씬 더 부드럽게 진행될 수 있다.

요약

이 장에서, 다루기가 쉽지 않은, 문제가 없다고 말하는 것이 문제인 가족에게 효과적으로 접근할 수 있는 몇 가지 실용적인 지침과 치료 전략에 대해서 논하였다. 이런 가족들 다수는 부정적인 치료 경험을 가지고 있거나 상위 체계의 관련 전문가들과 적대적인 관계를 맺어 왔기 때문에, 현재 만나고 있는 전문가들과 협력적인 관계를 만들기 위해서 가족이 우리에게 문제를 좀 더 편안하게 이야기하고 청소년 자녀에 대해서 나름대로 생각하고 있는 변화 이론과 치료에 대한 기대감을 말할 수 있도록 이끄는 과정이 결정적으로 중요하다. 상담을 처음 받아 보거나 처음으로 범죄를 행한 청소년의 가족을 만나면, 치료자들은 사회의 질서를 세우기 위해 엄격한 태도를 보이는 역할에 빠지지 않도록 매우 조심해야 한다. 그 대신, 우리는 내담자들의 강점을 북돋아 주고, 설득력 있는 미래의 성공 이야기를 함께 만들어 가야 한다. 마지막으로, 좀 더 심하게 비자발적인 가족과 만날 때는 치료자가 시간을 들여서 해당 지역사회에서 일하고 있으면서 치료자에게 꼭 필요한 지원과 편의를 제공해 줄 수 있는 아동보호기관의 직원, 보호관찰관, 그리고 판사와 든든한 협력 관계를 만들어 나가는 것이 중요하다.

Pathways to Change

Chapter 08

사회체계 원조 전문직 동료와 전환적 대화에 필요한 분위기 공동창조하기

감사는 멋진 것이다. 감사는 다른 사람 안에 있는 훌륭한 것을 우리 것도 되게 만든다.

—볼테르(VOLTAIRE)

2차 사이버네틱스(second-order cybernetics) 사고방식이 가족치료자들에게 새로운 인식론적 틀이 되기 훨씬 이전에, 오스왈드(Auerswald, 1972)는 치료자들이 생태학적 관점을 수용하는 것이 중요하다고 강조하였다. 이 생태학적 관점이란, 내담자, 가족, 상위 체계의 협력자, 그리고 지역공동체와의 상호작용에 초점을 맞춘 것이다. 후에 이 선구적인 이론을 토대로 하여 유명한 가족치료자들이 오스왈드의 생태학적 관점을 확장하였다. 밀란학파는 '중요한 체계(significant system)' 이론을 개발하였다. 이 이론은 '중요한 체계'의 다른 사람들에게 치료자가 개입함으로써 생기는 영향력을 고려해야 할 뿐만 아니라, 내담자의 문제 해결에 관련된 모든 사람들에게 치료자가 개입하는 것이 필수적이라는 것이다. 카퍼스미스(Coppersmith, 1985)는 중요한 체계를 '유의미한 체계(meaningful system)'라고 불렀다. 굴리시안(Goolishian)과 그의 동료들은 중요한 체계를 '문제조직 체계이자 문제해소 체계'(Anderson & Goolishian, 1988b)라고 설명하기도 했다. 보그단(Bogdan, 1984)은 문제란 '사고(思考)의 생태학'이라고 주장했다.

밀란학파는 인지생물학 분야(Maturana & Varela, 1988)와 급진적 구성주의 이론가들(von Foerster, 1981; von Glasersfeld, 1984)로부터 많은 영향을 받았으며, '관찰되는 체계'가 아닌 '관찰하는 체계(observing system)'(Boscolo et al., 1987)를 주장한 급진적 구성주의자들의 영향을 특히 많이 받았다. 밀란학파는 치료자들의 관찰 대상에 치료자 자신을 포함해야 한다고 보고 있다. 다른 원조전문가들이 사례에 관계하게 될 때, 이들도 문제 체계의 부분으로 여겨지며, 확인된 문제(identified problem)를 둘러싸고 힘을 합하는 관찰자들 중의 일부분으로 여겨진다. 따라서 이러한 사고에서 내담자 체계는 무엇이 내담자에게 '최상'인가를 아는 치료자에 의해서 개선되어야 하는 분리된, 관찰 당하는 존재가 아니다.

밀란 학파와 상관없이 전 세계의 가족치료자들은 자신들만의 독특한 체계론적 접근 방식으로 가족-다수협력자 문제 체계(family-multiple helper problem system)를 발전시켜 왔다. 휴스턴-갤비스턴 가족 연구소(Houston-Galveston Family Institute)의 굴리시안과 동료들은 다수협력자가 관련되어 있는 만성적으로 어려움을 겪고 있는 가족들을 도울 수 있는 훌륭한 치료방식을 개발했다. 유럽에서는 밀란학파와 굴리시안과 앤더슨(Anderson)의 혁신적 연구가 아일랜드, 노르웨이, 독일의 치료자들에게 상당한 영향을 끼쳤다. 더블린 그룹은 이 이론들을 가족내 성폭력의 희생자, 그 가족, 관련 전문가들이 만들고자 하는 치료적 환경에 적용했다. 노르웨이 트롬소(Tromso)의 앤더슨과 동료들은 어렵고 고착화된 사례의 치료를 위해 혁신적인 '반영팀(Reflecting Team)' 상담법을 개발했다. 독일 마부르크(Marburg)의 다이슬러(Deissler, 1989, 1992)는 정신과 내담자들과 그 가족, 외래 치료팀, 그리고 대규모의 정신 건강 전달체계에 대해 몇 가지 선구적인 연구를 했다. 더 최근에 핀란드의 세이쿨라(Seikkula)와 동료들은 그들이 열린 대화 자문 접근(open dialogue consultation approach)이라고 부르는 것을 개발하였다. 이 접근은 정신증을 보이는 청소년과 성인, 가족, 관련된 협력자에게 적용 가능하며, 정신병원 입원을 예방하고 내담자를 집에서 생활 가능케 한다는 강한 경험적 증거가 있는 접근이다(Seikkula & Olsom, 2003; Seikkula, alakare, & Aaltonen, 2000).

이 장에서 필자는 가족-다수협력자 문제 체계(family-multiple helper problem system)를 위한 생태체계적 접근을 제시할 것이며, 상위 체계 협력자들과 협력적 관계를 맺는 방법에 대한 실질적인 제안을 하겠으며, 치료자의 역할에 대해 논하겠고, 몇 가지 사례를 제시할 것이다.

다루기 어려운 청소년 내담자들은 종종 사법기관, 경찰서, 학교, 지역사회 정신건강기관, 약물재활프로그램 담당자, 아동보호복지사들과 접촉을 가져 왔다. 어떤 지역 사회에서든지, 치료자들은 상위 체계의 기관들 사이에 의사 소통이 제대로 이루어지지 않고 있으며, 기관들 간에 조정능력이 없고, 상위 체계 대표자들과 가족들 사이에 보통 분열과 의견 불일치가 있다는 사실을 발견하곤 한다. 가족과 협력자들은 문제설명, 변화 이론, 무엇이 가장 좋은 치료방법인지에 대한 의견에서 정반대일 수도 있다. 이것은 내가 **가족-원조 체계 매듭**이라고 부른 상황으로 갈 수도 있다(Selekman, 2002). 이런 어려움들 때문에 필자는 적극적으로 지역사회 상위 체계의 협력자들과 친밀한 관계를 유지하여서 필자의 상담실과 다양한 기관 사이에서 창조적인 가교(架橋) 역할을 하려고 노력한다. 또한 성직자들, 지역 지도자들, 청소년 내담자의 친구들, 그리고 격려해 주는 사람들과 협력하는 것도 중요하다는 사실을 알고 있다.

수년 동안 필자는 경찰서나 청소년사법기관에 연루된 아이들을 상담해 왔다. 이런 사례를 담당할 때, 시간을 내서 지역 경찰서를 찾아가 청소년 담당관과 친분을 쌓고 관련 경찰서 사회복지사들을 만나면서, 이 주요 인물들과 점심 식사를 함께 하는 등의 정기적 만남을 갖는 것이 매우 유용하다는 사실을 알게 되었다. 보호관찰관과도 매월 정기적인 오찬 모임을 갖고자 노력한다. 이런 오찬 모임을 통해 이들과 라포를 형성하며 담당 사례에 대해 서로 더 잘 협력하는 기회로 활용한다. 이런 협력자들로부터 필자가 치료자로서 그리고 협력자로서 무엇을 다르게 행동해야 하는지와 무엇을 계속해야 하는지를 배우는 것은 아주 흥미로운 일이다. 재판에 회부 중이던 어떤 청소년의 경우, 필자가 판사와 좋은 관계를 유지했다는 점이 치료 결과를 다르게 만들었다. 치료자가 치료와 치료자에 대한 판사의 견해를 아는 것은 매우 중요하기 때문이다.

학교측과 일할 때에도, 필자는 더 좋은 협력관계를 만들기 위해서 점심식사 시간의 회의가 매우 유용하다는 사실을 발견했다. 학교사회복지사나 행정직원들과 좋은 관계를 유지하는 것도 중요할 뿐만 아니라, 학생상담실과 교사들의 의견과 치료에 대한 기대를 듣는 것도 도움이 된다. 학교에서 발생하는 위기관리에 규칙적으로 참여하고 학교에서 집단을 운영하거나 공동운영하는 것도 학교에 단단한 협력 관계를 배양하는 두 가지 다른 효과적인 방법이다.

정신과나 약물재활프로그램의 대표자들과의 관계를 위해서 필자는 치료에 대한 그들의 철학과 그들의 프로그램 구성요소에 익숙해지려고 노력한다. 또한 그들이 필자에게 의뢰하는 사례에 대해서 그들이 무슨 기대를 가지고 있는지를 반드시 확인한다. 예를 들면 필자에게 사례를 의뢰하는 여러 기관과 병원의 프로그램 담당자들은 청소년들이 자기 기관에서 퇴소하기 전에 필자가 과도기 가족 상담을 해주는 것을 좋아한다. 만약 그 기관들이 필자의 내담자를 위한 추후 지도를 계획하고 있다면 필자는 관련 치료자들을 필자의 가족치료 회기나 가족-다수협력자 모임에 초청한다.

누가 문제체계에 포함되는지를 알아보기 위해서 청소년과 가족들에 대한 거시체계사정을 실시할 때, 필자는 가족으로부터 정보공개를 위한 서명을 받는다. 이것은 가족-다수협력자 모임에서 다른 전문직들과 자유롭게 대화하고 협력하는 데 필요하며, 지역사회에서 내담자를 옹호하는 데에도 필요하다. 가족-다수협력자 모임을 조직하는 일은 사실 지루한 작업이다. 특히 모든 참여자에게 적절한 모임 시간을 정하는 일은 특히 그러하다. 그럼에도 불구하고 필자는 가족들이 이 모임에 참석했으면 하는 주요 인물들을 가능한 한 많이 포함시키려고 노력한다. 그러나 과중한 업무나 빽빽한 스케줄에 시달리는 협력자들이 이 모임에 참석하지 못하는 경우가 종종 있다. 그런 때에는 가족-다수협력자 모임에서 다루었던 주요 내용들을 한 페이지로 요약한 것을 참석하지 못한 협력자들에게 발송하고 있다. 또한 참석하지 못한 협력자들과 그들의 사무실에서 개별적 만남을 갖기 위해 따로 시간을 내기도 한다. 치료자들이 이런 활발한 활동을 하지 않는다면, 불참한 협력자들은 고정관념을 가지고 내담자의 문제 상황을 바라보고 매번 비효과적인 똑같은 해결방법만 시도할 것이며 이것은 결국 문제를 유지시키게 될 것이다. 그러므로 청소년 사례에 관련된 협력자들이 청소년의 변화를 알아챌 수 있는 기회와 사례에 대한 논의를 들을 수 있는 기회를 최대화하는 것이 필요하다.

치료자의 역할

가족-다수협력자 모임에서 치료자들에게 가장 우선적이고 중요한 책임은, 익숙한 것과 새로운 가능성 양쪽 모두에 대한 대화를 할 수 있도록 공간을 만들어 내는 것이다. 이 과정은 치료자들이 쓰는 **다중편애**(multipartiality)(Anderson, 1997; Anderson & Goolishian, 1988b)를 사용해서만 만들어진다. 이것은 문제 상황에 대한 내담자와 협력자들의 다양한 관점을 치료자가 모두 인정하는 것이다. 치료자는 내담자와 협력자들에 대해서 어떠한 가치 판단도 하지 않으며, 내담자와 협력자들의 언어를 사용해서 대화하며, 자신의 치료적 의견을 궁극적인 진리가 아니라 잠정적인 생각으로 제시함으로써 이러한 임무를 수행해 나간다. 치료자는 공손한 경청자이며 협력자로서, 치료적 대화의 어느 시점에서든 자신의 의견을 바꿀 수 있는 준비가 되어 있어야 한다.

하그로브(Hargrove)(1999)는 집단과 함께 행동 가능성을 공동 창조하는 효과적인 방법 중의 하나는 '기막힌 지혜(crazy wisdom)'를 활용하는 것 혹은 '이 상황에서 우리가 할 수 있는 '기막힌 것들'은 무엇일까요?'라고 질문하는, 좀 더 직관적인 접근을 제안했다. 이런 질문은 협동회의 참가자의 창조적이고 직관적인 정신에 자극을 가하여 자유로운 공간을 향하게 하여 기존의 관점에서 벗어나서 새로운 가능성을 창조하게 할 수 있다.

협동 회의에서 사용할 수 있는 다른 치료적 도구는 **미결정**(suspension)(Selekman, 2002; Isaacs, 1999; Bohm, 1985)이다. 가족-다수협력자 협동 회의에서는 불가피하게도 부모나 청소년의 행동에 대해 지나치게 비관적인 혹은 병리적인 설명에 매달리는 사람들이 있다. 이런 태도는 다시 참석자들에게 부정적인 정서 반작용을 일으킨다. 우리는 반작용으로 그런 사람들로부터 내담자를 보호하거나 방어하려 하게 된다. 우리의 정서적 반작용이나 관심을 이런 협력자들에게 표현하게 되면 그들을 방어적이고 침묵하게 만들게 될 뿐만 아니라 앞으로 협력회의에 참석하기를 원치 않게 만들 수도 있다. 미결정 상태로 있음으로써, 치료자는 어쩌면 이들을 향한 것일 수도 있는 분노와 좌절감으로 가득한 구름을 머리 위에 가진 것처럼, 만화에서처럼 할 수 있다. 그렇게 함으로써 치료자는 잠시 휴식을 가질 수 있고, 생각과 감정을 조심스럽게 점검할 수 있으며, 이런 생각이 어디에서 오는지를 생각해 보고, 다른 사람에게 협력자들이 방금 말한 것에 대해 어떻게 생각하는지 의견을 말해 달라고 할 수도 있다.

우리가 협동 회의에서 우리의 생각을 비평적으로 검토하기 위해 활용할 수 있는, 미결정에 긴밀히 연관된 두 가지 도구는 **추론의 사다리**와 **왼쪽 단 연습**이다. 추론의 사다리(Hargrove, 1999)를 활용하여, 우리가 선택한 데이터, 우리가 첨가한 의미, 우리가 하는 가정, 이 정보들을 근거로 내리는 결론을 아래 단으로부터 위로 추적을 할 수 있다. 이것은 다시 우리로 하여금 우리의 행동을 지배하는 믿음을 선택하게 한다(**그림 8.1** 참조)

왼쪽 단 연습(Hargrove, 1999; Argyris, 1986)은 우리의 생각과 방어적인 일상적인 연습이 어떻게 갈등을 피하게 하고 협력관계에서 일어나는 변형된 학습을 예방하는지 좀 더 인식하도록 도와준다. 왼쪽 단 연습에는 네 단계가 있다.

1. 짧은 한 문단에 당신이 특정 원조전문직 동료 때문에 경험하고 있는 제일 큰 어려움을 적는다.

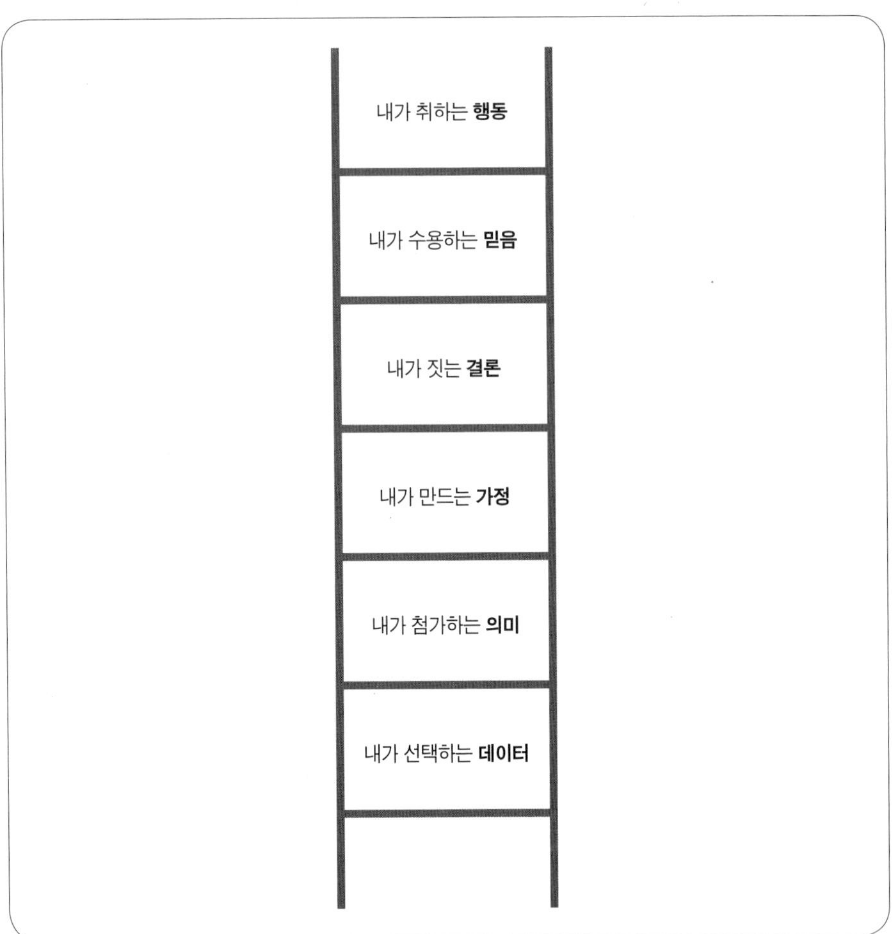

그림 8.1 추론의 사다리

2. 이 어려움을 설명할 때, 이 문단속에 당신이 이 사람과 관련해서 개인적으로 혹은 다음번 가족-다수협력자 협동 회의에서 활용할 전략을 적는다.
3. 다른 종이를 두 개의 단으로 나눈다. 오른쪽에는 어떻게 대화를 시작할지, 실제로 협력자에게 어떻게 말할지를 적는다. 그러고 나서 협력자가 뭐라고 말할 거라고 생각하는지를 적는다. 다음에 그의 반응에 대한 당신의 반응을 적는다. 이 과정을 두 쪽에 걸쳐 계속한다.
4. 왼쪽 단에는 협력자가 말하는 것에 대해 당신 안에서 일어날 것 같은 그러나 전달하지는 않을 감정이나 생각을 적는다.

그림 8.2에서 내가 매우 불안하고 비관적인 학교사회복지사와 학교직원들과의 협

나의 생각과 감정	실제 대화
	치료자: 제가 선생님께 이번 주 초에 말씀드렸을 때 캐리가 다시 자해할까봐 대해 매우 걱정하시는 것으로 보였었습니다. 혹시 다음번 가족회기 때 다루어야 할 것으로 캐리의 상황에 대해 제가 혹시 모르는 것이 있는지요?
내가 매번 윌리암과 얘기할 때마다 그는 캐리의 변화능력에 대해 걱정하고 비관적인 것으로 보인다. 그의 불안과 비관주의가 그와 캐리와의 상호작용에서 부정적인 자기충족 예언으로 작용할 가능성이 있지 않을지 염려된다. 그러나 나는 그의 염려에 대해 관심을 가져야 하고 지지해 주어야 한다.	**윌리암:** 제 생각에는 캐리가 다시 자해를 시작할 것 같아요. 최근에 캐리는 근심이 있어 보이고 불안정해 보였어요. 그래서 캐리를 제가 매일 체크하고 수업마다 따라다니기로 결정한 것이지요.
	치료자: '따라다니기'는 그녀가 자해하는 것을 방지하기 위한 것인가요 혹은 그녀를 좀 더 지지해 주기 위한 것인가요?
이 '따라다니기' 생각은 정말로 지나치다. 캐리의 스트레스 수준을 높이고 다른 자해사건을 일으킬 수도 있다. 학교 측은 학교의 책임문제 때문에 이걸 할 수도 있겠다. 나는 이 예방 전략이 어쩌면 맞불을 놓는 셈이 될 수 있다고 그들에게 도전함으로써 풍파를 일으키지 않는 게 좋겠다.	**윌리암:** 캐리를 매일 아침마다 제게 들리게 한 것으로는 충분치 않아요. 우리는 아침마다 저에게 들리게 하는 것과 계속 따라다니는 것이 다시 자해하는 것을 방지하는 가장 좋은 방법이라고 생각합니다.
	치료자: 제가 캐리에게 다시 자해하려는 충동 속으로 빠져들어 가지 않도록 여러 가지 대처 도구를 가르쳐 왔습니다. 제가 아는 한 자해사건 없이 6주를 지내왔습니다!
윌리암이나 교직원들이 내가 캐리를 '충분히 상담 잘 하고 있다'고 생각하지 않는 것 같다. 정말 진퇴양난인 것 같다. 어쩌면 나는 윌리암과 교직원들에 대한 여러 가지 가정을 더 이상 하지 말고 아래와 같은 질문을 더 해야 할 필요가 있을 수도 있다. • 내가 어떻게 하면 그들에게 더 도움이 될까? • 어떻게 하면 우리가 좀 더 효과적으로 일할 수 있을까? • 내가 캐리의 선생님들과 협력하는 것이 도움이 될까?	윌리암: 좋은 말씀이에요. 그렇지만 저희는 캐리가 학교에서 그 '대처도구'를 쓰는 걸 보질 못했어요. 가끔 캐리는 저나 다른 사람에게 자해하고 싶다는 생각을 얘기해 왔어요. 그리고 몇 과목에서 낙제를 하고 있습니다.

그림 8.2 왼쪽 단 연습

력 관계에서 교착되지 않기 위하여 어떻게 왼쪽 단 도구를 사용하는지 제시하고 있다(특히 3단계와 4단계) 내담자는 15세의 자해청소년인 캐리였는데 6주 동안 자해 행동 없이 지내왔는데도 여전히 학교 사회복지지사와 교직원들, 학생주임의 주된 관심사였다. 캐리의 자제능력에 대해 매우 걱정하고 비관적인데다가 그들은 두 가지 위험한 관리전략을 사용하기로 결정했다. 하나는 매일 아침마다 어떻게 기능하는지와 얘기할 문제가 있는지 확인하기 위하여 학교사회복지사에게 들르라는 것이었다. 두 번째 전략은 모든 관련된 학교직원이 순서를 정해 수업마다 '따라다니는 것'이었다. 왼쪽 컬럼 도구를 활용하여 나는 내 생각이 진정한 경청을 방해하고 사회복지사와 교직원을 존중하는 것을 방해하고 있는지를 비평적으로 검토할 수 있었다.

우리는 또한 관련된 협력자의 헌신이나 그들의 관심 뒤에 있는 의미 있는 이야기에 민감할 필요가 있다(Kegan & Lahey, 2001). 관련된 협력자들이 문제에 대한 특정한 설명이나 내담자와의 상호작용에서 시도된 해결에 집착하는 충분한 이유가 있다. 만약에 우리가 이 협력자들에게 그들이 관심을 가진 이야기를 나눌 수 있는 기회를 충분히 허락하지 않는다면 그들은 계속해서 문제에 대한 특정한 설명이나, 청소년이나 가족의 어려움을 악화시킬 행동에 필요 없이 집착할 것이다. 일단 이 의미 있는 이야기를 회의 참석자들과 나누고 이에 대해 생각할 시간을 가지면 관심을 가진 협력자의 고정된 믿음이 느슨해질 수도 있으며 그들이 존중 받고 수용 받는다는 기분을 느끼게 되면 행동을 위한 새로운 가능성이 만들어질 수 있다.

마지막으로, 치료자는 '알지 못함(not knowing)'의 자세에서 질문을 한다(Anderson, 1997; Anderson & Goolishian, 1988, 1991b). 불교 수도승들은 고대 고승들로부터 '부지(不知)의 정신(Don't Know Mind)'의 가치를 가르침 받았는데, '부지의 정신'이란 영원히 신선하고, 개방적이고, 가능성이 가득한 것이다(Mitchell, 1988). 노자는 그의 제자들에게 다음과 같은 지혜를 가르쳤다. "지혜로운 사람은 자신의 주장을 증명할 필요가 없다. 자신의 주장을 증명하려는 사람은 이미 지혜로운 사람이 아니다. 득도한 사람은 성취를 꿈꾸지 않는다. 자신이 존재한다는 것을 증명하려거나 기대하지 않을 때 모든 것을 받아들일 수 있다." (Mitchell, 1988, p. 15). 만약 우리가 가족원과 관련 협력자들이 우리의 생각과 행동의 원칙을 받아들이기를 기대한다면, 우리 자신의 관점의 제한성에 대해서도 기꺼이 동등하게 비평적으로 바라보아야 하며 협력자의 생각과 제안된 행동 방법을 받아들이는 것에도 개방적이어야 한다. 가족-다수협력자 협력 회의를 주최할 때 치료자들은 모든 가능성에 대해 개방적인 마음을 유지하기 위해 다음과 같은 질문을 스스로에게 할 수 있다.

- "내가 이 문제 상황에 대한 이해에 도달하게 된 방법을 회의 참석자들과 공유하고 있나?"

- "내 아이디어에 대해 생각해 보도록 다른 사람들을 격려했나?"
- "내가 정말 경청하고 있나?"
- "내가 다른 참가자의 관점을 이해하기 위해 노력하나?"
- "내가 탐색하고, 경청하고, 나의 관점을 개방적인 방식으로 말하고 있나?"

치료자들이 가족-다수협력자 회의에서 변화를 가져오는 대화를 촉진하는 도구로 사용할 수 있는 다양한 협동질문을 아래에 제시하고자 한다.

협동질문

가족-다수협력자 협동 회의에서는 우리가 질문하는 방식이 매우 중요하다. 어떻게 질문하느냐에 따라 그 질문이 변화를 가져오는 대화를 가능케 하는 도로를 닦는 일이 될 수도 있고, 반대로 가족원과 협력자들이 위험을 무릅쓰는 것을 두려워하고 가족비밀, 화나는 감정, 개인적 관점 등 중요하지만 말할 수 없는 것 혹은 아직 말하지 못한 것을 공유하기를 두려워하는 분위기를 만들 수도 있다(Selekman, 2002; Kegan & Lahey, 2001; Gergen & McNamee, 2000; Bohm, 1985; Anderson, 1997; Anderson & Goolishian, 1988b). 기적질문(de Shazer, 1988)이나 문제의 외재화(White & Eptson, 1990)도 이상적인 치료목표 설정에 도움이 되며 복잡하고 어려운 청소년 사례에서 가능성을 공동 창조하는 데 도움이 될 수 있다. 그런데 한 가지 주의할 점은 이 두 가지 강력한 질문을 사용할 때 잠정적인 방식으로 대화함으로써 더 회의적이거나 비관적인 가족원과 협력자들이 당신이 문제 상황을 더 특별하고도 정확히 보는 것을 뽐낸다고 생각하지 않도록 하는 것이 필요하다. 만약 이런 일이 생긴다면 더 회의적이고 비관적인 참석자는 당신이 문제 상황을 충분히 심각하게 받아들이지 않으며 염려와 문제에 대한 그들의 관점을 당신이 듣지 않는다고 생각할 수도 있다. 이런 인식은 다시 대화의 흐름을 방해할 수도 있을 것이다. 변화를 가져오는 대화를 이끌어 내는 질문들은 개방형이며 회의 참석자들의 관심과 호기심을 끌며 새로운 의미와 행동의 가능성을 만들어 내는 경향이 있다. 비록 아래 제시되는 질문들이 협동질문의 전부는 아니지만 관심을 가진 사회체계 내의 원조전문직 동료들과의 회의에서 필자가 특별히 유용하게 사용해 온 것들이다.

- "이 회의에서 달성하고자 하고 좀 더 배우고자 하는 것은 무엇인가요?"

- "우리가 당신 가족과 일함으로써 당신 가족에 대해서 더 알게 되었으면 하는 강점들은 무엇인가요?"
- "상담을 통해 가장 이루고 싶은 것은 무엇인가요?"
- "가끔 저는 새로운 생각이 머리에 떠오르는데요. 저는 어떻게든 기적이 일어나서 여기서 얘기해 온 염려와 문제가 다 해결이 되었다고 상상해 봤어요. 그렇다면 지금 이 상황과 무엇이 다를까요?"
- "당신의 상황이 얼마나 어려워 보이는지 말씀하시는 것을 세심히 듣는 동안 이상한 생각이 떠올랐어요. 이 주의력결핍장애가 살아 있어서 우리 모두를 괴롭혔고 우리는 정신없이 가장 좋은 해결책을 찾아서 학교, 집, 지역사회에서 그 녀석을 통제하려고 노력해 왔다는 생각이 들었어요. 혹시 여러분도 그런 생각을 하시거나 그런 기분이 든 적이 있으신가요?"
- "이 상황에서 주어진다면 좋은 영향을 끼칠 만한 것으로서 빠져 있는 것은 무엇일까요?"
- "무엇으로 인해 그렇게 생각하게 되셨나요?"
- "당신 말이 맞을 수도 있습니다. 그러나 저는 좀 더 이해하고 싶은데요. 무엇으로 인해 그렇게 믿게 되셨는지요?"
- "그 말씀은 무슨 의미이신지요?"
- "우리가 아직 다루지 않은 것 중에 이야기해야 할 필요가 있는 것이 있나요?"
- "우리가 함께 얘기하지 않은 문제는 어떤 것이지요?"
- "우리가 무엇 때문에 이 문제에 대해 얘기하지 않았다고 생각하시나요?"
- "당신의 상황이나 염려를 더 잘 이해하는 데 도움이 되기에 우리가 알아야만 한다고 생각하는, 당신 가족의 이야기 중 특별한 부분이 있나요?"
- "이 상황이 악화되도록 영향을 주는 것으로 우리가 하지 않거나 혹은 하고 있는 것이 있나요?"
- "여기에 관여하시면서 무엇을 가장 잘 이해하게 되셨나요?"
- "이 상황에서 가장 큰 변화를 만들기 위해 우리의 강점과 자원을 어떻게 활용할 수 있을까요?"

가족-다수협력자 협동 회의 참가자들이 이 질문에 답할 때 새로운 의미가 반짝이게 될 수 있고, 아직 얘기되지 않은 가족이야기가 드러날 수 있으며 새로운 행동 가능성이 만들어질 수 있는데 이것들은 모두 변화의 촉매제 역할을 할 수 있는 것들이다.

협동적 언어체계 치료 접근을 해리 굴리시안(Harry Goolishian)과 공동 개발한 할린 앤더슨(Harlene Anderson)은 '알지 못함'이라는 겸손한 치료자의 자세의 중요성에 대해서 다음과 같이 말하고 있다(Anderson, 1997).

> 알지 못함은 우리를 내담자가 어떻게 살아야 하는지에 대해서, 옳은 질문과 가장 좋은 이야기에서 전문가가 되어야 한다는 데서부터 자유롭게 해준다. 우리는 내용을 안다는 면에서 전문가가 될 필요가 없으며 이 알지 못할 자유는 다시 상상과 창조성을 넓혀주게 된다. (p. 64)

내담자의 문제 상황에 대한 새로운 이야기라는 의미들이 생겨나고 참가자들이 원래의 문제 상황에 대해 의사소통할 때, 가족-다수협력자 치료 환경 안에는 변화가 일어나게 된다. 시간이 지나면서 '문제'가 있다고 애초에 공동 구성되었던 생각은 협동 과정에서 해체되게 된다. 문제의 해체와 함께 문제체계의 해체도 가능하게 된다(Anderson, 1997; Anderson & Goolishian, 1988b, 1991a)

사례연구

자살적이냐? 기시감(旣視感)이냐?

열여섯 살인 고등학교 2학년 학생 로라는 심각한 우울증으로 학교사회복지사에 의해 필자에게 의뢰되어 왔다. 학교사회복지사는 필자와의 첫 전화통화에서 로라가 '지난 한 달 동안' '매우 우울해 보였다'고 말했다. 또한 '학교 숙제를 하지 않기' 때문에 그녀의 학교성적은 '급격히 떨어졌다'고 했다. 로라의 영어 선생님 또한 그녀의 '우울한 상태'에 대해 상당히 '걱정'하고 있었다. 영어 교사는 로라가 '교실 구석에 엎드려 있는 것을 종종 보았다'고 학교사회복지사에게 말하기도 했다. 학교 교감 또한 복지사로부터 이야기를 들어 로라의 '우울한 상태'에 대해서 알게 되었고, 그녀가 '고위험군'의 학생이기 때문에 즉각적인 치료적 개입을 받아야 한다는 것에 동의했다. 지난 한 달 동안, 로라는 매주 두 차례씩 학교사회복지사에게 상담을 받아왔었다.

로라와 그녀의 엄마와의 첫 면접에서 필자는 그들이 알고 있는바 필자에게 의뢰된 이유를 알아보았다. 엄마는 학교사회복지사가 '과잉반응'하여 로라에게 '지나치게 상관'한다고 말했다. 그리고 로라가 '사귀던 존과 최근 헤어져' '적응이 좀 힘들었었다'고 덧붙였다. 그들은 2년 동안 '사귀어 왔었다'고 했다. 로라도 자신의 상황에 대한 엄마의 설명에 동의했으며, 사회복지사가 미행하듯이 지나치게 간섭을 많이 한다고 화난 목소리로 말했다. 자신이 죤과 헤어진 충격에 빠져 있다는 사실을 인정했지만, 그 때문에 자살하지는 않을 것이라고 했다. 로라의 말에 따르면, 학교사회복지사는 매번 상담시간마다 그녀가 자살생각을 하는지에 대해 물어보았다고 한다. 로라의 어머니는 몇 차례 교감에게 전화해서 학교사회복지사가 딸의 문제에 지나치게 간섭하는 것에 대해 불만을 표했으며, 로라가 더 이상 그 상담을 받지 않게 해 달라고 요청했었다.

이 첫 면접에서, 필자는 로라와 어머니가 로라의 '실연'에 잘 대처하기 위해 어떻게 하고 있는지 알아보는 것 이외에, 문제체계의 주요 인물들이 누구인지를 알기 위해 거시체계사정을 했다. 우리는 문제체계가 필자 자신, 학교사회복지사, 영어교사, 교감, 로라, 그녀의 엄마로 구성되어 있다는 데에 동의했다. 또한 개별가족치료상담을 가족-학교 모임과 연계해서 하는 것이 효과적일 것이라고 결정했다. 이 첫 면접을 마치면서, 문제 체계에 속하는 학교 인사들과 이 사례를 토의할 때 정보를 공유하기 위해서, 정보유출에 대한 동의서를 받았다.

학교에서 열린 첫 가족-학교회의에는 학교사회복지사, 영어 교사, 교감, 로라, 로라의 엄마와 필자가 참석했다. 학교사회복지사가 이 사례를 필자에게 의뢰했기 때문에 필자는 학교사회복지사에게 로라에 대한 생각과 또 로라에게 있었던 특별한 일에 대한 설명을 부탁하면서 회의를 시작했다. 또한 학교사회복지사에게 만약 로라에 대한 이야기를 다시 쓴다면, 어떻게 되어야 좋은 결론일지를 질문했다. 복지사는 로라에게 있어 좋은 결론이란 '어린 숙녀가 우울하지 않고 원래의 학습 자세로 돌아가는 것'이라고 대답했다. 필자는 모임의 다른 참석자들에게도 비슷한 질문을 한 후 각각 다른 사람의 의견에 대해 반영(反映)해 보도록 했다. 로라 엄마는 딸의 상황에 대해 학교 측이 지나치게 '과민반응'을 보였다며 로라는 결코 '자살하지 않는다'고 주장했다. 엄마에게 있어서 로라 이야기의 바람직한 결론은 '죤과의 헤어짐을 완전히 극복하는 것'이며 학교 측이 로라에게 '간섭하지 않는 것'이었다. 로라는 죤과의 헤어짐을 극복하기 위해 '필요한 조치를 이미 취하고 있으며', 곧 학교 진도도 '따라갈' 것이라고 했다. 그녀의 바람직한 결론은 다시 데이트를 시작하고 더 이상 학교사회복지사에게 지나친 간섭을 받지 않는 것이라고 했다.

회의가 이 시점에 이르자, 학교사회복지사는 울기 시작했고 열여섯 살이던 그녀의 딸이 어떻게 자살했는지에 관해서 그동안 못했던 개인적인 얘기를 고백했다.

필자를 비롯하여 모든 참석자들에게 그것은 처음 듣는 얘기였다. 일단 학교사회복지사가 자신의 고통스러운 경험을 고백하자, 그때까지 학교에 대해, 특히 학교사회복지사에게 방어적 자세를 가졌던 로라와 엄마의 태도가 완전히 바뀌었다. 자연스럽게 로라와 엄마는 사회복지사에게 깊은 연민을 표시했다. 교감과 영어 교사 또한 매우 지지적이었다. 이 모임이 끝나기 전, 우리는 로라가 남자 친구인 존에 대한 상실감을 이겨낼 수 있도록 도와주기 위해서 필자가 가족상담을 계속하고, 학교사회복지사는 로라와의 상담을 끝내는 것에 모두 찬성했다. 그리고 사례의 진전에 대한 사정을 위해 한 달 후 가족-학교회의를 한 번 더 하는 것에 모두 찬성했다.

한 달이라는 기간 동안, 상실감을 극복하기 위한 로라의 효과적인 대처전략을 더 확대시키기 위하여 필자는 가족치료 상담을 두 번 더 실시했다. 두 번째의 가족면접 무렵 로라는 학교 공부를 따라잡았을 뿐만 아니라 축구팀에 있는 멋진 남학생을 만나게 되었다. 그리고 두 번째 가족-학교모임에서, 학교사회복지사로부터 로라의 엄마까지 모든 사람이 로라의 행동에서 상당한 변화를 보았다고 말했다. 로라의 진전 덕분에 우리는 더 이상 정기적인 가족-학교모임을 가질 필요가 없다는 데에 동의했으며, 석 달 후에 필자가 가족을 추후 상담하기로 결정했다.

갱 생활에서 벗어나기

안나와 14세 난 아들 페드로는 페드로의 자동차 스테레오 절도, 강간 및 폭력혐의, 만성적인 통금시간 위반, 갱 입단 등의 문제로 보호관찰관에 의해 가족치료를 위해 의뢰되었다. 안나는 멕시코에서 태어났으며, 미국으로 이민 온 후 정서적, 재정적 어려움을 겪어왔다. 그녀의 전남편 라몬은 알코올중독자였고, 가족 내에서 폭력을 휘둘렀고 결혼생활 동안 바람을 피웠다. 안나는 전문적인 직업을 갖기 위해 대학에 진학하기 원했지만, 아이에 대한 양육책임과 식당종업원이라는 힘든 직업 때문에 꿈을 포기했다. 그녀는 라몬과의 사이에 네 명의 자녀를 두었다. 남자아이가 셋으로 페드로가 장남이고, 여자아이 이사벨라는 5살이다. 지역사회 내에서 안나에게 유일하게 지지체계가 되는 사람은 신부님과 2명의 라틴계 여자 친구들이다. 페드로는 필자와의 첫 면접에 오는 것을 거부했다. 안나는 첫 번째 면접에서 그녀의 가장 큰 걱정거리는 페드로가 갱단에 가입한 것이며 그 애는 주말에는 자정이 지나 집에 돌아오고 때로는 주중에도 그렇다고 했다. 필자는 안나가 페드로의 문제 행동을 해결하기 위해 시도했던 방법들을 탐색했고 문제체계의 주요 인물들이 누구인지 들었다. 안나는 가족과 친구, 원조전문가들의 이름을 길게 나열했다. 가족-다수협력자 문제체계는 다음으로 구성되어 있었다. 즉, 필자, 지역경찰관, 보호관찰관, 학교사회복지사, 신부, 아동보호복지사, 학교 교장, 지역사회 위기 팀의 지도자 등이었다. 필자는 페드로의 어려움을 해결하기 위해서 위의 중요한 인물들을 불러 모으는 것이 도움이 된다고 생각하는지를 안나에게 물었다. 안나는 이 주요 인물들을 모아 회의를 한다는 것은 해결을 위해 훌륭한 방법일 것이라고 대답했다. 필자는 정보공개를 위해 안나의 동의를 받고, 이러한 방법으로 일을 하기 위해서는 페드로의 서명과 협조가 필요하다는 사실을 알렸다. 안나는 다음 가족면접에 페드로를 데려 오겠다고 필자에게 약속했다.

일주일 후, 페드로는 면접에 왔지만 거의 면접시간 내내 방어적인 태도를 유지했다. 필자가 페드로를 따로 만나자 그는 덜 방어적이 되었고, 가족-다수협력자 모임이 궁극적으로는 '너로부터 귀찮은 어른들을 떼어 내는 데 도움이 된다'고 하자 기뻐했다. 단, 이 귀찮은 어른들이 '네가 나의 상담실에 상담 받으러 오며, 네가 나아지고 있는 것'을 보게 될 경우이다라고 했다. 우리는 또한 경찰서 사람들이 어떻게 그를 '갱단으로 지적했는지'와 어떻게 '길거리에서' 그의 '일거수일투족을 감시하는지'에 대해 얘기했다. 우리의 짧은 대화 후에 페드로는 몇 장의 정보공개동의서에 서명했다. 마지막으로 필자는 페드로에게 가족-다수협력자 회의에 포함시켰으면 하는 주요 인물이 있는지를 물어 보았다. 그는 엄마가 말한 사람들의 명단에 동의했다.

문제체계의 주요 인물들과 전화 통화한 2주 후에 필자는 마침내 우리의 첫 가족-다수협력자 회의 시간을 정했다. 학교사회복지사, 보호관찰관, 아동보호복지사, 관련된 경찰관, 신부, 지역위기팀 지도자, 안나와 페드로가 회의에 참석했다. 이 모임 얼마 전에 페드로의 아버지가 심장마비로 사망했으며 페드로는 남학생화장실에서 위스키 병을 가지고 있다가 적발되어 학교에서 정학을 당했다. 위스키 사건은 페드로가 아버지의 사망 소식을 알게 된 후에 발생했다.

필자는 각 성원들과 간단히 합류(joining)를 하면서 모임을 시작했다. 보호관찰관이 필자에게 페드로를 의뢰했기 때문에 그에게 어떻게 이 사례를 필자에게 의뢰하게 되었는지에 대한 설명을 먼저 부탁했다. 보호관찰관은 어떻게 페드로가 보호관찰 대상이 되었는지에 대한 이유를 집단에게 설명했으며 또한 안나가 양육 기술을 습득한다면 많은 도움이 될 수 있다는 것을 지적했다. 페드로에 대한 그의 결과목표는 페드로를 라틴계 갱단 친구들과 떼어놓음으로써 법적인 문제를 일으키지 않게 하는 것이었다. 이쯤에서 학교사회복지사가 위스키와 관련한 페드로의 정학문제를 거론하면서 내담자가 '아버지의 상실에 대한 대처'에 '얼마나 서투른지가 걱정스럽다'고 했다.

갑자기 안나가 끼여들면서 라몬과 페드로의 관계와 그들이 왜 헤어졌는지를 얘기했다. 페드로를 포함한 가족-다수협력자 모두 안나에게 눈을 고정시키고 몰두해서 얘기를 들었다. 안나는 페드로가 아기였을 때 라몬이 얼마나 '페드로를 사랑했는지'를 말하면서 라몬이 '알코올과 마리화나에 빠지면서' '가족들을 멀리 하기' 시작했다고 했다. 라몬이 페드로에게 맥주 한 모금을 주자, 바로 화장실로 달려가 뱉어 버린 때를 얘기하자 페드로를 포함한 집단 내의 모든 사람들이 깔깔거리고 웃었다. 페드로는 엄마에게 '제가 정말 그랬어요?'라고 물었다.

라몬에 대한 안나의 재미난 이야기에 이어서 페드로는 난생 처음으로 엄마와 아빠가 이혼한 이유에 대해 듣게 되었다. 페드로가 청소년이 되기 전 여러 번의 바람뿐만 아니라 안나에 대한 라몬의 정서적, 신체적 학대 등도 포함되어 있었다. 이런 고통스러운 얘기 후에 페드로는 눈물을 몇 방울 흘린 후 위로하기 위해 엄마를 감싸 안았다. 이것은 필자가 관찰한 바로는 페드로가 엄마에게 처음으로 애정을 보인 때였다.

매우 생산적인 이 모임을 마치기 전 보호관찰관은 알코올소지 사건으로 페드로를 판사에게 데려가지 않을 것이라고 말했다. 그러자 페드로는 안도의 한숨을 쉬며 미소를 지었다. 필자는 참석자들에게 페드로가 귀가시간 위반 문제를 해결했으며 더 이상 법적인 문제를 일으키지 않았다고 알렸다. 페드로가 이룩한 행동의 변화에 대해 모두 큰 박수를 보냈다. 페드로의 행동에 있어 또 하나의 변화는 13세인 남동생 페르난도를 더 이상 때리지 않는다는 것이었다. 지난 번 페드로는 그의 동생을 때렸을 때 아동보호기관에 신고 당했었다. 신부님은 페드로에게 교회에 그가 할 만한 일이 있는지 다른 신부님들에게 알아보아 주겠다고 했다. 우리는 집단 회의를 4주 있다가 다시 갖기로 동의했다.

이후의 가족-다수협력자 협동 회의는 안나와 페드로를 역량강화 시키는 데 활용했다. 신부님은 페드로가 거리에서 방황하지 않도록 교회 주변의 소소한 일거리를 찾아 주었다. 안나는 저축을 조금 했으며, 필자는 그녀가 강의를 들을 수 있도록 초급대학에서 장학금을 받을 수 있도록 도와주었다. 페드로는 생활의 모든 영역에서 진척을 보였으며 성공적으로 보호관찰을 마쳤다. 육개월 동안 총 6회의 가족-다수협력자 회의가 있었다. 매 4주마다 회의가 열렸다.

내담자 친구들의 작은 도움으로

가족들과 함께 해결책을 공동구성(co-construct)할 때나 치료가 고착상태에 빠졌을 때, 청소년 내담자의 친구들은 단기치료자에게 매우 중요한 자원이 된다. 고착된 사례에서 필자는 청소년 내담자의 친구들을 노련한 자문 팀으로 활용해서 신선한 아이디어를 제공받는다.

다음의 사례는 고착 상태에서 내담자의 친구들이 내 놓은 해결책의 창의력과 힘을 보여 주는 예이다.

16세인 리즈는 마리화나 소지, 약물 중독, 만성적으로 부모 말 안 듣기, 학교 무단결석 등의 문제로 보호관찰관에 의해 필자에게 의뢰되었다. 리즈는 과거에 담배중독자 모임(NA)에 참여했는데, 리즈는 그 모임에 참여하는 것은 재발방지를 위해서는 '도움이 되지 않으며 지루하다'고 했다. 그녀는 또한 28일간 입원하는 약물 의존 프로그램도 해보았다. 그러나 이 프로그램에서 퇴원한 지 두 주일 후, 리즈는 다시 마리화나를 사용했다.

필자와의 두 번의 단기치료 상담 후 리즈에 대해 부모가 과잉책임 지는, 문제의 양육행동을 필자와 부모가 협력하여 멈추었다. 리즈의 경우, 과잉 책임지는 부모의 행동이 자녀의 과잉무책임 문제를 야기했기 때문이다. 예를 들면 부모가 리즈의 무단결석에 대한 처벌에 대해 교장선생님에게 말씀드려 해결해 줄수록 리즈는 유치장과 학교를 오가는 일이 더 많아졌었다. 그러나 양육방식의 변화에도 불구하고 리즈는 마리화나를 끊는데 심각한 어려움을 보이고 있었다. 일주일에서 3일은 버티면서 잘 지내고 다시 하루 이틀은 마리화나를 했다. 가족 외에 재발 방지에 활용할 수 있는 자원에 대해서 리즈와 함께 브레인스토밍을 하다가, 리즈는 한 때 '약물중독자'였던 세 명의 친한 친구에 대해 언급했다. 그 아이들의 부모로부터 아직 허락을 받지 못했지만 다음 모임에 그들을 데려와서 '바른 생활'을 위해 그들이 가지고 있는 창의적인 생각을 알아보는 것이 도움이 될 것이라고 결정했다.

리즈의 부모 또한 좋은 생각이라고 동의했다. 리즈의 부모가 두 친구의 부모와 친분이 있기 때문에, 친구 부모들은 다음 치료모임에 자녀들이 참석하는 것을 허락했다. 리즈는 세 번째 친구의 부모를 직접 만나 상황을 설명하고 친구 부모님이 자신의 부모와 연락하게 만들기로 정했다. 보호관찰관과 학교사회복지사가 리즈의 사례에 깊이 관여하고 있어서, 가족과 필자는 다음 회기 때 이들 문제체계의 주요 구성원들을 함께 참여시키는 것이 좋겠다고 생각했다. 첫 번째 상담에서 필자는 관련된 협력자들과 협력하기 위해 정보공개동의서에 가족들의 서명을 받았다.

세 번째 모임에서 보호관찰관과 학교사회복지사는 모두 리즈의 행동에 중요한 변화가 있음을 지적했다. 보호관찰관에 따르면 리즈는 보다 노력하고, 보다 책임있는 행동을 보여 주고 있었다. 학교사회복지사도 리즈의 태도가 확실히 좋아졌으며 규칙적으로 등교하고 있다고 했다. 그러나 리즈의 이러한 모든 변화에도 불구하고 부모와 보호관찰관, 학교사회복지사는 리즈가 바른 생활을 할 능력이 없다고 여전히 걱정하고 있었다. 세션의 초기에 필자는 리즈의 세 친구—사라, 린다, 홀리—를 부모와 협력자들에게 소개했다. 보호관찰관과 학교사회복지사 모두 NA(담배 중독자 모임)가 모든 사람에게 적당하지는 않다고 동의하면서 재발 방지목적을 위해 리즈의 친구들을 활용하자는 의견에 찬성했었다. 면접의 이 시점에서, 필자는 어떻게 리즈가 바른 생활을 할 수 있게 도울 것인지를 세 친구에게 물었다.

사라는 여가시간이 어떻게 절제를 유지하는가의 핵심이라면서 바쁘게 보낸 자신의 이야기를 먼저 시작했다. 린다 역시 자연스런 기분 좋은 활동을 위해 에어로빅을 했다고 말했다. 린다가 이제는 에어로빅에 중독되었다고 말해서 모두를 웃게 했다. 홀리는 학교에서 마약 중독자들 가까이에 가지 않으며 파티도 피한다고 했다. 필자는 또래들의 '지혜로운 말들'에 감사를 표하고, 그들이 정말 '친구를 아끼는 사람들'이라고 칭찬했다. 이렇게 친구들의 유용한 자문을 칭찬한 다음, 우리는 리즈와 세 친구들이 리즈의 생활방식에 맞추어 세밀하게 전략을 구상한 후 실행해 보도록 3주간의 시간을 주기로 결정했다.

이 3주 동안 리즈는 일주일에 두 번씩 에어로빅을 다니고, 마리화나를 생각나게 하는 자유 시간을 단 1분도 허용하지 않았으며 파티에 함께 몰려다니던 친구들과 만나고 싶은 유혹을 이겨냈다. 다음의 계획된 가족-다수협력자 모임에서는 학교사회복지사, 보호관찰관, 부모님, 친구들 모두 리즈의 행동 변화를 얘기했다. 리즈는 부모님의 규칙을 잘 따랐고, 마약에 대해서는 계속 절제했고, 학교에 규칙적으로 나가고 과제물을 해 갔으며, 방과 후 파트타임 일을 찾았다. 리즈는 모임에서 친구들과 포옹하면서 그들이 자신의 변화에 얼마나 도움이 되었는지를 말했다.

보호관찰관과 필자가 밀접한 업무관계를 가졌기 때문에 그는 상담의 빈도와 상담기간을 필자가 결정하도록 허락했다. 집단으로서 우리 모두는 리즈의 9개월의 보호관찰 잔여 기간 동안 세 번의 확인모임을 가지면 가족의 성과를 견고화할 수 있다는 점에 동의했다. 마지막 확인모임에서 리즈는 파트타임 일을 하고 있었고, 학점도 받았으며 무엇보다도 친구들의 도움으로 마약을 하지 않은 채로 지내고 있었다.

아슬아슬하게 살다

16세의 반항아인 니콜은 좀도둑질, 약물남용, 학교무단결석, 나이든 남자들과의 성적 문란, 만성적으로 부모의 규칙 어기기 등으로 그녀의 보호관찰관으로부터 필자에게 의뢰되었다. 니콜의 엄마인 베티는 5년 전에 니콜의 아버지와 이혼했다. 니콜은 부모가 이혼한 후 아버지와 거의 접촉이 없었다. 베티에 의하면 전 남편은 '코카인 중독자'였다. 니콜의 14세 된 남동생 빌은 학교에서 운동만 잘하고 공부는 잘하지 못하는 학생이지만 아무런 문제행동을 가지지 않았다.

필자는 첫 번째 가족면접을 엄마와 니콜이 필자에게 의뢰되어 온 이유와 과정에 대해 어떻게 이해하고 있는지를 알아보는 것으로 시작했다. 또한 필자는 가족 이야기에 대한 가족 개개인의 의견을 들려달라고 가족에게 요청했다. 엄마는 니콜이 어떤 식으로 '나쁜 태도'를 가지고 있으며, 엄마의 '규칙'을 '따르지 않는지' '학교에 가지 않는지' '도둑질을 하는지'에 대해 곧바로 지적했다. 엄마에 의하면 니콜은 그녀한테서 오래 전부터 돈을 훔쳐왔고, 최근에는 백화점에서 옷을 훔치려다 체포되었다고 했다. 니콜도 엄마 말에 동의하며 가장 최근의 좀도둑질 사건으로 인해 1년 동안 보호관찰을 받게 되었다고 했다. 니콜은 덧붙여 말하기를 그들이 모든 일을 감시하게 때문에 강제로 다녀야 하는 특별치료 주간학교는 끔찍하게 싫다고 했다. 가족 상담 내내 니콜과 엄마는 가끔 격렬한 언쟁을 벌였다. 엄마는 니콜이 며칠 전 밤에 집에 들어오지 않은 점과 학교에 가지 않는 점에 대해서 니콜에게 화가 나 있었다. 니콜은 니콜대로 엄마가 항상 소리만 지르고 매주 용돈을 주지 않는 것에 화가 나 있었다. 엄마는 가족상담이 이전에 전혀 도움이 되지 않았기 때문에 시간낭비라고 느낀다고 솔직하게 말했다.

필자는 과거 세 번의 치료 경험에서 어떤 점이 좋았는지와 좋지 않았는지를 말해 달라고 요청했다. 가족들은 필자가 치료자로서 무엇을 다르게 해야 하는지에 대한 유용한 조언을 해주었다. 이 시점에서 필자는 엄마와 니콜과 개별 면접을 하기로 결정했다. 엄마와의 면접시간에 필자는 엄마를 지지해 주고, 가족사와 그녀의 걱정에 대한 이야기를 자세히 들었으며, 그녀의 최초의 치료 목표를 찾아냈다. 엄마는 니콜이 학교를 빼먹는 것을 멈추기를 바랬다. 니콜과의 개별 면접 동안 필자는 엄마와의 관계와 학교에서의 상황을 어떻게 도울 수 있을가를 함께 모색했다. 니콜은 엄마가 매주 용돈을 준다면 도둑질하지 않을 것이라고 말했다. 그녀는 또한 보호관찰관이 학교에서 늘 감시하며 불시에 집을 방문하는 것 때문에 그를 싫어한다고 했다.

필자는 그 보호관찰관과 사이가 좋기 때문에 그가 니콜을 감시하는 것을 떼어 내도록 도울 수 있다고 제안했다. 니콜은 필자가 그녀를 위해 해줄 수 있는 일에 흥분하는 것 같았다. 또한 필자는 니콜의 용돈 문제에 대해 엄마와 기꺼이 타협해 볼 수 있으며 만약 니콜이 학교를 보다 정기적으로 다니려고 마음먹는다면 필자가 이러한 노력을 해볼 수 있다고 말했다. 그러자 니콜은 용기를 내어, 학교에서 그녀에게 스트레스를 주는 것들에 대해 필자에게 이야기했다. 니콜은 교장선생님, 사회복지사, 스미스 선생님, 그리고 같은 학교에 다니며 경쟁관계에 있는 갱 멤버들과 몇 가지 부정적인 사건이 있었다고 했다. 필자는 지지를 해주면서 필자가 학교에서 그녀를 위해 옹호를 해준다면 도움이 되겠는지에 대해 물어 보았다. 니콜은 학교 측과 협력하는 것을 '시도해 볼만하다'고 여겼다.

첫 가족 상담을 마치면서 필자는 엄마와 니콜을 격려하고 그들과 함께 거시체계 사정을 했다. 가족들은 필자가 교장선생님, 사회복지사, 스미스 선생님, 그리고 보호관찰관과 협력하는 것이 그들 가족을 위해 가장 좋은 일일 것이라고 느끼고 있었다. 필자가 문제 체계의 주요 인물들과 협력할 수 있도록 엄마와 니콜은 정보공개 동의서에 서명했다.

학교에서의 첫 번째 회의에 참석한 사람은 보호관찰관, 교장, 사회사업가 그리고 스미스 선생이었다. 필자는 먼저 학교담당자들이 니콜과 그 가족에 대해 얘기를 하도록 요청하면서 모임을 시작했다. 모임의 대부분의 시간 동안, 학교 측은 베티와 니콜에 대해 부정적인 그리고 병리학을 바탕으로 한 얘기밖에 하지 않았다. 교장은 니콜이 '동기가 없으며' '반사회적'이며, '정신과 입원이 필요하다'고 했다. 사실 그는 니콜을 지방정신병원에 보내기 위해 학교에 관련된 심리상담 자문가와 계획 중이었다. 학교사회복지사는 니콜의 엄마가 '자녀에 무관심'하고 '책임감도 없고' '예정된 면담'에 '여러 번 오지 않았다'고 말했다. 스미스 선생은 니콜이 학교와 자신에 대해 '아무렇든 상관없어'하는 태도를 보인다고 느끼고 있었다. 필자는 학교 측으로부터 이러한 비관적인 얘기를 들었을 때, 과연 이들과 협력적인 관계를 맺는 것이 가능할지가 염려되었다. 학교 측은 니콜과 그녀 가족을 포기하기로 작정한 것 같았다.

니콜과 그 가족에 관한 학교 교사진의 이야기가 불편했음에도 불구하고, 필자는 오랫동안 행동문제를 갖고 있는 학생과 그 가족들과 부딪혀야 하는 그들의 딜레마에 공감해 줄 수 있었다. 회의의 결론을 내리기 전에, 필자는 니콜과 그 가족의 치료적 변화 노력을 위해 우리가 협력할 수 있는 방법에 대한 제안이 있는가 질문했다. 교장은 필자가 엄마로 하여금 '엄마의 보험으로 니콜이 입원치료를 받을 수 있는지 여부를 알아보도록 하는 것이 좋겠다'고 제안했다. 학교사회복지사는 자신은 '가족치료모임을 기꺼이 공동으로 진행할 의향이 있'지만, '그들이 변하기를 원하지 않는다'고 말했다. 이 시점에서, 보호관찰관이 토론에 끼어들어 '팀워크'의 중요성과 니콜을 '학교가 지지'해 줄 것을 강조했다. 학교 교사진은 마지못해 3주 안에 또 한 번 모임을 갖는 것에 동의했다.

보호관찰관과 함께 사무실로 돌아오는 차안에서, 보호관찰관은 예전에 다른 사례들의 경우에 이 학교 교사진과의 협력적인 관계를 맺는데 상당한 어려움이 있었다고 털어놓았다. 보호관찰관의 과거 사례에 대한 경험담을 들은 후, 변화 노력에 있어 학교의 지지를 얻기 위한 염려가 더 이상 필자 혼자만의 일이 아니라는 것을 깨달았다. 우리 두 사람은 니콜이 그녀의 비행행동때문에 '아슬아슬하게 살고 있다'는 것과 그녀는 학교가 가장 골치 아파하는 학생 중의 한 명이라는 사실에 의견을 같이 했다.

다음 3주 동안 니콜은 학교에 거의 출석했고 엄마의 규칙도 잘 따랐다. 세 번째 가족면접에서 엄마는 니콜에게 처음으로 십 달러를 한 주 용돈으로 줌으로써, 공식적으로 니콜의 행동개선에 대한 보상을 하였다. 니콜은 무척 고무되었고 계속해서 잘 하겠다고 했다. 니콜은 또한 그녀의 보호관찰관이 학교모임에서 그녀를 적극 옹호했다는 소식을 듣고 깜짝 놀랐다. 이 중요한 정보는 보호관찰관에 대한 그녀의 시각에 변화를 가져왔고 보다 좋은 업무 관계로 유도했다. 비록 이 휴식기간 동안 가족이 몇 번 큰 언쟁을 경험했지만, 그들은 제자리를 찾았다고 자신 있게 말했다.

두 번째 학교회의에서 니콜이 좋은 진전을 보이고 있다는 것에 대해 학교교사진과 보호관찰관 사이에 의견이 일치했다. 그러나 교장은 이것은 '잠시 좋았다가 곧 사라지는 기간'일 뿐이며 전에도 니콜한테서 이런 모습을 보았다고 재빨리 지적했다. 사회복지사와 스미스 선생 역시 교장의 말에 동의하면서 니콜의 변화는 '조심스런 낙관주의'로 접근해야 한다고 했다. 필자는 학교교사들에게 필자가 니콜과 상호작용 할 때 뭔가 도움이 될 만한 다른 것이 있는지를 물었다. 니콜과 얘기할 때 무언가 다르게 해본 사람은 아무도 없었다. 놀랍게도 스미스 선생이 교실에서 니콜에게 시도해 볼 만한 새로운 전략이 있는지 필자의 생각을 물어 왔다. 필자는 선생님이 하시는 일 중에 니콜에게 도움이 될 만한 여러 가지 일들을 계속해서 하면서 주의 깊게 관찰하고, 또한 선생님이 보시기에 교실에서 니콜이 계속해서 했으면 하는 일이 무엇인지를 찾아보라고 권했다. 스미스 선생은 필자의 제안을 마음에 들어 했고 3주 후에 예정된 다음 모임에서 진척상황을 얘기하겠다고 약속했다. 또한 다음 학교

회의에는 니콜의 엄마가 참석하는 것에 대해 집단성원들이 찬성했다.

우리의 다음 학교 회의 일주일 전에, 니콜의 행동은 악화되었다. 니콜은 엄마에게서 오십 달러를 훔쳤고 학교를 사흘이나 결석했으며, 학교화장실에서 십 달러어치 마리화나 봉투를 갖고 있다가 잡혔다. 또한 이틀 밤이나 집에 들어오지 않았다. 엄마에 따르면 그녀보다 나이든 십대들과 매춘하러 나갔다고 했다. 학교에서는 그녀가 갱단의 친구 두 명에게 교장의 차바퀴에 구멍을 내게 했다는 소문이 돌고 있었다. 보호관찰관은 필자에게 전화를 걸어 니콜은 한 달 동안 소년원에 가게 되며 다른 대안이 없다고 말했다.

그러나 니콜과 엄마와의 네 번째와 다섯 번째 가족면접에서, 필자는 니콜에게서 심각한 비행 재발로 가고 있다는 어떤 징후도 찾아 볼 수 없었다. 니콜이 소년원에 가 있는 동안 필자는 두 번 그녀를 방문했다. 니콜은 우울하고 후회하고 있는 것으로 보였다. 두 번째 방문에서 필자는 니콜의 엄마가 니콜이 일을 하는 조건하에서 학교에서 자퇴해도 된다고 허락했다는 것을 알게 되었다.

니콜이 소년원에서 나온 후, 그녀는 가족치료를 계속하도록 법원 명령을 받았다. 니콜은 적극적으로 일을 찾고, 집안일을 돕고, 엄마의 규칙을 따라야 했다. 추가적인 지지를 위해, 필자는 예전에 보호관찰 대상이었으며 자신들의 상황을 극적으로 변화 시켜서 책임감 있는 젊은이가 된 필자의 전 내담자 두 명을 니콜에게 소개시켜 주었다. 이 두 명의 또래 여자청소년들은 니콜이 패스트푸드점에서 일할 수 있게 도왔을 뿐만 아니라 절친한 친구가 되어 주었다.

이후의 가족 회기에 때때로 필자는 보호관찰관과 이 친구들을 재발방지와 니콜의 좋아진 점에 대해 반영을 하게 할 목적으로 포함시켰다. 우리의 팀워크가 니콜로 하여금 보호관찰을 성공적으로 마치고 바른 행동을 하는 데 도움이 되었다.

선생님의 힘

열 네 살인 토드는 성적저하, 낮은 '좌절감 통제수준, 분노폭발, 교사들과의 잦은 마찰, 그리고 교사들의 한계설정에 대한 대응능력 부족' 등의 이유로 가족치료에 의뢰되었다. 학교사회복지사에 따르면 중학교 재학 중의 토드의 행동문제의 이력은 꽤 길었다. 학교사회복지사와 얘기하기 위해서 먼저 필자는 토드 엄마에게 전화로 동의를 구한 후에, 현재의 문제와 학교에서 시도되었던 해결책에 대한 보다 구체적인 정보를 얻기 위해서 학교사회복지사를 찾아갔다. 필자는 학교사회복지사에게 우리가 이 사례에 대해 협력하기 위해서는 토드의 여섯 선생님과 만날 수 있도록 회의 날짜를 잡는 것이 좋겠다고 제안했다. 또한 필자가 학교당국과 협력하기 위해서 부모와 토드로부터 서면으로 정보공개에 대한 동의를 얻는 것이 필요할 것이라는 의견을 복지사와 나누었다.

필자의 첫 가족치료 세션에서, 필자는 토드와 그의 동생 스티브, 그리고 부모를 만났다. 부모에 따르면 토드는 집에서는 심각한 행동상의 문제를 보이지는 않으나 가끔 스티브에게 신체적으로 거칠게 대하고, 부모의 인내를 시험하기도 한다고 했다. 우리는 또한 학교에서의 어려움에 대해 부모와 토드의 관점을 듣고 논의했다. 부모는 토드가 아이큐 130이며 중학교 입학 전에는 전 과목에서 A나 B를 받았다고 했다. 그러나 토드는 지난 학년에서는 수학, 영어, 사회과목에서 F를 받았다. 이 과목의 교사들은 토드의 분노폭발과 한계를 지키지 못함, 교사와의 대결, 점수하락 등 때문에 토드의 엄마와 자주 전화 접촉을 했다고 했다. 토드는 선생님들이 '고약하고' 그에게 '지나치게 경직되어 있다'고 말했다. 그가 영어 과제를 하루 늦게 제출하자 F를 받았다며 영어선생님의 경직된 태도를 한 사례로 말했다. 토드와 부모 모두 필자가 학교사회복지사와 선생님들과 협력해서 일할 수 있도록 정보공개동의서에 서명해 주었다.

학교에서의 첫 번째 자문회의에는 토드의 여섯 선생님들과 학교사회복지사, 교장 선생님이 참석했다. 먼저 참석한 개인들과 라포를 형성한 후, 필자는 학교사회복지사에게 토드의 상황을 어떻게 보고 있는지, 이 사례를 필자에게 의뢰한 그의 결정에 대해 얘기해 줄 것을 요청했다. 그로부터 필자는 토드가 훈계를 이유로 매주 교장실을 방문한다는 것과 토드가 복지사와의 정해진 상담 약속시간에 가끔 나타나지 않는다는 사실을 들었다. 영어 선생님은 토드가 어떤 식으로 '문제아'인지를 거리낌 없이 말했다. 그녀는 토드가 '정서적으로 아주 문제가 많은 젊은이'라고 주장했다. 수학선생님은 토드가 '다루기 힘든 학생'이며, '학교의 어릿광대'라고 했다. 사회선생님도 수업시간에 그 비슷한 행동을 보았다고 했다. 이 시점에서 필자는 토드의 체육, 미술, 과학 선생님에게 토드에 대한 그들의 관찰과 그들의 수업에서는 토드가 어떻게 행동하는지를 알아보았다.

놀랍게도 이 선생님들은 토드를 '활동적이며 쾌활하고 열심히 공부하는 학생'이라고 보았다. 이들은 자신들의 수업시간에 토드가 얼마나 '협조적'이며 '책임감이 있는'가를 이야기했다. 또한 필자는 토드가 이 과목에서는 A나 B를 받았다는 것을 알게 되었다. 이러한 토론을 할 때 영어선생님은 토드에 대해 보다 긍정적인 선생님들에게 토드가 그렇게 '잘 행동하도록 만드는' '비밀'이 무엇인지를 물었다. 미술선생님은 토드한테는 긴장을 풀고 대해 주어야 하며, 강요하지 않는 것이 중요하다고 했다. 과학 선생님도 이 전략에 동의하면서 토드의 강점을 강조할 필요가 있음을 역설했다. 체육선생님도 집단에서 토드는 뛰어난 리더십이 있으며, 자신은 이 강점을 이용함으로써 토드의 협조를 얻었다고 이야기했다.

모임에 앉아 선생님들 사이에 이렇게 생산적인 아이디어가 오가는 것을 관찰하면서, 필자는 그들의 창의성과 문제해결 능력에 놀랐다. 그들이 교실에서 토드를 가장 잘 다루는 방법을 브레인스토밍하고 토드에 대한 그들의 각기 다른 의견을 공유하기 위해 모인 적이 이전에 한 번도 없었음에도 불구하고 여섯 명의 선생님들 사이에는 강한 유대감이 있었다.

첫 번째 학교회의가 끝날 무렵, 영어, 수학, 사회 선생님(첫 번째 집단)은 동료들로부터 배운 새로운 전략을 시도해 보고 싶어 하는 것으로 보였다. 미술, 과학, 사회 선생님(두 번째 집단)도 그들이 할 수 있는 어떤 제안이 있는지 필자에게 질문했다. 필자는 두 번째 그룹에게 '효과가 있다면, 바꾸지 말라'고 상기시키고 토드에게 여태까지 해온 것을 '더 자주해 주도록' 격려했다. 실험으로 첫 집단에게 이 회의와 다음에 예정된 회의 사이에 다음의 과제들을 해보도록 제안했다. 즉, '수업시간에 선생님이 계속해서 보시기 원하는 일을 토드가 한다면 그것을 잘 추적해 보십시오. 또한 선생님이 하시는 일 중에서 토드에게 효과가 있는 일은 무엇인지 잘 추적해 보십시오' 필자는 선생님들에게 '추적 관찰한 것을 적어놓아서 다음 모임에서 토론할 수 있도록 준비해 달라'고 요청했다. 또한 토드와 부모가 우리의 다음 모임에 함께 참석해야 한다는 데 동의했다. 다음 학교모임은 3주 후로 약속했다.

학교 모임이 있은 이틀 후, 필자는 토드와 그 부모를 만났다. 토드의 엄마는 토드가 숙제를 하는 것을 보았다고 했다. 필자는 토드와 부모에게 학교에서 있었던 일을 이야기해 주었다. 가족상담 중 토드와의 개별 면접을 통해 필자는 토드에게 다음 3주 동안에 할 다음의 과제를 주었다. '매일 학교에서 영어, 수학, 사회 선생님이 네가 좋아하는 것을 하실 때 두 가지를 알아채서 기록하고, 그것을 매일 엄마에게 말씀 드려라.' 면접 시작 때, 필자는 부모에게 이 과제가 아들과 교사들과의 관계를 개선하는데 어떻게 도움이 되는지 그 원리를 설명하고 이 과제를 아들에게 내 줄 것이라는 계획을 말했었다. 토드의 엄마는 아들의 매일의 발견들을 기록하기 위해 공책을 사겠다고 했다.

다음 학교 회의에서 토드의 여섯 선생님이 말한 것은 모두 그의 엄청난 행동 개선에 대한 칭찬뿐이었다. 부모나 필자 그리고 학교사회복지사 모두에게 가장 놀라운 때는, 토드가 영어선생님의 수업시간에 얼마나 잘 하고 있는지에 대해 들을 때였다. 선생님은 토드가 수업시간에 선생님께 공손해졌고, 숙제를 제 시간에 제출한다고 했다. 토드 역시 선생님이 자기에게 친절하게 대해 주신다고 말했다. 수학과 사회 선생님은 토드가 공부에서나 행동적으로 상당한 진전을 이루었다고 했다. 필자는 이 모임의 대부분을 선생님들과 토드가 보고한 변화들을 증폭시키면서 보냈다. 부모는 선생님들이 토드를 위해 그토록 헌신적으로 도와주신 점에 감사드렸다. 토드는 학교사회복지사와 선생님들에게 그의 성적과 행동을 개선시키기 위해 계속해서 노력하겠다고 말했다. 모임이 끝날 때쯤, 변화를 모니터하기 위해 학년 내에 두 번 더 가족세션을 가지기로 결정하였다.

두 번의 추후 상담에서 선생님들이나 부모님은 더 이상의 문제를 보고하지 않았다. 토드는 평균 B+점수로 그 학년을 마쳤다.

도벽 정복하기

13세의 동인도 힌두계 소녀인 미라는 '만성적인 도벽과 거짓말' '학교성적 저하' '임상적 우울증으로 보이는' 것 때문에 학교사회복지사가 필자에게 의뢰하였다. 학교사회복지사인 앨리스에 의하면 미라는 교사의 책상에서 귀중품을 훔치다가 발각되었으며 교장 선생님이 그녀의 사물함에서 '다른 학생들로부터 훔친' 보석, 계산기, 옷 등을 발견하였다. 이 사물함 사건 후에 미라는 사물함을 반납해야 했으며 대신에 미스 존슨의 교실에 있는, 문이 달리지 않은 사물함을 배정받았다. 이는 새로운 사물함에 무엇이 들어갔다 나갔다 하는지 모니터하기 위한 조치였다. 이것은 도벽에 대한 교장선생님의 시도된 해결이었다. 미라는 이 상황이 매우 창피했지만 이 문제에 대해 말할 수도 선택의 여지도 없었다. 교장선생님은 미라를 학군의 정신과 의사에게 평가를 받게 할 것을 고려했지만 우선 가족치료가 효과가 있을지 보고자 했다. 놀랍게도 학교나 도난당한 학생의 부모 중 누구도 미라를 고소하려 하지 않았다.

미라에게는 인디라라는 쌍둥이 자매가 있었으며 인디라는 'A'를 받는 학생이고 운동에도 열심이고 학교 드라마 클럽에도 참여하는 유명한 학생이었다. 중학교에 입학하기 전에는 분명히 미라는 '좋은 학생'이었다. 학교사회복지사는 미라의 부모님은 매우 엄격하고 열심히 일하는 분들이며 특히 어머니 써니타는 더 그렇다고 했다. 어머니는 시한부 환자 병동의 간호사이었다. 아버지는 공장에서 일하며 영어를 잘 하지 못했다. 우리의 첫 번째 가족-다수협력자 회의 전에 나는 학생인턴인 앨리스, 란디(미라에게 상담을 해주는), 담임교사인 미스 존슨을 초청하는 것에 대해 써니타와 미라로부터 허락을 받았다. 모든 선생님 중에 미스 존슨은 가장 미라에게 관심을 갖고 있으며 여러 모로 영감을 주는 사람이었다. 미라는 내가 미스 존슨을 참석하게 한 것에 대해 매우 기뻐하였다. 안타깝게도 교장선생님은 중요한 행정회의 때문에 참석할 수 없었다. 아버지는 근무시간 때문에 참석할 수 없었다.

미라의 도벽이 왜 생겼다고 생각하는지와 상담을 통해서 어떤 결과를 원하는지 이야기하면서 어머니는 미라가 '무책임'하며 '범죄자처럼 행동'한다고 비난하였다. 어머니는 왜 미라가 이런 행동을 하는지 '전혀 짐작조차 못했다'. 그러나 미라가 쌍둥이 자매 인디라보다 '정서적으로 더 예민하다'고 느끼고 있었다. 써니타는 또한 미라가 '가족에게 창피한 존재'라고 느끼고 있었다. 미라는 매우 슬픈 표정이었고 어머니가 비난할 때 머리를 숙이고 있었다. 회의의 이 시점에 앨리스, 미스존슨, 란디가 미라의 강점을 이야기하고 지난 2주간 미라가 아무 것도 훔치지 않았다고 말하며 미라를 구출하였다! 나도 약간의 응원을 하였고 이들과 미라와 함께 치료전 변화가 어떻게 가능했는지를 탐색하였다. 그러나 써니타의 극단적인 비관주의에 대해 교직원들이 도전과 노력을 하고, 중요한 변화의 구체적인 사항을 성공적으로 끌어냈는데도 불구하고 어머니는 계속해서 미라는 '그녀의 삶에서 중요한 스트레스원'이며 '많은 도움'을 필요로 한다고 보고 있었다. 미라가 스스로 만든 중요한 치료전 변화가 있었음과 앨리스, 란디, 미스존슨이 변화에 기여했음을 알고, 나는 써니타의 부정적 태도와 극단적인 비관주의에 정서적으로 강한 반응을 하게 되었다. 이런 일이 생길 때 나는 나의 감정과 생각을 확인하고 나의 머리 위에 상상의 만화 구름에 대해 생각하는 방법으로 일시정지(Isaacs, 1999; Bohm, 1985)를 사용하였다. 필자는 다음처럼 생각하기 시작했다. 미라를 이해하지 못하고 미라를 바꿀 수 없는 것에 대해 써니타가 어떻게 느낄지, 이 특정한 문화에서 미라의 행동과 학교에서의 어려움이 가족에게 어떤 식으로 수치스러운 일이 되는지, 미라의 어려움이 부부관계에는 어떤 영향을 줄지(즉 아버지는 딸의 문제에 대해 어머니를 비난하거나 어머니에게 신체적으로 표출할 것이지). 일시정지를 사용하여 나는 써니타의 부모로서의 곤경을 새로운 방식으로 보기 시작했고 그녀를 좀 더 동정하게 되었다. 나는 미라의 행동 문제가 써니타와 남편에게 미친 영향을 탐색하기 위하여, 또한 교직원이나 나에게 구체적인 기대를 가지고 있는지를 알아보기 위하여 대화식 질문(Anderson & Goolishian, 1988)을 사용하였다. 그렇게 함으로써 써니타는 염려와 기대를 자유롭게 말하게 되었으며 우리 모두에게 좀 더 인정받는 느낌을 갖는 것 같았다. 회의의 전반부에 필자와 교직원들이 미라의 치료전 변화에 대한 열정과 낙관주의를 가지고 있었기에 이 어머니는 우리가 자신을 지지하지 않는다고 느꼈을 수도 있겠다는 것을 점차적으로 더 인식하게 되었다.

필자가 회의에서 미라의 음성을 끌어내려고 노력했지만 미라는 입을 열기 힘들어했다. 그녀는 매우 우울해 보였고 너무 작은 소리로 말해서 거의 알아듣기가 힘들 정도였다. 회의의 이 시점에 나는 위험을 무릅쓰고 도벽을 '훔치는 버릇'이라고 외재화하였다. 나는 어머니와 교직원들에게 문제 상황에 대한 대안적 관점을 제공함으로써 가능성의 문을 열 수도 있을 거라고 생각했다. 써니타는 나의 새로운 문제 구성(problem construction)으로 인해 호기심이 자극된 것으로 보였다. 나는 회의 참석자들과 '훔치는 버릇'이 어떻게 자체적으로 생명이 생기며 아주 약삭빠른 방식으로 영리한 녀석이며, 어린이들로 하여금 다른 사람들의 소지품을 가져가게 하며, 거짓말을 하게 하고, 미라처럼 '정서적으로 예민한' 아이들을 먹이로 잡는 것을 좋아하는지를 설명하였다. 학교 측의 참석자들은 모두 이 새로운 설명이 말이 되며 미라를 이용해 먹는 이 녀석을 정복하기 위하여 미라와 기꺼이 가깝게 일하려고 하게 되었다. 써니타와 미라 모두 회의에서 처음으로 미소를 지었다. 나는 다음 주 동안에 정직 테스트(Epston, 1998)라는 실험을 하자고 제안했다. 이것은 가족과 교사들이 미라가 볼 수 있는 곳에 물건을 내 놓고, 훔치는 버릇이 미라에게 손을 뻗치지 못하게 하고 미라가 이에 맞서 싸워 이기는 능력을 테스트 하는 것이다. 이 실험을 집과 학교에서 해보는 것에 대해 참가자 전체가 매우 열광적인 태도를 보였다.

미라가 훔치는 버릇에 맞서 싸우고 그 녀석이 미라를 꼬드겨 말썽을 부리지 않고 어떤 발전을 했는지 발견하는 것으로 회의를 시작했다. 앨리스, 란디, 미스 존슨은 모두 단 한 건도 훔치는 일이 없었으며 단 한 번도 거짓말 한 적이 없다고 보고했다. 미스 존슨이 보고한 반짝이는 한 순간은 미라가 교실 바닥에서 발견한 일 달라 지폐를 제출한 일이다. 나는 '와우!' '그 돈은 네 주머니에 넣어도 돼 라고 훔치는 버릇이 너를 확신시키지 않도록 네가 뭐라고 말했니?' 로 반응했다. 미라는 얼굴에 함박 미소를 띠고 '저는 옳은 일을 하고 싶었어요'라고 답했다. 학교에서의 발전에 써니타는 기분 좋아했지만 그녀는 미라가 특히 '집안일 돕는 것'에서 '좀 더 노력'하기를 원했다. 훔치는 버릇이 미라와 다른 가족원에게 손을 뻗쳤다고 볼 만한 일이 있는지 질문하였을 때 써니타는 그것은 전혀 문제가 아니라고 답했다. 회의에 참석한 교직원들은 미라는 '수업 시간에 훨씬 잘'하고 있으며 '더 행복해 '보인다고 했다. 미라 얼굴의 광채는 미라가 더 '자신감 있고' '더 행복'하게 느낀다는 것을 말해 주었다. 나는 미라에게 '몇 퍼센트의 시간에 네가 훔치는 버릇을 책임지고 몇 퍼센트의 시간에 훔치는 버릇이 너를 책임지니?'라고 질문했다. 미라는 자신이 90%는 책임진다고 하였다. 교직원들도 미라가 90% 시간에 책임진다고 느꼈다. 나는 미라에게 언제 처음 문제가 발생했는지를 질문했고 훔치는 버릇이 80% 자신을 관장할 때라고 답했다. 그러고 나서 나는 회의 참석자 전체에게 미라가 95~100% 책임지는 때는 무엇을 보면 알겠는가 질문하였다. 써니타를 포함한 전원이 미라가 현재 잘하고 있는 것을 계속해서 하면 이 목표가 성취될 것이라고 답했다. 전원이 방심하지 않도록 나는 전체에게 훔치는 버릇이 다음 회의 때까지 계속해서 옳은 일을 하려는 미라의 노력을 엉망으로 만들려고 할지도 모른다는 경고를 하였다. 우리는 6주 후에 만나기로 하였다.

마지막 가족-다수협력자 협동 회의에서 미라와 엄마는 얼굴에 큰 웃음을 띠고 기분이 좋아 보였고, 학교 팀은 미라의 굉장한 발전을 보고하려고 들떠 있었다. 무엇보다도 앨리스는 미라가 사물함을 돌려받았다는 것을 알렸다! '완전 새로운 사물함'을 받았을 뿐만 아니라 '미라를 위해 사물함 개소 파티까지도 해주었다!' 앨리스, 미스 존슨, 교장선생님이 미라의 발전을 축하하기 위해 파티에 함께 하였다. 미라는 그 축하파티로 정말 기분이 좋았다고 행복하게 얘기했다! 게다가 미라의 성적이 모든 과목에서 좋아졌다. 집에서는 '미라가 숙제를 좀 더 진지하게 하고 있으며' '재차 말하지 않아도 집안의 맡은 일을 하고 있으며' '절도의 징후'는 전혀 없다고 기쁘게 말했다. 미라가 학교에서 많은 발전을 했음을 알고 있었기에 나는 미라가 훔치는 버릇을 정복했다는 성취상장을 수여했다. 더 이상 회의를 진행하지 않기로 우리 모두 기쁘게 동의하였다.

요약

이 장에 제시된 각각의 사례에서, 필자는 모든 사람들이 자신의 이야기를 할 수 있고, 새로운 이야기를 만들 수 있으며, 창조적인 해결책을 낼 수 있는 그런 안전한 대화의 장을 가족들과 관련 협력자들에게 만들어 주려고 노력했다. 마치 부족의 치유공동체처럼 가족-다수협력자 회의는 희망을 불러일으킬 수 있으며, 소외감과 무능함에 대항해 싸울 수 있으며, 매우 생산적인 팀워크를 만들어 낼 수 있다. 여섯 사례에서 보았듯이, 청소년의 사회생태체계 내에 있는, 주요한 자원이 되는 인물들과 협력하고 이들을 동기화시킴으로써, 변화는 빠르게 극적으로 만들어졌다.

Pathways to Change

Chapter 09

두 번째와 이후 회기

변화의 견고화와 학습방식과 협력 반응 양상에 따른 치료적 실험 선택 지침

계속해서 얼굴은 변화를 향하고, 운명 앞에서 자유로운 영혼처럼 행동하는 것은 난공불락의 강점이다.

—헬렌 켈러(HELEN KELLER)

두 번째와 그 이후 면접에서, 단기가족치료자의 주요 임무는 가족의 변화가 가족에게 좀 더 '뉴스거리'가 되어서 상담이 끝난 후에도 이 변화가 오랫동안 잔물결처럼 지속될 수 있도록, 가족의 변화를 증폭시키고 견고하게 하는 것이다. 첫 번째 면접에서 받은 치료적 실험과 과제와 새로운 생각이 가족들의 변화를 초래한다는 면에서, 가족들이 두 번째 면접에 참석할 때에는 통상 네 가지의 모습 중 하나를 공통적으로 보여 준다. 이러한 네 가지 모습은 **향상되었거나**(better), **혼재된 의견**(mixed opinion)을 가졌거나, **변화가 없거나**(same), 또는 **악화되거나**(worse) 등이다. 이 장에서 필자는 각 내담자의 처지에 맞는 실험을 설계하고 선택하기 위한 치료적 지침, 상담팀을 효과적으로 이용하는 방법, 그리고 변화를 축하하는 치료 종료 의식에 대해서 논의할 것이다. 사례는 이 장 곳곳에서 제시할 것이다.

향상된 가족

가족들이 두 번째 및 그 이후의 회기에 올 때 필자는 '그래서 지난 번 뵌 이후로 무엇이 좋아지셨나요?' 또는 '어떤 것이 더 좋아졌나요?'라고 질문함으로써 긍정적 분위기에서 시작한다. 목표나 여타 영역에서 의미 있는 변화를 보이면, 필자는 대부분의 면접시간을 가족이 발견한 예외를 증폭시키고 가족들이 얻은 성과를 견고히 하는데 할애한다. 격려와 예외지향적 질문을 사용하고 독특한 설명 질문과 독특한 재묘사 질문(White, 1988b)으로 이전과 달라진 측면을 부각시키면서 필자는 가족들로 하여금 이 변화를 좀 더 '뉴스거리'로 만들도록 돕는다. 격려할 때 가족 구성원들에게 하이파이브와 악수를 하면서 다음과 같은 질문으로 각각의 예외에 반응한다.

- "어떻게 그렇게 하셨는지 아세요?"
- "그걸 해내기 위해 스스로에게 뭐라고 얘기하셨나요?"
- "어떻게 그런 뛰어난 생각을 하게 되셨어요!?"
- "다른 것이죠!?"

이와 같은 질문들은 가족들의 오래된 행동과 새로운 상호작용 사이의 차이를 구분하는 데 도움이 된다. 필자는 예외적 행동을 견고하게 하기 위해서는 견고화 질문(consolidating questions)과 예상질문(presuppositional questions)을 한다. 가족의 변화를 강화하고 증폭시키기 위하여 묻는 몇 가지 유용한 견고화 질문들은 다음과 같다.

- "되돌아가기 위해서는 어떻게 해야 하나요?"
- "큰 퇴보를 막기 위해서는 무엇을 해야만 했나요?"
- "그런 예외적 행동을 좀 더 자주 일어나게 하기 위해서 무엇을 계속해야만 할까요?"
- "만약 우리가 상상의 수정구슬을 통해 3개월 후의 모습을 볼 수 있다면 가족에게 어떤 변화가 일어난 것을 볼 수 있을까요?"
- "다음 주 동안에 긴장과 스트레스 수준이 계속해서 높다고 합시다. 세 분이 무엇을 하시면 퇴보하는 것을 막을 수 있을까요?"
- "제 궤도에 머물기 위해서 세 분이 무엇을 하실 수 있을까요?"
- "다음 주에 7점으로 올라가기 위해서 무엇을 하실 건가요?"

차이점을 강조하기 위한 다른 방법으로 필자는 부모와 지목을 당한 내담자(Identified Client)와 함께 그들의 목표에 관해서 척도를 사용해 스스로 어떻게 평가하는지 점검해 보기도 한다. 나아진 후에는 내담자의 변화를 견고화시키고, 목표유지와 해결향상 도구와 전략을 가르치고, 이전의 문제 행동으로 돌아가는 징후가 보일 때 조기 개입하는 것 등을 통해, 다시 가족이 원 상태로 돌아가는 것을 막지 못했다면 장기간의 재발이 될 수 있고 가족은 변화과정으로부터 원점 돌아 온 것 같은 기분을 느낄 수 있다(Selekman, 2002). 프로차스카(Prochaska)와 동료들(1994)의 지적처럼 내담자들은 변화의 유지 단계에 들어가면, 종종 이전의 부정적 행동과 습관으로 돌아 갈까봐 염려를 한다. 내담자와 함께 매우 구조화된 목표유지 계획을 만들고 변화를 견고화시키고 해결 향상 도구로 내담자를 무장시킴으로써 변화가 생겼을 때 제 궤도에 머물게 할 가능성을 최대화할 수 있다.

치료적 실험 설계와 선택

어떤 가족들은 그들에게 중요한 변화가 생겼거나 문제가 해결되어 더 이상의 상담을 원치 않을 수도 있다. 이런 경우 필자 혼자 일할 때는 가족을 위한 칭찬 문구를 만들기 위해 휴식시간을 갖는다. 반영팀이 있을 때는 필자와 가족이 일면경 뒤로 가서 가족에게 격려와 아이디어를 주고자 하는 반영팀의 반영을 듣는 시간을 가진다. 이때에는, 가족이 팀의 반영에 대해서 그들의 생각을 반영하게 한 후에 가족이 원한다면 치료를 종결한다. 만약 가족들이 미래의 어느 시점에서 '조율(tune-up)' 상담이 필요하다면, 필자의 상담실 '문은 항상 열려 있다(open door)'는 것을 가족들에게 말해 준다. 필자 혼자 일한다고 하더라도 이 규칙은 언제나 동일하다.

어떤 가족은 자신들의 목표에 더 근접하기 위해 지속적인 치료를 원하거나 다른 문제에 대한 상담을 원할 수도 있다. 이 경우 중간 휴식시간에 반영팀이 가족에게 칭찬과 의견을 주는 것 이외에도 필자는 가족들이 첫 면담에서 받았던 동일한 치료적 실험을 계속할 것인지 아니면 새로운 치료적 실험을 원하는지 확인한다. 이때 반영팀과 필자는 가족과 함께 '효과적인 것을 계속하라, 바꾸지 말라'(de Shazer, 1985)는 우리의 철학에 대해서 얘기를 나눈다. 만약 부모들이 다른 과제를 요청하면 그들에게 관찰과제(Gingerich & de Shazer, 1991; Molnar & de Shazer, 1987) 를 주어서 그들이 '할 수 있는 변화가 얼마나 더 있는지'를 계속해서 관찰하게 한다. 개별면접을 통해서 청소년에게는 비밀스럽게 놀라게 하기(secret surprise)

과제를 주기도 한다. 이것은 청소년에게 부모들이 놀랄 만한 두 개의 과제를 상담받으러 오지 않는 동안 하도록 요청한다. 필자는 청소년으로 하여금 부모를 놀라게 해줄 만한 아이디어를 생각하게 하는 이 실험에서 유용함을 발견했다. 자녀들은 부모에게 그 과제가 무엇인지 말할 수 없으며, 부모는 명탐정 셜록 홈즈나 마타하리처럼 상상의 돋보기를 꺼내 들고 어떤 것이 그들에게 '긍정적인 충격을 주었는지'를 찾아보게 하는 것이다.

뒷문 닫아 놓기

내담자들이 문제 상황으로부터 일단 변화를 경험한 후에는 변화 유지가 안 되고 관련 없는 분야에 어려움이 생기기도 하는 조기 경고 징후를 당연한 것으로 여길 수도 있다. 해결중심치료자는 내담자가 성공한 것을 견고화시키고 확대하는데 대부분의 노력을 집중하고 내담자와 문제 이야기를 하지 않으려 하기 때문에 이 경고징후에 동의하지 않거나 내담자의 새로운 염려를 다루지 않을 수도 있다(Gingerich et al., 1988; Stalker, Levene, & Coady, 1999; Nylund & Corsiglia, 1994). 장기간의 재발상황과 중대한 위기가 발생하는 것을 예방하기 위하여 매 회기마다 정기적으로 상담목표 영역에 후퇴하는 징후가 있는지와 내담자가 새로이 염려 하는 일이 생겼는지를 확인하는 것이 좋다. 경고 징후를 발견하여 일찍 개입 할 수 있을수록, 제 궤도에 머물고 상황을 더 개선하는 데 필요한 적응을 하도록 내담자를 역량강화할 수 있다. 우리가 제안한 치료적 실험이나 수정 사항이 효과가 있는지, 미세 조정이 필요한지, 전혀 차이가 없는지 등을 긴밀히 모니터하고 평가하는 것이 중요하다. 대부분의 사례에서 내담자의 관심거리에 귀를 기울이고, 사소한 적응을 하게 하고, 해결유지 패턴과 과거의 성공적인 문제해결 전략을 사용하도록 격려하고, 또는 구조를 단단히 함으로써 위기가 싹트는 것을 예방하도록 신속히 도울 수 있다.

회기간의 긴 간격

필자와 동료들은 자신감에 대한 확인으로, 면접 사이에 긴 간격을 두는 것이 가족들에게 유용하다는 것을 발견했다. 우리는 가족들이 스스로 잘할 수 있다는 확신을 가질 때까지 상담 사이의 시간 간격을 점차로 늘려간다. 예를 들면, '다음번엔 언제 오시겠어요? 3주? 혹은 4주 후에요?'라고 가족에게 질문 할 수 있다. 다음

번 상담일자와 상담의 빈도에 대해 가족이 결정 권한을 갖게 하는 것이다. 팔라졸리(Palazzoli)와 그의 동료들(1980)은 회기 사이에 긴 간격을 두는 것은 가족들이 치료자와 팀으로부터 받은 새로운 사고(思考)에 대해 더 생각할 수 있게 해준다는 것을 밝혀냈다. 동시에 회기 사이의 긴 간격은 가족 내에서 일어나는 변화와 차이를 살필 수 있는 충분한 시간을 가족들에게 줄 수 있다. 보호관찰관이나 판사가 일 년 동안 필자를 만날 것을 명령한 가족들과 함께 필자는 장기간에 걸친 단기치료(brief long-term therapy)를 실시한다. 일단 필자가 보호관찰관이나 판사와 협상하면 필자는 그 가족을 일 년에 단 6회만 면접하기도 한다. 필자는 또한 만성약물중독자와 섭식장애, 자해 문제를 가진 내담자들에게도 장기간의 단기치료가 유용하다는 것을 발견했다. 왜냐하면 이런 방식은 내담자가 미래에 불가피하게 겪게 되는 재발을 성공적으로 관리하게 할 수 있게 만드는 자연적인 대처기술 강화에 도움이 되기 때문이다. 필자는 이처럼 미리 날짜가 잡힌 방문을 '조율(tune-up)' 회기라고 부른다. 시기적절한 조율 회기는 사소한 실수가 완전한 재발로 가는 것을 방지할 수 있다.

혼재된 의견을 가진 가족

가족들이 두 번째 면접에 와서 한 주 동안 일어났던 어려움이나 목표에 대한 걱정을 이야기할 때, 필자는 문제가 발생하지 않았던 경우에 대해 가족에게 질문하면서 면담을 시작한다. 가족들이 예외가 있었다고 하면, 필자는 칭찬과 예외지향적 질문을 함으로써 변화를 확대한다. 만약 이런 전략이 유용하면 가족들이 문제가 없는 현실로 옮겨 갈 수 있도록 예상하는 질문을 이용한다. 이때 필자는 상상의 수정구슬(de Shazer, 1985)을 이용하거나 비디오테이프처럼(O'Hanlon & Weiner-Davis, 1989) 자세히 상황을 설명하도록 요청한다. 그리고 부모와 내담자(Identified Client)가 목표수행에 관한 척도에서 어느 정도로 평가하는지도 탐색한다. 만약 가족원이 관심사에 대해 꼭 얘기하고 싶어 하면, 관심사의 자세한 정보를 수집하는데 그리고 지난 회기에서 다루지 않은 것 중 즉시 다루어야 할 필요가 있는 것에 대해 충분한 시간을 가짐으로써 그들의 요청을 존중해야 할 필요가 있다. 일단 중요한 정보를 확보하면 새로운 목표를 세울 수 있고 그들의 관심 영역에 대한 새로운 프로젝트를 시작할 수 있다. '상황이 더 나빠지는 것을 방지하기 위하여 현재 어떤 조치를 취하고 계시나요?' 같은 질문으로 탐색을 시작할 수 있을 것이다. 종종 부모들은 이 대처질문(Berg & Miller, 1992)에 대해 중요한 예외 자료들을 내어놓는다. 그러면 필자는 자신에게 보고되는 모든 예외에 대해 응원과 해결구축질문으로 반응한다. 가족이 설정한 원래의 치료목표를 검토하여 좀 더 작고 좀 더 해결 가능성이 있는 목표로 재협상할 필요가 있을 수도 있다. 어떤 경우에는 부모들이 원래의 목표 영역을 더 이상 얘기하고 싶어 하지 않고 좀 더 시급한 관심사에 관련된 새로운 목표를 설정하고 싶어 할 수도 있다.

치료적 실험 설계와 선택

가족과 함께 우리의 생각을 나누고 칭찬해 주는 것 이외에 상담팀과 필자는 가족들의 협조적 반응유형에 적합한 새로운 치료적 실험을 가족에게 부여한다. '뭔가 다른 일 행하기' 과제(de Shazer, 1985)는 **같은 것을 추가**(more of the same)(Watzlawick et al., 1974)하는 것에 질린 부모들에게 특별히 유용하다. 만약 예외가 일어나지만 설명할 수 없이 저절로 일어나는 것으로 보인다면 팀과 필자는 예측 과제(de Shazer, 1988)를 사용하거나 무작위(random)로 수행할 수 있는 다른 과제들을 이용한다. 청소년 내담자가 앞으로 문제를 재발시키거나 어려움을 다시 겪을까봐 걱정하는 부모들에게는 "변화는 세 걸음 앞으로 갔다가 두 걸음 뒤로 물러나는 것이다. 그러나 그것이 맨 처음으로 돌아가는 것을 의미하지 않는다."라는 점을 주지시킨다(de Shazer, 1985). 만약 제 궤도에 머물게 하는 데 도움이 되는 해결향상도구를 청소년이 잘 배운다면 필자는 가능한 대안으로 성공의 영향을 시각화하기, 자기패배적인 '냄새나는 사고'를 떨쳐버리기 위한 논박도구, 그리고 마음챙김 명상 같은 대처전략을 가르친다.

열여섯 살인 로저는 고질적인 규칙위반, 경찰에 연루, 학교무단결석 문제로 인하여 부모와 함께 필자의 상담소에 내방했다. 첫 번째 면접에서 부모들은 학교출석문제가 변화되기를 바란다고 말했다. 부모에 의하면 로저는 친구들과 함께 며칠씩 학교를 빠지고 1주일에 한두 번 등교한다고 했다. 부모도 로저도 자발적인 예외를 설명하지 못했다. 상담을 하는 동안 부모 사이에 갈등이 심하고 로저에 대한 서로의 양육스타일을 탓한다는 사실을 알게 되었다. 필자는 예외지향적 질문들을 사용했고 이런 좋지 않은 상호작용의 유형으로부터 로저를 단절시키는 것이 좋을 것 같아서 로저를 상담실 밖으로 나가게 했다. 가족구성원들에게 각기 그들의 강점과 대처전략에 대해서 칭찬해 준 다음, 필자는 한 주 동안 '유용한 실험'으로서 예측 과제(de Shazer, 1988)를 가족에게 주었다. 로저가 다음 날 학교에 갈 것인지를 매일 밤 세 사람이 각기 예언하게 하고 만약 다음날 로저가 학교에 가면 그 이유에 대해 설명하도록 했다.

가족들은 두 번째 상담에 왔고 로저가 5일 중 4일은 학교에 갔다고 얘기했다. 필자는 상상의 Pom-Poms(역자주: 응원할 때 쓰는 꽃술 달린 도구)을 꺼내서 흔들며 격려함으로써, 예외를 증폭시켰다. 그러나 부모는 로저에 관한 중대하고도 위험스런 사건을 어떻게 다루었는지에 대해서 서로를 비난하기 시작했다. 로저가 '문제아 친구들'과 함께 파티에 가기를 원했을 때 어머니는 반대했고 아버지는 허락했기 때문이었다. 필자는 부모하고만 이야기할 테니 로저를 밖으로 나가도록 했다. 필자는 로저가 학교에 갈 수 있도록 한 부모 각각의 행동에 대해 칭찬해 주었다. 그런 후에 다음 주 동안 부모에게 각기 그들이 상대방이 로저에게 행한 일 중 마음에 들었던 행동이 어떤 것이었는지를 관찰하도록 과제를 주었고 다음 면접에서 서로의 발견한 것을 토의할 수 있도록 간단히 메모하라고 했다. 부모는 서로가 아들에게 한 일 중에서 '잘한 일'을 찾아내는 데는 시간을 너무 적게 썼다는 것에 동의했다. 가족 각자에게 칭찬을 해준 다음 '효과 있는 것은 계속하기'원칙에 따라 예측 과제를 계속해서 하도록 권유했다.

일주일 후 돌아온 가족들은 많은 예외에 대해서 이야기했다. 로저는 '매일 학교'에 갔고, 가족 내에 '중대하고도 위험스런 사건'도 없었으며 부모는 일주일 동안 서로 비난하지도 싸우지도 않았다. 필자가 부모들만 만났을 때 그들은 상대 배우자의 양육 능력 중에서 좋았던 점 네 가지를 이야기했다. 자신감에 대한 확신을 갖도록 4주 동안 상담을 쉬기로 하였고, 상담을 쉬는 동안 '효과 있는 무언가를 계속해서 하도록'그들에게 요청했다. 문제가 해결되었으므로 다음번 면접 후에는 상담을 종결하기로 합의했다.

변화가 없는 가족

가족들이 두 번째 이후의 상담에서 더 이상의 진전을 말하지 않을 때는 일주일 중에 하루라도 좋은 날이 있었는지 그리고 그 예외를 확대하기 위해 무엇을 시도했는지를 우선 탐색하는 것이 좋다. 단 하루라도 좋은 날이 있었으면 그 예외들에 대한 자세한 정보를 확보하는 것이 중요하다. 그 예외들이 해결구축을 위한 잠재적 주춧돌 역할을 할 수 있기 때문이다. 만약 필자의 예외지향적 질문에 내담자가 부정적인 피드백을 하고 관심사를 얘기하기 원한다면, 필자는 그들의 의견을 존중한다. 혼재된 의견을 가진 가족을 상담할 때와 마찬가지로, 그들의 관심 상황이 위기로 치닫지 않도록 치료의 초점을 새로 설정할 필요가 있을지도 모른다. 필자는 또한 어떻게 해서 더 나빠지지 않았는지를 가족과 함께 탐색한다. 만약 가족들이 상황에 대해 부정적이고 비관적이라면 이것은 치료자가 치료적으로 뭔가 다른 것을 해야 할 필요가 있음을 알려 주는 내담자의 피이드백으로 여기는 것이 좋다. 이런 때에는 우선, 잘 형성된 치료목표를 가지고 있는지, 내담자는 '고객형'인지와 같은 기초적인 것을 탐색하는 것이 좋다. 상담에 진전이 없다고 느낄 때마다 필자는 치료목표가 지나치게 커서 세분화할 필요가 있는지, 혹은 처음부터 잘못된 목표를 선택했는지를 가족과 함께 사정한다. 필자는 예외를 찾는 데 도움을 얻기 위해 비관적 순서(pessimistic sequence)(Berg & Gallagher, 1991)를 이용하기도 한다. 또한 현재 참여하고 있지는 않지만 상담에 관계해야 할 필요가 있는 사람이 있는지 가족과 함께 탐색한다. 내담자 유형을 사정할 때 필자는 내담자에게 모든 가족과 의미 있는 타인들이 문제에 대해 얼마나 관심이 있는지를 1에서 10까지, 관심이 많을수록 높은 점수를 주는 척도로, 평가해 보도록 요청한다. 이 질문에 대한 답변을 통해서 다음 면접에는 누구를 참석시키는 것이 좋을 지에 대한 단서를 종종 얻게 된다. 내담자 유형을 사정할 때, 치료자가 협조해야 할 상위 체계의 인물들을 내담자로부터 알아내는 등 거시적 상위 체계(Selekman & Todd, 1991)에 대한 사정을 하기도 한다. 만약 여러 협조자가 관련되어 있으면 가족으로부터 '정보공개에 대한 동의서'를 받아서 앞으로 필요할 때에는 이들 여러 협조자와 회의를 가지는 것이 좋음을 알린다.

치료적 실험 설계와 선택

필자는 가족들에게 '더 나빠지지 않은 것은 무엇 때문입니까?'라고 물을 때 중요한 예외를 발견하곤 하는데, 이 예외들은 가족들과 함께 해결을 구축하는 데 필요한 주춧돌로 이용될 수 있다. 비관적 순서(Berg & Gallagher, 1991)들은 예외가 없을 때 활용될 수 있다. 만약 가족들이 계속 비관적이라면 방법을 바꾸어 가족 사이에 문제를 지속시키는 상호작용을 비디오처럼(videotape metaphor) 필자에게 상세히 설명해 주도록 요청한다. 유형개입(pattern intervention)(O'Hanlon, 1987; O'Hanlon & Weiner-Davis, 1989)은 가족내 문제를 유지시키는 상호작용 순서를 분열시키는 데 효과적인 치료 전략이다. O'Hanlon(1987)은 내담자 체계에서 문제를 유지하는 패턴을 차단하기 위한 지침을 개발했다. 그가 추천하는 지침은 다음과 같다.

1. 증상(증상패턴)의 빈도(비율)를 변화 시켜라.
2. 증상(증상패턴)의 지속기간을 변화 시켜라.
3. 증상(증상패턴)의 시간을 변화 시켜라(요일/주/월/년).
4. 증상(증상패턴)의 장소를 변화 시켜라.
5. 증상의 순서에서 한 가지 요소를 빼거나 추가하라.
6. 증상을 둘러싼 사건의 순서를 변화시켜라. (p. 36)

만약 필자와 팀이 가족에게 내주고자 하는 과제를 가족들이 좋아하면 우리는 가족과 함께 뭔가 다른 것 하기(de Shazer, 1988), 왜 상황이 더 나쁘지 않은지 이유를 부모가 생각해 보고 적어 보게 하기(Molnar & de Shazer, 1987), 만약 혼자 상담해 왔다면 앞으로의 회기 때 반영팀을 활용해 보기(Anderson, 1991; Friedman, 1995) 등의 유형개입(O'Hanlon & Weiner-Davis, 1989: O'Hanlon, 1987)을 제안할 수 있다.

15세의 커트는 '성적이 떨어지고 있었으며' 수업에서 '다른 사람에게 지장을 주는 행동'을 했고 '마약 남용 의심'이 가는 학생이어서 학교 사회복지사가 가족치료를 위해 필자에게 의뢰하였다. 학교 사회복지사에 의하면 커트는 집과 학교에서의 문제행동으로 인해 학교 상담을 몇 번 받아 본 적이 있었다. 사회복지사는 부모가 '제한하는 것에 대해 일관성이 부족하다'고 느껴졌다고 했다.

첫 가족 회기에서는 커트의 어머니 헬렌이 주로 이야기했다. 아버지 팀은 이 약속 때문에 근무시간에 참석해서 화가 난다고 했고 상담이 별로 도움이 될 것 같지 않다고 했다. 커트는 회기 내내 조용히 머리를 숙인 채로 다리를 뻗고 팔짱을 낀 채 앉아 있었다. 헬렌은 커트의 행동 문제에 대한 걱정을 이야기했고 아들의 문제를 해결하는데 남편이 지지를 해주는 것 같지 않다고 했다. 필자는 기적질문(de Shazer, 1988)을 해봤는데 팀과 커트는 묵묵부답이었다. 반면에 헬렌은 긴 독백으로 이상적인 기적의 시나리오에서 볼 여러 가지 변화들에 대해 이야기했다. 두 남자는 변화 준비에 있어서 숙고 전 단계(precontemplation stage of readiness to change)

에 있다는 것이 분명했고 헬렌은 분명히 행동을 취하는 단계(action stage)에 있었다(Prochaska et al., 1994). 대처질문과 일련의 비관질문들을 사용해 보니(Berg & Miller, 1992) 팀과 커트는 '모르겠어요'라고 대답한 후 아무 말없이 있었다. 나는 부부가 하나 된 부모 팀으로서 협력하는데 방해가 되는 장애가 무엇이었는지를 알아내기 위해 부부만 상담해 보기로 했다. 팀이 이야기를 시작했는데 아들에 관한 헬렌의 부모 역할 방식 즉 '잔소리하며 항상 화내는 것'을 비판했다. 헬렌은 반문하여 팀의 '사내애들의 장난은 말릴 수 없다'는 태도와 커트에 대한 자유방임주의적인 부모 역할 방식에 대해 의심을 표현했다. 부모로서 하나가 되는 데 부족함에 대해 이야기하자 팀은 더 이야기하면서 변화 준비에 있어 숙고 단계(contemplation stage of readiness to change)(Prochaska et al., 1994)에 들어가는 것처럼 보였다. 필자는 그들에게 관찰 실험을 해보기로 했다. 부모는 커트에 대해 취하는 상대방의 부모 역할 방식 중 '좋아하는 것' '목표물을 정중앙에 맞춘 것' 혹은 '매우 효과적인 것'이 무엇인지 서로 각 각 관찰하여 노트에 적도록 했다. 다음 가족 회기 전까지 적은 것을 서로에게 말하지 않기로 했다. 필자와 커트가 단둘이서 상담할 때 커트는 아무 말을 하지 않고 '잘 모르겠어요' 반응을 몇 번 보였다.

한 주 후 가족이 돌아올 때 '하나도 상황이 변하지 않았다'고 했다. 부모는 서로의 부모 역할 양식에 있어 좋거나 달라진 점을 볼 수 없었다. 커트는 같은 자세로 앉아 있으면서 가족과 함께 있을 때 아무 말도 안 했다. 그리고 나와 단둘이 있을 때도 아무 말을 하지 않았다. 나는 부부만 따로 만났다. 나는 문제를 찾아내는 질문(Palazzoli et al., 1980)을 이용하여 커트가 학교에서 어려움에 닥칠 때 그들이 보통 어떻게 반응하는지 구체적으로 묘사하도록 했다. 문제를 유지하는 패턴은 다음과 같았다. 헬렌이 먼저 커트에게 왜 그랬는지를 물어보고, 커트가 그녀에게 욕을 하면 그녀가 커트에게 설교를 늘어 놓고 존경심이 없다고 소리 질렀다. 커트는 화내면서 집 밖으로 나갔고, 헬렌은 팀에게 커트의 불손한 행동과 학교에서의 어려움에 대해 불평하고, 팀은 화를 내며 커트의 어려움을 헬렌에게 뒤집어씌우고 그 둘은 싸우기 시작하고 커트는 집으로 돌아와서 벌을 받지 않게 되었다.

나는 팀에게 그의 아들이 급락하고 있으며 팀이 자신의 강인함을 이용하여 상황을 변화시킬 필요가 있는 절박한 상황임을 보여 주려 어느 정도의 긴장감을(Minuchin & Fishman, 1981) 조성하기 위해 노력했다. 팀이 이해를 한 것 같았고 변화 준비 단계(preparation stage of readiness to change)(Prochaska et al., 1994)로 들어가는 것으로 보였다. 대화를 하면서 팀에 대해 알게 된 것 중 하나는

'커트에게 강인한 모습을' 예전에 보였을 때 커트는 '아빠에게 대들면 안 된다는 것'을 알았다는 것이다. 다음 일주일 간 헬렌을 조금 쉬도록 팀이 주도하여 규칙을 만들고 어길 시에는 커트에게 벌을 주기로 했다. 헬렌은 팀이 '나선다'는 것이 매우 좋았으며 '심각한 부모 역할을 하는데 조금 쉬도록 해줘서' 매우 좋아했다.

부모는 다음 주에 커트와의 상황에 대해 훨씬 더 희망을 가진 상태로 미소를 지으며 들어왔다. 아버지 팀이 하교 후 픽업을 위해 예고 없이 두 번 학교를 방문 하고 몇 번 더 벌을 커트에게 주니 커트는 아빠가 '학교에서 전화가 오는 것'과 어머니에 대한 존경심 없는 태도를 더 이상 두고 보지 않을 것이라는 점을 이해하게 되었다. 부모는 굳건히 힘을 합친 한 팀이 되었다. 부모가 커트의 방에서 대마초를 발견한 후 커트의 '운전권'을 한달 간 박탈하기로 했다. 한번 만 더 걸리면 팀이 커트에게 '6개월간' 차를 못 쓰게 한다고 했다. 팀이 '나섬'으로써 그리고 헬렌을 지지하며 필요할 때 아들에 대해 제한을 설정함으로써 치료회기는 커트의 행동이 극적으로 변화되는 결과를 낳았다.

그러나 어떤 가족들은 제시하는 문제로 인한 고통을 호소하면서 매우 비관적인 태도로 두 번째와 이후의 면접에 참여한다. 이런 가족들 대부분은 여러 번의 치료 실패 경험을 가지고 있고, 오랫동안 그 문제에 짓눌려 온 가족들이다. 필자는 예전의 치료자들이 간과하거나 놓친 것이 무엇인지를 탐색하는(이야기하기) 동시에 문제를 외재화시킨다(White & Epston, 1990). 상담팀과 필자는 가족들이 억압적인 문제에 대항하여 강해지도록 힘을 줄 수 있는 방안들을 개발한다.

앤드류스 씨 부부는 오랫동안 약물을 사용한 17세의 아들 스티브를 위해 상담을 받기로 했다. 스티브는 과거에 두 곳의 약물재활프로그램에 참여한 적이 있고 두 번째 프로그램을 마친 직후에 곧 재발했다. 앤드류스 씨 부부는 스티브가 '바르게 생활하기'를 포기했기 때문에 스티브를 '약물중독자'로 보아 왔다. 그러나 앤드류스 씨의 아내는 아들 스티브가 '최근에는 변화하기 위해 무척 애쓰고 있다'고 느꼈다. 스티브는 첫 번째 상담에서, 학교에서 아이들이 자신을 '돌대가리' '멍청이'로 불러서 화나게 한다고 말했다. 대학에 다니느라 떨어져 살고 있는 스티브의 형도 고등학교 때는 약물문제를 겪었었다. 부모로부터 예외를 끌어내기 위해 시도했으나 부모는 부정적이고 비관적이었다. 필자는 신속하게 방향을 바꾸어 가족에게 기적질문을 물었다. 부모의 기적은 스티브가 약물을 그만두는 것, 아버지와 좀 더 사이좋게 지내는 것, 가족들이 싸움을 적게 하고, 스티브가 파티친구들과 절교하는 것이라고 했다. 필자는 스티브와 치료적 동맹관계를 개발하기 위해 그와 둘이서만 만나기로 했고 스티브가 약물문제를 해결하고자 하는 높은 동기를 가지고 있었기 때문에 두 개의 과제를 내주었다. 첫 번째 과제는 스티브가 다음 한 주 동안 '환각상태'로 있고 싶은 유혹을 피하기 위해서 자신이 하는 다양한 일들이 무엇인지 알아내고(de Shazer, 1985), 노트에 써서 다음 주 면접에 가져오는 것이었다. 두 번째 과제는 스티브가 다음 주 동안 이틀을 선택해 '부모가 놀랄 만한' 기적행동(de Shazer, 1991)을 하는 것이었다. 가족들에게 칭찬을 한 다음 필자는 부모에게 돋보기를 꺼내들고 스티브가 기적행동을 하는 날이 언제인지 맞추어 보라고 요청했다.

일주일 후 상담에 온 가족들은 약간의 변화가 있었다고 했으나 여전히 부정적인 태도였다. 면접 중 스티브가 '변화하기를 원하지' 않는 것에 대하여 스티브와 아버지 사이에 언쟁이 일어났다. 필자는 문제를 외재화하여 파괴적인 비난의 사이클을 막았다. 필자는 가족들에게 다음과 같은 외재화 질문(White & Epston, 1990)을 하였다. "얼마나 오랫동안 '약물중독 생활유형'이 당신 아들들에게 영향을 주었나요?" "빌(스티브의 형)이 '중독자생활'에서 빠져 나올 수 있도록 부모님이 빌에게 어떤 도움을 주었나요?" "스티브, 얼마나 오랫동안 '약물중독 생활유형'이 네 학교 친구들로 하여금 너를 '돌대가리' '멍청이'라고 부르게 했지?" 방안의 분위기는 크게 변했고 필자의 외재화 질문은 가족들이 문제상황을 다르게 보도록 여유를 준 것으로 보였다. 부모는 어떻게 이것이 가족의 문제가 되었는지를 말하기 시작했다. 빌이 약물을 극복하려고 할 때 그를 비난하지 않으려고 의식적으로 노력했고, 그것이 그를 변화시키는 데 도움이 된 것 같다고 기억해 냈다. 스티브는 '약물중독 생활양식'으로 인해 학교 친구들로부터 어떻게 '돌대가리' '멍청이'라고 놀림을 받게 됐는지를 많은 감정을 보이면서 대답했다. 스티브는 "저는 그 놈들이 지겨워요. 저는 '돌대가리' '멍청이'라고 불리는 것이 정말 지겨워요."라고 말했다.

필자는 상담팀이 없었기 때문에 가족들에게 내 줄 적당한 실험을 계획하는 시간을 갖기 위해 상담중간에 쉬는 시간을 가졌다. 가족들이 '약물중독' 생활방식에 휘둘리지 않고 맞서 싸우기 위해, 집에서와 학교에서 매일 어떤 다양한 시도들을 하는지 잘 살펴보라는 과제를 주었다. 또한 저녁 식사 후 30분 동안은 가족들이 그날 '약물중독' 생활방식과 싸워서 이긴 것에 대해서 논의하고, 맞서기 위해 구체적으로 무엇을 했는지, 또한 어떻게 휘둘렸는지에 대해서도 논의하도록 과제를 주었다. 필자는 '약물중독' 생활양식은 쉽게 죽지 않으므로, 매일 저녁 모임에서 전략을 짜고 서로 지지하는 것이 절대적으로 중요하다고 설명했다. 필자는 가족들이 2~3주 후에 다시 올 것인지를 물었으며 가족은 2주 후에 오기로 결정했다.

두 주일 후, 스티브와 가족은 미소 띈 얼굴로 기분이 좋아서 왔다. 스티브가 '2주 동안' '바른 생활'을 했다는 것이다! 스티브가 놀랄 만한 업적들을 얘기할 때 필자는 너무 놀라 의자에서 떨어졌다. 휴식 시간에 '언쟁'이란 없었다. 컵스(Cubs) 야구팬인 아버지는 "스티브가 배트를 천 번이나 쳤다."고 얘기했다. 스티브의 엄마가 스티브가 '숙제하는 것'을 봤다고 했는데, 그것은 '큰 변화'였다. 스티브는 저녁마다 격려를 받기 위해 부모와 시간을 갖는 것이 유용하다는 것을 알게 되었으며, '파티친구들'과 떨어져 지냈다고 했다. 필자는 그동안 발생한 차이를 강조하고 변화를 증폭시킨 후에, 자신감에 대한 확인을 위해 4주 동안 상담을 쉰 후에 다시 만날 것을 권유했다. 가족들은 계속해서 과제를 하기로 했다. 필자는 스티브 가족을 두 번 더 만난 뒤에 종결했다. 세 번째 면접 이후 두 달 뒤에 마지막 면접이 있었고 그때 '약물중독' 생활방식에 대한 앤드류스 씨 가정의 승리를 기념하기 위해 필자는 축하케이크를 준비했다.

가족의 일시적인 퇴보 관리하기

상담에서 회기간의 긴 간격 동안이나 치료를 잠시 쉴 동안에, 가족들은 목표부분에서 향상되다가 다시 퇴보하거나, 재발되어 문제를 지속시키는 과거의 상호작용으로 되돌아가기도 한다. 일단 부모가 나에게 이를 알리면, 필자는 즉각 조율(tune-up) 상담을 위해 가족을 부른다. 나는 이때 '좋아진 게 없었다면 퇴보도 생기지 않겠지요'라고 정상화하기를 좋아한다. 또한 이 퇴보를 일시적 탈선이며 정상복귀를 위한 기회(Tomm & White, 1987)라고 정상화해 준 후에, 가족들이 조율(tune-up) 회기로 필자와 만나기 전 이미 제 궤도로 돌아가기 위해 취한 조치에 대해 가족과 함께 탐색한다. 만약 가족이 여전히 위기상황에 있거나 탈선돼 있다고 느낀다면 필자는 다음과 같은 질문을 한다.

- "앞으로 비슷한 스트레스 상황에 처할 때 사용할 수 있는 것으로, 이번 퇴보에서 배운 것은 어떤 것이 있나요?"
- "다시 제 궤도로 돌아가기 위해 무엇을 해야만 할까요?"
- "제 궤도 위에 있으려면 무엇을 해야만 할까요?"

- "그 일이 일어나기 위해서는 무엇을 해야 할까요?"
- "다시 제 궤도로 돌아가려면 그 밖에 무엇을 더 해야 할까요?"

필자는 상상의 수정구슬(de Shazer, 1985)을 꺼내 가족이 앞으로 제 궤도에 있으려면 무엇을 하고 있을지 묘사해 보라고 요청하기도 한다. 만약 조율(tune-up) 상담의 끝 무렵에도 약간의 걱정이 여전히 있다면 추후 약속 일정을 잡은 후 자신감에 대한 확인을 위해 당분간 상담을 쉬도록 한다.

악화된 가족

두 번째 이후 상담에서, 가족들이 문제상황이 더 나빠졌다고 얘기하면, 필자는 이 중요한 피이드백에 반응하여 치료적으로 뭔가 다른 것을 하는 것으로 반응한다. 이러한 때에 비관적 질문(pessimistic questions)(Berg & Miller, 1992; Berg & Gallagher, 1991)은 내담자와 더 협조적인 관계를 만드는 데 유용한 지름길이 될 수 있다.

두 번째 이후의 면접에서는 가족들에게 세분화된 또는 새로운 치료목표가 필요한지 함께 가늠해 보는 것 이외에, 상위 체계 등으로부터 상담에 협력해야 할 사람, 격려해 주는 타인, 사회 네트워크 속의 중요한 사람이 더 있는지를 가족과 함께 검토해 본다. 만약 가족이 해결지향적 과제나 유형개입(pattern intervention)(O'Hanlon, 1987)에 잘 반응하지 않으면 필자는 문제를 외재화한다. 그러나 어떤 가족에게는 위의 전략들이 만들어 내는 변화가 충분치 않을 수도 있다. 이런 가족에게는 개입은 적게 하고, 문제로 가득한 그들의 이야기를 할 수 있는 여지를 주는 것이 더 좋은 방법이다. 대화식 질문(Anderson & Goolishian, 1988a)은 상담가와 팀의 편집(editing) 없이 가족들이 자신의 이야기를 하도록 해준다. 이것은 새로운 이야기, 새로운 의미를 만들어 낼 수 있다.

켈리는 열일곱 살이며 절도, 가정규칙 어기기, 무단결석, 약물남용 때문에 상담을 받도록 법정명령을 받았다. 첫 상담에서 팀과 필자는 부모에게 '뭔가 다른 일 행하기' 과제(de Shazer, 1985)를 주었으나 일주일 후 가족이 돌아왔을 때 아무 진전이 없다고 했다. 사실 켈리의 반항하는 행동은 더욱 나빠졌다. 켈리에 대한 부모의 목표는 일주일 동안 '적어도 한 번이라도 켈리가 제시간에 귀가하는 것'이었다. 켈리는 부모의 목표를 이행하려 하지 않았고 상담을 통해 무엇을 얻고자 하는지 밝히려고도 하지 않았다. 부모에 의하면 켈리는 한 번도 제 시간에 귀가한 적이 없었고 그녀 때문에 부모는 '화가 나 있었다'. 필자는 문제순서(problem sequence)를 추적해 보았는데 켈리가 밤늦게 집으로 돌아온 후 부엌에서 가족 간의 언쟁이 일어났다는 것을 발견했다. 켈리는 가족과의 언쟁에서 항상 이겼다. 왜냐하면 그녀는 싸울 때 부모보다 더 정신이 맑게 '깨어 있기' 때문이었다. 그리고는 보통 켈리가 부모를 욕하면서 방안으로 들어가 문을 잠그면서 싸움이 끝났다. 상담팀과 필자는 부모들이 깨어 있는 저녁 이른 시간에 거실에서 가족 간의 언쟁을 하도록 일정을 잡을 것을 권유했다. 가족 간의 언쟁을 하게 한 이유는 이것이 가족 간의 '관심과 정서적 유대'를 서로에게 전달하는 최선의 방법이라고 여겼기 때문이다. 우리는 가족들이 한 번에 한 사람과 5분간씩 교대로 싸우도록 지시했다. 그들은 부엌에서 타이머를 이용해서 정확하게 시간을 지키며 싸워야 했다. 싸우다가 다 못 싸우고 남은 주제는 종이에 적어서 다음 예정된 싸움시간에 언쟁하는 것으로 했다.

세 번째 면접에 왔을 때 그들은 가족들간의 언쟁이 많이 줄었고 켈리의 행동이 향상되었다고 얘기했다. 필자는 모든 변화를 증폭시켰다. 그러나 켈리는 우울해 보였고 의자에 앉아 의자를 흔들거렸다. 켈리와 아버지 사이에는 약간의 긴장이 있는 것으로 보였다. 상담팀은 이 중요한 비언어적 행동을 지적했고, 상담 도중 휴식 시간에 가족과 필자가 일면경 뒤로 가서 반영(反映)하는 시간에 그것을 지적했다. 팀의 반영 몇 가지는 다음과 같았다. "가족들이 아직 얘기하지 못한 잃어버린 퍼즐조각이 있는지 궁금하다." "지난 주 가족들의 진전에도 불구하고 좋은 느낌을 감소시키는 무엇이 있는 것 같다." "켈리가 뭔가를 말하려고 하는 것은 아닌지 궁금하다. 예를 들면 그 잃어버린 퍼즐조각이 무엇인지를 얘기하려는 것은 아닌지……."

우리가 다시 서로 방을 바꾼 다음 가족들은 팀의 반영에 대해 반영했다. 켈리는 놀랍게도 위험을 무릅쓰고, 3년 전 그녀의 스물 네 살 된 오빠가 여름방학 때 집에 돌아와 있을 때 그녀를 성적으로 학대했다는 얘기를 했다. 부모는 큰 충격을 받았고 특히 아버지가 그랬다. 그는 아들과 매우 가까웠기 때문이었다. 켈리에 의하면 부모들이 저녁에 외출한 동안, 파티에서 술에 취한 채 집으로 돌아온 오빠가 켈리를 성폭행 했다. 그리고 오빠는 만약 켈리가 그 사실을 이야기하면 죽일 거라고 협박했다고 했다. 이에 엄마는 켈리를 끌어안고는 "다시는 이런 일이 일어나지 않을 거다."라며 "알랜에게 적절한 조치를 할께."라고 말했다. 아버지는 알랜에게 성폭력 사건을 직면하도록 계획했고 상담을 받게 하겠다고 했다. 부모는 딸의 성적피해에 대해 전혀 몰랐다고 했다. 필자는 아동성폭력에 대한 의무보고자이기 때문에 아동보호서비스에 전화해서 이 사건을 보고해야 한다는 것을 부모에게 알렸으며 아버지는 필자의 사무실에서 아동보호서비스에 전화했다. 필자는 아동보호서비스 담당자에게 협조할 것이며 위기기간 동안 가족을 위해 옹호활동을 하고 가족치료를 제공할 것임을 가족에게 알렸다.

켈리와 그의 부모는 알랜을 고소하기로 결정했다. 알랜은 성폭력가해자집단에 참여하도록 법정명령을 받았다. 필자는 이후 가족상담에서는 켈리와 가족을 위한 지지를 제공했고 아동보호서비스워커와 보호관찰관에게도 협조하였다. 필자는 켈리와 부모를 여섯 번 더 만났다. 켈리는 성폭력 피해소녀들을 위한 특별집단에 참여했고 이와 같이 부모에게 용기 있게 털어놓은 후에 켈리의 행동은 극적으로 향상되었다.

켈리의 사례는 치료적 융통성이 얼마나 중요한지를 보여 주는 본보기이다. 팀과 필자는 치료초기에 기본적인 단기해결지향 치료접근을 했으나 변화를 만들어내지 못하고 사실상 상황은 더 나빠져 갔다. 켈리가 귀가시간을 지키지 않는다는 문제를 둘러싼 문제유지상호작용을 흩뜨려 놓으려 시도했으나 이것은 약간의 변화를 가져왔을 뿐, 켈리가 말하지 않는 것이 있었기 때문에 켈리에게는 '뉴스가 될 만한' 변화는 아니었다. 매우 개입적이고 매우 의도적인 우리의 치료 입장은 켈리가 말하려는 것을 막은 셈이었다. 우리가 무언가 다른 것을 시도해야 한다는 것이 명백해졌을 때 반영팀은 가족의 비밀이 숨겨져 있음을 암시하는 중요한 비언어적 행동을 반영시간에 지적했다. 반영팀은 가족의 비밀에 대해서 은유적으로 자유롭게 이야기할 수 있었으며 이것이 켈리가 지금까지 '말해지지 않은 것'(Anderson & Goolishian, 1988b)을 폭로하는 길이 되었다. 켈리의 용기 있는 폭로는 부모로 하여금 켈리가 하는 행동의 의미를 알게 해주었고, 매우 극적인 가족변화를 이끌어 냈다.

단절된 가족

어떤 가족의 경우, 가족 한 사람의 변화는 나머지 가족의 변화를 가져오지 못한다. 이러한 가족 내에서는 가족구성원 개인들이나 하부체계들이 서로 단절되어 있는 경향이 있다. 어떤 경우는 자식을 걱정하는 부모들이 청소년 자녀와의 관계에서 행동을 바꾸어도, 청소년 자녀의 증상을 강화하거나 나아가 악화시키게 된다. 필자는 복합증상을 가지고 있는 청소년이 있을 경우에 이러한 현상을 목격했다. 이러한 단절된 가족에게 유효한 치료전략은 그들 가족구성원과 하부체계에 대해 개별적으로 개입하는 것이다. 필자는 가족구성원들에게 개별적인 목표를 세우게 하고 서로에게 다르게 행동하도록 격려한다. 다른 대안은 일인가족치료접근(Selekman, 2002; Szapocznik & Williams, 2000)을 사용하는 것이다.

조지, 입슨, 래트너(George, Iveson, & Ratner, 1999)는 여러 가지 문제를 동시에 다루고 싶어 하는 개인, 부부, 가족 내담자들과 '여러 문제를 동시에 짜 넣는' 것이 가능하다는 것을 발견했다. 각 문제가 각기 독립되어 있는 것처럼 각 문제에 대해 척도질문을 하면 내담자가 자신의 강점과 자원을 밝히고 사용할 가능성을 증가시킨다는 것을 발견하였다. 회기 마지막에 내담자에게 하나의 척도가 다른 척도에 어떤 영향을 줄 수 있을지 생각해 보도록 요청할 수 있는데 이것은 내담자가 문제들을 건설적 방법으로 연결하는 데 도움이 된다.

다음의 단절된 가족 사례는 이런 경우 얼마나 도전이 되는지를 잘 보여 주고 있다.

사라는 알코올남용자인 17세의 딸 웬디가 알코올남용으로 인해 고등학교 졸업을 못할 수 있다는 '두려움 때문에' 딸을 치료에 데려왔다. 세 번의 치료면접 후, 사라가 Al-Anon(알코올중독자 가족모임)에 출석하고 웬디에 대해 지나친 책임지기를 자제하는 등 엄청난 변화를 했음에도 불구하고, 웬디의 알코올남용문제와 학교문제는 더욱 악화되었다. 필자는 첫 면담에서 웬디와의 관계형성에 실패했고, 웬디는 더 이상 치료 과정에 참석하지 않을 것임을 선언했다. 필자는 고착상태에 빠졌음을 느꼈고 반영팀이 없었기 때문에 상담체계를 확대하기로 결정하고 사라에게 남편과 26세 된 아들을 다음 면접에 데려오게 하였다. 다음 면접에 웬디의 아버지는 술냄새를 풍기고 단정치 못한 모습으로 나타났다. 웬디의 오빠는 면접 바로 전에 코카인 거래 혐의로 체포되어 올 수 없었다. 웬디 아버지와 관계성립을 하려는 필자의 시도는 헛되이 끝나고 말았다. 사라와 필자는 그 후로 네 번의 상담을 더 한 후에 치료를 종결했다. 그녀는 Al-Anon에 계속 출석했으며, 슈퍼엄마이기를 멈추었으며, 다시 대학 강의를 수강하기 시작하였다. 사라는 결국 가족에서 변화할 수 있는 사람은 자기 자신뿐이라는 것을 깨달았다.

비록 사라가 제기하는 문제를 해결하지는 못했지만, 필자는 이 사례가 성공적이었다고 생각한다. 사라는 치료를 통해 자신의 역량을 강화하는 여러 용기 있는 조치를 취했으며, 문제가 매우 많은 가족상황에서 어떻게 더 잘 대처해 나갈지 배웠기 때문이다. 마지막 상담에서 필자는 그녀가 성공적으로 '건강한 거리 두기'(mastering the art of detachment)를 한 것과 가족문제에 더 잘 대처하기 위해 지혜롭게 '평온함의 기도'(Serenity Prayer's)를 활용한 것을 칭찬해 주었다.

일인가족치료

극단적이고 극심한 부모-청소년 갈등이나 심각한 부부간 불화, 이혼 후 극심한 부부 갈등, 가정폭력의 위협, 또는 양쪽 부모가 심각한 정신건강이나 물질 남용 문제로 무력해 보일 때, 필자는 청소년에게 일인가족치료접근(Selekman, 2002; Szapocznik & Williams, 2000)을 제공한다. 이 치료형식을 사용할 때 청소년은 변화의 중개인이 된다. 걸이용 종이 챠트를 사용하여, 우리는 청소년이 가족정치에서 능동적 역할을 하거나 휘말려 들어가 있는 가족의 문제를 유지하는 주요 상호작용 패턴을 그릴 수 있다. 부모나 형제자매의 행동에 대한 자신의 반응이 집안 문제를 악화시키는 요인이 되는 방식을 보게 되는 것은 청소년에게 있어 '뉴스거리가 될 만한' 경험이 될 수 있다. 해결중심적 개입과 유형개입 실험으로 이 악순환을 유지하는 패턴을 흔들어 놓는데 청소년이 선두에 설 수 있다. 청소년이 자신감을 좀 더 가지고 변화 대리인 역할을 하도록 역할놀이(roleplaying)를 해도 좋다. 다른 개별치료나 가족치료전략도 제안할 수 있다. 마지막으로 이 접근은 가족으로부터 더 독립적으로 살고 싶은 좀 더 나이든 청소년에게 도움이 될 수 있다.

해결지향적 치료적 실험과 팀 전략들

필자는 이 장에서 전형적으로 2회 이후 회기에서 가족에게 사용하는 17개의 해결지향적 치료적 실험과 팀 전략들을 소개하고자 한다. 각 치료적 실험과 팀 전략들을 기술하고 여기에 주요 지능 분야(Gardner, 1993, 1999)와 내담자의 협력 반응을 맞추는 방법에 대한 유용한 가이드라인을 제공하고 몇 가지 사례를 제시할 것이다.

비밀스럽게 놀라게 하기

비밀스럽게 놀라게 하기 실험(secret surprise experiment)(O'Hanlon & Weiner-Davis, 1989)은 자녀들이 일주일 동안에 부모를 긍정적인 방향으로 놀라게 해줄 만한 과제를 두개씩 선택하여 행하는 것이다. 그러나 그 과제가 무엇인지 부모에게 말해서는 안 된다. 부모는 그들의 상상의 돋보기를 꺼내 자녀가 자신들을 놀라게 만드는 것이 무엇인지 알아내도록 치료자로부터 지시 받는다. 이것은 예외와 변화를 증폭시키는 데 유용한 즐거운 과제이다. 때때로 필자는 이 방법을 거꾸로 하여 부모들이 자녀를 놀라게 할 거리를 준비하게 한다.

이와 유사하게 필자는 청소년과 갈등을 가진 교사들이 청소년과의 관계를 개선할 수 있도록 교사에게 이 실험을 하게 한다. 필자는 이 과제를 혼재된 의견을 가진 가족에게 활용하기를 좋아하는데 이들에게 사용할 경우 부모가 보고 싶어 하는 긍정적 행동을 청소년이 좀 더 자주하게 하고, 이런 변화가 계속되었으면 하는 희망과 기대 수준을 높일 수 있도록 청소년의 역량을 강화하는 데 도움이 된다. 대인관계 지능 영역(Gardner, 1993)이 강한 청소년은 이 실험을 즐길 것이다.

해결향상 실험

해결향상 실험(solution enhancement experiment)(de Shazer, 1985)은 약물중독, 식생활문제 등의 습관장애를 가진 내담자를 역량강화하여 이들이 잘못된 습관에 저항할 수 있도록 도울 수 있다. 청소년들은 한 주 동안 약물, 과식, 과음, 자해 등의 유혹을 극복하기 위해 자신이 행하는 다양한 방법들을 발견해 오라는 과제를 받게 된다. 이러한 치료과제는 혼재된 의견을 가진 가족의 내담자들이 더 많은 예외를 만들어 내고 문제 해결능력을 향상시킬 수 있도록 돕는 데 효과적인 방법이다. 어떤 약물중독자들에게는 도움이 될 만한 해결방법을 카드에 적어서 지갑이나 핸드백에 가지고 다니도록 격려한다. 이전에 필자가 상담했던 다루기 어려운 어떤 청소년 내담자들은 그 '해결카드들'이 위기순간에 도움이 되었다고 했었다.

컴퓨터에 재능이 있고 논리-수학적 지능 영역(Gardner, 1993)에서 빛나는 청소년은 자신의 발전에 효과 있는 것을 추적하여 그래프로 그리는 것을 좋아할 수도 있다. 내가 상담한 한 청소년은 자신에 대한 부모의 잔소리행동이 감소하는 것을 계량적으로 기록하기 위하여 컴퓨터에 매우 상세한 그래프를 작성하였다. 부모의 잔소리 행동의 감소에 반응하여 이 청소년은 학교숙제를 완성하는 책임을 완수하였다.

자신만의 만화 인물 창조하기

장기간에 걸쳐 문제상황으로 억압을 받아온 청소년을 상담할 때에, 문제를 외재화(White & Epston, 1990)하는 방법 중 하나는 만화식으로 슈퍼악당들을 그리게 하는 것이다. 청소년에게 악당들의 이름을 짓게 하고 이 악당들의 마술적 힘과 이들이 법이나 다른 악당들보다 어떻게 한 수 더 위인지를 묘사하게 한다. 악당을 그린 후에 악당을 물리칠 수 있는, 이들이 창조해 낼 만한 새로운 슈퍼영웅을 생각해 보게 한다. 슈퍼악당들 경우처럼 슈퍼영웅들의 이름을 짓게 하고 이들의 마술적 힘이 어떤 것이고 어떤 식으로 머리가 좋으며 슈퍼악당들을 물리치기 위해 그들이 사용할 전략은 무엇인지를 생각해 보게 한다. 연재만화 식으로 그릴 수 있도록 청소년에게 기다란 종이를 제공한다. 그다음으로는 청소년에게 종이 위에 슈퍼영웅이 어떻게 악당들을 물리치는지 그리게 한다. 만화 인물의 머리 위의 풍선에 집어넣을 대화를 생각하게 한다. 대부분의 청소년들은 이 회기 중 미술 실험을 재미있어 하며, 자신의 문제가 어떻게 작동하며 문제가 활용하는 속임수를 알게 될 뿐만 아니라 슈퍼영웅을 생각해 내면서 용기와 지혜를 가지게 되어 문제 정복을 위한 역량강화를 할 수 있게 된다. 시각-공간 지능 영역(Gardner, 1993)에서 강한 청소년들은 이 실험을 즐기며 할 것이다. 이 실험은 변화가 없거나 악화된 내담자 집단의 청소년에게 사용하면 유용할 수 있다

행동 중인 강점 프로젝트

외교관이자 작가이며 발명가이고 사업의 전략가이기도 한, 벤 프랭클린은 미국역사 상 가장 중요하고 재능이 있는 인물로 여겨진다. 프랭클린은 소멸되지 않는 호기심을 가졌으며 지식을 더 갖추기 위해 애썼고 대인관계 기술을 조정하고 다양한 실험과 프로젝트에 끊임없이 참여했다. 가장 도전이 되는 프로젝트는 그의 '도덕적 완벽 프로젝트'였다. 프랭클린은 13가지 덕스런 행동과 태도 목록을 만들었으며 자신이 이를 갖추면 '도덕적 완벽에 이를 것'(Isaacson, 2003)이라고 믿었다. 그는 13주를 연속으로 이 덕스런 행동과 태도를 매 주 하나씩 선택해서 실천하였다.

프랭클린은 1년 동안에 13주간의 주기를 네 번이나 완성했다! 이 덕스런 행동과 태도는 정의, 진실, 근면 그리고 결심(Isaacson, 2003) 등이었다. 비슷한 방식으로 필자는 청소년에게 1주간 동안 **행동 중인 강점 프로젝트**를 수행하게 했다. 우선 청소년에게 자신의 세 가지 주요 강점 분야를 찾게 했다. 실험으로 청소년에게 매일 학교에서나 가족원과의 상호작용에서 이를 적용해 보게 했다. 각 강점을 사용하면서 자신들이 타인에게 일으킨 긍정적 반응을 매일 기록하게 했다. 청소년이 일단 자신의 강점을 더 꺼내서 사용할 때의 좋은 점을 발견하게 되면, 자신의 삶이 더 즐겁고 의미 있어지려면 또 다른 주요강점 중 어떤 것을 사용하면 될지를 탐색했다. 필자는 이 실험을 혼재된 의견이나 변화가 없는 내담자 집단에서뿐만 아니라, 대인관계, 언어, 신체-동적, 그리고 논리-수학 지능 영역(Gardner, 1993)에서 강한 청소년과 실행하여 좋은 결과를 경험해 왔다.

습관조절 의식

습관조절 의식(habit control ritual)(Durrant & Coles, 1991)은 특정 증상으로 오랫동안 고생하고 있는 가족에게 유용하다. 일단 가족의 증상이 외재화(externalize)되면, 가족에게 증상에 맞서서 싸울 수 있는 다양한 행동을 눈여겨볼 것과 증상에게 이용당하지 말 것을 지시한다. 증상이 어떻게 승리하는지도 눈여겨보게 한다. 가족들은 증상을 정복할 때까지 전략을 짜기 위해 매일 밤 가족회의를 가진다. 만약 청소년, 학교, 다른 사회 기관의 관련 원조 전문가가 문제에 의해 괴롭힘을 당하면 필자는 내담자와 관련 원조자들로 하여금 힘을 합쳐 이 의식을 수행하게 한다. 이 과제는 두 번째 이후 면접에서 변화가 없는 가족들에게 특히 유용하다. 시각-공간 영역과 대인관계 지능 영역(Gardner, 1993, 1999)에서 강한 청소년은 이 의식에 잘 반응할 것이다.

상상의 타임머신

상상의 타임머신 실험(Selekman, 1997, 2002)은 혼재된 의견이거나, 변화가 없거나, 악화된 가족의 청소년 및 가족원들과 시각-공간 지능 영역(Gardner, 1993, 1999이 강한 청소년과 가족원들로 하여금 원하는 시간에 여행하고 싶으면 어디든 갈 수 있게 하는 실험이다. 일단 목적지에 도착하면 아주 상세하게 자신이 누구와 함께 어디에 갔으며 무엇을 하고 있으며 색상과 동작을 포함하여 모든 감각을 동원하여 도착지를 묘사하게 하여 이 여행경험을 좀 더 생생하게 만든다. 만약 청소년이 존경하는 역사적 인물을 만나기 위해 시간을 거슬러 올라갔다면 그분과 사귀어 뭔가 특별한 것을 함께 하고 난 후, 역사적 인물을 타임머신에 올라타게 하고 다시 돌아와서 가족회기에 초대 자문가로 참석하게 한다. 예를 들면 청소년이 마틴 루터 킹 주니어 목사를 모셔 왔다면 필자는 다음 같은 질문을 청소년에게 할 것이다. "마틴 루터 킹 주니어 목사님이 너와 부모님이 잘 지내게 하기 위해 뭐라고 조언해 주시겠니?" "네가 마틴 루터 킹 주니어 목사님을 학교에 모시고 갔다고 하자. 그러면 쇼 선생님(이 청소년이 갈등을 갖고 있는) 시간에 너에게 무엇을 다르게 하라고 격려하시겠니?" 역사적 인물인 초대 자문가의 도움으로 종종 창조적이고 효과적인 해결전략이 만들어지곤 한다.

이 회기 중의 치료적 실험은 해결되지 않은 복잡한 재난 사례 상황에서 애도 과정을 촉진하고 연결 구축을 촉진하는 데 도움이 될 수 있다. 필자는 연결구축에 있어서 지금은 단절감을 느끼며 좀 더 가깝게 지내고 싶은 부모에게 좀 더 연결되었다고 느꼈던 과거의 한 장소로 가게 하는 것을 좋아한다. 청소년이 시간, 부모와 자신이 무엇을 하고 있는지, 왜 이 연습이 그렇게 의미가 있는지를 밝히면, 필자는 부모를 초청하여 청소년의 시간 여행 경험에서 주요 측면이 무엇이며 이전에 함께 했던 활동 중에 다시 함께 하고 싶은 활동이 무엇인지를 생각하게 한다. 부모들은 종종 청소년의 시간 여행 경험에서 정서적으로 감동을 받으며 자녀와 정서적으로 더 가까운 연결을 하려고 하게 된다.

많은 청소년들이 부모 상실에 대해 혹은 이사로 인한 친구 상실에 대해 애도하는 데 어려움을 가지고 있다. 부모나 다른 가족원의 상실이 예기치 못하게 발생할 때 청소년은 이 경험으로 인해 정서적으로 마비되는 경험을 할 수 있다. 이때 상상의 타임머신의 도움으로 청소년은 시간을 거슬러 올라가서 떠나간 사랑하는 존재를 만나 정식으로 '안녕'이라고 인사할 수 있게 된다. 그러나 청소년이 이렇게 정서적으로 강력한 실험을 감당할 수 있을지를 조심스럽게 사정해야 하며 부모의 허락도 받아야 한다. 이 실험은 자살 생각을 한 청소년에게는 절대로 실시하지 말아야 한다. 아래 사례는 비극적 사고로 아버지를 잃은 매우 우울한 청소년의 애도과정에 이 치료적 실험이 어떻게 도움이 되는지를 보여 준다.

16세의 백인 소녀 재닛은 최근 아버지 사망 후 심한 우울증으로 정신과 의사가 필자에게 의뢰하였다. 재넷 어머니 수에 의하면 제넷은 '아빠가 가장 좋아하는 딸'이었으며 아버지 로버트와 함께 '좋은 시간을 많이' 보냈었다. 로버트는 폭풍이 몰아치는 저녁에 볼 일을 보러 나갔다가 안전벨트를 하지 않은 채 차로 전신주를 잘못 들이받아 즉사했다고 한다. 아버지 사망 후 재넷은 학교를 가지 못할 정도로 제 기능을 발휘하지 못했으며 방에 틀어박혀 있었고 심한 식물인간 상태의 우울증 증상을 나타내고 있었다. 정신과 의사는 재넷에게 졸로푸트를 처방했으며 재넷의 우울증 증상이 안정화되지 않는 경우 입원시키는 것에 대해 재넷 어머니에게 말한 상태였다. 어머니와 재넷은 외래진료를 먼저 하기 원했다. 재넷의 상태를 완화시키고 아버지 사망에 대해 수용하도록 돕기 위한, 실패로 돌아간 3번의 회기 후 나는 가족에게 상상의 타임머신을 가지고 실험하자고 제안했다. 나는 직감적으로 재넷이 진정으로 아버지와 '이별'을 하기 위해서는 먼저 '만남'을 하는 것이 필수적이라고 느끼고 있었다. 그들은 이 방법을 실험해 보기로 동의했다. 멋진 공원에서 1년 전 아버지와 함께 했던 좋은 피크닉으로 타임머신을 타고 갔다. 재넷은 그들이 무엇을 입고 있었으며 무엇을 먹었으며 대화는 어떤 식으로 했고 주변 식물, 새, 그리고 꽃을 묘사했다. 그녀의 묘사는 아주 명료했다. 이 추억의 경험을 아버지와 재넷이 나누고 있는 것을 어머니와 내가 피크닉에 함께 앉아서 보고 있는 것 같을 정도였다. 최면과도 같은 상태로 25분간 계속하다가 재넷이 아버지를 껴안고 뽀뽀하고 '이별'하도록 했다. 재넷이 현실로 돌아오자 그녀는 울기 시작했고 아버지에 대한 상실감에 대해 처음으로 말을 꺼냈다. 어머니 역시 울었고 재넷을 꼭 껴안았다. 그 이후의 회기에서는 가족이 아버지를 추억하는 사진들을 가지고 왔으며 그들이 상실의 아픔을 어루만지고 그의 죽음을 애도하는 데 도움이 되었다.

보이지 않는 가족 발명품

보이지 않는 가족 발명품(Selekman, 1997)은 혼재된 의견이거나 변화가 없거나 악화된 가족에 적용할 수 있다, 시각-공간과 논리-수학 지능 영역(Gardner, 1993, 1999)에서 강한 청소년들은 이 실험에 반응을 잘 한다. 자신 같은 청소년이나 가족들에게 도움이 될 것으로 자신이 발명하고 싶은 기계나 소도구가 무엇인지 생각하게 하고 묘사해 보게 한다. 필자는 청소년에게 '그게 어떻게 생겼니?' '어떻게 작동하니?' '너와 다른 가족원들에게 구체적으로 어떻게 도움이 되니?'라고 질문한다. 이 실험에 추가된 장점은 어떤 청소년들은 집에 가서 실제로 열정적으로 기계나 소도구를 발명해 본다는 점이다. 부모나 가족원들은 청소년의 창조성과 다른 강점에 인상을 깊이 받게 되고 종종 청소년이 기계를 만드는 것을 돕겠다고 나선다. 만약 발명품이 대단히 커다란 것이 아니라면 필자는 청소년에게 그것을 가지고 오라고 요청한다. 그렇지 않으면 발명품의 사진으로도 충분하다. 많은 사례에서 청소년과 가족원은 집에서 가족의 상황을 개선하는데 발명품을 사용한다.

12세의 라틴계 청소년 마리아는 아버지 샘이 데리고 왔는데 '우울'과 '알코올과 마약을 시도하기 시작할 것' 같은 샘의 '두려움' 때문이었다고 한다. 학교 성적은 크게 떨어진 상태였고, 늘 '심하게 불안한' 듯해 보였으며 '가족으로부터 자신을 점점 더 격리시키고 있었다.' 샘은 자랑스럽게 마리아가 전에는 A만 받는 학생이었으며 '집안일을 맡아서 많이 했다'고 알려 주었다. 마리아에게 형제가 4명이 있었다. 쌍둥이 남동생들은 11살이었으며 6살짜리 남동생은 태아기 알코올 증후군이 있었다. 9살인 카르멘이 상담에 함께 했는데 그 역시 매우 우울해 보였다. 샘에 의하면 마리아의 어머니 후아니타는 '심한 알코올중독' 문제가 있었으며 도움을 받으러 '더 이상 상담가나 치료 프로그램에 가기를 거부 한다'고 했다. '정기적으로 블랙아웃'하는 것을 볼 수 있었으며 '마루 쇼파'에서 '기절'을 하고' 심하게 취했을 때 아이들에게 소리 지르곤 했다'고 말했다. 알코올중독 문제는 가족에 내려오고 있었다. 샘은 비극적인 두려움을 가지고 있었는데 마리아가 '청소년인데도 알코올과 마약에 빠질까 봐' 하는 것이었다. 회기 초기에 내가 내어 준 미술 과제를 하면서 카르멘은 비극적인 어투로 '어머니가 일찍 죽을지' 모른다는 두려움을 표현했다. 카르멘이 '어머니가 일찍 죽을지' 모른다는 두려움을 보일 때 놀랍게도 마리아는 감정적인 변화를 나타내지 않았다. 오히려 가족 회기가 진행되는 동안 마리아는 어머니의 알코올중독 문제에 대해 말을 하는 데 심한 어려움을 느꼈다. 그러나 내가 투명한 가족 발명품 실험을 소개하자 마리아는 형제뿐만 아니라 어머니를 돕기 위해 무엇을 발명할 수 있을지에 대해 보다 잘 얘기할 수 있었다.

그 발명품은 '가족 도우미 기계'라는 이름을 가질 것이었다. 그것은 '커다란 정사각형 모양의 기계로 문이 달려 있었고' 가족들이 '스트레스 받거나' '슬프거나' '화날' 때 '하루 어느 시간에든지 들어갈 수' 있었다. 기계 안에는 기분을 변화시키는 부품이 있었으며 나갈 때 '행복해지게' 만드는 것이었다. 마리아는 그 기계가 '어머니 뇌에 무언가를 작동시켜서 그 안에 들어갈 때에는 술을 마시고 싶지 않도록' 만드는 무언가가 있으리라고 말했다. 나는 어떻게 각 가족 구성원이 그 기계로 인해 도움을 받을지에 대해 마리아와 함께 한 명 한 명 씩 짚어가며 얘기를 나누었다. 그의 아버지는 '덜 긴장하며' '아이들과 재밌는 일을 더 많이 함께 할' 것이라고 했다. 카르멘은 '더 행복해지며' '나가서 친구들과 함께 더 많이 놀게' 될 것이라고 말했다. 마리아도 자신이 '학교에서 더 좋은 성적을 받으며' 친구들과 함께 더 잘 지내는 모습을 보았다고 했다. 가족은 그 회기가 끝날 때 훨씬 기분이 좋아져 있었으며 상황에 대해 희망을 가진 상태로 상담이 끝났다.

놀랐지만 기분 좋게도, 마리아, 카르멘 그리고 아버지가 두 번째 회기에 오기 전에 집에서 '가족 도우미 기계'를 만들었다. 냉장고를 포장했던 낡은 상자를 가지고 문을 잘라내서 문 위에 커다랗고 굵은 글씨로 '가족 도우미 기계'라고 써놓았다. 회기 때 기계가 어떻게 생겼는지 나에게 보여 주기 위해 사진을 가져왔다. 마리아는 다른 가족 구성원들에게 그 기계 사용법과 사용 목적을 알려 주었다. 듣자하니 카르멘과 마리아는 어머니가 그 기계에 들어가도록 하는데 몇 번을 성공했다는 것이었다. 마리아에 의하면 어머니는 '그 날에는 더 잘' 기능했다고 한다.

마리아의 놀라운 발명품 덕분에 어머니가 세 번째 회기에 오게 되었으며 술 마시는 것이 정서적으로 얼마나 아이들과 자기 자신에게 처참한 영향을 끼치고 있는지를 알게 되었다. 마리아의 발명품, 자신의 감정에 대한 카르멘의 그림, 그리고 우울한 가족 상황에 대한 반응으로 후아니타는 '정말 가슴이 아프다'고 했다. 내가 어머니와 강한 신뢰의 치료 관계를 형성하자 어머니는 외래 알코올 약물 중독 치료를 받기로 동의하였으며 중독학자였던 정신과 의사 동료에게 모니터링을 받고, 재발 예방을 위해 나와 협력하기로 했다. 후아니타가 상태가 좋아지자 아이들의 증상 역시 안정화되었다.

유명한 초대 자문가 실험

유명한 초대 자문가 실험(Selekman, 1997)은 특히 변화가 없거나 악화된 내담자나 시각-공간과 대인관계 지능 영역(Gardner, 1993, 1999)에서 강한 청소년에게 도움이 된다. 필자는 다음 같은 경우에 이 치료적 실험을 사용하길 좋아한다. 가족의 단절이 심하거나 무력하게 만드는 상호작용으로 청소년의 증상이 그대로 있는 경우, 가족이 해결중심 개입이나 다른 유형개입에 반응이 없는 경우(Gingerich & de

Shazer, 1991; O'Hanlon & Weiner-Davis, 1989), 청소년 개인상담일 때 혹은 일인 가족치료 형태일 때, 또는 치료체계가 옴짝달싹 안할 때, 앞으로 나가기 위해서 상자에서 생각 꺼내기 같은 장난스러운 실험이 필요할 때 등에 사용 한다. 이 실험을 시작할 때 우선 가족 각자에게 그들이 존경하거나 영감을 받은 유명인사 두세 명씩을 종이에 적게 한다. 역사적 인물이나 유명한 작가나 예술가, 운동, 음악, 텔레비전과 영화의 유명인사도 가능하다. 목록을 만든 후에 각자는 왜 이 사람들을 선택했는지에 대해 함께 이야기 나눈다. 다음에 가족원들이 가족의 어려움을 해결하는 데 도움이 될 창조적 아이디어를 얻기 위하여 이 유명한 사람들의 머릿속에 들어간 것을 상상하게 한다. 이 유명한 사람들의 도움으로 가족원들이 아주 좋은 창조적 해결책들을 만들어 내는 경우가 종종 있다.

16세의 러시아 출신 청소년인 안나는 부모인 보리스와 하나가 데리고 왔는데, 이유는 '학교 성적이 떨어지고' '알코올과 다른 마약을 남용하고' 부모가 세운 규칙을 '준수하지 않았으며' '질 나쁜 또래 집단과 어울리기 때문'이었다. 안나는 고등학교 입학하기 전까지 '좋은 학생'이었다고 했으며 부모님 말을 잘 들었었다고 했다. 안나의 학교사회복지사가 필자의 이름을 알려 주었다고 했다. 부모님은 안나에 대해서 심한 좌절감을 느끼고 있었고 어쩔 줄 모르고 있었다. 안나는 동일한 행동 문제로 개인 치료를 이전에 두 번 받은 적이 있었다. 부모님에 대한 안나의 불평은 다음과 같았다. '너무 소리를 많이 지르고 잔소리를 많이 한다' '너무 엄격하다' 그리고 '엄마가 친구 집에 전화 걸어서 내가 무얼 하고 있는지 확인할 때가 정말 싫다.' 부모님에 의하면 '일주일 내내' '안나와 말다툼과 권력 투쟁에 빠지게 된다'고 했다. 안나는 '부모님이 이래라 저래라 하고' '사소한 것까지도' 간섭하기 때문에 하교 후 집에 오는 것이 너무 싫었다고 했다. 부모님과 안나는 너무 부정적인 입장을 가지고 있어서 기적질문이나 그 비슷한 것도 상상조차 할 수 없었다(de Shazer, 1988). 대처질문과 비관적 질문을 사용해도 소용이 없었다(Berg & Miller, 1992). 안나와 부모는 그 어떤 것에도 합의를 할 수 없었기 때문에 공동의 치료 목표를 세울 수 없었다. 하위체계 회기에서는 안나와 부모님을 따로 상담하여 걱정거리를 이야기하고 좌절감을 해소할 기회를 충분히 주었다. 안나가 나에게 주로 바라는 것은 부모님이 자기에게 '소리 지르고 잔소리하는 것을 그만두게' 해 달라는 것이었다. 부모님은 안나의 부정적인 행동이 한꺼번에 다 바뀌기를 원했다. 안나와 부모와의 갈등이 너무 심해서 처음 두 번의 가족 회기는 매우 비생산적이었다.

세 번째 회기에서는 그래도 필자가 함께 일하는 것에 대한 가족 구성원의 관심과 의욕을 일으켰는데 그것은 유명한 게스트 자문가 실험(famous guest consultant experiment) 덕이었다. 아버지 보리스는 대학에서 미술사를 가르치며 현대 미술을 좋아하는 사람으로 그가 좋아하는 유명한 사람으로 파블로 피카소, 르네 마그리트, 그리고 앤디 워홀을 골랐다. 하나가 가장 좋아하는 취미는 독서였고 가장 좋아하는 작가로 아가사 크리스티와 이사벨 알렌드를 골랐다. 안나는 톰 크루즈와 가수 핑크를 골랐다. 각자 왜 그 유명한 게스트를 골랐는지 이야기하며 어떻게 그들에 의해 영감을 받는지를 설명했다. 나는 그다음에 이 유명한 사람들의 머릿속에 들어가서 그들 자리에 서서 가족의 어려움을 어떻게 해결할 지를 생각해 보라고 권했다. 피카소, 마그리트, 그리고 워홀 덕에 보리스는 자신의 부모 역할 스타일에 '새롭고 더 창의적인' 무언가가 필요하다는 것을 알게 되었다. 이 미술가들은 '다양한 미술 매체'를 가지고 일하는데 '매우 실력 있었으며 다재다능했'으며 '정기적으로 자기 자신을 새롭게 발명'하는 사람들이었다. 아가사 크리스티의 도움으로 하나는 자신이 딸과 관련해서 어려움을 해결하기 위해 무엇을 할지 결론 내리기 전에 '단서를 더 찾아야 하며' '어떤 일이 일어나고 있는지를 더 잘 이해할 필요가 있다는 것을 알게 되었다. 그리고 '아가사 크리스티는 잠재적인 범인에게 바가지를 긁거나 소리 지르지는 않을 것'이란 것을 알게 되었다. 안나에게는 핑크의 노래 가사가 '자신의 인생'을 노래하는 것 같았다. 안나는 울기 시작했으며 가족이 겪고 있는 상황에 대한 슬픔과 청소년으로서의 불안에 대해 부모님에게 이야기하기 시작했다. 상담이 시작된 이후 처음으로 가족이 안나를 위로하기 위해 감정을 표현했으며 그들의 사랑을 전달하기 위해 노력했다. 가족 회기를 마무리지으며, 부모는 '소리를 그만 지르고' '안나를 더 지지하기로' 결심했다. 안나는 '부모의 규칙을 더 잘 따르며' '부모님에게 인생이 어떻게 굴러가고 있는지를 더 잘' 알려 주기로 했으며 '학교에서 성적'을 '올리기'로 했다.

나의 가족 이야기 벽화

나의 가족 이야기 벽화 실험은 시각-공간 지능 영역(Gardner, 1993, 1999)이 강한 청소년과 혼재된 의견, 변화가 없거나 악화된 내담자에게 특별히 유용하다. 이 미술 실험은 자신의 생각과 감정을 표현하기 힘들어하는 청소년에게도 꽤 유용하다. 처음에 청소년에게 그들이 가족의 상황을 어떻게 보는지 크레용이나 마커를 가지고 예술적 능력과 상상의 힘을 사용해서 그려보길 바란다고 설명한다. 그러면 청소년들은 가족의 중심주제, 사람들이 맡은 역할, 그들이 보는 가족의 정치학 등등 자신의 벽화에 대한 설명을 상세히 하며 그림을 그린다. 벽화를 그릴 때 벽화에서 가족 이야기나 상황에서 무엇을 바꾸고 싶은지 질문해도 된다. 그다음 가족원이 벽화에 대한 청소년의 생각에 대해 반영하도록 요청받는다. 만약 가족 단절이 있는 것으로 보이면 필자는 가족 전체가 벽화작업을 하도록 요청하기도 한다. 이것이 가족의 연결구축에 도움이 될 수도 있다. 필자는 이 실험을 일인가족치료에서도 사용해 왔다. 나의 가족 이야기 벽화는 변화에 대한 잠재적 장벽이나 가족 비밀을 드러내고 가족 드라마에서 청소년의 음성을 더 끄집어내는 데 도움이 될 수 있다. 종종 부모나 다른 가족원들은 가족 안에서 가장 문제가 되는 측면이어서 변했으면 하고 청소년이 바라는 것뿐만 아니라 청소년이 가족의 주요 강점이라고 인식하는 것과 관련해서 청소년으로부터 많이 배우곤 한다. 이것은 가족원이 청소년에게 가지고 있는 오래된, 도움이 되지 않는 생각을 극적으로 변화시키고 부정적인 가족 상호작용을 바꾸게 하고 청소년과의 관계를 개선하는 데 도움이 된다.

14세의 백인 소녀 마르느는 심하게 우울해했고 자해하는 청소년이었는데 부모와의 심한 갈등 때문에 가족치료 회기를 매우 어려워했다. 마르느에 의하면 과거에 자신이 면도날로 자해했기 때문에 부모는 항상 '스트레스를 받았으며' '치료자의 역할을 하려고' 노력했다. 부모는 '하루에 10번씩' 마르느에게 '기분이 어떠니? 너무 조용한데 무슨 문제 있니?'라고 물었다고 한다. 이것이 마르느를 가장 열 받게 했다. 마르느와 부모가 함께 오면 마르느는 자신이 어떻게 지내고 있는지에 대해 이야기하지 않았고 그들의 부모역할 스타일에 대해 어떤 점이 바뀌길 원하는지를 얘기하지 않았다.

마르느는 미술에 재능이 있는 아이로서 시각적-공간적 지능 분야(Gardner, 1993, 1999)에 서 뛰어났다는 것을 안 필자는 무언가 치료적으로 새로운 방법을 시도해야겠다고 생각해서 위험을 무릅쓰고 가족 이야기 벽화 실험을 제안했다. 마르느는 의욕을 가지고 작업하기 시작했으며 매우 흥미롭고 통찰력 있는 작품을 만들었다. 부모와 어린 남동생들을 종이의 정 가운데에 크게 그렸다. 모든 가족원은 경직된 상태로 서로에게 가까이 자리 잡고 있었는데 엄마는 제외되었다. 엄마는 손을 뻗어서 마르느의 아버지와 12살짜리 남동생에게 닿으려 노력하고 있었다. 아버지와 동생의 얼굴은 무표정하고 입이 납작한 수평선으로 그려졌다. 엄마는 아버지와 남동생 사이에 끼여 그려졌으며 경직된 절반의 미소를 짓고 있었다. 가장 어린 동생은 형 옆에서 미소 짓고 있었다. 마르느는 회색으로 칠한 자신을 작은 크기로 그렸다. 그녀는 가족으로부터 얼마만큼의 거리를 두고 공중에 떠 있었다. 처음으로 마르느는 자신을 가장 힘들게 하는 가족 패턴에 대해 많이 이야기하기 시작했고, 나로 하여금 그녀의 내적인 감정 세계로 들어가게 해주었다. 가족 구성원의 경직된 자세와 납작한 입과 표정에 대해 묻자 그녀는 가족 구성원들이 '우울해하고' 자신에 대해 '걱정'한다고 말했고 아버지는 '직장 상황에 대해 우울해했고' 남동생은 가족 분위기에 대해 '슬퍼했으며' 자신에 대해 걱정한다고 했다. 마르느는 엄마의 절반의 미소는 '바깥 세상에 대해서는 가족이 잘 지내고 있는 것처럼 연기를 잘 하는데' '문제'가 발생하면 엄마는 '걱정을 많이'한다는 뜻으로 그렸다고 했다. 벽화를 위해 그린 이미지 중에서 가장 문제가 되고 충격적인 것은 자기 자신에 관한 이미지였다. 자기 자신을 왜 그렇게 작게 그렸냐고 묻자 자신이 '별 중요성이 없다'고 느껴져서 라고 했다. 회색으로 그린 이유는 자신이 '안으로 죽은 것처럼' 느껴져서였다고 했다. 이 미술 실험을 통해 나는 마르느를 압박하는 삶의 상황과 가족 문제 중 잠재적인 개입의 표적 영역에 대해 알게 되었고 전체적으로 치료 관계를 강화시키는 데 도움이 되었다.

상상의 감정 엑스레이 기계

필자는 상상의 감정 엑스레이 기계 실험을 시각-공간과 대인관계 지능 영역(Gardner, 1993, 1999)이 강한 청소년과 변화가 없거나 악화된 내담자에게 사용하기 좋아한다. 이 실험은 자신의 생각과 감정을 표현하기 어려워하고 어쩌면 신체화 질병 문제를 보이는 청소년에게 특히 유용하다. 처음에 필자가 청소년에게 사람 내면의 감정을 보여 주는 엑스레이기계를 가지고 있다고 설명한다. 필자가 상상의 엑스레이 기계를 켜는 동안 청소년은 내가 준비한 커다란 종이 위에 눕고 청소년이 가족 중 한 명을 선정하면 그가 청소년의 몸 주위를 따라 몸의 윤곽을 그린다. 다음에 청소년이 자신의 몸 윤곽 안에 자신의 감정이 어떻게 생겼을지를 그린다. 엑스레이 촬영이 끝나면 각 감정에 대한 이야기를 한다. 그림이 어떤 모양인지와 어디에 감정을 그렸는지는 과거와 현재의 가족 어려움에 관한 이들의 은유적이고 정서적인 반응인 경우가 종종 있다. 예를 들면 한 청소년은 자신의 배 위에 슬픈 얼굴을 그렸는데 이는 '부모가 항상 소리치는' 것을 '소화'하기 어렵다는 것을 표현하는 것이라고 했다. 이 여자청소년은 아무런 생리학적 이유가 없는데도 청소년기 내내 '긴장한 위장 상태'를 겪고 있었다. 다른 청소년은 과거의 치료자들에게 '털린 것', 정신병원 직원, 치료기대에 대해 '전혀 들으려 하지 않고' 치료목표를 자신이 설정하도록 해주지 않은 학교에 대한 '분노'를 표현하기 위해 자신의 심장 부분에 화염을 그려 넣었다. 이 청소년은 지그재그 선을 사용해 자신의 고통스런 우울한 감정이 자신의 뇌를 '뚫고 들어가는' 것으로 표현하였다. 그다음에 청소년의 엑스레이 결과에 대해 가족원의 반영을 듣는 시간을 가진다. 가족이야기 벽화 실험과 유사하게 청소년의 엑스레이는 그에 대한 가족의 좋지 않은 믿음에 근본적인 영향을 줄 수 있으며 가족은 가족 상황이나 사회배경 중 무엇이 청소년에게 문제를 초래하게 했는지에 대해 통찰력을 얻을 수 있게 된다. 이것은 종종 가족 상호작용의 개선과 청소년에 대한 가족원의 더 많은 지지로 이끌기도 한다. 청소년의 엑스레이는 시간이 지나면서 그들의 대처능력의 변화를 강조하는 방법으로도 사용될 수 있다. 처음에 엑스레이를 한 번 찍고 그 후에 변화가 일어날 때마다 다시 찍을 수 있다. 마지막으로 상상의 감정 엑스레이 실험은 청소년 개인회기나 청소년 집단에서도 사용 가능하다.

특별한 신문 헤드라인

이 재미있는 회기 중의 실험은 언어, 시각-공간, 대인관계 지능 영역(Gardner, 1993)이 강한 청소년들에게 효과적일 수 있으며 이들의 상상력의 힘을 신장시킬 수 있다. 나는 변화가 없거나 악화된 청소년에게 전형적으로 이 실험을 제안한다. 눈을 감고 지금으로부터 3년 후 주요 일간지를 집어 들고 그 자신이 행한 어떤 특별한 것에 대한 헤드라인과 사설을 읽는 상상을 하게 한다. 그다음에 그가 읽은 헤드라인과 그가 행한 것에 대해 몇 줄을 적게 한다. 즉, 이 위대한 성취나 영웅적 행동을 하기 위해 취한 방책들과 이 놀라운 성취나 영웅적 행동이 자신이나 타인에게 어떤 도움이 되는지 등을 적게 하는 것이다. 이 실험은 더 밝고 더 긍정적인 미래를 그리는 것을 힘들어하는, 우울하거나 정신적 충격을 입은 청소년에게 매우 효과적일 수 있다. 이 실험은 이들에게 미래에 대한 긍정적 정서와 희망을 줄 수 있다. 마지막으로 청소년에게 이 실험은 현재의 어려움을 해결하기 위한 잠정적 해결전략을 제공할 수도 있다.

15세의 푸에르토리코 출신 이사벨라는 우울증과 성적 저하로 학교사회복지사로부터 의뢰되었다. 하지만 모든 과목 중에서 국어에서는 A를 유지할 수 있었다고 했다. 부모가 이혼한지 3년이 된 상태였고 아버지와는 연락이 매우 적은 상태였다. 이혼 후 어머니 파트리샤는 일 중독자가 되었고 남성들과 데이트를 많이 했다. 이사벨라는 엄마가 자신과 함께 보내는 시간이 너무 적다고 불평했다. 이사벨라와 파트리샤가 가까워지도록 필자가 영향을 주기는 했지만 이사벨라는 여전히 우울증 증상을 나타내고 있었다. 이사벨라는 글쓰기를 잘했으며 공상과학과 환타지 소설을 잘 읽었다. 따라서 나는 특별한 신문 헤드라인 실험을 개인 회기 때 해보기로 했다. 이사벨라는 20분 후에 이 제목을 만들어냈다. '히스패닉계 J.K. Rowling?' 이사벨라에 의하면 기사는 18세에 자기가 해리포터 같은 시리즈의 첫 권을 출간했다는 이야기를 하고 있었다. 기사를 작성한 사람이 그녀의 글쓰기 실력을 J.K. Rowling과 Lemony Snicket(『*Series of Unfortunate Events*』 시리즈 저자)와 비교하고 있었다. 또한 기사를 작성한 사람은 18세밖에 안 된 히스패닉계 소녀가 해리 포터 같은 분야의 새 책 시리즈를 만들어 낸다는 것이 얼마나 놀라운 일인가에 대해 강조하고 있다고 했다. 기사를 작성한 사람이 이사벨라에게 어떻게 그렇게 글을 잘 쓰게 되었냐고 묻자 이사벨라는 이렇게 대답했다. "나는 글로 내 자신을 가장 잘 표현하며 상상력이 풍부하다." "해리 포터와 같은 분야의 시리즈를 쓰는 첫 라티나가 되고 싶었다. 주인공도 똑똑하고 강한 청소년 여자로 표현하고 싶었다." 놀라운 제목과 기사를 설명하면서 이사벨라는 웃었고 기분이 극적으로 좋아졌다. 이사벨라는 이것이 자신이 가질만한 목표로 좋은 것이라고 생각한다고 했다. 이 회기 이후로 이사벨라는 우울증 구덩이에서 나오게 되었으며 성적이 올랐고 보다 좋은 글을 쓰려고 노력하게 되었다.

청소년의 부모 멘토링

부모 혹은 부모 중 한쪽과 정서적으로 단절되었다고 느끼거나 그들로부터 인정받지 못한다고 느끼는 청소년 사례에서 필자는 청소년의 부모 멘토링 연결 구축 실험(Selekman, 2002)을 소개할 것이다. 필자는 이 실험을 혼재된 의견이거나, 변화가 없거나 악화된 내담자 집단에 사용해 왔다. 청소년의 주요 지능과 기술 영역(Gardner, 1993, 1999)을 세심히 사정한 이후에 부모를 멘토링하는 역할에 무엇을 꺼내어서 사용할 수 있을지 청소년과 함께 결정한다. 대인관계 지능 영역(Gardner,

1993)이 강한 청소년은 특히 이 실험을 좋아한다. 일주일 동안 청소년은 특정한 기술 영역에서 어떻게 하면 부모가 더 유능해질 수 있을지에 대해 혹은 부모가 전혀 모르는 것인데 배우면 도움이 될 만한 것에 대해 부모를 가르치는 역할을 담당하게 된다. 예를 들면 아버지와 가까워지기 원하는, 우울하고 자해하는 청소년 내담자가 아버지에게 빵과 다양한 케이크 굽는 방법을 일주일 안에 가르쳤다. 그들은 부엌에서 재밌는 시간을 보낸 것이 틀림없었다. 자칭 '손재주 없는 사람'인 아버지는 주 초에만 해도 제과 프로젝트는 '낙제한 과학 프로젝트' 같이 보였다고 하였다. 이 강력하고, 재미있고, 의미 있는 실험은 부녀간의 정서적 연결을 성공적으로 강화했고 그럼으로써 청소년의 증상을 안정화시켜다.

문제를 면접하기

문제를 면접하기 실험은 Epston(1998, 2000)이 개발하였는데 아동과 청소년을 억압하는 문제의 족쇄로부터 해방시키기 위한 재미있고 효과적인 방법이다. 이 회기 중 실험은 청소년과 가족원의, 문제로 가득한 관점을 극적으로 변화시킬 수 있으며 주체성을 향상시킬 수 있다. 필자는 이 실험을 **시각-공간과 신체-동적 지능 영역**(Gardner, 1993)이 강한 청소년과 **변화가 없거나 악화된 내담자들**에게 사용하는 것을 좋아한다. 가족이 제시하는 문제를, 그들을 이용해 먹는 포획한 물건으로 조심스럽게 공동구성한 후에 청소년이 문제가 된 것처럼 문제라는 존재의 역할을 하게 한다. 문제가 되어 안에서 밖을 내다보는 식으로 문제의 눈으로 세상을 보게 하고 그것처럼 생각해 보게 하는 것이다. 필자는 문제에 대한 이야기를 취재하는 지역 신문의 기자가 된 것처럼 행동한다. 기자처럼, 필자는 문제에 대한 '내부 정보(특종)'를 얻고 다음 질문에 대한 답변을 확보하길 원한다.

- "이 청소년의 인생에 어떻게 해서 관여하게 되었나?"
- "당신은 친구인가 적인가?"
- "당신은 어떤 식으로 이 청소년의 학교생활에 손상을 입히는가?"
- "당신은 부모가 이 청소년을 정말로 화나게 하도록 뭐라고 부모를 코치하는가?"
- "당신은 왜 당신이 이 청소년과 가족에게 완벽한 문제라고 생각하는가?"
- "마술가들은 마술을 사람들에게 알려 주기 싫어한다는 것을 알지만 당신이 정말로 이 청소년을 최대한 활용하는 마술 한 두 가지만 알려 줄 수 있는가?"
- "그들을 괴롭히려는 당신의 노력을 청소년과 부모가 어떤 방식으로 방해하

는가?"

- "당신이 이 가족을 영원히 떠나려면 무슨 일이 일어나야 하는가?"

16세의 티나는 자해하며 우울해하는 백인 청소년이었다. 3년간 가족을 치료하던 치료사가 나에게 자문을 부탁했다. 치료사에 의하면 티나의 '면도날로 자해하기' 행동과 '우울증 증상'이 '지난 일년간 증가했다'고 했다. 치료사는 '막다른 길에 다다른 것'같은 느낌을 많이 가졌다고 했다. 이즈음에 부모가 이혼을 했고 '이혼 후에도 계속해서 다투었다.' 티나는 원래 아버지와 매우 가까운 편이었으나 그가 재혼한 후에는 이것이 변했다. 그 둘은 요즘 함께 보내는 시간이 매우 적었다. 티나, 엄마, 아빠, 그리고 티나 오빠가 상담에 참석했으나 티나와 엄마만이 '면도날로 해치는 행동이 선을 넘었다'고 생각했다고 했다. '면도날로 자해하기'가 어떻게 자신들에게 여러 상황과 맥락에서 부정적인 영향을 끼치는지에 대해 많은 이야기를 했다. 예를 들어 엄마는 '면도날로 자해하기'가 '직장에' 있는 자신을 '완전히 기진맥진하게' 했으며 '집중'하는데 방해가 됐다고 했다. 티나는 자신이 '화가 나거나' 아빠나 친구들에 의해 감정적으로 '상처를 받으면' 생각이 '정상적인 의식을 읽고' '면도날로 자해하기'가 자신을 통제하게 되었으며 다리에 '조각하듯이' 하게 했다고 했다. 마치 문제가 스스로 생겨나서 이런 일들을 만드는 것처럼 가족원들이 이야기하는 것을 들으며 나는 티나가 연극, 미술, 체육을 좋아한다는 것을 알았기 때문에 문제를 인터뷰하는 실험을 해보기로 했다. 티나는 이것을 '멋진 생각'이라고 했다. '면도날로 자해하기' 자리에 자신을 넣어서 그것이 어떻게 생각하며 그것이 티나를 스스로 해치고 가족, 학교 선생님들, 그리고 또래와의 관계를 조종하기 위해 어떤 방식으로 세뇌시키기 원하는지를 상상하게 했다. '면도날로 자해하기'를 인터뷰하는 과정에서 티나는 '면도날로 자해하기'가 어떻게 자신을 흉하게 만듦으로써 자신의 인생을 '망치는'지에 대해 더욱더 의식하게 되었다. 예를 들어 다리에 '심한 상처자국'을 남김으로써 그녀가 '응원단원'이 되는 데 방해가 된다는 것을 알게 되었다. '면도날로 자해하기'가 학교에서 어떤 남학생과 새로운 관계를 형성하는데 파괴적인 영향을 끼치는지에 대해서도 알게 되었다. 그녀가 '정말 좋아하는데' 그는 '상처자국'을 보고 '안 좋아했다'는 것이다. 가족 구성원들도 갑자기 '면도날로 자해하기'에게 질문을 하기 시작했다. 엄마는 슬픈 어조로 말했다. '왜 티나와 나를 그만 내버려 둘 수 없니? 나는 티나에 대해 그만 걱정하고 싶단 말이야.' 아빠는 '면도날로 자해하기'에게 자신이 취하는 행동 중 '효과가 없는 것이 무엇이었는지'를 물었다. '면도날로 자해하기'는 이렇게 대답했다. '당신이 안 하는 것이 바로 그 질문에 대한 답이'라고. 티나는 '면도날로 자해하기' 역할에서 나와서 아빠에게 자신의 인생에 아빠가 충분히 참여를 안 해서 슬프다고 했다. 필자가 '면도날로 자해하기'에게 티나의 행동 중 어떤 것이 그의 영향을 무효로 만드는지 물어보자 '면도날로 자해하기'가 티나의 빛나는 순간 혹은 개인적 승리에 대한 구체적인 예시를 들어 주었다. '면도날로 자해하기'는 티나가 '자신을 슬프게 하는 것이 무엇인지'에 대해 '엄마와 사적인 대화를 하러' 갈 때, '친구들에게 지지를 얻으려' 전화할 때, 아니면 '신체적으로 피곤할' 정도로 '매우 열심히' 운동할 때가 티나가 승리하는 순간이라고 말했다.

치료사에 의하면 이 상담에서 티나가 처음으로 무엇이 자신을 슬프게 하는지에 대해 말하는 계기가 되었다고 했다. 그리고 어떤 대처 전략이 성공했는지에 대해서도 처음으로 말했다. 회기가 끝날 무렵 모든 가족원들은 팀으로써 티나가 '면도날로 자해하기'를 정복할 수 있도록 도와주기로 동의했다.

성공의 영화를 시각화하기

성공의 영화를 시각화하기(Selekman, 1997)는 청소년이 억압적인 자기패배적 사고를 해체하고 자해, 폭식과 토하기, 물질 남용 등의 문제행동으로 도피하고 싶은 유혹을 피하는 데 유용한 시각화 도구이자 대처 도구이다. 이 실험은 시각-공간과 신체-동적 지능 영역(Gardner, 1993)이 강한 청소년과 혼재된 의견이거나 변화가 없거나 악화된 내담자들에게 사용하면 좋다.

눈을 감게 하고 어떤 활동을 우수하게 수행해서 스스로도 놀랐던, 또는 자신의 인생에서 정점을 찍었던 반짝이는 순간을 떠올리게 한다. 청소년의 모든 감각을 동원하여 마음속에 떠오르는 색상과 동작 등 영화 스크린에 보이는 모든 것을 아주 상세하게 묘사하게 한다. 이 시각화 실험은 전등 스위치를 켜고 끄는 것처럼 마음속에서 쉽게 이 영화를 켜고 끌 수 있을 때까지 하루에 한 번씩 10~15분간 씩 수행해야 한다.

우울해하고 자해행동을 하는 16세의 스테파니는 '면도날로 자해하기' 문제 때문에 필자에게 의뢰되었다. 스테파니는 또래 거부 문제와 우울증 문제를 경험하기 전까지 우수한 축구 선수였다. 그녀는 면도날로 해치기 문제가 통제 범위를 벗어난 것 같다고 했다. '많이 우울'하거나 또래로부터 어떤 형태의 거부감을 경험하면 '날카로운 것'이면 무엇이든지 손을 뻗어 잡아서 '허벅다리 위쪽'을 자해하기 시작한다고 했다. 이것이 그녀의 감정적인 고통을 무디게 했다는 것이었다. 스테파니는 시각-공간적 지능 영역(Gardner, 1993)에 강함을 나타냈기 때문에 또한 새로운 대처 능력을 배우는데 의욕이 있었기 때문에 필자는 그녀에게 성공의 영화 시각화 도구를 가르쳐줬다. 스테파니가 마음의 영화스크린에 보이게 한 빛나는 순간은 가족과 친척들 앞에서 팀을 위해 승리의 골을 넣는 순간이었다. 듣자하니 승리의 킥은 골대 오른쪽으로 심히 기울어진 각도에서 수행한 킥이었다. 스테파니의 성공의 영화에 대한 매우 구체적인 이야기를 들으면서 그 각도에서 골을 넣는 게 얼마나 어려운지 필자는 상상할 수 있었다. 나는 농담으로 영국 축구 선수 데이비드 베컴도 그 각도의 킥이 어려웠으리라 이야기를 나누었다. 시간이 지나면서 스테파니는 '우울한' 감정과 또래와의 어려움, 그리고 자해 충동을 극복하는데 이 대처 도구가 매우 유용함을 알게 되었다.

치료적 편지

감사편지(Selekman, 2002,2003) 이외에 필자는 중요한 가족원을 치료에 참여시키는 방법으로, 또한 제시하는 문제(presenting problem)가 발생하고 있는 상위 체계에 변화를 주는 방법으로 편지를 이용하기 좋아한다.

나는 변화가 없거나 악화된 내담자의 가족에게 전형적으로 편지를 사용한다. 청소년이 특정 교사와 갈등이 심한 경우에는 그 부모로 하여금 교사에게 편지를 쓰게 한다. 다음의 예는 교사에게 보내는 부모의 편지 중 하나이다.

론은 학급에서 폭력적이고 성적도 좋지 않다. 특히 론은 영어교사와 매우 심한 갈등을 겪고 있다. 론의 엄마와 필자는 영어교사에게 아래의 편지를 작성했고, 론은 그것을 영어교사에게 전해 드렸다.

브라운 선생님께

론에 대한 인내와 관심에 감사드립니다. 론은 때때로 아주 다루기 힘든 아이입니다. 저는 론이 선생님의 수업에서도 변화하는 것을 보고 싶습니다. 그래서 저는 선생님 수업이 있는 날 론에게 숙제를 줍니다. 숙제란 수업시간에 선생님께서 하신 일 중에서 론이 좋아하는 일을 기억했다가 그것을 적어 저녁에 가족에게 말하게 하는 것입니다. 여러 가지로 감사드립니다.

안녕히 계세요.
바바라 블랙 올림

론은 브라운선생님이 수업시간에 하신 일 중 자신이 좋아하는 다섯 가지를 기록해서 첫 날 돌아왔다. 사실, 가장 큰 예외는 수업 시간에 론이 정답을 말한 것을 브라운 선생님이 칭찬하셨다는 점이었다. 이 치료전략은 론과 선생님의 관계에 중요한 영향을 주었다. 그들은 서로를 위해 상호 존중할 수 있는 능력을 키워 나갔다. 교실에서의 론의 폭력적인 행동이 멈추었으며 그는 브라운 선생님의 과목을 B학점으로 마칠 수 있었다.

치료적 논쟁과 팀의 분리

Sheinberg(1985)와 Papp(1983)은 고착상태에 빠져 꿈쩍도 하지 않는 사례에 대한 팀 전략으로 치료적 논쟁을 활용한다. 이 팀 전략은 특히 변화가 없거나 악화된 내담자에게 유용하다. 학교 연극 프로그램에 참여하는 청소년이나 신체-동적 지능 영역(Gardner, 1993)에서 강한 청소년이 이 팀원의 연극과 논쟁에 참여하는 것을 즐기는 것 같다. 치료자는 언제나 변화가 있을 것이라는 자세를 취하고 전체 가족 편을 든다. 반면에 한 팀원은 부모 편을 들고 다른 팀원은 청소년 편을 들 수 있다. 아주 최근에는 팀 논쟁을 좀 더 생생하고 흥미롭게 하기 위하여 제시된 문제를 대표하는 제 3의 팀원을 추가했다. 이 팀원은 문제의 눈과 마음을 가지고 안에서 바깥을 내다보는 흥미로운 관점을 취한다(Selekman, 2002). 가족원은 무언가 흥미로운 것을 들을 때, 오해 받는 것 같을 때, 팀원에 동의할 때, 자신의 상황에 대해 뭔가 새로운 것을 알았을 때 등에 논쟁에 자유롭게 끼어들 수 있다.

팀 없이 혼자 일 할 때, 필자는 종종 치료실에 비관적인 슈퍼바이저가 있다고 가상하고, 그가 잘못 되었다는 것을 입증하기 위해서 가족들과 협력한다. 필자는 이러한 치료 전략이 상습적인 청소년 약물중독 사례에 특히 효과적이라는 것을 알게 되었다(Todd & Selekman, 1991). 다루기 어려운 청소년의 경우, 비행이 재발될 것이라는 비관적인 슈퍼바이저의 예언에 대한 아이들의 반응은 필자를 놀라게 했다. 비관적인 슈퍼바이저가 틀렸다는 것을 내담자가 한 번 입증해 보인 후에 다음 면접에서, 비관적 슈퍼바이저는 네가 '약물에서 깨끗해지는 것'에 대해서 "여전히 비관적'이며 "너의 진척에 대한 의견차이로 점심 내기를 했다."고 얘기하면 아이들이 비관적인 슈퍼바이저의 냉혹한 예언에 다음과 같이 반응했기 때문이다. "점심값 굳게 해 드릴게요!" "그 사람이 틀렸다는 것을 증명해 보일게요!" "그 사람 어디 있어요? 아무 것도 모르는 사람이군요!"

또래 반영(反映)팀

고착화된 다루기 어려운 청소년 사례의 경우에는, 부모와의 관계에서 비슷하게 어려운 문제를 겪은 친구들 중 상담을 위해 자문가 역할을 해줄 수 있는(Selekman, 1995) 친구들이 있는지를 탐색해 본다. 이 팀 전략은 특히 대인관계 지능 영역(Gardner, 1993, 1999)에서 강한 청소년과 변화가 없거나 악화된 내담자에게 유용하다. 일단 청소년과 부모가 친구들이 상담에 합류하는 것을 찬성하면, 이번에는 내담자 부모에게 도와줄 친구 부모들에게 연락해서 자녀가 치료에 참여해도 괜찮은지를 먼저 허락 받게 한다. 내담자의 비밀 보장과 친구들이 가족치료에 참여하는 것을 그 부모들이 허락한다는 내용의 특별한 동의서에도 서명하게 한다.

친구들은 상담에 합류한 후에 치료실 안에서 집단의 일원으로 가족 뒤에 자리하거나, 일면경 뒤에서 관찰자로 있게 된다. 1시간 중 약 40분 동안, 우리는 치료실 안에서 자리를 바꿔 가며 또래 반영팀의 이야기를 듣거나, 방을 바꾸어 일면경 뒤에 가서 팀의 의견을 듣는다. 어떻게 반영팀을 위치하게 할지는 가족들이 정한다. 또래 반영팀이 10분 동안 내담자 가족의 어려운 상황에 대한 의견을 말한 뒤에, 가족과 필자는 팀의 의견, 생각에 대해 반영한다. 이러한 또래 반영팀 전략을 사용하면서 가족들과 필자는 또래들의 생각이 매우 실용적이고 창의적이란 것을 발견했다. 다음의 사례는 이 또래 반영팀 전략의 유용성을 보여 준다.

폴리는 수업 빼먹기, 무단결석, 선생님들과의 갈등 등으로 학교 상담가에 의해 필자에게 의뢰되어 왔다. 부모는 학교 문제에 대한 처벌로 두 달 동안 폴리의 외출을 금지했다. 첫 번째와 두 번째 면접에서 폴리와 부모의 사이는 마치 폭풍과도 같아서 격한 비난과-역비난의 상호작용이 세 사람 사이에서 일어났다. 필자는 팀 없이 이 사례를 맡았었는데 특히 필자가 고착화되었었을 때 만약 팀이 있었다면 많은 도움을 얻을 수 있었을 것이다. 두 번의 상담에서 필자는 식구들을 분리시켜 부모와 폴리를 개별적으로 만나면서 이런 무익한 상호작용을 멈추게 했다. 예외도 발견되지 않았으며 가족들은 미래에 기적이 일어날 것이라고 상상도 하지 않았다. 폴리나 부모 모두가 대립구도에서 조금도 물러서지 않았다. 필자는 현실적인 해결 가능한 치료목표에 대해서 가족들과 전혀 협상할 수가 없었다. 두 번째 면접에서 개별적으로 폴리를 만나, 필자가 지금 지쳐 있으며, 혹시 부모와의 문제로 예전에 그녀와 비슷한 경험을 했던 친구가 있는지, 있다면 다음 면접에 데려 올 수 있는지를 물어 보았다. 폴리는 그녀의 부모님과의 관계를 도와줄 친구를 면접에 데리고 온다는 아이디어에 대해 많은 관심을 보였다. 폴리의 부모도 면접을 뭔가 다르게 한다는 것과 폴리의 친구들이 다음 면접에 와서 자신의 가족을 돕기 위한 브레인스토밍에 참여하게 된다는 것에 대해 수용적이었다.

세 번째 면접에서 치료실 분위기는 더 밝아졌으며 뭔가 다르게 해야 할 것이 무엇인가에 대해 또래집단의 의견을 듣기 위해 기다렸다. 폴리의 가장 친한 친구 두 명이 면접에 왔다. 한 친구는 폴리와 부모님 사이에 일어나는 일에 대해 '줄다리기'라는 비유를 썼다. 또한 예전에 자신과 부모님 사이에서도 이와 똑같은 상황이 연출되었으며, 그녀의 부모님의 해결법은 '줄을 놔 버려서' 그녀로 하여금 '엉덩방아를 찧게'—스스로 문제에 빠져 깨닫게 한다는 의미—만들었다고 했다. 그때부터 그녀는 '싸움에 얽매이는 것은 효과가 없다'는 사실을 깨닫고 자신의 행동을 바꾸기 시작했다고 말했다. 또 다른 친구는 그녀의 부모가 기꺼이 일의 결과에 대해 '덜 엄격'하겠다고 타협에 응하자 자신의 행동이 변화되었다고 말했다.

또래의 의견에 대한 폴리와 부모의 생각을 묻자, 폴리와 부모는 폴리의 친구들이 이야기하고자 하는 바를 깨달았다고 했다. 폴리의 부모는 두 달간의 외출금지는 폴리에게 너무 지나친 처벌이라고 느끼게 되었고 자발적으로 이에 대해 폴리와 토의하게 되었다. 이것은 예전의 비난-역비난 양상에 비해 상호작용에 변화가 생긴 것이다. 이 생산적인 가족토론의 결과로 폴리와 부모는 필자의 도움 하에, 폴리의 행동에 대해 보상을 주는 계약을 하게 되었다. 폴리의 애초 외출금지 기간은 2주로 감소되었고 폴리는 수업에 참석했고, 더 이상 선생님에게 말대꾸하지 않게 되었다. 또래 반영팀은 치료에 있어 고착화된 상태에 있던 우리에게 새로운 가능성을 열어 주었다. 이후의 치료 면접에서는 변화를 확대시켰고, 성과물들을 강화해 나갔으며, 학교 측과도 협력했다.

해결지향 단기가족치료의 종결

필자의 생각에는, 내담자가 문제로 가득한 자신의 과거의 믿음이나 행동, 새로운 세계관과 상호작용 속의 해결 유지 양상, 이 둘 사이의 차이를 식별할 수 있다면 변화는 이미 분명히 일어난 것이다. 견고화 질문들은 가족구성원 사이의 '차이의 뉴스'(news of a difference)를 이끌어 내는 매우 효율적인 수단이다. 마지막 면접시간에 가족들에게 물어 보는 몇 가지 유용한 견고화 질문들은 다음과 같다. '당신이 과거로 돌아가려 한다면 무엇을 해야 할까요?' '주요한 퇴보를 막기 위해서 당신은 무엇을 해야 될까요?' '이러한 변화 양상을 계속 지속시키기 위해서는 당신은 무엇을 해야만 하나요?' 필자는 또한 자신이 신뢰하는 상상의 수정구슬(de Shazer, 1985)과 비디오테이프적 은유(O'Hanlon & Weiner-Davis, 1989)를 이용해 내담자들이 마음속에서 그리는 미래의 변화된 모습을 구체적으로 그리게 한다. 이 절을 결론짓기 위해, 필자는 단기치료에서 쟁점이 되고 있는 '건강상태로의 비약(flight into health)'*이라는 주제에 대해 설명하고 가족치료 변화를 어떻게 축하할 지에 대해서 논의하고자 한다.

건강상태로의 비약인가 또는 충분히 만족하고 있는 것인가?

가족들과 단기 치료를 할 때, 치료 초기 단계에서 급격한 변화가 일어난 후에 혹은 장기간 치료를 쉬는 동안에 가족들이 치료를 그만두는 것은 흔한 일이다(Weiner-Davis et al., 1987). 이것은 자격이 되지 않는 상태에서의 이상적인 건강상태로의 비약(flight into health)일까? 필자는 그렇게 생각하지 않는다. 내담자들은 치료를 쉬는 기간에 어려움을 겪으면 우리에게 신속하게 연락한다. 부모들은 상황이 퇴보상태로 가거나 응급상황이 발생할 때는 주저하지 않고 긴급하게 약속을 한다. 치료적 관계의 질에 대해, 목표성취 상의 진전에 대해 내담자로부터 정기적으로 피드백을 들어 왔고 그들의 관심사에 귀 기울여 왔다면, 우리는 내담자의 만족을 최대화하고 치료로부터 얻은 것을 견고화시킨 것이다.

* [역자주] 건강상태로의 비약(flight into health): 전통적으로 심리치료에서 치료적 개입에 '너무 빨리' 반응하는 내담자를 사실상 도피 책략을 사용하는 것으로 보는 것. 치료에 대한 빠른 반응은 앞으로 있을 탐색과 자기노출로 인해 예상되는 고통과 불안을 피하려는 시도라는 것이다.

가족들에게 치료로부터의 휴식시간을 주는 것은 필자 없이도 상황에 잘 대처하고 역할을 잘해 낼 것이라는 그들의 능력에 대한 필자의 믿음을 전하는 것이다. 치료의 목적이 무엇인지 결정하는 것은 내담자들 자신이어야 한다는 필자의 신념과 마찬가지로 환자들이 치료를 중단하는 것 또한 그들이 결정해야 한다고 필자는 믿는다. 해결지향적 치료자로서의 필자의 직업은 사람들을 치료하는 것이 아니라, 내담자가 자신의 삶의 상황에서 만족을 느끼도록 도와주는 것이다. 만약 내담자들이 처음보다 상황이 나아진 것 같다는 이유로 예약을 취소하려고 한다면 필자는 항상 상담실 문을 열어놓고 있다는 원칙을 내담자에게 전하고 있으며 만약 그들이 언젠가 조율(tune-up) 상담을 위한 약속을 하고 싶을 때는 부담 없이 필자에게 전화하라고 말한다.

가족들과 치료로 인한 변화를 축하하기

필자는 언제든지 가능하다면 마지막 면접을 기억할 만한 이벤트로 만들기를 좋아한다. 세계의 다양한 문화에서 사람들이 기념의식과 선물교환 등으로 통과 의식을 축하하듯이 필자는 문제로 점철된 장으로부터 변화의 장으로 옮겨가는 가족들을 위한 통과의식을 축하하고 싶다. 종결 시의 이러한 치료축하 의식은 가족들이 그들을 억압하던 문제들을 정복한 데 대한 자부심과 기쁨을 느낄 수 있도록 가족에게 힘을 실어 주게 된다. 필자는 심지어 필자의 내담자가 보호관찰 기간을 끝낸 것을 기념하기 위해서 보호관찰관의 사무실에서 파티를 열기도 했다. White와 Epston(1990), Durrant와 Coles(1991)에 의한 혁신적인 작업에 영향을 받은 필자는 가족 구성원들이 억압적인 문제들로부터 승리한 것을 축하하기 위해서 수료증과 핀, 트로피, 리본, 케이크 등을 수여하곤 한다. 가족의 목표성취를 축하하는 다른 강력한 방법은 변화에 대해 반영하고 성취를 치하하기 위해(Selekman, 2002; Epston, 2000; White, 1995) 가족으로 하여금 마지막 회기에 사회 네트워크의 주요 성원들을 청중으로 초청하게 하는 것이다. 이렇게 함으로써 내담자의 삶에서 치료자가 중앙에 덜 서게 되고 내담자를 사회 지지체계로 넘겨줄 수 있게 된다. 마지막으로 내담자로 하여금 치료에 대한 반영편지(reflection letters)를 준비하게 하는데, 변화여행의 정점과 이 여행에서 어떤 지혜와 새로운 생각을 가지게 되었으며 이를 앞으로 계속해서 사용할 것인지 반영하게 하면 배운 것을 견고화하는데도 도움이 될 수 있다. 가족의 반영편지는 사회네트워크에서 초청된 사람들 앞에서 소리 내어 읽게 할 수도 있다. 아래의 사례들은 치료 마지막 단계에서 내담자들의 변화를 필자가 어떻게 축하해 주는지를 보여 준다.

열여섯 살인 보니는 만성 가출과 심각한 각종 약물중독 문제, 갱 입단 등의 문제로 부모에 의하여 강제로 끌려오다시피 했다. 6개월에 걸친 여덟 차례의 면접이 끝난 후에, 보니는 가출과 약물 남용을 중단하였다. 이 가족이 우리에게 왔을 때는 이미 열여섯 번의 치료경험이 있었기 때문에, 우리 팀은 이 가족이 일생 동안 치료에만 시간을 소모하게 될까 봐 매우 염려가 되었었다. 정신건강전문가가 개입하는 패턴을 깨뜨리고 가족들을 좀 더 역량강화시키기 위해서 보니와 엄마에게 치료 종결보고서를 쓰도록 했으며, 또한 그 종결보고서에 지금까지 그들이 이룩한 변화들을 나열하게 했다. 그리고 우리는 그들이 작성한 종결보고서 사본을 과거의 모든 치료자들에게 발송하도록 요청했다. 가족들이 작성한 종결보고서에서 예전의 치료자들이 읽어보기를 바라는 주요한 여섯 개의 변화 목록은 다음과 같다. (1) '우리는 당신들이 내린 모든 진단에도 불구하고 성공했어요!' (2) '우리는 보니와 논리적으로 이야기할 수 있다.' (3) '더 이상 무릎 꿇고 쓰러지는 일은 없다. 싸움을 계속하라.' (4) '보니는 가출하지 않는다.' (5) '보니는 자주 제 시간에 집에 들어온다.' (6) '보니는 이제 약물중독에서 벗어난 듯하다.' 놀랍게도 가족은 보니의 가출 문제를 어떻게 해결했는지에 대해 전혀 언급하지 않았다. 가출 문제에서의 변화를 조금 더 가치 있게 하기 위해서 필자는 가족들에게 '가출괴물을 길들인' 데 대한 상장을 수여했다. 보니와 보니 엄마는 지난 5년 동안 가족을 짓눌러 왔던 가출괴물을 정복함으로써 받은 상장에 대단히 감동하였다.

다음 사례는 청소년들이 치료기간에 있는 동안 보호관찰에서 벗어났을 때 필자가 어떤 식으로 축하해 주는지를 예시하고 있다. 몇몇 사례에서는 보호관찰 종결과 치료의 종결이 동시에 일어나기도 한다.

랜디는 16세의 비행 소년으로 자전거와 자동차 오디오 절도, 마리화나 남용, 빈번하게 경찰서를 드나드는 등의 문제로 보호관찰 중이다. 보호관찰 기간 동안 랜디는 여러 번 보호관찰소의 규칙을 어겼고, 결국 한달 동안 '빵'(소년원에 대한 랜디의 언어)에 감금되었다. 소년원에 있는 동안, 랜디는 상대 라이벌 갱들과 싸움을 해서 3일 동안 독방에 감금되었고, 법원에서 지정하는 심리학자에게 심리검사를 받기도 했다. 그런데 심리검사가 끝난 후 심리학자는 랜디가 '빵'에서 풀려난 후 3주 이내로 다시 '빵'에 들어오게 될 거라는 결론을 내렸다.

랜디와 랜디 엄마와의 첫 번째 면접에서, 심리학자의 가혹한 예언에 대하여 알게 된 필자는 랜디와 필자, 심리학자로 관계를 양분했다. 랜디는 보호관찰 기간인 9개월을 사고를 저지르지 않고 잘 마침으로써 심리학자가 틀렸다는 것을 증명해 보이겠다고 자신 있게 맹세했다. 필자는 9개월에 걸쳐 6회의 면접을 가진 후 랜디와 엄마와의 상담을 종결했다. 모두 함께 한 우리의 여섯 번째이자 마지막 면접에 필자는 랜디의 보호관찰과 상담의 종료를 축하하는 의미로 케이크를 사 가지고 갔다. 마지막 면접에서 랜디는 소년원에 있는 그 심리학자에게 보낼 근사한 편지를 썼다. 그 편지에서 랜디는 3주 후 다시 '소년원'으로 돌아오게 될 거라는 심리학자의 예언을 '기억하고 있다'는 사실을 지적했고 나쁜 길로 빠지더라도 다시 올바르게 돌아올 수 있는 그의 강점과 능력을 심리학자가 과소평가했음을 분명히 했다. 편지 쓰기를 마친 랜디가 그 편지를 읽자 랜디 엄마와 필자는 기립박수를 치면서 그를 격려했고, 그 편지를 심리학자에게 보낼 것을 권했다. 면접의 남은 시간은 가족의 성과들을 확장하고 견고화했으며, 랜디의 훌륭한 성공을 축하하며 케이크를 나누어 먹었다.

치료 마지막에 내담자의 변화를 축하해 주는 또 다른 방법은, 필자의 '동창회'에 그들을 가입시키는 것이다. 그런데, 가입과정의 한 절차로서 장차 고착상태에 빠진 청소년들을 위해 필자를 기꺼이 도와야 한다는 것에 동의해야만 한다. 필자는 이전 내담자들의 의견과, 필자가 맡고 있는 해결지향적 부모집단의 가족들을 초대상담가로 활용하는 것이 꽤 효과적이라는 사실을 발견했다. 부정적인 또래집단에 강력하게 소속되어 있었고 좀 더 긍정적인 또래 지지체계가 필요한 청소년의 경우에 새 친구가 생길 때까지 청소년 동창생들을 사용할 때 가장 효과적이었다.

요약

이 장에서는 2회기 이후에 가족원의 주요 지능 영역과 협력 반응 양상에 들어맞는 치료적 실험을 선택하는 실제적인 안내서를 제시하였다. 가족원의 강점과 상상력을 끌어내고 신속하게 변화를 가져오는 개인변화와 관계변화를 만들어 내는 17가지 치료적 실험이 제시되었다. 필자는 또한 가족원이 배운 것을 견고화시키는데, 내담자들이 가진 어떤 염려에 대해서도 탐색하고 언급하는데, 내담자의 요구에 더 잘 맞추기 위해 필요한 치료적 실험을 하는데 충분한 시간을 투자하는 일의 중요성에 대해서도 논의하였다. 그렇게 함으로써 우리는 내담자를 제 궤도에 머무르도록 역량강화 할 수 있고 더 의미 있는 미래의 변화를 가능케 할 수 있다.

Pathways to Change

Chapter 10

해결지향 부모집단

변화요원이 되도록 부모 역량 강화하기

좋은 부모는 자녀에게 뿌리와 날개를 준다. 자신이 어디에서 왔는지 알려 주는 뿌리와, 하늘을 날고 배운 것을 연습할 수 있는 날개를.

—요나 솔크(JONAS SALK)

의뢰받은 어떤 가족들 경우에, 막강하고 도전이 되는 청소년 자녀를 상담에 끌어들이려고 우리가 최선의 노력을 기울여 보아도, 권위 없고 비관적인 부모나 부모 중 한 명만 만나야 하는 상황에 처할 수도 있다. 이 부모들은 수년간 청소년 자녀를 개인 치료에 보내고 가족치료도 수차례 시도해 보았지만 모두 실패했고 자녀의 문제 행동을 관리할 수가 없었다고 말할 수도 있다. 많은 치료자들은 이 청소년 자녀가 치료에 오지 않는다면 가족치료가 헛된 노력이 될 거라고 믿을 것이다. 하지만 부모들은 자신의 자원과 창조성을 낮게 평가하는 경향이 있고, 과거에 그 자녀와 다른 자녀들이 다루기 힘든 행동을 보였을 때 건설적으로 관리해 냈던 경험을 잊어 버렸을 수 있다. 치료자와 부모가 온갖 방법을 다 쓰면서 상담실에 오게 만들려고 노력했는데도 청소년 자녀가 가족치료를 거부하는 경우에는, 한 가지 치료 대안으로 해결지향 부모집단(solution-oriented parenting group)을 생각해 볼 수 있겠다(Selekman, 1991, 1993, 1999).

발전 중인 해결지향 부모집단 모델

필자는 1988년부터 해결지향 부모집단을 발전시켜오고 있다. 대부분의 부모집단과 달리, 해결지향 부모집단에서는 부모의 강점, 자원, 창조성을 가장 중요하게 생각하며, 집에서 바로 적용할 수 있는 실제적인 치료 전략과 수단을 부모에게 가르쳐 준다. 이 집단에서 부모는 치료자와 동등한 공동-협력자(co-collaborator)이며, 청소년 자녀와 만들고 싶은 일종의 해결하기로 결심한(solution-determined) 이야기의 주 저자가 된다. 필자는 변화요원으로서의 부모의 역량을 강화하는 외에도, 해결지향 부모집단에 다음과 같은 강력한 교육적 요소를 추가하였다. 즉, 양육 방법에 관한 중요한 경험적 연구 결과를 부모에게 제공하고, 청소년 자녀의 타고난 적응유연성 보호 요인, 학습된 낙관주의, 긍정적 정서, 강인한 가족의 특성이 있는지 밝히고 활용했다. 마지막으로, 필자는 부모들이 새롭고 창의적인 생각을 서로 좀 더 원활하게 교환하도록 격려하기 위하여 집단과정을 훨씬 더 많이 사용했고 가정에서 부모가 겪는 양육의 어려움에 대한 정상화를 훨씬 더 많이 사용했다.

모든 다른 부모집단 치료모델처럼, 해결지향 부모집단도 개발 초기에는 특정 양육 상황이나 특정 가족 상황에는 적합하지 않다는 한계가 있었다(Selekman, 1991, 1993, 1999). 몹시 비관적이고 분노한 부모 중 일부는 해결지향 부모집단이 자신이 지금 씨름하고 있는 어려운 상황을 풀어 가는데 지지적인 환경이라고 느꼈고, 혼자만 힘든 역경 속에 있는 것이 아니라고 생각하게 되었다. 하지만 이들의 청소년 자녀는 거의 혹은 전혀 변하지 않았다. 어떤 경우에는 청소년 자녀가 부정적인 또래 집단에 속해 있어서 부모보다는 청소년 자녀에게 직접 개입할 필요가 있었기 때문이다. 혹은 이전에는 논의된 적이 없었던 것으로 상위 체계의 원조 전문가들이 다수 관여되어 있는데 상황을 계속 정체시키고 현상 유지를 하게 만든다는 점이었다. 그리고 다른 힘든 상황은 부모의 기능 정도가 낮거나 부모가 정신 건강 및 물질 남용 문제를 겪고 있는 상황이었다. 마지막으로, 이번 2판에 새롭게 추가된 두 가지 부모역할 주제는 부모가 가족 안의 정서적 분리를 예방하는 방법을 배우는 것과, 청소년 자녀가 학교나 관련 상위 체계에서 어려움을 겪을 때 자녀의 옹호자 역할을 수행하도록 부모의 역량을 강화하는 것이다.

현 시대 부모의 욕구에 좀 더 맞추기 위해서, 이번 2판에서는 몇 가지 새로운 치료 전략과 도구, 그리고 연구 기반 교육 자료를 포함하였고 다음 절에 두 가지 집단 주제를 추가했다. 그다음에는 집단의 역학, 집단 지도자의 역할, 집단의 세부적인 개괄을 회기별로 제시하였다.

부모집단 모델의 확장

이번 절에서는, 해결지향 부모집단에 포함된 여섯 가지 새로운 요소들에 대해 논한다. 이 요소들은 집단원들의 양육 기술 향상에 크게 도움이 되었고, 부모나 집단 지도자들에게 모두 집단 경험이 더 의미 있는 것이 되는 데 도움이 되었다. 각 요소별로 사례도 제시한다.

순환적 사고

보통, 해결지향 부모집단에 처음 들어올 때, 참여 부모는 변화하길 바라는 자녀의 행동을 적은 긴 목록으로 무장한 채 나타난다. 전형적인 경우 부모는 청소년 자녀를 여러 가지 치료에 데려 가서 실패를 경험했고, 비관적이며, 집단의 지도자와 상호작용할 때 불평형 스타일을 보인다(Selekman, 1993, 1997; de Shazer, 1988). 이들은 바로 자신이 가족 문제가 유지되는 이유 중에 하나라는 사실을 의식하지 못하는 것이다! 그래서 이 부모들은 자신들이 처음에는 해결책을 구축하는 과정과 별로 상관이 없다고 생각한다. 실제로, 치료자를 찾아오는 대부분의 부모는 청소년 자녀를 고쳐 달라고 상담실에 데려다가 꼼짝 못하게 둔 채 자리를 뜨고 상담 시간 동안 심부름하는 역할만 하려고 한다. 우리는 첫 번째 집단회기가 시작될 때부터 순환성에 관한 체계론적 사고를 소개함으로써 이런 양육 방식이나 사고방식에 반격을 가한다(Palazzoli et al., 1980; Bateson, 1979). 즉, 집단의 지도자들은 부모들이 자녀와 상호작용할 때 보이는 일련의 순환적 문제 유지 흐름을 차트나 흑판에 그린다. **그림 10.1**에 다루기 힘들고 반항적인 아들 문제에 대해서 부모가 문제를 유지시키는 상호작용 방식이 제시되어 있다. 부모의 통제 방식이 서로 다르면 다를수록, 아들의 반항적이고 무례한 행동은 좀 더 심각해진다는 사실을 분명하게 확인할 수 있을 것이다. 많은 부모에게, 이 활동은 도움이 되는 정보를 제공받는 경험이 된다. 부모들은, 바로 자신들도 깊이 개입되어 있는, 가족 문제를 유지시키는 구조를 바꾸려면, 문제 상황을 바라보는 관점을 바꿔야 할 뿐만 아니라 청소년 자녀와 상호작용하는 방식도 바꾸어야 한다는 사실을 일찍이 첫 회기에 깨닫기 시작한다.

어머니가 금요일 밤 친구들과 함께 놀러 나가고 싶어 하는 아들에게 한계 설정을 시도한다. 아들은 통행금지 위반과 학교정학으로 주말 외출금지를 당했다.

아들이 어머니에게 말한다. "지옥에나 떨어져요!" 그리고 현관으로 향한다.

어머니가 너무나 무례하고 무책임한 아들에게 소리를 지른다.

아들이 어머니에게 계속 욕을 한다. 말다툼을 하기 시작한다.

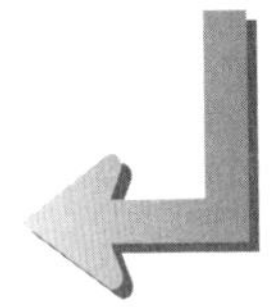

아버지가, 느긋하게 두 사람을 조용히 시키려고 시도한다.

어머니는, 남편이 자기편을 들어 주지 않는다고 느끼면서, 아들에게 한계를 제시하지 않는 남편을 비난한다.

부부가 아들 앞에서 말싸움을 하기 시작한다.

아들이 친구들을 만나기 위해 집을 나간다.

그림 10.1 부모의 문제 유지 상호작용 패턴

대부분의 사람들은 시각적인 수단을 통해서 가장 효과적으로 학습하며, 두뇌 활동 중 80%는 시각 정보를 처리하는 과정과 관련이 있기 때문에(Ostrander, Schroeder, & Ostander, 1994), 문제를 유지시키는 상호작용의 흐름을 그림으로 보여 주거나, 이 주제와 관련된 역할극을 직접 해보게 하면, 부모들이 문제 해결에 도움이 되지 않는 방법을 효과적으로 포기하도록 만들 수 있다. 필자는 동료들과 함께 비생산적인 행동에 빠져 옴짝달싹 못하는 부모를 집단 교육 하는 내내 그림을 사용하고 역할극을 실시한다. 다른 집단 참가자 중에서 청소년 자녀와 유사한 상호작용에 빠져 꼼짝 못하는 부모를 초청하여 이들의 경험과 악순환을 깨뜨리기 위해서 그동안 시도해 왔던 방법에 대해서 함께 나누기도 한다. 그리고 상황을 개선해 나가고 있거나 이미 목표를 성취한 집단원을 초청하여, 해결책을 유지시키는 성공적 순환 패턴을 챠트에 그리도록 함으로써 나머지 집단원들이 유용한 정보를 얻을 수 있게 한다.

매우 흥미롭게도, 참가자들은 집단에 참여해서 제일 크게 도움이 된 부분으로 '순환적으로 생각하는 방법을 배운 것'을 가장 많이 꼽는다. 순환적인 사고의 효과를 체험한 어떤 부모는, 과거에는 물질 남용에 빠져 있는 16세의 아들을 훈육할 때 아들이 보는 앞에서 서로 대립하고 싸웠다고 한다. 말할 필요도 없이, 두 사람의 싸움은 부모로서의 권위를 깎아내리며, 이는 아들이 계속 약물을 남용하게 되는 원인이 될 것이다. 하지만 우리가 문제를 유지시키는 순환 패턴을 챠트에 그림으로 드러내자, 이들은 집단 안에서나 밖에서나 서로 싸우지 않으려고 노력하게 되었고, 이 일을 계기로 하나의 팀을 이루어서 아들이 약물을 끊는 문제에 대해서 좀 더 단호한 태도를 취할 수 있게 되었다.

중요한 연구 기반 지식과 도구에 대해서 교육하기

지금까지 확장되어 온 해결지향 부모집단의 또 다른 통합적인 요소는 첫 번째, 세 번째, 여섯 번째 회기에 포함된 교육적인 부분이다. 우리는 첫 회기에서 부모들에게 일곱 가지 핵심적인 해결지향적 양육의 가정(assumptions)에 대해서 교육한 후, 적응유연성이 있는 아동, 학습된 낙관주의, 긍정적인 정서, 강인한 가족의 특성에 관한 중요한 연구 결과들을 부모들에게 교육하곤 한다.

지난 20여 년 동안, 연구자들은 스트레스가 높은 가족이나 지역사회 환경에서 생활하는 위기 아동과 청소년의 몇 가지 주요한 적응유연성 보호 요인을 밝혀 왔다(Haggerty, Sherrod, Garmezy, & Rutter, 1994; Wolin & Wolin, 1993; Anthony, 1984, 1987). 이 연구자들이 밝혀낸, 가장 중요한 적응유연성 보호 요인 중 일부는 다음과 같다.

- 견고한 부모-자녀 관계
- 자녀를 세심하게 돌보고 지지하는 부모
- 부모의 긍정적인 설명 스타일
- 뛰어난 사회 기술
- 효과적이고 창조적인 문제 해결 능력
- 두드러진 자기효능감

- 훌륭한 정서 관리
- 낮은 수준의 가족 갈등

필자와 동료들은 부모들이 자신과 청소년 자녀가 어떤 적응유연성 요인을 가지고 있는지와, 삶에 역경이나 위기가 닥쳐왔을 때 자신에게 있는 타고난 능력을 어떻게 잘 사용했는지를 이야기하게 하면 매우 도움이 된다는 사실을 알게 되었다. 이러한 이야기를 나누면, 부모들은 자신과 자녀 모두에게 천부적인 자원이 있다는 사실을 좀 더 잘 알게 될 뿐만 아니라, 과거에 성공했던 경험과 힘든 상황을 다루고 해결할 수 있는 능력도 떠올리게 된다. 아울러 이들의 자신감, 희망, 낙관주의는 강해진다. 마지막으로, 청소년 자녀와 파괴적으로 상호작용하는 상황(예컨대, 자녀를 지지하지 않고 끊임없이 비난만 퍼붓거나 정서적으로 자녀와 멀어지려고 하는)에 빠져 있는 부모들은 경험적인 근거를 가진 이러한 연구 결과가 신중하게 귀담아 들을 가치가 있는 정보라는 사실을 알게 되고 청소년 자녀와 상호작용하는 방식을 바꾸기 시작한다.

셀리그맨(Seligman, 2002, 2003)은 부모가 긍정적인 관점을 가지고 있으면, 청소년 자녀가 내면에 불안과 기분 장애를 키울 위험이 줄어든다는 사실을 밝혀냈다. 그는 최근의 연구를 통해서, 우울 삽화를 처음으로 경험하는 시기가 평균 15세라는 사실을 보여 주었다. 셀리그맨(Seligman, 2003)은 우리가 아동과 청소년 자녀에게 가르쳐 줄 수 있는 가장 중요한 삶의 기술 중 하나는 자기 자신을 보호하는 '최고의 변호인(ace disputer)'이 되는 방법이라고 주장한다. 최고의 변호인이 되면, 자녀들은 어떠한 자기 파괴적인 생각이나 비관적인 생각이 떠오르더라도 논박할 증거를 찾는 방법과, 부정적인 경험에 대한 대안적인 설명을 생각하는 방법, 그리고 심각한 스트레스 상황을 경험하거나 자기 파괴적인 생각으로 고통 받을 때 탈파국화하는(decatastrophize)—즉, 자신을 진정시키고 건설적인 행동 방안에 대해서 생각해 보는—방법에 능통하게 된다(Seligman, 1995). 이런 인지적 기술들을 배우고 나면, 부모들은 개인적인 스트레스 요인을 관리하는 데 활용할 수 있고, 살면서 힘들고 실망스러운 일에 직면했을 때 활용해서 청소년 자녀에게 모델이 되어 줄 수 있으며, 청소년 자녀에게 직접 가르쳐 줄 수도 있다. 우리는 역할극 기법을 활용해서, 부모들이 청소년 자녀와 대화할 때 변화의 언어를 사용하는 방법을 교육하고는 한다. 집단의 지도자들은 청소년 자녀가 어떤 과목의 시험을 망쳐서 크게 충격을 받은 장면을 역할극으로 꾸민다. 역할극 안에서 아버지는 딸의 감정을 수용하고 공감하면서 대화를 시작한다. "시험을 망쳐서 무척 실망스럽지? 네 마음을 이해한다. 하지만 나는 네가 다음번엔 잘 할 거라고 믿는다. 넌 착실한 아이니까 준비를 잘해 나갈 거야. 그렇게 해서 다음 시험에서 좋은 성적을 거두면, 이번 일은 싹 잊게 될 거야." 그러면 딸이 고개를 들어 희망적인 모습으로 아버지에게 응답한다. 보통 이 역할극을 하면 집단원들이 이야기를 나누기 시작하는데, 이런 상황이 일어났을 때 청소년 자녀에게 설교를 늘어놓거나 소리를 지르곤 했다고 하는 부모도 종종 있다.

긍정심리학자인 바바라 프레드릭슨(Barbara Fredrickson)의 획기적인 연구는, 개인의 마음속에 긍정적 정서를 갖도록 유도하면 다음과 같은 것들을 성취 가능하다는 사실을 밝혔다. 즉, 적응유연성 보호 요인과 대처 능력을 높이고, 문제 해결 능력을 크게 향상시키며, 영원한 개인적 자원을(신체적, 심리적, 지적, 사회적) 형성할 수 있고, 자신의 정신과 신체에 관한 부정적인 정서를 이완시키며, 시간이 흐르면서 나선형의 상승곡선을 그리며 개인적 성장을 이룬다(Barbara Fredrickson). 이와 비슷하게, 가트맨(Gottman, 1994)는 700쌍의 부부를 대상으로 한 연구를 통해서, 10년 혹은 그 이상 결혼생활을 유지하는 부부는 매일 5대 1의 비율로 부정적인 대화보다 긍정적인 대화를 더 많이 나눈다는 사실을 발견했다. 가트맨과 동료들은 부부가 보이는 상호작용의 양상을 기초로 어떤 결혼 관계가 성공적으로 발전할지, 아니면 이혼으로 귀결될지를 약 94%의 정확도로 예측할 수 있었다. 프레드릭슨과 가트맨의 연구는, 부모들이 비관적인 태도와 비난은 줄이고, 집안의 분위기를 밝고 활기차게 만들며, 자녀들에게 좀 더 능숙하게 긍정적인 관심을 기울이기 위해서—즉 청소년 자녀가 책임감을 가지고, 타인을 존중하며, 지혜로운 선택을 할 수 있도록 돕기 위해서—줄기찬 노력이 중요하다는 사실을 경험적인 증거로 강력하게 뒷받침한다. 청소년 자녀가 이러한 긍정적인 단계를 밟아나가면, 부모는 언제나 '자녀가 계속 잘 해나갈 수 있도록' 일관된 칭찬과 격려로 응답해야 한다. 마지막으로, 우리는 집단원들에게 매일 자녀를 대할 때 긍정적인 상호작용을 부정적인 상호작용보다 5배 많이 하라고 격려한다.

스티넷과 오도넬(Stinnett & O'Donnell, 1996)은 대규모 청소년 샘플을 대상으로 견고한 가족의 특징을 무엇이라고 생각하는지 면접 조사를 실시했다. 그 결과 여섯 가지의 특징이 확인되었다.

1. 감사
2. 함께 하는 시간
3. 헌신

4. 의사소통
5. 위기를 긍정적으로 다룸
6. 영적인 건강함

감사

연구에 참여했던 청소년들은 가족이 자신을 칭찬해 주고 그들이 성취한 것과 긍정적인 특성을 종종 인정해 주었다고 보고했다. 부모가 해주는 칭찬이 청소년의 자존감과 자신감 형성에 중요한 역할을 한다는 사실이 확인되었다.

함께 하는 시간

연구에서 드러난 한 가지 공통된 특징은 청소년들의 부모가 자녀들과 함께 보낼 소중한 시간을 확보한다는 것이었다. 또한 연구에 참여했던 청소년들은 가족과 어떤 활동을 할 때 자신에게 핵심적인 선택권이 있다고 느꼈다. 청소년들의 발달에 관한 연구 결과는, 청소년기에는 좀 더 큰 자율권이 필요하지만 이와 동시에 부모와 정서적으로, 신체적으로 견고하게 연결되어 있다는 느낌을 가질 필요가 있음을 말해 준다(Reimers et al., 1992; Papini & Roggman, 1992; Grotevant & Cooper, 1983).

헌신

스티넷과 오도넬(Stinnett & O'Donnell, 1996)에 따르면, 높은 수준의 안녕을 보장받는 청소년의 가정은 특별한 유형의 사랑—감정 기복이 있어도, 어려운 시기가 와도, 시간이 흘러도 변하지 않는 사랑—을 공유하고 있었다. 그건 바로 헌신적이고 무조건적인 사랑이며, "나는 당신의 행동이나 나의 느낌 때문이 아니라 당신의 존재 자체 때문에 당신을 사랑하기로 결심했고 앞으로도 사랑할 겁니다."라고 말하는 사랑이다(p. 46).

의사소통

이 연구에 참여한 청소년들은 부모와 대화할 때 어떤 화제나 문제가 제시되느냐와 상관없이 열린 태도로 의사소통할 수 있다고 보고했다. 청소년들은 부모가 자신의 말을 잘 들어 주며 언어적으로 비난하거나 공격하지 않는 사람이라고 느꼈다.

위기를 긍정적으로 다룸

이 연구에 참여했던 청소년들이 확인한, 강인한 가족이 가지고 있는 또 다른 중요한 특징은 위기 상황을 긍정적인 방식으로 다룬다는 점이었다. 부모는 위기에 직면해도 긍정적인 태도를 유지했으며, 가족은 하나로 뭉쳐서 직면한 문제를 이겨냈다.

영적인 건강함

스티넷과 오도넬(Stinnett & O'Donnell, 1996)은 연구를 통해서 견고한 가족은 자신들이 누리고 있는 영적인 생활을 다양한 방식으로 나타낸다는 사실을 밝혀냈다. 즉, 신을 믿고, 삶에 대한 깊은 목적의식을 보이며, 타인에 대해 관심을 가지고, 윤리적이고도 도덕적인 행동을 하려고 노력하며, 모든 생명체와의 일체감을 가지고 있었다. 연구에 참여한 많은 청소년들이 영적인 건강함을 중요한 자원으로 인식했다.

문제의 외재화와 부모가 선호하는 이야기 공동저작

필자와 동료들은 마이클 화이트(Michael White)와 데이비드 엡슨(David Epston)이 개발한 혁신적인 치료법이 우리가 청소년 내담자와 가족을 만날 때 무엇보다도 도움이 된다는 사실을 알게 되었다(White, 1985; White & Epston, 1990; Epston, 1998). 특별히 우리는 문제를 외재화하는 방법(White & Epston, 1990; Epston, 1998)과, 독특한 설명(unique account) 및 독특한 재묘사(unique redescription)을 끌어내는 질문(White, 1988b)이 오랫동안 문제 때문에 고통을 받아온 부모에게 가장 효과적인 방법이라는 사실을 알게 되었다. 어느 해결지향 부모집단에서 한 어머니가 '하릴 없이 잔소리를 하게 되는' 경향 때문에 만성적으로 압박감을 느끼고 있었다. 집단의 지도자는 습관적으로 '잔소리의 먹잇감이 되어버리는' 경향 때문에 어머니의 마음속에 생긴 정서와 좌절감을 외재화했다. 그리고 다음 한 주 동안, '잔소리를 하고 싶은 마음에 맞서고, 잔소리 때문에 휘둘리지 않기 위한' 노력을 계속해 나가라고 권유했다. 다음 회기에 왔을 때, 이 어머니는 잔소리를 하려는 유혹을 이겨내기 위한 세 가지 전략을 내놓았다. '입을 때리기' '작은 일에 좀 더 초연해지기' '잘 참아냈을 때 자신에게 상 주기.' 이러한 전략은, 어머니가 15세의 반항적인 아들에게서 좀 더 많은 협조를 끌어내려고 할 때 도움이 되었다.

두 번째 회기와 그 이후의 회기에서, 우리는 도전적인 역할 수행과 목표 성취면에서 부모가 이루고 있는 성공을 좀 더 확대하고 강화하기 위해서, 독특한 설명 및 독특한 재묘사 질문(White, 1988b)을 즐겨 사용한다. 이러한 질문의 몇 가지 사례를 소개한다.

- "그 단계까지 가기 위해서 어떻게 하신 건가요?"
- "그렇게 해내기 위해서 스스로에게 뭐라고 격려하셨나요?"
- "이 집단에 참여하기 전의 당신 모습과 대비해 본다면, 지금은 부모로서 자신을 어떻게 다르게 생각하시나요?"
- "부모로서 자신에 관해서, 이 집단 밖에 있는 다른 부모들과 나누고 싶은 어떤 새로운 생각을 갖게 되었나요?"
- "앞으로도 계속해서 창조적인 부모 역할을 탐색해 나간다면, 성공적으로 도달하게 될 다음 단계는 어떤 것일까요?"

외재화와 독특한 설명 및 독특한 재묘사 질문을 사용하면, 만성적인 문제로 무력화된 부모를 자유롭게 하는 효과가 나타난다. 부모들과 외재화 대화를 나눔으로써 우리는 그들이 인생 이야기를 다시 쓰고 자신이 선호하는 양육 이야기를 쓸 수 있도록 돕는다.

집단 과정을 자원으로 사용하기

해가 바뀌면서 필자와 동료들은 참여자의 역량을 강화하기 위하여 집단 과정에 좀 더 많이 의지하면 이점이 있다는 사실을 알게 되었다. 집단에 참여하는 부모들은 건강한 지혜, 강점, 자원으로 끊임없이 우리를 놀라게 한다. 그래서 우리는 세 번째 회기까지와 그 이후 회기에서도 집단 과정에서 지도자가 중심을 덜 차지하고, 덜 적극적인 것이 유익하다는 사실을 알게 되었다. 이 말은 집단의 지도자가 수동적이어야 하고 참가자들을 격려하면 안 되며 이들이 보인 진전을 적극적으로 지지하지 말라는 의미가 아니고, 다만 지나치면 안 된다는 뜻이다. 집단의 지도자는 부모로부터 지지를 끌어내기 위해서 특정 문제를 두고 씨름했던 개인적 경험뿐만 아니라 호기심(Selekman, 1997)과 개방형의 대화 질문(Selekman, 2002; Anderson, 1991; Anderson & Goolishian, 1988a), 그리고 전문성과 과거의 성공까지 두루 활용한다. 부모의 성장과 변화를 촉진하기 위하여 지도자가 집단 안에서 만들어 내려고 애쓰는 즐겁고 긍정적인 분위기와 관계없이 모든 해결지향 부모집단이 얄롬(Yalom, 1975)이 설명한 여러 가지 치유 요인을 갖는다고 믿는다. 치유 요인으로는 응집력(cohesiveness), 자기 이해(self-understanding), 희망 불어넣기(instilling hope), 이타주의(altruism), 정체성 확인(identification)을 들 수 있다(pp. 83-100).

심각한 행동 장애를 가진 청소년을 위한 주간 치료 학교에서 해결지향 부모집단을 운영한 적이 있었다. 참가자 중에는 부모로서 권위를 회복하고 조금은 개선된 상황에서 물질 남용을 하며 저항하는 아들의 행동을 감당하고 있던 한 어머니가 집단에 있던 다른 어머니에게 다가갔다. 이 어머니 역시 행동 상의 어려움을 가진 아들이 있었고 '통제 불능'의 아들에게 '패배하고' '학대당한' 것 같이 느끼고 있었다. 두 어머니 모두 생활 치료 시설을 포함하여 아들에게 온갖 형태의 치료를 시도해 오고 있었다. 좀 더 자신감이 있던 어머니는 우선 패배감이 드는 어머니의 감정을 인정해 주었고 자신도 '아들 문제가 언제나 최악이었을 때'는 '지옥에라도 다녀온 기분'이었다고 솔직하게 이야기를 해주었다. 그리고 패배감을 느낀다는 어머니를 자신이 참석하고 있으며 비슷한 어려움을 겪어온 부모에게 엄청나게 힘을 주는 가족 지지 집단에 와 보라고 초청했다. 우리는 도움을 준 어머니에게 이 놀라운 자조 집단에 대해서 좀 더 많은 정보를 말해 달라고 요청했다.

관계 만들기 양육 기술

오늘날 대중매체 중심의 물질주의적 문화가 만연하면서 젊은이들은 무분별하게 소비를 즐기고 많은 사람들이 인간적 관계를 멀리한 채 채팅 룸이나 컴퓨터 게임에 빠져들고 있으며 이러한 문화적 경향은 가족관계 붕괴의 주요 요인이 되고 있다. 가족 구성원 간의 정서적 분리 현상을 야기하는 다른 요인으로, 불안정한 경제 상황과 전국적으로 높은 실업률을 꼽을 수 있다. 오늘날의 부모는 경제적으로 파산하지 않기 위해서 필사적으로 노력하면서 정서적으로 기진맥진해 있는 상태이다. 그래서 어떤 경우에는 부모가 자녀에게 정서적으로 무언가를 준다거나 심지어는 가족과 함께 즐거운 시간을 보낼 에너지조차 가지기 힘들다. 하지만 부모는 이러한 가족관계 악화 요인 및 스트레스 요인을 적극적이고 건설적으로 관리할 방법을 찾아야 하며, 정서적으로 청소년 자녀의 곁에 있어 주어야 한다.

십대 청소년들은 좀 더 독립적으로 생활하고 싶어 하지만 골치 아픈 스트레스 요인이 있을 때 부모가 언제든지 정서적으로 지지해 줄 수 있다는 사실도 알아야 한다. 부모와 맺고 있는 애착과 긍정적인 관계가 강력할수록 청소년의 자신감과 자존감은 높아질 것이다. 부모는 자녀가 힘든 시기를 보내고 있거나 문제에 봉착했을 때, 경청하면서 생각과 감정을 끊임없이 수용해 주고 공감을 보여 주며 무조건적인 긍정적 관심을 전달하고 낙관주의를 모델링하면, 자녀와의 관계를 좀 더 강화할 수 있다. 우리가 부모들에게 즐겨 가르치는 또 다른 효과적인 관계 만들기 기술은, 자신이 부모 역할을 얼마나 잘 수행하고 있는지 정기적으로 자녀에게 물어보기, 과거에 청소년 자녀에게 사랑, 감사, 헌신을 표현했던 행동을 다시 하기, 청소년 자녀가 부모와 함께 하고 싶어 하는 활동을 할 시간을 매주 확보하기가 있다.

상위 체계에서 자녀를 위한 옹호자가 되도록 부모를 역량강화하기

지금까지 다른 자녀 양육 프로그램에서 논의된 적도 없고 현재도 부모집단 활동에서 거의 다루어지지 않는 중요한 양육 주제 및 기술 영역은 부모에게 상위 체계의 원조 전문가들과 효과적으로 협력하는 방법을 가르쳐야 하는 점이다. 보통, 치료자들은 부모들이 다양한 상위 체계에서 청소년의 요구가 무시되지 않고 제대로 다루어져서 충족되도록 하기 위한 적절한 협상 기술과 자원이 없다고 생각한다.

조지와 동료들은(George et al., 1999), 장차 예정된 시간에 학교나 기타 상위 체계에서, 권한을 가진 중요한 원조 전문가를 만날 때 부모가 자신과 청소년 자녀를 위해 성공적으로 '정의를 실행'하는 것을 연습시켜서 역량을 강화하였다. 우리는 다음과 같이 질문 할 수 있다.

- "여러분이 학군의 교육 공무원이 모두 참석한 IEP(individual educational planning)회의에 다녀왔다고 가정해 보죠. 회의는 아주 잘 진행되었고, 정말 잘 대처해서 자녀 문제와 관련해서 원했던 것을 이루었다고 가정하는 거예요. 자신을 아주 자랑스럽게 생각하면서 어떻게 그렇게 잘했던 건지 돌아본다면 회의에 참석하기 전에 스스로 어떻게 생각하고 어떻게 느꼈다고 기억하게 될까요?"
- "IEP회의에서 자녀에게 이로운 결과를 얻기 위해서 어떤 행동들을 취하셨다고 말씀하실까요?"

자녀에 대한 부모의 희망에 지지적이지 않고, 깐깐한 원조 전문가를 만났을 때에 부모들은 직장이나 가정에서 이미 효과적으로 활용하고 있는 타고난 협상 능력과 대인관계 기술을 활용하는 이외에, 전문가의 문제를 보는 관점, 헌신 또는 시도된 해결을 밀고 나가는 그들의 자세(Kegan & Lahey, 2001)와 정지(판단을 연기하는)를 사용하는 방법(Isaacs, 1999)에 관해 전문가를 치하하는 등 도움이 되는 다른 협상기술을 배워서 사용하게 하는 것이다. 부모가 이런 방법들을 활용하는데 어느 정도 자신감을 갖게 되면, 청소년 자녀와 상위 체계의 전문가들 사이에 싹트는 어떠한 갈등이나 어려움도 조기에 개입하여 해결할 수 있게 된다. 이상적으로는 부모와 상위 체계의 전문가들의 상호작용에서 제3자의 관점(Ury, 2000)을 취하는 방법을 부모에게 가르치는 것이 좋다. 구체적으로 제3자의 관점이란,

- 청소년 자녀와 관련된 갈등이나 문제의 양면을 모두 이해하기 위해 노력하기,
- 청소년 자녀의 권리와 필요를 노골적으로 잘못 처리하는 것에 대해서 솔직하게 말하고 협력적으로 협상할 수 있도록 격려하기,
- 양쪽의 기본적 요구를 공평하게 만족시킬 포괄적 해결책을 지지하기 이다.

협상의 대가인 윌리엄 유리(William Ury)가 개발한 '제3자적 관점(the third side)' 협상틀은 부모나 상위 체계, 지역사회에만 적용할 수 있는 것이 아니라 국제적인 분쟁 국면에서도 적용할 수 있다.

부모가 청소년 자녀와 학교 직원, 관련된 다른 원조 전문가들과 갖게 된 갈등을 성공적으로 중재하면, 자녀는 부모의 노력에 감사할 것이다. 게다가 부모의 이러한 활동 모습은 청소년 자녀에게 갈등을 어떻게 건설적으로 관리할 것인지에 관한 모델이 된다.

❦ 집단의 구조

해결지향 부모집단 프로그램은 총 8회기로 구성되며 한 회기는 1시간 30분 동안 지속되는데, 각 회기는 지도자의 짧은 강의, 양육 기술 실습, 쉬는 시간, 지도자의 반영시간, 부모들이 일주일 동안 실험해 볼 기술 기반 과제(skill-based therapeutic assignments)를 내 주는 순서로 진행된다. 보통, 6회기와 8회기 사이에는 그동안 참여자들이 만들어 낸 엄청난 발전과 목표를 이루기 위해 기울여온 노고에 대한

신뢰의 표시로 만남의 간격을 늘리거나 방학 기간을 가진다.

우리는 집단의 구성원을 8명의 부모로 한정하는 것을 선호한다. 하지만 부모와 한 부모가 섞여 있을 수도 있다. 일단 참여자가 모두 차면 더 이상 새로운 사람을 받지 않는다. 보통, 아버지들보다는 어머니들이 집단에 좀 더 많이 들어온다. 이럴 때 우리는 주저하고 있는 아버지들을 집단에 참여시키기 위해서 무슨 일이든지 시도한다. 아버지들에게 전화도 걸고 편지도 쓰며 집이나 직장으로 찾아가서 직접 만나기도 한다. 우리는 그들에게 다음과 같이 말한다.

> "아버님이 없이는 프로그램을 운영할 수 없습니다. 아버님은 우리 배의 선장과 같은 존재이고 부인과 함께 팀을 이루실 때 강력한 힘을 발휘하실 수 있습니다. 저희는 아버님의 의견과 창조적인 생각, 그리고 두 분께서 저희에게 걸고 계신 기대가 무엇인지 매우 궁금합니다. 그리고 저희는 두 분이 자녀분의 어려움을 풀 수 있도록 역량을 강화하는데 온전히 몰두하고 있습니다. 혹시 궁금하시거나 염려하시는 것이 있나요?"

전형적으로는, 주저하고 있는 아버지들에게 부모집단에 참여해 줄 것을 강력하게 요청하고 이들이 걱정하는 부분을 건드려주면 좀 더 부드럽게 참여하게 된다.

필자와 동료들은 자녀의 연령과 주된 문제를 기준으로 집단을 형성한다. 예컨대, 주의력 결핍 장애를 가지고 있는 15~18세의 청소년을 둔 부모집단을 운영할 것이다. 우리는 집단 참가자의 자녀 나이가 극단적으로 차이가 나거나 문제의 유형이 너무 다양하면 오히려 역효과가 난다는 사실을 알게 되었다. 하지만 집단의 지도자가 기관이나 상담실의 요구로 어쩔 수 없이 자녀의 연령대나 문제 유형이 다양한 부모들을 만나야만 한다면 청소년의 나이를 기준으로 집단을 형성하는 편이 좀 더 나을 것이다. 이렇게 하면 참여 부모의 자녀들은 동일한 발달 단계에 있을 가능성이 더 높아지기 때문이다.

집단 지도자의 역할

이상적으로는, 성적 균형을 이루기 위해서 남녀 합동 치료팀이 집단을 운영하는 것이 바람직하다. 집단 지도자들의 책임은 안전하고 활기차며 지지적인 분위기를 만들어서 유용한 정보와 즉각적으로 활용할 수 있는 실천적 양육 수단을 제공하고 집단원 각자가 가지고 있는 강점과 전문성을 기반으로 변화를 위한 기초를 함께 만들어 나가는 것이다. 지도자들은 내담자의 주요 언어와 신념 체계, 은유, 수용, 공감, 부정적 행동에 대한 긍정적 재명명, 정상화, 유머, 칭찬 기술을 활용해서 각 집단원과 의미 있는 방식으로 관계를 맺기 위해 노력한다. 또한, 부모들이 가지고 있는 기대를 끌어내고 변화를 위한 준비 단계(Prochaska, 1999)에서 현재 이들이 어느 위치에 있는지를 주의 깊게 사정하는 시간을 가진다. 지도자는 이 중요한 정보에 기초하여 부모들과 어떻게 상호작용할 것인지, 특별히 어떤 치료적 질문과 실험을 적용할 것인지 결정할 것이다.

집단 과정 전체를 통하여 지도자는 집단원의 전문성을 끌어내고, 가능성의 공간을 열며, 목표 설정을 위하여 다양한 치료적 질문을 사용한다. 아울러, 부모들에게 새로운 기술을 가르치고 이들이 어떻게 꼼짝없이 자녀들과 문제에 빠져들게 되는지와 어떻게 다르게 반응할 것인지를 연극처럼 만드는 역할극 기법도 사용한다. 지도자는 집단원들의 피드백과 창조적인 아이디어를 정기적으로 끌어내어 부모들이 서로의 전문성을 공유하게 한다. 이 방법은 정체 상황에 빠져 있거나 비관적인 부모에게 특히 효과적이다.

15분간의 휴식 시간 동안 지도자는 혼자서 자신의 생각을 정리한다(Selekman, 1997, 2002). 즉, 회기 중에 집단원들이 보여 준 창조성과 자원을 강조하기 위해서 칭찬할 내용을 준비하고, 자녀와 부모의 부정적인 행동에 대해서 긍정적으로 재명명하며, 궁금한 것에 대해 질문하고, 부모들이 다음 주에 수행할 치료적 과제를 결정한다. 마지막으로 매 회기의 마지막 쯤 우리는 지도자-참가자 관계의 질과 집단 경험이 어떠했는지 피드백을 달라고 다음과 같이 질문한다.

- "오늘 모임은 어땠나요?"
- "다음 주에 시도해 볼 계획을 세우시는데 어떤 아이디어가 가장 도움이 되었나요?"
- "오늘 나온 주제나 아이디어 중에서 이해하지 못하셨거나 좀 더 분명하게 해야 할 필요가 있는 것이 있나요?"
- "오늘 다루지 않은 것 중에 다음번에 만나면 반드시 다루어야 할 양육 관련 주제가 있을까요?"
- "여러분 각자가 이 집단에서 지지받는 느낌을 받으시고 기대가 충족되기를 바라기 때문에 여쭙습니다. 우리의 상호작용이나 집단 방식 중에서 여러분의 집단 경험을 좀 더 만족스럽게 하기 위해 바꿀 만한 것이 있을까요?"

이러한 중요한 피드백을 부모들에게서 끌어냄으로써 집단 지도자는 자신의 태도를 조정하고 집단원들과 좀 더 잘 협력하며 성공적인 부모 치료의 성과를 극대화할 수 있게 된다.

해결지향 부모집단: 회기별 프로그램

이 절에서는 해결지향 부모집단의 회기별 내용과 활동에 대해서 기술한다. 아래에 기술하는 내용은 크게 확장되고 개선된 해결지향 부모집단을 운영하기 위해 새로운 내용을 보강한 청사진이다. 이 청사진이 다루기 힘든 청소년 자녀와 씨름하고 있는 부모 내담자의 욕구를 좀 더 잘 충족시켜 줄 수 있기를 희망한다.

첫 번째 회기. 해결지향 양육: 변화의 요원이 되도록 부모를 역량강화하기

첫 번째 집단 회기에서, 지도자는 자신을 소개하고 각 참여자에게 다음 질문에 답해 달라고 요청한다.

- "거리에서 누군가 여러분을 멈추게 하더니 여러분의 강점과 재능이 무엇인지 물어본다고 상상해 보세요. 그 사람에게 뭐라고 답하실까요?"
- "만약에 여러분의 자녀가 옆에 앉아 있고 우리가 아이들에게 여러분의 강점이 무엇인지 혹은 여러분에게 가장 고마워하는 것이 무엇인지를 물어본다면 어떨까요? 아이들이 뭐라고 말할 것 같으세요?"

부모들이 각자 이 질문에 답할 수 있도록 시간을 준다. 이 질문들은 부모들로 하여금 서로의 강점에 대해서 알게 해줄 뿐만 아니라, 질문이 품고 있는 긍정적 특성은 현재 겪고 있는 어려움의 고통을 없애고 정서적으로 사기를 높여주게 된다. 질문에 답하기를 어려워하는 부모는 자녀 양육과 직장 생활, 여가 시간에 즐기는 취미 생활을 어떻게 잘 영위하고 있는지에 대해서 이야기할 수 있도록 격려한다. 집단 지도자는 부모를 칭찬할 때와 치료적 과제를 내줄 때 이 중요한 정보(부모가 사용하는 핵심 단어, 신념, 그들의 강점 및 재능과 관련된 비유, 적응유연성의 주제)를 활용할 수 있다.

우리가 부모와 함께 즐겨 탐색하는 그다음으로 중요한 영역은, 그들이 어떻게 우리 집단에 참여할 생각을 하게 되었는지와 구체적으로 어떤 동기로 현재 받고 있는 도움을 찾게 되었는지이다. 우리는 또한 부모들이 우리에게 걸고 있는 기대와 변화 이론을 끌어낸다. 그리고 과거에 청소년 자녀와 함께 치료를 받았던 부모에게는 이전의 치료 경험에서 안 좋았던 점과, 그때는 이야기하지 않았지만 지금 우리가 알아야 할 중요한 내용이 무엇인지를 끌어낸다. 부모와 함께 과거 치료 경험 중에서 어떤 요소가 가장 도움이 되었는지를 탐색하면 가장 크게 도움이 된다. 청소년 자녀가 보이고 있는 행동 문제를 정말 잘 관리하려고 노력하는 과정에서 알게 된, 도움이 되는 과거의 치료 전략이 존재할 수도 있기 때문이다.

보통은 보호관찰관, 교직원, 성직자, 정신병원, 혹은 가족 주치의가 부모를 우리에게 의뢰한다. 매우 드물지만 부모가 스스로 찾아오는 경우도 있다. 집단의 지도자는 부모 각자가 해결하고자 하는 문제를 무엇으로 생각하는지 분명하게 말하도록 해서 각자가 자신이 변화시켜야 할 문제에 집중하고 있다는 확신을 가질 수 있게 돕는다. 집단원들이 이 작업을 원활하게 해내고 문제를 쪼개어서 좀 더 해결하기 쉽게 만들도록 하기 위해서 우리는 다음과 같이 질문한다.

- "만약 여러분이 이 어려움에 대해서 우리 집단에서 물어보고 싶어 죽겠다는 질문이 있다면 어떤 질문일까요?"
- "여러분이 청소년 자녀와 맺고 있는 관계 안에서 아직은 없지만 만약 존재한다면 뭔가 변화를 만들어 낼 것 같은 요소가 있나요?"
- "여러분이 생각하시기에 어째서 이 어려움이 생긴 것 같으세요?"
- "여러분이 이곳에서 이야기 하고 싶어 하는 상황에 대해서 이전의 치료자들이 무엇을 놓치거나 간과했다고 생각하시나요?"
- "이 문제 상황에서 어떤 부분을 우선적으로 변화시키길 원하시나요?"
- "여러분의 자녀가 바로 옆 자리에 앉아 있다고 상상해 보세요. 여러분이 어떤 행동을 하면 아이들이 곧바로 완전히 화나게 될까요?"

부모들이 질문에 답변을 하게 되면, 집단의 지도자는 이들이 가지고 있는 신념 체계, 문제의 원인에 대한 생각, 변화 이론, 변화를 만들어 나가기 위해서 구체적으로 하고 싶어 하는 것에 대해서 잘 이해할 수 있게 된다. 마지막 질문에 답하면서 어떤 부모는 잔소리하기, 소리 지르기, 설교하기 등 만약에 하지 않는다면 청소년 자녀와 좋은 관계를 맺는 데 도움이 될 수 있는 몇 가지 만성적인 습관을 고치겠다고 말할 것이다.

부모들과 함께 우선적으로 변화시켜 나가길 원하는 정확한 목표 문제를 확인하고 난 후 집단 지도자는 일곱 가지의 핵심적인 해결지향 양육 가정(assumptions)과 적응유연성 보호 요인, 학습된 긍정주의, 긍정적인 정서에 관한 연구 자료, 그리고 강인한 가정의 여섯 가지 특징을 이야기한다. 일곱 가지의 핵심적인 해결지향 양육 가정은 다음과 같다.

1. 변화는 불가피한 것이다.
2. 협력은 불가피한 것이다.
3. 단지 작은 변화가 필요할 뿐이다.
4. 내담자는 변화를 위한 강점과 자원을 가지고 있다.
5. 문제들은 어려움을 해결하기 위한 성공적이지 못한 시도들이다.
6. 문제 해결을 위해서 문제에 대해 많이 알 필요는 없다.
7. 하나의 상황을 바라보는 방식은 여러 가지이므로, 어느 한 견해가 여타의 것보다 더 옳다고 할 수 없다.

지도자는 각 가정의 핵심 사항을 설명하기 위해 가상의 사례를 소개함으로써 명확하고 구체적인 방식으로 제시한다. 이러한 가정에 대해서 좀 더 알고 싶은 독자들은 총 10가지의 핵심 가정이 설명되어 있는 2장을 참조하기 바란다. 다섯 번째 가정과 관련해서 우리는 문제가 발전되고 유지되는 방식에 관해서 정신건강연구소(MRI: Mental Research Institute)가 정리한 이론을 즐겨 설명한다(Fisch et al., 1982; Watzlawick et al. 1974). 여기에는 부모의 행동이 어떻게 문제가 명맥을 유지해 나가는 과정에 기여하는지에 관한 논의도 포함된다. 이 가정을 실제로 보여 주기 위해서 우리는 챠트 위에 집단의 구성원들이 모두 겪고 있을 법한, 문제를 유지시키는 일련의 상호작용의 구조를 지도처럼 그려낼 것이다. 때로는 부모가 청소년 자녀와 문제를 유지시키는 방식으로 일련의 상호작용을 교환하는 장면을 역할극으로 보여 주기도 할 것이다. 마지막으로 우리는 '문제의 산(the problem mountain)'이라고 칭하는 커다란 산 그림을 보여 준다. 이 그림은 부모들이 어떻게 옴짝달싹하지 못한 채 좁은 시야로 청소년 자녀와 문제 상황을 보게 되는지를 표현하는 비유로서, 누구나 이 산 앞에 서 있으면 예외 상황이나 찬란한 순간을 보지 못하게 된다. 첫 번째 회기의 교육 부분은 적응유연성 보호 요인, 학습된 긍정주의, 긍정적인 정서에 관한 주요 연구 결과와 강인한 가정의 여섯 가지 특징에 관한 논의로 마무리된다.

집단의 지도자는 부모 각자에게 그들이 가지고 있는 강점과 자원에 대해서 칭찬하고, 집단원이 서로 소중한 피드백을 나눌 수 있도록 하면서 첫 번째 회기를 마친다. 변화를 위한 분위기를 고취하기 위해서 긍정적인 재명명과 정상화 기법을 사용할 수도 있다. 긍정적인 재명명의 사례를 들자면 주의력 결핍 장애(ADD: attention-deficit disorder)라고 부정적인 꼬리표를 달고 있는 소녀를 능동적이고(**A**ctive), 역동적이며(**D**ynamic), 단호하다(**D**etermined)고 새롭게 바라보는 경우를 들 수 있겠다. 또 다른 사례로, '태도 문제'가 있는 소년에게 '자기주장 기술을 보여 주려 하는 것'이라는 긍정적인 꼬리표를 붙일 수 있겠다.

부모에게 치료적 실험을 제시할 때, 집단의 지도자는 부모가 치료적 실험을 좀 더 잘 완수할 수 있도록 돕고 그 안에 내포된 지시(아래 예시에서 고딕체로 표시된 부분)를 효과적으로 전달하기 위해서 어조를 바꾼다. 아울러 우리는 치료적 실험에 관한 지시사항을 종이에 쓰되 그 종이의 왼쪽 한편에 자신이 시도한 결과를 쓸 수 있는 공간을 마련해서 부모에게 주게 되면 어떻게 실험을 정확하게 실행할 수 있는지를 좀 더 잘 기억한다는 사실을 발견했다. 집단의 지도자는 **첫 회기 과제 공식**(formula first session task)을 첫 번째 실험으로 내 주며(de Shazer, 1985, 1988; Selekman, 1991b) 이는 다음과 같이 제시된다.

> "당신이 청소년 자녀와 맺고 있는 관계에 관한 그림을 좀 더 분명하게 그려내기 위해서 다음 주에 다시 만날 때까지 당신이 마치 셜록 홈즈나 미스 마플 같은 탐정이 된 것처럼 상상의 돋보기를 사용해서 일상생활을 관찰하시기를 바랍니다. 당신과 청소년 자녀 사이의 관계에서 **앞으로도 계속해서 일어나길 바라는 일이 일어나는지를** 관찰하는 겁니다. 그리고 나눠 드린 종이에 당신이 관찰한 중요한 발견을 적으시고 다음 주에 가져오십시오."

이 과제는 부모가 청소년 자녀와의 사이에서 무엇이 **적절한** 것이며 무엇이 잘 풀려가고 있는지에 다시 초점을 맞춰 주의를 기울이게 하는 데 매우 효과적이다. 첫 번째 회기에서 어떤 생각이나 전략이 가장 도움이 되었는지, 지도자가 수정하거나 추가적으로 다루어 주길 원하는 내용이 있는지, 집단에서 지도자가 바꿔주기를 바라는 부분이나 관심사가 있는지와 같이, 부모들에게 그날의 만남에 대해서 피드백을 공유하자고 요청하는 것으로 첫째 회기는 마무리된다.

두 번째 회기. 작은 변화를 향해 나아가기

두 번째 회기는 탐정 역할을 수행한 부모들에게 지난 한 주 동안 발견한 긍정적인 부분에 대해서 지도자가 물어보면서 시작한다. 지도자는 부모가 말한 중요한 예외와 주목해야 할 새로운 소식을 끌어내고 확대하기 위해서 다음과 같은 질문을 한다.

- "상상의 돋보기를 사용해서 들여다보시는 동안, 청소년 자녀와 관련해서 앞으로도 계속해서 일어나길 바라시는 어떤 일이 일어나는 것을 관찰하셨나요?"
- "따님의 그 행동은 평소와 달랐나요?!"
- "어떻게 그런 일을 일어나게 하셨는지 아시나요?!"
- "그렇게 해내기 위해 스스로 뭐라고 다짐하셨나요?"
- "그 행동이 지난 한 주 동안 두 분이 잘 지내시는데 구체적으로 어떻게 도움이 되었나요?"
- "이제 어머님(혹은 아버님)은 따님에게 분통을 터뜨리고 싶은 유혹을 그동안 확실하게 견뎌내셨는데요, 예전에 항상 화만 내시던 때와 반대로, 부모로서 자신을 다르게 보시기 시작하셨나요?"
- "1부터 10까지 숫자로 여쭈어 볼게요. 10점은 상황이 충분히 좋은 상태일 때의 점수이고, 1점은 해야 할 일이 아주 많은 상태의 점수라면, 집단에 참여하기 4주 전의 상황에는 몇 점을 주시겠어요?"
- "2점이었다고요. 그러면 오늘은 몇점인가요?"
- "7점이군요! 행운의 7! 행운의 7점에 이르기 위해서 당신이나 따님이 어떤 노력을 더 해오셨나요?"

집단 지도자는 부모의 자기인식과 행동 상의 모든 예외와 변화에 대해서 부모를 응원하고 그들의 이전과 현재의 행동 패턴 간의 차이점을 뚜렷하게 한다.

목표 설정 과정은, 집단의 지도자가 부모들에게 기적질문을 하면서 시작된다(de Shazer, 1988; Selekman, 1997, 2002). 기적질문 후에 이상적인 결과가 어떤 모습일지에 관한 분명한 그림에 대해 들은 후, 이렇게 질문한다.

- "청소년 자녀가 여러분의 옆 자리에 앉아 있다고 상상한다면 그 아이가 이상적으로 그리는 기적 그림 속에서 당신이 어떻게 변화해서 가장 놀랍거나 기쁘다고 말할까요?"

- "그 변화는 구체적으로 두 분이 잘 지내는 데 어떻게 도움이 될까요?"
- "우리는 지금 어머님(혹은 아버님)과 청소년 자녀 사이에 기적의 어떤 내용이 아주 조금이라도 이미 일어난 게 있는지 궁금합니다."
- "어떻게 그런 일을 일어나게 하셨는지 아시나요?!"
- "그 일을 계기로 아드님과 맺고 있는 관계가 어떻게 변했나요?"

이러한 질문을 통해서 부모로부터 중요한 치료전 변화를 끌어낼 수 있다. 치료전 변화는 확장, 견고화될 수 있으며 해결책 구축을 위한 벽돌로 사용될 수 있다. 기적상황을 탐색할 때 부모의 가능성 확장 과정의 일부로서 우리는 청소년 자녀와의 상호작용 속에서, 배우자와의 상호작용 면에서 구체적으로 무엇을 다르게 행동할 것인지를 아주 세부적으로 설명해 달라고 부모를 초청한다. 척도질문(de Shazer, 1988, 1991; Selekman, 1997, 2002)은 부모 각자와 작고 현실적인 행동적 목표를 정하기 위해서 사용된다. 부모와 목표를 협상할 때 우리는 부모에게 다음과 같은 질문을 즐겨 사용한다.

- "청소년 자녀가 여러분의 옆 자리에 앉아 있고 여러분의 어떤 행동에 마음이 가장 속상해지는지를 묻는다면 뭐라고 답할까요?"
- "1부터 10까지 숫자로 여쭈어 볼게요. 10점은 여러분이 잔소리나 소리지르기를 완전히 줄였거나 거의 하지 않을 때의 점수이고 1점은 그런 일이 항상 일어날 때의 점수라면, 여러분이 집단에 참여하기 4주 전의 상황에는 여러분의 자녀가 몇 점을 줄 것 같으세요?"
- "1점이었다고요?! 그럼 잔소리와 관련해서 오늘의 점수는 몇 점을 줄까요?"
- "4점이군요! 4점에 이르기 위해서 어머님(혹은 아버님)이 취하신 어떤 행동을 자녀가 알아차릴까요?"
- "어머님(아버님)의 아들이 다음 모임에 오고 지난 한 주 동안 5점에 이르기 위해서 어머님(혹은 아버님)이 어떤 행동을 취하셨는지 물어본다면, 아들은 뭐라고 답하게 될까요?"
- "어머님(혹은 아버님)이 잔소리를 줄인 것이 자신과의 관계에서 어떤 방식으로 큰 변화를 만들어 냈다고 아들이 말할까요?"

이러한 질문을 사용하면 많은 부모들이 앞으로 변화시켜야 할 목표가 되는 구체적인 양육 행동을 확인하고 첫 번째 치료 목표를 세우는 과정에 도움이 된다. 우리는 치료 목표를 세울 때 부모가 주도해야 한다고 믿는다. 지도자의 역할은 부모를 도와서 그들이 자신과 청소년 자녀를 위해서 작고 현실적인 행동적 목표를 정하는 데 도움이 되는 것이다. 어떤 부모는 변화해야 할 사람은 청소년이라고 생각하면서 또 다른 치료 목표를 선택하거나 여전히 꼼짝하지 못할 수도 있으며 이 집단 회기 안에서 현실적인 치료 목표를 분명하게 말하는데 심각한 어려움을 겪을 수도 있다.

치료전 변화가 없다고 하거나 기적질문에 의한 탐색에서 답을 내 놓지 못하는 부모, 혹은 여전히 지도자에게 불평하는 패턴으로 상호작용하는 부모들에게는, 그들을 괴롭히는 자녀의 특정 행동이나 자녀와의 관계에서 나타나는 특정 패턴을 외재화하는 것이 도움이 된다(White & Epston, 1990). 집단 안에서 한 어머니가 아들의 '태도'에 자신이 어떻게 휘둘리는지에 대해서 어려움을 토로했다. 집단 지도자는 이 어머니와 함께 아들의 '태도'가 어머니를 괴롭히고 심지어는 어머니와 열다섯 살 난 딸과의 관계마저도 망가뜨리는 다양한 방식을 탐색하였다. 어머니는 아들의 '태도' 때문에 딸에게 '소리를 지르게' 되고 결국에는 서로 소리 지르기 경쟁을 하다가 딸이 '말싸움에서 이기게 된다'고 말했다. 지도자는 이 어머니가 우리 집단에 들어오기 전까지 '소리 지르기'에 대항해서 얼마나 잘 견디고 있었는지를 양적인 척도로 알아보기 위해서 퍼센트 질문(Selekman, 1993)을 던졌다. 그녀는 집단에 들어오기 전에는 '80%의 시간 동안 소리 지르기' 때문에 고통을 받았다고 했다. 그런데 두 번째 집단 회기 때는 '70%로 낮아졌다'고 말했기 때문에 우리는 그동안 그녀가 한 행동 중에서 고통 받는 시간의 비율을 줄이는 데 도움이 되었던 행동이 무엇인지를 탐색했다. 어머니는 식구들과의 권력 다툼을 피하고 '말하기 전에 조용히 10까지 세는' 방법이 '크게 도움이 된 것' 같다고 말했다. 비율을 60~65%로 낮추기 위해서 다음 단계로는 어떤 행동을 할 것이냐는 질문을 하자 '아주 잘 통하는' 그 두 가지 방법을 '좀 더 자주' 사용해야 할 것 같다고 답변했다. 집단의 지도자는 문제를 외재화하는 방법을 통해서(White & Epston, 1990) 이 어머니가 자신의 문제 해결 능력 및 대처 전략을 확인하도록 도움으로써 어머니를 역량강화했고 통하는 방법을 좀 더 자주 사용하게 함으로써 가족 안에서 그 '태도' 문제를 없앨 수 있도록 이끌었다.

지도자는 더 비관적인 부모와 원활하게 협력하기 위해서 대처질문, 비관질문(pessimistic sequence), 그리고 마이너스 척도질문(Selekman, 2002; Berg & Miller, 1992)을 사용할 수도 있다. 우리는 다음과 같은 질문을 사용할 것이다.

- "상황이 훨씬 더 악화되지 않도록 하기 위해서 어떤 노력을 하셨나요?"

- "그 노력이 구체적으로 어떻게 도움이 되었나요?"
- "문제가 더 커지고 훨씬 더 악화되지 않도록 하기 위해서 또 어떤 노력을 하셨나요?"
- "동일한 상황에 있는 어떤 부모님들은 모든 걸 포기하고 집단을 떠났습니다. 이곳에 계속 나오시고 포기하지 않으시는 힘이 어디에서 나오나요?"
- "다음 주까지 생길 수 있는, 당신에게 상황이 조금이라도 나아질 수 있다는 희망을 줄 수 있는 가장 작은 변화는 어떤 것일까요?"
- "−1부터 −10까지 숫자로 여쭈어 볼게요. −10점은 자녀분이 완전히 희망이 없고 도무지 방법이 없는 상황일 때의 점수이고요, −1점은 상황이 조금이라도 나아질 것 같은 희망이 있을 때의 점수라면요, 집단에 참여하기 4주 전의 상황에는 몇 점을 주시겠어요?"
- "−9점이었군요. 2주 전에는 몇 점이었나요?"
- "−5점! 그러면 −9점에서 −5점으로 가기 위해서 어떤 노력을 하셨나요?"
- "기준선을 잡기 위해서 여쭙는데, 오늘은 몇 점인 것 같으세요?"
- "−4점이군요! 어떻게 −4점까지 올라왔는지 알고 계시나요?"

보통, 이러한 질문은 부모의 희망 수준을 높이고, 효과가 있는 방법을 더 많이 사용할 수 있도록 돕기 위해서 활용할 수 있는 중요한 예외를 끌어낼 수 있다.

모든 부모가 스스로 첫 번째 치료 목표를 설정하고 나면, 지도자는 부모들이 집에서 탐정 역할을 잘 수행한 부분에 대해서 칭찬하고 **기적이 일어난 것처럼 살아보기 과제**(pretend the miracle happened task)를 내 준다(de Shazer, 1991; Selekman, 2002). 지도자는 부모들에게 다음과 같이 말한다.

> "다음 주에 오실 때까지 일 주일 중에서 3일을 택하셔서 자녀가 좋아할 만한 아주 기적 같은 행동을 하시면서 살아 보시길 바랍니다. **기적이 일어난 것처럼 생활**하시는 동안 자녀가 여러분에게 어떻게 반응하는지 **주의 깊게 관찰해 보세요**. 그리고 관찰한 내용을 종이에 적어서 다음 모임 때 가져와 주세요. 즐겁게 실험을 하시길 바라고 아카데미 영화제에서 주연상을 받으실 정도로 열심히 연기를 하시길 바랍니다!"

이 실험 과제를 받으면, 통상적으로 부모들은 미소를 짓고 정말 해보고 싶어 하는 모습을 보인다.

세 번째 회기. 마음으로 관계 맺기: 십대 자녀와의 관계를 강화하기 위한 의미 있는 방법들

세 번째 집단 회기는 지도자가 부모들에게 각자 자신이 설정한 목표를 얼마나 더 성취했는지를 확인하면서 시작된다. 부모 각자가 이룬 발전을 양적인 척도로 측정하기 위해서 척도질문을 사용할 수 있다. 부모들이 내어 놓는 변화에 대해서 하나씩 전부 격려하고 변화를 확대, 강화한다. 보통, 부모들은 지난 한 주일 동안 마치 기적이 일어난 것처럼 행동한 방법이 어떻게 자녀들의 행동을 변화시켰는지에 대해서 지도자와 집단원들에게 이야기 하고 싶어 한다. 그들이 얼마큼 진보를 이루었는지를 양적인 척도로 확인하기 위해서 척도질문(de Shazer, 1988, 1991; Selekman, 1997, 2002)을 사용할 수 있다. 부모들로 하여금 성공이 이어지는 미래의 현실을 그림처럼 그려보게 함으로써 그들을 역량강화하기 위해서 예상질문(presuppisitional questions)을 사용한다(O'Hanlon & Weiner-Davis, 1989; Selekman, 1997, 2002). 예상질문의 예는 다음과 같다.

- "다음 회기에 오셨을 때, 여러분은 8점까지 오르기 위해서 어떤 노력을 하셨다고 말씀하실까요?"
- "눈앞에 수정구슬이 있다고 가정하고, 그 안에서 여러분의 3주 후 모습을 본다고 상상해 보세요. 그 안에서 여러분은 딸과의 관계를 개선하기 위해서 어떤 노력을 하나요?"
- "수정구슬을 들여다보면, 여러분이 잔소리를 그만둔 이후에 여러분의 딸이 여러분에게 어떻게 다르게 행동하나요?"
- "수정구슬 안에서, 여러분과 딸은 우리 집단에 들어오기 전까지는 도저히 상상도 할 수 없었던 어떤 행동을 하나요?"
- "우리가 슈퍼마켓에서 여러분과 아들을 우연히 만났다고 해보죠. 우리가 아들에게 어머님이 취한 어떤 노력을 가장 감사하게 생각하느냐고 질문한다면 그는 뭐라고 답할까요?"
- "그렇게 슈퍼마켓에서 만났을 때, 아들에게 소리 지르는 만성적인 습관을 없애기 위해서 여러분이 어떤 노력을 취했는지 물어본다면 여러분은 뭐라고 답하실까요?"
- "어머님이 했던 효과 있었던 행동에 대해 아들이 뭐라고 말할까요?"

지도자는 부모의 진전을 확고하게 만들기 위해서 견고화 질문(Selekman,

1997, 2002)을 사용한다. 견고화 질문(consolidating questions)의 몇 가지 예는 다음과 같다.

- "뒤로 퇴보하기 위해서 어떤 행동을 하셔야 하나요?"
- "성공으로 가는 길을 계속 걷기 위해서 무엇을 더 해야만 하나요?"
- "우리가 여러분을 다음 해결지향 부모집단 프로그램에 자문가로 초청한다고 상상해 보세요. 새로운 참가자들을 위해서 어떤 조언을 해주시겠어요?"
- "1부터 10까지 숫자로 여쭈어 볼게요. 10점은 상황이 더할 나위 없이 좋을 때의 점수이고요, 1점은 해야 할 일이 많이 있을 때의 점수입니다. 이 집단에 처음 오셨을 때 몇 점이었나요?"
- "오늘은 몇 점에 있다고 평가하시겠어요?"

부모의 진전을 견고화하기 위해 사용하는 또 다른 전략은, 목표 성취에 성공하고 있는 부모로 하여금 벽걸이 종이 챠트에 순환적인 해결책-유지 상호작용 패턴을 지도처럼 그리게 하는 것이다. 이 연습은 다른 집단원들에게 새로운 정보가 된다.

여전히 답답함과 좌절감을 느끼는 부모에게는 챠트에 상호작용 상의 문제-유지 패턴을 지도처럼 그리게 하고 다른 집단원들로 하여금 문제 해결 아이디어와 지혜의 말을 해 달라고 요청한다. 이런 방법을 사용하면 여전히 답답함을 느끼는 부모에게 매우 도움이 되고 정서적으로 희망을 줄 수도 있다. 우리는 지금까지 여러 집단을 운영해 오면서 특히 좀 더 깊은 절망감을 느끼고 있는 부모들 중에서 정말 창조적이고 지지적인 부모들을 만날 수 있었다는 사실에 놀라곤 했다. 몹시 비관적이고 절망스러워하는 부모에게는 대처질문과 악몽질문(Berg & Miller, 1992; Selekman, 1997, 2002)을 사용할 수도 있겠다. 세 번째 집단 회기쯤 되면 부모들은 자연스럽게 서로 정상화 기술을 사용하고 희망을 불어넣으며 서로를 격려한다.

세 번째 집단 회기에서 다루는 또 다른 중요한 주제는, 관계 만들기 양육 기술(connection-building practices)(Selekman, 2002)이다. 지도자는 부모들에게 청소년 자녀와 관계를 만드는 과정과 관련된 불교의 중요한 원리를 말해 준다. 이것은 연민의 마음으로 말하고 경청하기, 그리고 자비의 실천이라는 형태를 취한다(Hanh, 2001, 2003a). 지도자는 집단원 중에서 한 두 사람의 자녀와 관련된 상황을 택하여 역할극으로 연출해서, 어떻게 연민의 마음을 가지면서 자녀에게 말하고 깊게 경청할 것인지 그리고 심지어 자녀가 다루기 어렵거나 잘못된 행동을 했다고 하더라도 어떻게 자비심을 가지고 응대할 것인지에 관한 원리를 직접 보여 준다. 우리는 부모들에게 자녀들이 저지르는 도발적인 행동이나 상대방의 화를 돋우는 행동에 반응할 때 부모들이 마음속에서 경험하게 되는 분노는 청소년 자녀가 어떤 식으로든 고통을 받고 있으며 부정적인 반응이나 반격이 아니라 부모의 연민과 자비를 필요로 하고 있다는 사실을 드러내주는 신호라고 교육한다. 아울러, 우리는 부모들에게 마음 속 '분노의 불꽃을 끄기 위해서' 사용할 수 있는 간단한 마음챙김 명상법도 가르친다(Hanh, 2001). 우리가 부모들에게 가르치는 한 가지 간단한 마음챙김 명상법은 **소리 명상법**이다. 우리는 그들에게 집안에서 조용한 장소를 찾아서 명상을 하게 한다. 의자에 편안하게 앉은 후에 눈을 감고 15분 동안 어느 한 가지 소리가 아니라 주변에서 들리는 다양한 소리에 모든 신경을 집중해서 주의 깊게 경청한다. 그리고 마음속으로 들려오는 다양한 소리에 꼬리표를 붙인다. 우리는 이 명상법을 집단 안에서 연습하게 하고 집에서는 이상적으로는 그다음 주까지 하루에 두 번씩 과제로 해보라고 한다. 많은 부모들이 자녀들이 그들을 이용하려고 할 때 이러한 마음챙김 명상법을 활용하면 분노와 좌절감을 관리하는 데 도움이 되었다고 했다.

이러한 논의의 일부로서, 우리는 부모들에게 십대 자녀들이 마음속으로 **장소성**(sense of place)을 경험하는 것이 중요하다는 점을 강조하고, 십대 자녀들과의 정서적 연결을 강화시키기 위한 다양한 전략을 가르친다(Selekman, 2002). 부모로 하여금 공감과 수용을 실천하게 하고 적극적인 경청자가 되게 하며 자녀의 성공에 대해 끊임없는 자부심과 기쁨을 표현하고 자녀에 대한 사랑과 감사하는 마음을 전달하게 하도록 격려하는 일 외에, 우리는 그들에게 자녀들로부터 정기적으로 부모의 양육 방식에 대한 피드백을 듣고, 자녀들이 선택한 활동을 매주 함께 하는 안정적인 시간을 확보하라고 권유한다. 지도자는 부모들로 하여금 정서적 연결 형성(connection building)의 정신으로 들어가게 만드는 방법으로서 다음의 연습을 해보도록 한다. 부모들에게 이런 질문을 한다.

> "여러분이 타임머신을 타고 자녀들과 강한 정서적 연결을 형성하고 있다고 느꼈던 때로 돌아가 보는 장면을 상상해 보시길 바랍니다. 시각과 움직임을 포함해서, 여러분이 가진 모든 감각을 동원하여 시간 여행을 경험해 보세요. 몇 년 전으로 돌아가실 겁니까? 자, 이제 여러분은 어디에 계십니까? 자녀와 무엇을 하고 계십니까? 이 경험에서 무엇이 가장 특별하거나 중요합니까? 자녀가 여러분을 정말 가깝게 느끼고 있다거나, 혹은 이 활동이나 상황 속에서 당신과 함께 즐거워하고 있다는 사실을 어떻게 표현하시겠습니까? 이 상황 속에서 자녀와 맺고 있는 관계에 대해서 정서적으로 어떻게 느끼고 계십니까? 만약에 여러분이 자녀와 함께 한 이 특별한 경험 중에서 어떤 요소나, 혹은 자녀와 좀

더 긴밀한 관계를 맺도록 해줄 수 있는 방법이라도 지금 이곳으로 가져올 수 있다면, 어떤 요소 혹은 경험을 가져오고 싶으십니까?"

중간 휴식 시간을 갖기 이전에, 지도자는 부모들과 함께 시간 여행 경험을 정리하고 어떤 아이디어가 떠올랐는지와, 다음 주 동안 그 아이디어를 어떻게 실행할 계획인지를 탐색한다. 세 번째 회기는 부모들이 애써서 작업한 것과 중요한 진전 사항을 지도자가 격려함으로써 마무리된다. 부모들은 시간 여행 경험에서 얻게 된 새로운 아이디어를 복원하거나 실행하기 시작하도록 격려 받고 **칭찬 상자 실험**(compliment box experiment) 과제를 받는다.

"다음 한 주 동안 오래된 신발 상자를 찾아서 위쪽에 길게 구멍을 내세요. 청소년 자녀가 여러분이 보기에 흡족한 책임감 있는 행동이나 인간적으로 정말로 고마운 일을 하면 그 내용을 기록하셔서 상자 안에 넣는 겁니다. 그리고는 매일 저녁을 드신 후에 자녀로 하여금 여러분이 쓰신 종이를 아무거나 꺼내어 당신이 적어 놓은 칭찬의 말을 읽게 하세요. 한 주 동안 자녀가 읽으면 가장 놀랄 만하며 그들에게 가장 의미 있을 법한 칭찬을 계속 사용하시고 당신의 상호작용이 향상되는 방식을 유지하세요. 다음 집단 모임 때는 여러분의 칭찬 상자(Selekman, 2002)를 가져오시고 자녀와의 관계에서 여러분이 어떤 진전을 이루어 냈는지 우리에게 나누어 주실 준비를 해주시길 바랍니다."

네 번째 회기. 효과가 있으면 바꾸지 말라.

지도자가 지난 회기에 부모들에게 내 준 과제가 어떻게 진행되었는지 점검하면서 네 번째 회기가 시작된다. 지도자뿐만 아니라, 집단원들끼리 서로 긍정적인 변화를 확대하고 격려하게 된다. 부모들은 칭찬 상자 실험이 정말 잘 진행되었다고 말하는 경우가 많다. 집단에 참여했던 한부모 가정의 한 어머니는, 과거에 딸과 끊임없이 권력 다툼을 하고 언쟁을 벌이면서 험악한 관계를 맺고 있었다. 하지만 이 어머니가 칭찬 상자 실험을 수행하자 딸은 절친한 친구 두 명에게 갑자기 절교를 당한 후에도 새롭게 친구를 사귀고 이전보다 더 강해졌으며 이러한 '엄청난 용기'에 대해서 어머니가 얼마나 감사하게 생각하는지 읽고 즐거워하면서 놀랐을 뿐만 아니라 자기 '방'을 '아주 잘 정리하는 것'에 대해서 어머니가 인정해 주는 것에 대해서도 이와 똑같이 깊은 인상을 받았다고 했다. 매일 이 어머니는 딸에 대한 칭찬거리를 찾아냈고 부정적인 일에 초점을 맞추기보다는 딸이 올바르게 하고 있는 일들을 좀 더 정기적으로 찾아내게 되었다. 확실히, 그 일 주일 동안 두 사람 사이에는 어떠한 권력 다툼이나 언쟁도 없었다.

그다음으로는, 지난 회기에 경험했던 시간 여행에 기초해서 과거에 성공적이었던 어떤 행동 패턴과 의미 있는 활동을 부모들이 다시 했는지에 대해서 물어본다. 마지막으로, 생활 중에 발생하는 스트레스를 좀 더 잘 관리하기 위한 방법으로 마음챙김 명상을 사용해 보니 어떠했는지를 탐색한다.

전체 부모와 함께 각자 실험을 어떻게 실행했는지를 점검한 후에, 지도자는 부모가 청소년 자녀에게 기대하는, 책임감 있고 타인을 존중하며 협력적인 행동을 촉진하는 해결책 유지 패턴이 좀 더 많이 나타나도록 하기 위해서는 지속적으로 노력하는 것이 중요하다는 내용으로 짧은 강의를 한다. 보통, 지도자는 목표를 거의 달성해 가는 부모에게 다른 사람에게도 추천하고 싶은 해결책을 유지시키는 순환적인 상호작용 방법을 챠트에 지도처럼 그려 달라고 요청한다. 이러한 활동은 집단의 다른 구성원들이 새롭고 창조적인 양육 해결책 유지 전략을 배울 수 있는 기회가 된다. 우리는 집단에 있는 부모들이 화가 나고 스트레스를 받아서 지쳐 있을 때 혹은 청소년 자녀에게 자연스러운 위기나 어려움이 찾아왔을 때, 궤도를 벗어나거나 효과적인 방법을 중단하기가 얼마나 쉬운 일인지를 자주 알려준다. 우리는 부모들에게 일상생활에서 효과가 있는 방법을 좀 더 시도하라고 강력하게 권고한다. 부모들이 효과가 있는 방법을 유지하고 이를 매일 기록하는 과정을 돕기 위해 우리는 과거와 현재의 양육 성공 기록지(**그림 10.2** 참조)를 활용한다. 이 기록지는 부모들의 자신감을 높여주고 성공했던 기억과 어떤 행동을 계속해야 할지를 상기시켜 주는 수단이다.

집단의 지도자는 자녀 문제와 관련해서 긍정적인 발전을 이룬 부모들에게 칭찬을 한 후에, 다음의 과제를 내어 준다.

> "여러분들이 효과가 있는 방법을 계속 하시도록 좀 더 격려하는 방법의 하나로, 매일 매일, 여러분이 자녀들에게 기대하는 책임감 있고, 타인을 존중하며, 협조적인 행동을 자녀들이 할 때마다 여러분이 취하신 해결책-유지 반응을 과거와 현재의 양육 성공 기록지에 쓰시기를 바랍니다. 그리고 청소년 자녀가 현재 보이고 있는 도전적인 행동에 대처하기 위해서, 과거에 청소년 자녀나 다른 자녀들 문제를 해결하는 데 효과가 있었던 전략이나 대처 방법이 있었는지 생각해 보세요. 마지막으로, 이 말을 기억하세요. 효과가 있는 것을 더 하라!"

활용 지침: 자녀의 도전적인 행동을 잘 관리하기 위해서 사용했던 과거와 현재의 양육 전략을 기록하세요.

1.

2.

3.

4.

5.

6.

7.

8.

9.

10.

그림 10.2 과거와 현재의 양육 성공 기록지

다섯 번째 회기. 효과가 없다면 다른 것을 시도하라.

다섯 번째 집단 회기는 지도자가 부모들에게 자신이 설정한 목표를 얼마나 더 성취했는지를 확인하면서 시작된다. 우리는 척도질문과 예상질문(presuppisitional questions)을 사용해서 그들의 진전 사항을 확대하고 견고화시킨다(de Shazer, 1988, 1991; Selekman, 1997; O'Hanlon & Weiner-Davis, 1989). 지도자는 부모들과 함께 그들이 한 주 동안 작성한 과거와 현재의 양육 성공 기록지를 검토한다. 이와 같은 노력의 일환으로, 우리는 몇몇 부모들로 하여금 그들이 사용해 본 것들 중에서 가장 효과적이었던 해결책-향상 반응이나 전략을 챠트에 그려 보게 할 것이다. 이에 더하여, 우리는 다른 부모들도 청소년 자녀와의 관계 복원 과정에서 긍정적인 효과를 나타냈던 과거의 사례를 집단원들과 공유해 주는 것을 환영한다.

이 부모들은 여전히 절망감 혹은 답답함을 느끼기 때문에, 우리는 그들이 반드시 시도해 보아야 할 방법을 내어 놓거나 제안하기 위해서 집단원들의 지혜와 창조적인 생각을 모은다. 이렇게 수집된 추천 방법은 챠트에 일목요연하게 정리해서, 이들이 다음 주에 자신이 시도해 보기에 가장 편안하게 느껴지는 전략을 검토하고 선택할 수 있도록 한다.

이 활동 후에, 지도자들은 그들이 시도한 방법이 효과가 없을 때에도 유연하고 활기찬 태도를 취하고, 문을 열고 상자 밖으로 나와서 다른 방법을 시도해 보는 자세가 얼마나 중요한지에 관해서 짧은 강의를 한다. 우리는 부모들이 목소리 톤, 바디 랭기지, 언어적 반응을 청소년 자녀가 너무 쉽게 예측할 수 있는 방식으로 했다는 사실을 지적한다. 이런 구식 방법을 사용하면, 청소년 자녀는 부모가 마치 고장 난 레코드처럼 똑같은 이야기를 끝없이 반복하는 것처럼 느낀다. 이에 더하여, 지도자들은 부모들이 효과가 없는 방법을 고수하면 할수록, 청소년 자녀가 보이는 가장 심각한 문제 행동은 점점 더 심각해지거나 악화되기만 할 뿐이라는 사실을 강조한다.

중간 휴식 시간이 끝나면, 지도자들은 부모들이 이룬 진전을 각각 칭찬하고, 무언가 다른 것 시도하기 과제를 다음과 같은 방식으로 내준다(de Shazer, 1985, 1988; Selekman, 1997, 2002).

> "자녀들은 여러분의 마음을 이미 간파했습니다. 이 아이들은 여러분이 내는 목소리와 얼굴 표정만 봐도 당신이 그다음으로 어떤 행동을 하게 될 지 알 수 있습니다. 여러분은 너무 예측 가능하게 행동하고 계신 겁니다! 다음 한 주 동안에는, 여러분의 자녀가 여러분의 화를 부추기거나 여러분이 자녀에게 너무 지나치게 신경을 쓰거나 애를 쓰고 싶은 유혹이 들 때마다, 이전과는 다른 무언가를 시도해 보시면 좋겠습니다. 그것이 이전에 여러분들이 취하던 행동 패턴과 다르다면, 정신 나간 행동이거나 엉뚱한 행동이 되어도 좋겠습니다. 여러분이 청소년 자녀의 마음에 충격을 주길 바랍니다!"

이 실험 과제를 받게 되면, 통상적으로 부모들은 미소를 짓거나 다음 주에 자신이 저지를 새로운 행동에 열의를 불태운다. 한편, 이미 자신의 목표를 성취했거나 성공의 길로 잘 나아가고 있는 부모들에게는, 효과가 있는 방법을 계속 시도해 나가라고 격려한다.

여섯 번째 회기. 성공을 위해 협력하기: 상위 체계의 미로에 빠진 청소년 자녀의 역량을 강화하기

여섯 번째 집단 회기는, 이전 회기 이후에 부모들이 이룬 진전을 확대하고 강화하면서 시작된다. 이쯤 되면 집단은 긍정적인 분위기가 넘치고, 많은 웃음소리와 긍정적인 정서로 가득 찬다. 부모들은 보통, 이전의 방법이 효과가 없었을 때 청소년 자녀에게 정말 창조적이고 말도 안 되는 충격적인 방법을 새롭게 시도했노라고 말한다. 이들이 자녀에게 충격을 주기 위해서 시도했던 몇 가지 방법을 간단하게 소개한다.

50대 후반의 대단히 보수적인 정통 유태인 부부가 대단히 반항적인 16세의 딸에게 '물총으로 무장한 채 침대에 눕는 행동'으로 충격을 주기로 결심했다. 딸은 밥 먹듯이 무단결석을 하고 부모의 통행 금지령을 반복적으로 어긴 상태였다. 어느 날 밤 새벽 1시에, 딸이 침실에 몰래 들어와 불을 켰을 때, 부모가 구석 어딘가에 숨어서 물총으로 딸에게 물세례를 퍼부었고 딸은 '너무나도 놀라서' 거의 '심장마비'에 걸리기 직전 상태가 되었다. 그날 이후로 딸은 너무나 피곤해서 다음날 학교에 갈 수 없는 상태에서도 부모와 '싸우지 않은 상태에서 학교에 출석'했고 이전보다 '훨씬 더 협조적인 태도'를 갖게 되었다. 이 부모는 딸이 과거 상태로 돌아가려는 조짐을 보일 때마다, 효과가 확실하게 확인된 물총을 바로 빼 들었고, 그러면 딸은 계속해서 '책임감 있는 모습'을 이어갔다.

혼자서 아이를 키우는 어떤 어머니는 다루기 힘들고 매우 반항적인 17세의 아들을 학교에 보내기 위해서 매일 아침마다 일어나라고 고함을 쳐 왔다. 어머니는 방법을 바꾸어서 커다란 소리가 나는 알람시계 다섯 개를 사서 모두 시간을 오전 6시 30분에 맞춰놓고 아들 방 곳곳에 숨겨두었다. 어머니의 말에 따르면 알람 음이 작동되자 아들이 '로켓처럼 침대에서 뛰쳐나왔다'고 한다. 그는 이 시계들을 찾기 위해서 온 방을 다 뒤지고 다녔지만 결국은 실패했고 어머니에게 도움을 받아야만 했다. 그날 아들은 어머니와 분명히 '아침 식사'를 함께 했을 뿐만 아니라, '제 시간에 스쿨버스를 탔는데' 이런 경우는 '난생 처음'이었다.

또 다른 어머니는, 참으로 다양한 '비정상적인 방식'으로 '속을 긁으면서' 어머니를 권력 게임으로 끌어들이던 14세의 아들을 성공적으로 얌전하게 만들었다. 이 어머니는 아들 앞에서 갑자기 알파벳을 '거꾸로 빠르게 암송'했다. 그리고는 '네 별자리가 뭔지 아니?' 와 같은 질문처럼 기존의 대화 주제와는 전혀 상관이 없는 질문을 즉흥적으로 던져서 아들의 정신을 혼란스럽게 만들었다. 마침내, 그녀는 가정의 일상생활 속에서 좀 더 예측할 수 없고 신비로운 존재가 되었다. 어머니가 기존의 상호작용 방식을 바꾸자 속을 긁고 권력 게임을 걸어오던 아들의 행동방식은 사라지고 훨씬 더 협력적인 태도로 바뀌었다.

형사 사건 전문 변호사였던 어떤 아버지는, 딸이 친구들과 놀러 나가려고 할 때마다 붙잡아서 소크라테스 식으로 집요하게 질문을 했다. 딸은 아버지가 경찰이 용의자를 심문하듯이 꼬치꼬치 캐물었다고 했다. 그 때문에 딸은 아버지에게 점점 거짓말을 많이 하고, 좀 더 위험한 행동을 하거나 문제를 일으키게 될 터였다. 우리 집단에 참여하게 된 아버지는 지금까지와는 다른 방식으로 딸과 상호작용하기 위해서 부모들 중에서 누군가가 제안한 방법을 시도해 보기로 했다. 이 새로운 방법을 제안한 사람은 집단에 함께 있던 어떤 어머니였는데, 딸이 나가서 친구들과 놀고 싶어 하면 더 이상은 어떤 질문도 하지 말고 그 대신 딸이 누구와 함께, 어디로 가서, 무엇을 할 것인지를 말하고 통금 시간까지 돌아오겠다고 약속을 하는 책임 있는 모습을 보일 때까지 기다리라고 권유했다. 아버지가 '유명한 TV 드라마 속 변호사, 페리 메이슨(Perry Mason)'이 되려고 하지 않고 딸이 나가서 놀고 싶어 할 때마다 딸을 '증언대에 세워 두지 않게 되자' 딸은 아버지가 듣고 싶어 하던 상세한 이야기를 술술술 이야기하게 되었다. 그리고 아버지가 방법을 바꾸자 딸은 집안일을 돕고 숙제를 열심히 했으며 더 이상 문제를 일으키지 않게 되었다고 한다.

집단의 지도자는 부모들에게 청소년의 잘못된 행동이 사라질 때까지, 그동안 효과가 있었던 것과 새롭게 고안한 창조적인 양육 방법을 계속 사용해야 한다고 강조한다. 무언가 다른 것을 하는 것(de Shazer, 1988, 1991; Selekman, 2002)을 활용하면, 부모들의 자기반성 기술—즉, 잠시 멈추고 특정 상황에서 채택할 수 있는 대안들에 대해서 생각해 보는—뿐만 아니라, 창조적인 문제 해결 능력이 살아나고 강화되는 것 같다. 일단 부모들이 이런 시도를 통해서 성공을 맛보면, 부모 역할을 즐기게 되고, 좀 더 유연하고 유쾌하게 청소년 자녀를 대하게 된다.

자녀가 다양한 상위 체계와 문제를 겪고 있을 때, 부모가 적극적으로 옹호하는 역할을 수행하는 것이 중요하다는 것과 협상 기술에 관해서 회기의 중간에 지도자가 짧게 강의한다. **모두 승자가 되는**(win-win) 협상 기술(Follett, 1995)과 윌리엄 유리(William Ury)가 제시한 **제3자적 관점**에서 협상하는 틀(Ury, 2000)'을 소개한다. 부모들은 보통 청소년들과 갈등하고 있는 상위 체계가 관료주의로 가득한 미로 같으며, 관련 전문가들은 너무나 다양한 의제, 기대, 혹은 관심사를 보일 수 있다는 사실을 알게 된다. 그렇기 때문에, 우리는 부모들에게 이런 전문가들과 만날 때는 겸손한 태도로 한 계단 밑에 서서, 그들이 문제라고 생각하는 것이나 지금까지 기울여 온 헌신(Kegan & Lahey, 2000), 청소년 자녀에게 기대하는 행동과 부모에게 바라는 것 등에 대해서 열심히 경청하라고 권유한다. 지도자들은 부모들에게 판단을 연기하는 방법, 호기심을 활용하는 방법을 교육하고 좀 더 엄격하거나 비관적인 전문가를 대할 때 부정적인 정서적 반응이나 방어적인 태도를 숨기는 방법을 가르친다. 함께 협력해야 할 필요성—상위 체계의 전문가들을 부모의 입장을 지지해 줄 수도 있는 협력자로 바라볼—뿐만 아니라 이들이 청소년 자녀에 대해서 품고 있는 의구심을 진심으로 이해하고 고려해 보고 싶다는 강력한 바람을 전달함으로써, 부모들은 이들과 협력적인 관계를 만들고 의미 있는 대화와 바람직한 미래를 만들어 갈 해결책을 공동으로 구축해 나가는 문을 열 수 있게 될 것이다.

지도자들은 부모들로 하여금 직장 동료, 가족원, 그리고 각자 살고 있는 지역사회의 이웃들과 성공적으로 협력하고 협상했던 개인적 경험을 공유해 달라고 초청하는 방법이 효과적이라는 사실을 발견한다. 타인들과 협력하거나 어려운 상황에서 협상 기술을 활용할 때 채택했던 과거의 그 어떤 성공적 전략도 부모가 현재 상대하고 있는 상위 체계의 관련 원조 전문가들과 만나서 상호작용할 때 충분히 시도해 볼 가치가 있다. 어떤 부모들은 교사나 교직원들과 효과적으로 협상해서 청소년 자녀에게 필요한 특별한 자원이나 지원을 얻어 내는 요령을 알고 있다. 또한 우리는 부모들이 과거에 상위 체계의 전문가들과 만났을 때 겪었던 부정적인 경험 중 일부와 자신들의 협상 태도가 역효과를 가져왔던 경험을 나머지 집단원과 공유해 주기를 바란다. 예를 들어, 15세 아들을 둔 어떤 아버지는 학교 교장 선생님에게 아들을 가르치는 선생님 두 사람이 성적을 얼마나 불공정하게 매기는지에 대해서 끊임없이 항의했다. 그 결과, 교장 선생님에게 곧바로 항의하는 대신에 먼저 자신들에게 상담을 청하지 않았다는 사실에 대해서 선생님들이 대단히 분노했기 때문에, 아들의 이름은 선생님들의 블랙리스트에 올라갔고 점수는 더 깎여버렸다. 마지막으로, 우리는 조지와 동료들(George et al., 1999)이 개발한 '미래에서 돌아오기' 양육 역량강화 전략을 사용할 수도 있다. 이 전략에서 부모들은 학교나 다른 상위 체계에서 십대 자녀를 옹호했던 소기의 목적을 이룬 자신의 미래 모습을 상상하게 된다. 그리고 나서는 상상 속의 회의석상에서 자신이 어떤 단계를 거쳐서 성공적으로 협상을 하게 되었는지를 다시 지금 여기로 되돌아와서 상세하게 말하는 것이다.

지도자들은 각 부모들이 대단한 진보를 만들어 냈거나 목표를 성취한 것에 대해서 칭찬한 후에 그들을 신임한다는 의미로 2주의 방학 기간을 준다. 지도자들은 부모들에게 이 기간 동안 다음과 같은 활동을 하라고 권유한다.

> "집단 활동을 쉬는 동안, 청소년 자녀와 관계를 맺고 새로운 해결책을 발견하는 면에서 더 발전하는 것이 무엇인지 매일 추적해 보시기 바랍니다. 그리고 오늘 배우신 협상 기술과 협력 기술, 혹은 과거에 여러분이 청소년 자녀, 가족원, 그리고 관련 원조 전문가들을 만날 때 효과적이었던 방법을 매일 실천하시기를 바랍니다. 다음에 만날 때는 성공하신 이야기를 듣게 되기를 고대합니다!'

일곱 번째 회기. 새로운 양육 방식 탐험하기

일곱 번째 집단 회기는 지도자가 방학 기간 동안 부모들이 성공했던 이야기를 끌어내면서 시작된다. 부모들이 각자 경험한 예외 상황이나 긍정적인 발전에 대해서 이야기할 때마다 지도자는 매번 다음과 같은 응원 및 견고화 질문을 던진다.

- "어떻게 그렇게 하셨는지 아세요?"
- "그렇게 반응하신 것은 이전과는 다른 방식인가요?"
- "그렇게 하셨을 때 아들이 놀라던가요?"
- "어떤 부모님들은 그 학생 주임 선생님에게 아주 방어적으로 대했을 거예요. 아버님(혹은 어머님)은 어떻게 그렇게 평정심을 잘 유지하실 수 있으셨어요?"
- "그 학생 주임 선생님을 대할 때 잘 견뎌내기 위해서 스스로 뭔가를 다짐하셨어요?"
- "들어 보니 보호관찰관은 두 분의 아드님을 소년원에 집어넣을 방법을 찾으려고 한 거 같네요. 아버님(혹은 어머님)은 어떻게 보호관찰관으로 하여금 희망을 보게 하시고, 소년원에 보내는 방법은 아드님의 정서적 안녕에 도움이 되지 않을 거라는 사실을 깨닫게 만드셨나요?"
- "1부터 10까지 숫자로 여쭈어 볼게요. 10점은 더할 나위 없이 좋을 때의 점수

이구요, 1점은 해야 할 일이 많을 때의 점수라면요, 2주 전의 시점에는 몇 점을 주시겠어요? 그러면 오늘은 몇 점인가요?"

- "과거로 돌아가려면 지금 어떤 행동을 하셔야만 할까요?"
- "앞으로 몇 주 동안 하강 곡선을 그리면서 상황이 안 좋아진다고 상상해 보세요. 다시 재빨리 본 궤도에 돌아가기 위해서 어떤 행동을 하시겠어요?"

여전히 자녀와의 관계에서 어려움을 겪고 있거나 이전 회기에서 배운 협상 기술 혹은 협력 기술을 사용하는 데 어려움을 겪는 부모에게는, 다른 집단원들이 가진 자원과 창조성을 끌어내어서 해결 전략을 차트에 그리게 한다. 이렇게 하면 집단은 보통 답답해하고 있는 부모가 자녀와의 관계에서 겪는 어려움을 좀 더 효과적으로 관리하거나 도발적인 관련 원조 전문가들을 대할 때 새로운 방식으로 상호작용할 수 있도록 역량을 강화시켜줄 고도의 해결 전략을 세 개 혹은 그 이상 만들어낼 수도 있다.

그 후에는 부모들이 만들어 낸 엄청난 진전을 신뢰한다는 의미로 3주 동안의 방학을 한 번 더 내 주게 된다. 지도자들은 부모들에게 방학 동안 그들이 뭔가를 시도하고 싶거든 지금 그들이 변화를 만들어 내고 있는 바로 그 방식을 계속 고수하라고 권유한다.

여덟 번째 회기. 변화를 기념하기: 부모가 만들어 낸 해결지향 양육 성공 경험에 존경을 표하기

마지막 집단 회기에서, 지도자들은 '해결지향적인 부모로 다시 태어난 여러분에게 축하드립니다!'라는 문구로 장식된 축하 케이크를 나누고 졸업 증서를 증정함으로써 그동안 부모들이 일구어 온 변화와 노고를 축하한다. 이 축하 과정의 부분으로서, 우리는 각 부모가 집단에 들어오기 전에 있었던 위치 및 자신을 바라보던 관점과, 현재 청소년 자녀와 맺고 있는 관계 사이에 생긴 차이점에 대해서 돌아보는 발표를 해줄 것을 정중하게 요청한다. 그리고 지도자들은 시간에 따라 변해 온 부모들의 모습을 되짚어 보고, 앞으로 진행될 부모집단에 선배로서 참여해서 도와 달라고 정중하게 요청한다. 지도자들은 부모들이 변화를 만들어 냈다는 이야기를 끌어내고, 이미 이루어진 진전을 더욱 강화하기 위해서 독특한 재묘사 질문 기술(White, 1988b; Selekman, 1997)을 다음과 같이 사용한다.

- "우리 집단에 들어오기 이전과 비교할 때, 부모로서 여러분의 현재 모습을 어떻게 다르게 바라보십니까?"
- "다음번에 진행될 해결지향 부모집단에 여러분을 선배로서 초청했다고 해보죠. 새로 집단에 참여한 부모들에게 어떤 충고나 조언을 나누어 주실 건가요?"
- "만약 여러분의 청소년 자녀가 옆 자리에 앉아 있고, 우리가 그에게 여러분이 집단에 참여하면서 만들어 낸 변화 중에서 어떤 것이 가장 감사하냐고 묻는다면, 뭐라고 답할까요?"

예상질문(O'Hanlon & Weiner-Davis, 1989; Selekman, 1997, 2002)을 사용하면 부모가 이루어 낸 진전을 강화하는 데 도움이 된다. 지도자는 부모들이 머릿속에 수정 구슬을 떠올리게 하고, 6개월 후의 미래로 빠져들어 가게 해서 자신과 청소년 자녀에게 그리고 부모-자녀 사이의 관계에서 어떤 변화가 좀 더 일어나게 될지를 가능하면 분명하게 말하도록 요청한다. 우리는 또한 부모들에게, 1년 후 지도자가 개최한 1주년 기념 파티에 참석한다면 그 사이에 또 어떤 변화가 일어났다고 말할지를 상상해 보도록 요청한다.

부모 참가자들의 다수는 대개 네 번째 혹은 다섯 번째 회기가 진행될 쯤까지는 각자의 치료 목표를 달성해 낸다. 집단 프로그램이 끝날 때까지도 여전히 문제와 씨름하고 있는 부모들에게는 가족치료나 부부치료를 제공하거나 부모와 계속 갈등을 빚어온 관련 원조 전문가들과 협력할 수 있도록 돕거나 권익을 대변해 준다. 이 집단에 참여해서 얻을 수 있는 중요한 보너스 중 하나는, 시작할 때만 하더라도 갈등이 심했던 부부가 마지막 회기가 끝나기 전에 단합된 하나의 팀이 되는 경우가 있다는 점이다.

또 다른 중요한 보너스는, 과거에는 가족치료에 참여하기를 꺼려했던 청소년이 스스로 개인 치료를 받고 싶다며 집단의 리더에게 연락을 해온다는 것이다. 개인 치료 회기에서 만나면, 이들은 예전에 부모가 몇 가지 의미 있고 실로 극적인 변화를 만들어 낼 수 있도록 도와 줘서 고맙다는 말을 한다. 그리고 이들 중 어떤 청소년은 부모가 변화하는 모습을 보면서 상담을 받는 것이 좋다는 사실을 알았다고도 말한다. 다양한 치료를 받았던 청소년이나 범죄 조직에 연루되었던 청소년들도 이런 말을 하는 경우가 있다. 우리 집단에 참여하고 있던 어떤 어머니의 아들은, 범죄 조직에 연루되어 있었고 청소년 교정 시설에 수차례 장기 수용된 경험이 있었는데 어머니가 참여한 집단 프로그램이 끝나고 일주일 후에 자기 발로 치료실을 찾아왔다. 어머니의 말에 따르면, 이전에는 아들이 어떤 형태의 치료도 받으려고 하지 않으려 했다고 한다.

요약

임상적 결과를 보면, 해결지향 부모집단 프로그램은 반항성 장애, 주의력 결핍 장애, 약물 남용, 섭식 장애, 자해 행동, 그리고 폭력적이고 공격적인 행동 문제로 진단받은 청소년의 부모에게 효과적이었다. 또한 이 집단 프로그램은 청소년 자녀가 부모와 함께 가족치료 회기에 오려고 하지 않을 때 선택할 수 있는 효과적인 대안이다. 프로그램이 모두 끝난 후에 과거의 집단 참여자들을 만나서 조사해 본 결과는, 이들이 집단에 참여한 경험 덕분에 자녀들과 관련된 문제를 해결할 수 있었고 다양한 효과적인 양육 방법을 배웠다는 사실을 보여 주고 있다. 하지만 다루기 힘든 청소년에 대한 개입의 효과성을 경험적으로 뒷받침하기 위하여, 엄밀한 양적 평가 방법을 채택한 청소년 대상 연구가 수행되어야 할 것이다.

Pathways to Change

Chapter 11

해결지향 단기가족치료와 그 너머

우리 앞에는 불꽃처럼 빛나는 내일이 있다

—랭스톤 휴(LANGSTON HUGHES)

변화로 가는 길 재방문

앞에서 필자는 다루기 어려운 청소년과 그 가족에 대한 상담 효과성을 높이는 데 도움이 되는 혁신적인 생각과 치료전략을 제시하였다. 또한 오늘날 청소년과 가족이 경험하고 있는 문제의 출현과 악화(exacerbate)의 원인이 되는 사회적 악화요인(societal aggravating factors)에 대해 치료자가 훨씬 더 민감해야 한다는 중요성을 강조하였다. 미디어가 주도하는 소비자중심의 문화는 청소년이 경험하는 스트레스 관련 문제, 또래 어려움, 가족 단절을 막대하게 증가시키는 토양 역할을 했다. 오늘의 청소년들은 갖가지 미디어로부터 다음과 같은 메시지들을 끊임없이 듣고 있다. 즉, 불안한 세계에 살고 있고, 과중한 숙제 때문에 힘들어 하고, 너무 빨리 성장하라고 재촉받고, 너무 많은 선택을 폭격 당하듯 부여받고, 또래와 어울리고 또래에 끼어 들어가려면 기술 좋은 인간 카멜레온이 되야 한다는 등의 메시지를 끊임없이 듣고 있다. 게다가 컴퓨터, 하이테크 기계들과 십대들간에 유행인 소지품들은 가족 관계의 필요성을 대신하고 있으며, 극심한 경우에는 사회접촉의 욕구까지도 대신한다, 치료자로서 우리는 청소년과 부모, 그리고 청소년이 어려움을 경험하고 있는 사회 환경 사이에서 연결구축의 촉매제로 기능해야 할 필요가 있다.

더 나아가 우리는 부모들이 컴퓨터, 텔레비전, 비디오게임, 휴대전화, 기타 기계에 대한 확실한 지침을 제공하도록, 필요하다면 제한 선을 긋도록, 가족의 관여를 매력적이자 우선적인 대안으로 만들도록 격려할 필요가 있다.

지난 12년간 필자는 여러 가지 스트레스 요인들, 사회의 악화요인들, 그리고 복잡한 이슈들과 청소년과 가족이 점차로 많이 부딪히고 있는 도전이 되는 일들을 더 잘 다루기 위하여 이 책의 초판에서 제시했던 원래의 해결지향 단기가족치료 모델을 크게 확장하였다. 이 시점에서 필자는 앞에서 논의한 중요한 생각 몇 가지를 재검토하고 요약하고자 한다. 우선, 이 책의 중심주제는 모든 청소년과 그 가족은 변화할 수 있는 강점과 자원을 가졌다는 점이다. 이것은 필자의 강한 신념이기도 하다. 필자의 생각에는, 이 점이 모든 치료자가 그의 상담실 문을 통해 들어오는 모든 가족에게 가져야 할 가장 중요한 가정들 중의 하나라고 생각한다. 나아가 첫 번째 면접에서 가장 중요한 치료적 과제는 그들의 주요 지적 영역(Gardner, 1993)을 밝혀서 그들이 가장 잘하는 것에 잘 들어맞는 실험과 치료적 질문과 실험을 하고, 가족과 협력하여 해결을 공동구성하는 것이라고 믿고 있다.

이 책의 또 다른 중요한 주제는 최근 심리치료 분야의 연구 결과를 과학적 상담의 안내서로 치료자들이 사용할 필요가 있다는 점이다. 특히 심각한 행동 문제를 제시하는 청소년과 가족의 어려움에 대한 치료에서 더욱 그러하다. 사례와 치료에 대한 생각을 이미 이 책에서 제시하였듯이, 경험적 자료에 바탕을 둔 이 중요한 연구 결과들은 임상에 관한 내 생각에 길잡이와 도움이 되었다.

치료자는 청소년의 또래나 영감을 줄 만한 가족 외 사람들처럼, 청소년 내담자의 사회 환경 속의 자원이 될 만한 인물들과 적극적으로 협력할 필요가 있다. 정기적인 가족-다중 원조자 회의는 가족과 원조 체계의 구성원을 역량강화 시키고 치료기간을 매우 짧게 만들 가능성이 많다. 많은 사례들이 가족치료회기에서 청소년 내담자의 친구들과 영감을 줄 만한 사람들의 참여와 전문성, 협동회의가 긍정적 치료성과에 큰 공헌을 함을 보여 주고 있다. 청소년의 삶에서 자원이 되는 이 중요한 사람들은 우리가 사무실 바깥에서 그들이 얻은 것을 일반화시키고 견고화하는 데 도움이 된다. 청소년 내담자의 사회 네트워크 내 중요한 사람들은 우리가 내담자에게 보이는 것과 똑같은 만큼의 존경을 우리로부터 받아야 한다. 이들은 우리가 힘들고 복잡한 청소년 사례 상황에 부딪혔을 때 우리에게 지혜, 전문성, 추가 지원을 제공해 줄 수 있는 소중한 동료들이다

다루기 어려운 청소년 사례를 다룰 때, 단기치료자는 양쪽 세대 모두를 위해 애쓰는 세대 간의 협상자 역할을 할 수 있어야 한다. 청소년이 부모로부터 무엇

을 받기 원하는지 혹은 부모의 행동 중 무엇이 변하기를 가장 원하는지의 관점에서 그들에게 무엇이 이익이 되는지를 일단 발견할 수 있다면, 우리는 세대 간 관계 중재자로서의 우리의 역할을 더 잘 이해할 수 있고 부모와 주고받기(something-for-something) 계약을 더 잘 맺을 수 있을 것이다. 너무나 많은 치료자들이 청소년의 기대나 목표에는 전혀 주의를 기울이지 않은 채 부모의 역량을 강화하는 데에만 치료적 에너지를 쏟는 경향이 있는데, 대부분의 청소년 내담자들은, 요청 받기만 한다면, 어떻게 그들과 협력할 수 있는지와 그들이 자신과 가족에 있어서 무엇을 바꾸기 원하는지를 치료자에게 알려 줄 것이다. 이전에 치료경험을 가진 청소년 내담자에게는, 똑같은 실수를 되풀이하지 않기 위하여, 그들이 이전의 치료에서 무엇을 좋아했고 싫어했는지를 알아보는 것이 도움이 된다.

마지막으로, 치료는 창조적 예술행위라는 점을 지적하고 싶다. 치료적 장(場)은 치료자가 즉흥성, 창조성, 장난스러움을 보일 수 있는 무대이며, 모든 가족 주제에는 치료자가 즉흥적으로 활용할 수 있는 여러 가지 요소들이 있다. 기술 좋은 재즈 색소폰 연주자처럼 필자는 가족의 중심주제를 제일 먼저 연주하면서 첫 회 면접을 시작하고 싶다. 그러고 나서 점차적으로 유머와 이야기하기(storytelling)를 통해 가족의 악보 밖에 있는 곡조들을 연주하다가 마침내는 가족과 함께 옛 곡조와 새 곡조의 요소들을 합한 새로운 악보를 공동창조하고 싶다. 때때로, 필자는 가족들의 폭소를 자아내기 위하여 정말로 재미난 분위기를 만들기 위해 애쓴다. 이러한 폭소는 가족으로 하여금 새로운 관계를 경험하게 해서 새로운 가능성으로 향한 문을 열 수 있도록 도와주기 때문이다.

미래를 위한 함의

셀리그맨(Seligman, 2003), 피터슨과 셀리그맨(Peterson & Seligman, 2004), 칙센트미하이(Csikszentmihalyi, 1997, 2003), 프레드릭슨(Fredrickson, 2002, 2003)의 획기적인 긍정심리학 연구는 긍정적이고 희망적인 분위기 만들기와 내담자의 강점과 덕목에 대한 치료적 강조 등 해결지향치료접근의 중요 요소에 대한 많은 지지를 제공해 주고 있다. 이 연구자들은 내담자의 역량을 강화하여 좀 더 충만하고 의미 있는 삶을 살도록 하는 방법을 현장에서 실험하여 가지고 있기도 하다(Peterson & Seligman, 2004; Seligman, 2002, 2004). 게다가 긍정심리학의 이론적 가정, 방법과 해결지향치료자들이 하는 것에는 공통되는 부분이 많이 있다. 필자는 이 새로운 심리학 운동의 이론가들과 연구자들이 우리의 치료적 접근이 훨씬 더 통합적이고 효과적인 것이 되도록 우리에게 제공할 것이 많다고 믿는다. 필자의 내담자 중 몇 명은 긍정 심리학 접근의 현장 테스트한 실험을 사용한 결과 대단한 임상적 결과를 경험하였다. 마지막으로 피터슨과 셀리그맨(2004)의 중요한 책인『성격 강점과 덕목: 편람과 분류』는 치료자가 내담자의 주요 특성 강점을 밝히는데 실제적인 지침을 제공해 주며 또한 좀 더 의미 있고 생산적인 삶을 살 수 있도록 내담자가 자신의 강점을 어떻게 특별한 방법으로 활용할 수 있을지에 대한 지침도 제공해 준다. DSM-IV와 달리 이 편람은 내담자 강점에만 초점을 맞추며 치료계획을 추천하고 있다.

비록 전 세계의 해결중심단기치료 연구소들과 팀들이 수많은 질적 연구와 추후 전화면접을 수행하였지만 이 모델의 효과성을 보여 주기 위하여 질적 양적 연구방법을 사용한, 문화적으로 다양한 대규모의 청소년 샘플을 사용한 잘 통제된 실험 연구는 없었다(Beyebach, Rodriguez-Sanchez, Arribas de Miguel, Herrero de Vega, Hernandez, & Rodriguez-Morejon, 2000; Gingerich & Eisengart, 2000; Stalker et al., 1999; George et al., 1999; Lindforss & Magnussem, 1997; DeJong & Hopwood, 1996; Metcalf, Thomas, Duncan, Miller & Hubble, 1996). 해결지향 치료접근의 효과성을 진정으로 보여 주기 위하여서 더 과학적이고 엄격한 치료성과 연구가 필요한 것이 명백하다. 기본적인 해결중심 단기치료나 해결지향 단기가족치료 모델을 기능적 가족치료(Sexton & Alexander, 2002)처럼 경험적으로 증명된 가족치료접근과 비교하는 것은 흥미로울 것이다.

요약

이 책에서 필자는 강점에 근거한 협력적 가족치료접근을 제시하였다. 이 접근방법은 임상가들로 하여금 어려운 청소년들과 가족을 효과적으로 치료할 수 있게 하는 여러 갈래의 통로를 제공한다. 대부분의 숙련된 치료자들에게는 어려운 청소년 및 가족과 참호 속에서 일하는 것은 매우 도전 받을 만한 일이다. 이 책에서 논의된 생각들이 어려운 청소년 및 가족과 참호 속에서 일하는 치료자들을 활기차게 하고 그들의 치료적 창조성을 자극하며 청소년들과의 매일의 임상작업에서도 긍정적 태도를 유지하는 데 도움이 되기를 희망한다.

참고 문헌

Alexander, J. F., & Parsons, B. V. (1982). *Functional family therapy: Principles and procedures*. Carmel, CA: Brooks & Cole.

Alexander, J. F., Barton, C., Schiavo, R. S., & Parsons, B. V. (1976). Systems-behavioral intervention with families of delinquents: Therapist characteristics, family behavior, and outcome. *Journal of Consulting and Clinical Psychology*, *44*, 656-664.

Alexander, J. F., Pugh, C., & Parsons, B. (1998). *Blueprints for violence prevention: Vol. 3. Functional family therapy*. Boulder, CO: Center for the Study and Prevention of Violence.

Allgood, S. M., Parham, K. B., Salts, C. J., & Smith, T. A. (1995). The association between pretreatment change and unplanned termination in family therapy. *American Journal of Family Therapy*, *23*, 195-202.

Allman, L. R. (1982). The aesthetic preference: Overcoming the pragmatic error. *Family process*, *21*(1), 43-57.

American Psychiatric Association. (1994). *Diagnostic and statistical manual of mental disorders* (4th ed.). Washington, DC.

Andersen, T. (1987). The reflecting team: Dialogue and meta-dialogue in clinical work. *Family Process*, *26*(4), 415-428.

Andersen, T. (1991). *The reflecting team: Dialogue and dialogues about the dialogues*. New York: Norton.

Anderson, H. (1997). *Conversation, language, and possibilities: A postmodern approach to therapy*. New York: Basic Books.

Anderson, H., & Goolishian, H. (1988a). *Changing thoughts on self, agency, questions, narrative and therapy*. Unpublished manuscript.

Anderson, H., & Goolishian, H. (1988b). Human systems as linguistic systems: Evolvideas about the implications for theory and practice. *Family Process*, *27*, 371-393.

Anderson, H., & Goolishian, H. (1991a). Thinking about multi-agency work with subabusers and their families: A language systems approach. *Journal of Strategic and Systemic Therapies*, *10*(1), 20-36.

Anderson, H., & Goolishian, H. (1991b, October). *"Not-knowing": A critical element of a collaborative language systems therapy approach*. Plenary address presented at the 1991 Annual American Association for Marriage and Family Therapy Conference, Dallas, TX.

Anderson, H., Goolishian, H., Pulliam, G., & Winderman, L. (1986). The Galveston Family

Institute: Some personal and historical perspectives. In D. Efron (Ed.), *Journeys: Expansion of the strategic-systemic therapies* (pp. 97-125). New York: Brunner/Mazel.

Anthony, E. J. (1984). The St. Louis risk project. In N. K. Watt, E. J. Anthony, L. C. Wynne, & J. Roth (Eds.), *Children at risk for schizophrenia: A longitudinal perspective* (pp. 105-148). Cambridge, UK: Cambridge University Press.

Anthony, E. J. (1987). Risk, vulnerability, and resilience: An overview. In E. J. Anthony & B. J. Cohler (Eds.), *The invulnerable child* (pp. 3-48). New York: Guilford Press.

Argyris, C. (1987, September-October). Skilled incompetence. *Harvard Business Review*, pp. 1-7.

Aronson, E. (2000). *Nobody left to hate: Teaching compassion after Columbine*. New York: Freeman.

Asay, T. P., & Lambert, M. J. (1999). The empirical case for the common factors in therapy: Quantitative findings. In M. A. Hubble, B. L. Duncan, & S. D. Miller (Eds.), *The heart and soul of change: What works in therapy* (pp. 33-57). Washington, DC: American Psychological Association.

Auerswald, E. H. (1968). Interdisciplinary versus ecological approach. *Family Process*, *7*, 202-215.

Auerswald, E. H. (1972). In A. Ferber, M. Mendelsohn, & A. Napier (Eds.), *The book of family therapy* (pp. 684-706). New York: Science House.

Barton, C., & Alexander, J. F. (1981). Functional family therapy. In A. S. Gurman & D. P. Kniskern (Eds.), *Handbook of family therapy* (pp. 403-443). New York: Brunner/Mazel.

Bateson, G. (1972). *Steps to an ecology of mind*. New York: Ballantine Books.

Bateson, G. (1979). *Mind and nature: A necessary unity*. New York: Ballantine Books.

Baumrind, D. (1991). The influence of parenting style on adolescent competence and substance use. Special issue: The work of John P. Hill: I. Theoretical, instructional, and policy contributions. *Journal of Early Adolescence*, *II*, 5695.

Beavers, W R., & Hampson, B. (1990). *Successful families*. New York: Norton.

Bennett-Goleman, T. (2001). *Emotional alchemy: How the mind can heal the heart*. New York: Harmony.

Bennett-Goleman, T., & Goleman, D. (2001, February). *Emotional alchemy: How the mind can heal the heart*. Workshop presented at Transitions Learning Center, Chicago, IL.

Bennis, W. (1976). *The unconscious conspiracy: Why leaders can't lead*. New York: American Management Association.

Berg, I. K., & Gallagher, D. (1991). Solution-focused brief therapy with adolescent substance abusers. In T. C. Todd & M. D. Selekman (Eds.), *Family therapy approaches with adolescent substance abusers* (pp. 93-111). Needham Heights, MA: Allyn & Bacon.

Berg, I. K., & Miller, S. D. (1992). *Working with the problem drinker: A solution-focused approach*. New York: Norton.

Beutler, L. E., & Harwood, M. T. (2000). *Prescriptive therapy: A practical guide to systematic treatment selection*. New York: Oxford University Press.

Beutler, L. E., Moliero, C. M., & Talebi, H. (2002b). Functional impairment and coping style. In J. C. Norcross (Ed.), *Psychotherapy relationships that work: Therapist contributions and responsiveness to patients* (pp. 145-175). New York: Oxford University Press.

Beyebach, M., Rodriguez-Sanchez, M. S., Arribas de Miguel, J., Herrero de Vega, M., Hernandez, C., & Rodriguez-Morejon, A. (2000). Outcome of solution-focused brief therapy at a university family therapy center. *Journal of Systemic Therapies, 19*, 116-128.

Black, E. I. (1988). *Families and larger systems*. New York: Guilford Press.

Bodin, A. (1981). The interactional view: Family therapy approaches of the Mental Research Institute. In A. S. Gurman & D. P. Kniskern (Eds.), *Handbook of family therapy* (pp. 267-309). New York: Brunner/Mazel.

Bogdan, J. (1984). Family organization as an ecology of ideas. *Family Process, 23*, 375-388.

Bohart, A. C., & Tallman, K. (1999). *How clients make therapy work: The process of active self-healing*. Washington, DC: American Psychological Association.

Bohm, D. (1980). *Wholeness and the implicate order*. London: Routledge.

Bohm, D. (1985). *Unfolding meaning*. London: Routledge.

Boscolo, L., Cecchin, G., Hoffman, L., & Penn, P. (1987). *Milan systemic family therapy: Conversations in therapy and practice*. New York: Basic Books.

Breggin, P. R. (2000). *Reclaiming our children: A healing plan for a nation in crisis*. Cambridge, MA: Perseus.

Brown, S. (2003). *How to negotiate with kids . . . even when you think you shouldn't*. New York: Penguin.

Clifton, D. O., & Nelson, P. (1992). *Soar with your strengths*. New York: Delacorte Press.

Conoley, C. W., Ivey, D., Conoley, J. C., Schmeel, M., & Bishop, R. (1992). Enhancing consultation by matching the consultee's perspective. *Journal of Counseling Developing, 69*, 546-549.

Coppersmith, E. I. (1985). Families and multiple helpers: A systemic perspective. In D. Campbell & R. Draper (Eds.), *Applications of systemic family therapy: A Milan approach*. London: Grune & Stratton.

Cox, D., Cox, A. D., & Moschis, G. P. (1990). When consumer behavior goes bad: An investigation of adolescent shop-lifting. *Journal of Consumer Research, 17*(2), 149-160.

Csikszentmihalyi, M. (2003). *Good business: Leadership, flow, and the making of meaning*. New York: Penguin.

Csikszentmihalyi, M. (1997). *Finding flow*. New York: Basic Books.

Csikszentmihalyi, M. (1990). *Flow*. New York: Harper & Row.

Curtis, C. (1995). Outward bound. *Saturday Evening Post*, November 21(267), p. 74.

DeFrain, J., & Stinnett, N. (1992). Building on the inherent strengths of families: Aposiapproach for family psychologists and counselors. *Topics in Family Psychology and Counseling, 1*(1), 15-26.

Deissler, K. G. (1989, Fall). Co-menting: Toward a systemic poietology? *Continuing the Conversation, 18*, 1-10.

Deissler, K. G. (1992). *Systemic studies of cooperation in the context of a mental state hospital*. Unpublished manuscript.

DeJong, P., & Hopwood, L. E. (1996). Outcome research on treatment conducted at the Brief Family Therapy Center 1992-1993. In S. D. Miller, M. A. Hubble, & B. L. Duncan (Eds.),

Handbook of solution-focused brief therapy (pp. 272-298). San Francisco: Jossey-Bass.
Dembo, R. (1992, June). *Plenary overview of consensus panel on screening and assessment of substance-abusing adolescents.* Consensus panel address for "Treatment of Substance-Abusing Adolescents," Office for Treatment Improvement, Alcohol, Drug Abuse, and Mental Health Administration, Washington, DC.
de Shazer, S. (1982). Some conceptual distinctions are more useful than others. *Family Process, 21*, 71-84.
de Shazei S. (1984). The death of resistance. *Family Process*, 23, 79-93.
de Shazer, S. (1985). *Keys to solution in brief therapy*. New York: Norton.
de Shazer, S. (1988). *Clues: Investigating solutions in brief therapy*. New York: Norton.
de Shazer, S. (1991). *Putting difference to work*. New York: Norton.
de Shazer, S., Berg, I. K., Lipchik, E., Nunnally, E., Molnar, A., Cingerich, W, & Weiner-Davis, M. (1986). Brief therapy: Focused solution development. *Family Process, 25*, 207-222.
Dimeff, L., Baer, J., Kivlahan, D., & Marlatt, G. (1998). *Brief alcohol screening and intervention for college students: A harm-reduction approach*. New York: Guilford Press.
Dishion, T. J., & Kavanagh, K. (2003). *Intervening in adolescent problem behavior: A family-centered approach*. New York: Guilford Press.
Dodge, K. A. (1991). The structure and function of proactive and reactive aggression. In D. J. Pepler & K. H. Rubin (Eds.), *The development and treatment of childhood aggression* (pp. 201-218). Hillsdale, NJ: Erlbaum.
Duncan, B. L., & Miller, S.D. (2000). *The heroic client: Doing client-directed, outcome-informed therapy*. San Francisco: Jossey-Bass.
Durrant, M., & Coles, D. (1991). The Michael White approach. In T. C. Todd & M. D. Selekman (Eds.), *Family therapy approaches with adolescent substance abusers* (pp. 135-175). Needham Heights, MA: Allyn & Bacon.
Eastwood, M., Sweeney, D., & Piercy, F. (1987). The "no problem-problem": A family therapy approach for certain first-time adolescent substance abusers. *Family Relations, 36*, 125-28.
Efran, J., & Lukens, M. (1985, May-June). The world according to Humberto Maturana. *Family Therapy Networker*, pp. 23-28, 72-75.
Epston, D. (1998). *Catching up with David Epston: Collection of narrative practice-based papers, 1991-1996*. Adelaide, South Australia: Dulwich Centre Publications.
Epston, D. (2000, May). *Crafting questions in narrative therapy practice*. Workshop presented at the Evanston Family Therapy Institute, Evanston, IL.
Erickson, M. H. (1954). Pseudo-orientation in time as a hypnotic procedure. *Journal of Clinical and Experimental Hypnosis, 2*, 161-283.
Erickson, M. H. (1964). The confusion technique in hypnosis. *American Journal of Clinical Hypnosis, 6*, 183-207.
Erickson, N. H. (1965). The use of symptoms as an integral part of therapy. *American Journal of Clinical Hypnosis, 8*, 57-65.
Erickson, M. H. (1980a). The nature of hypnosis and suggestion. In E. L. Rossi (Ed.), *The collected papers of Milton H. Erickson* (Vol. 2). New York: Irvington.
Erickson, M. H. (1980b). Hypnotic alteration of sensory, perceptual, and psychosocial processes.

In E. L. Rossi (Ed.), *The collected papers of Milton H. Erickson* (Vol. 3). New York: Irvington.

Erickson, M. H., & Rossi, E. (1983). *Healing in hypnosis*. New York: Irvington. Erickson, M. H., Rossi, E., & Rossi, I. (1976). *Hypnotic realities*. New York: Irvington.

Fisch, R., Weakland, J., & Segal, L. (1982). *The tactics of change*. San Francisco: Jossey-Bass.

von Foerster, H. (1981). *Observing systems*. Seaside, CA: Intersystems.

Follett, M. P. (1995). Constructive conflict. In P. Graham (Ed.), *Mary Parker Follett: Prophet of management* (pp. 53-77). Boston: Harvard Business School.

Frank, J. D., & Frank, J. B. (1991). *Persuasion and healing: A comparative study of psychotherapy* (3rd ed.). Baltimore, MD: John Hopkins University Press.

Fredrickson, B. L. (2002). Positive emotion. In C. R. Snyder & S. J. Lopez (Eds.), *Handbook of positive psychology* (pp. 120-135). New York: Oxford University Press.

Fredrickson, B. L. (2003, July-August). The value of positive emotions. *American Science, 91*, 330-335.

Friedman, S. (Ed.). (1995). *The reflecting team in action: Collaborative practice in family therapy*. New York: Guilford Press.

Gardner, H. (1993). *Multiple intelligences: The theory in practice*. New York: Basic Books.

Gardner, H. (1999). *Intelligence refrained: Multiple intelligences for the 21st century*. New York: Basic Books.

Gardner, H. (2004). *Changing minds: The art and science of changing our own and other people's minds*. Boston: Harvard Business School.

George, E., Iveson, C., & Ratner, H. (1999). *Problem to solution: Brief therapy with individuals and families* (rev. ed.). London: Brief Therapy Press.

Gergen, K. J., & McNamee, S. (2000). From disordering discourse to transformative dialogue. In R. A. Neimeyer & J. D. Raskin (Eds.), *Constructions of disorder: Meaning-making frameworks for psychotherapy* (pp. 333-349). Washington, DC: American Psychological Association.

Gilligan, S. (2002). *The legacy of Milton H. Erickson: Selected papers of Stephen Gilligan*. Phoenix, AZ: Zeig, Tucker, & Theisen.

Gingerich, W., & de Shazer, S. (1991). The BRIEFER project: Using expert systems as theory construction tools. *Family Process, 30*, 241-249.

Gingerich, W., de Shazer, S., & Weiner-Davis, M. (1988). Constructing change: A research view of interviewing. In E. Lipchik (Ed.), *Interviewing* (pp. 21-31). Rockville, MD: Aspen.

Gingerich, W., & Eisengart, S. (2000). Solution-focused brief therapy: A review of the outcome research. *Family Process, 39*(4), 477-498.

Glassner, B. (1999). *The culture of fear*. New York: Basic Books.

Glassner, B., & Loughlin, J. (1987). *Drugs in adolescent worlds: Burnouts to straights*. New York: St. Martin's Press.

Goleman, D. (2003). *Destructive emotions: How we can overcome them*. New York: Bantam.

Goolishian, H. (1991, October). *The dis-diseasing of mental health*. Plenary address presented at the Houston-Galveston Institute's Conference II, San Antonio, TX.

Goolishian, H., & Anderson, H. (1981). Including non-blood related persons in family therapy.

In A. S. Gurman (Ed.), *Questions and answers in the practice of family therapy* (pp. 75-80). New York: Brunner/Mazel.

Goolishian, H., & Anderson, H. (1988, November). *The therapeutic conversation.* A 3-day intensive training sponsored by the Institute of Systemic Therapy, Chicago.

Gordon, D., & Meyers-Anderson, M. (1981). *Phoenix: Therapeutic patterns of Milton H. Erickson*. Cupertino, CA: Meta.

Gottman, J. (1994). *Why marriages succeed or fail . . . And how you can make yours last.* New York: Fireside.

Gottman, J., Katz, L. F., & Hooven, C. (1997). *Meta-emotion.* Mahwah, NJ: Erlbaum.

Greene, R. W. (1998). *The explosive child: A new approach for understanding and parenting easily frustrated, "chronically inflexible" children.* New York: HarperCollins.

Grotevant, H. D., & Cooper, C. R. (1983). *Adolescent development in the family.* San Francisco: Jossey-Bass.

Gurin, J. (1990, March). Remaking our lives. *American Health*, pp. 50-52.

Haggerty, R. J., Sherrod, L. R., Garmezy, N., & Rutter, M. (1994). *Stress, risk, and resilience in children and adolescents.* Cambridge, UK: Cambridge University Press.

Hanh, T. N. (2001). *Anger.* New York: Riverhead.

Hanh, T. N. (2003a). *Creating true peace: Ending violence in yourself, your family, your community, and the world.* New York: Free Press.

Hanh, T. N. (May, 2003b). *Building a century of peace.* Public presentation at Loyola University, Chicago.

Hammerschlag, C. (1988). *The dancing healers: A doctor's journey of healing with Nayive Americans.* New York: Harper & Row.

Hargrove, R. (1999). *Masterful coaching: Extraordinary results by impacting people and the way they think and work together.* San Francisco: Jossey-Bass.

Havens, R. A. (1985). *The Wisdom of Milton H. Erickson: Human behavior and psychotherapy.* New York: Paragon.

Henggeler, S. W., Schoenwald, S. K., Rowland, M. D., & Cunningham, P. B. (1998). *Multisystemic treatment of antisocial behavior in children and adolescents.* New York: Guilford Press.

Henggeler, S. W., Schoenwald, S. K., Rowland, M. D., & Cunningham, P. B. (2002). *Serious emotional disturbance in children and adolescents: Multisystemic therapy.* New York: Guilford Press.

Henggeler, S. W., & Sheidow, A. J. (2002). Conduct disorder and delinquency. In D. H. Sprenkle (Ed.), *Effectiveness research in marriage and family therapy* (pp. 27-51). Alexandria, VA: American Association for Marriage and Family Therapy.

Hoffman, L. (1988). A constructivist position for family therapy. Irish *Journal of Psychology*, *9*, 110-129.

Hoffman, L. (2002). *Family therapy: An intimate history.* New York: Norton.

Hubble, M. A., Duncan, B. L., & Miller, S. D. (Eds). (1999). *The heart and soul of change: What works in therapy.* Washington, DC: American Psychological Association.

Isaacs, W. (1999). *Dialogue and the art of thinking together.* New York: Currency.

Isaacson, W. (2003). *Ben Franklin: An American life*. New York: Simon & Schuster.

Jones, R. A. (1977). *Self-fulfilling prophecies: Social, psychological and physiological effects of expectancies*. Hillsdale, NJ: Erlbaum.

Jung, C. (1923). *Psychological types*. London: Kegan Paul.

Kabat-Zinn, J. (1990). *Full catastrophe living*. New York: Delacort.

Kabat-Zinn, J. (1995). *Wherever you are there you are: Mindfulness meditation in everyday life*. New York: Hyperion.

Katz, S. J., & Liu, A. E. (1991). *The co-dependency conspiracy*. New York: Warner Books.

Kearney, P., Byrne, N. O., & McCarthy, I. M. (1989). Just metaphors: Marginal illuminations in a colonial retreat. *Family Therapy Case Studies*, *4*(1), 17-33.

Keeney, B., & Ross, J. (1983). Cybernetics of brief family therapy. *Journal of Marital and Family Therapy*, *9*, 375-382.

Kegan, R., & Lahey, L. L. (2001). *How the way we talk can change the way we work: Seven languages for transformation*. San Francisco: Jossey-Bass.

Keith, D., & Whitaker, C. (1981). Play therapy: A paradigm for work with families. *Journal of Marital and Family Therapy*, *7*(3), 243-255.

Keyes, C. L. M., & Haidt, J. (2003). *Flourishing: Positive psychology and the life well-lived*. Washington, DC: American Psychological Association.

Khan, M. T. (2001, April 4). Voyage to maturity. *Birmingham Post*, p. 43.

Kilbourne, J. (1999). *Deadly persuasion: Why women and girls must fight the addictive power of advertising*. New York: Free Press.

Kissen, B., Platz, A., & Su, W. H. (1971). Selective factors in treatment choice and outcome in alcoholism. In N. K. Mello & J. H. Mendelsohn (Eds.), *Recent advances in studies of alcoholism* (pp. 781-802). Washington, DC: U.S. Government Printing Office.

Kivlahan, D., Marlatt, G., Fromme, K., Coppel, D., & Brand, E. (1990). Secondary prevention with college drinkers: Evaluation of an alcohol skills training program. *Journal of Consulting and Clinical Psychology*, *58*, 805-810.

Klein, G. (1998). *Sources of power: How people make decisions*. Cambridge, MA: MIT Press.

Klein, G. (2002). *Intuition at work*. New York: Currency Doubleday.

Koch, R. (1998). *The 80/20 principle: The secret to success by achieving more with less*. New York: Currency Doubleday.

Lambert, M. J. (2003, March-April). The power of client feedback. *Psychotherapy Networker*, p. 16.

Lambert, M. J., & Barley, D. E. (2002). Research summary on the therapeutic relationand psychotherapy. In J. C. Norcross (Ed.), *Psychotherapy relationships that work: Therapist contributions and responsiveness to patients* (pp. 17-37). New York: Oxford University Press.

Leake, G. J., & King, A. S. (1977). Effect of counselor expectations on alcoholic recovery. *Alcohol, Health and Resource World*, *11*(3), 16-22.

Lebow, J., & Gurman, A. S. (1996, January-February). Making a difference: A new research review offers good news to couples and family therapist. *Family Therapy Networker*, pp. 69-76.

Lewin, T. (2003, December 9). Raid at high school leads to racial divide, not drugs. *New York*

Times, p. A20.

Liddle, H. A. (2002). *Multidimensional family therapy for adolescent cannabis users* (Cannabis Youth Treatment Series, Vol. 5). Rockville, MD: Center for Substance Abuse Treatment.

Lindforss, L., & Magnussen, D. (1997). Solution-focused therapy in prison. *Contemporary family therapy, 19*, 89-104.

Lipchik, E. (1988, Winter). Interviewing with a constructive ear. *Dulwich Centre Newsletter*, pp. 3-7. Available from Dulwich Centre Publications, Hutt Street, P.O. Box 7192, Adelaide, South Australia 5000.

Lipchik, E., & de Shazer, S. (1986). The purposeful interview. *Journal of Strategic and Systemic Therapies, 5*(1), 88-99.

Lussardi, D. J., & Miller, D. (1991). A reflecting team approach to adolescent substance abuse. In T. C. Todd & M. D. Selekman (Eds.), *Family therapy approaches with adolescence substance abusers* (pp. 227-240). Needham Heights, MA: Allyn & Bacon.

Lyotard, J. E. (1996). *Just gaming*. Minneapolis: University of Minnesota Press.

MacMaster, S. A., (2004). Harm-reduction: A new perspective on substance abuse services. *Social Work, 49*(3), 356-364.

Madanes, C. (1984). *Behind the one-way mirror*. San Francisco: Jossey-Bass.

Maddux, J. E. (2002). Stopping the "madness": Positive psychology and the deconstruction of the illness ideology and the DSM. In C. R. Snyder & S. J. Lopez (Eds.), *Handbook of positive psychology* (pp. 13-25). New York: Oxford University Press.

Maraniss, D. (1999). *When pride still mattered: A life of Vince Lombardi*. New York: Simon & Schuster.

Maruyama, M. (1974). The second cybernetics: Deviation-amplifying mutual causative processes. *American Scientist, 51*, 164-179.

Maturana, H., & Varela, F. (1988). *The tree of knowledge: The biological roots to human understanding*. Boston: New Science Library.

McCarthy, I. M., & Byrne, N. O. (1988). Mistaken love: Conversations on the problem of incest in an Irish context. *Family Process, 27*, 181-199.

McDermott, D., & Snyder, C. R. (1999). *Making hope happen: A workbook for turning possibilities into reality*. Oakland, CA: New Harbinger.

McKeel, A. J. (1999). *A selected review of research of solution-focused brief therapy*. Available online at *www.enabling.org/ia/sft*

Metcalf, L., Thomas, F. N., Duncan, B. L., Miller, S. D., & Hubble, M. A. (1996). What works in solution-focused brief therapy. In S. D. Miller, M. A. Hubble, & B. L. Duncan (Eds.), *Handbook of solution-focused brief therapy* (pp. 335-349). San Francisco: Jossey-Bass.

Miller, W. R. (1985). Motivation for treatment: A review with special emphasis on alcoholism. *Psychological Bulletin, 98*, 84-107.

Miller, W. R., & Rollnick, S. (2002). *Motivational interviewing: Preparing people for change* (2nd ed.). New York: Guilford Press.

Miller, W. R., & Sovereign, R. G. (1989). The checkup: A model for early intervention in addictive behaviors. In T. Loberg, W. R. Miller, P. E. Nathan, & G. A. Marlatt (Eds.), *Addictive behaviors: Prevention and early intervention* (pp. 219-231). Amsterdam: Swets &

Zeitlinger.

Milner, M. (2004). *Freaks, geeks, and cool kids: American teenagers, schools, and the culture of consumption*. New York: Routledge.

Minuchin, S. (1974). *Families and family therapy*. Cambridge, MA: Harvard University Press.

Minuchin, S. (1986, May). *Week-long live family therapy training*. Sponsored by Gestalt. Integrated Family Institute, Chicago.

Minuchin, S., & Fishman, H. C. (1981). *Family therapy techniques*. Cambridge, MA: Harvard University Press.

Mipham, S. (2003), *Turning the mind into an ally*. New York: Riverhead.

Mitchell, S. (1988). *Tao Te Ching: A new English version*. New York: HarperCollins.

Molnar, A., & de Shazer, S. (1987). Solution-focused therapy: Toward the identification of therapeutic tasks. *Journal of Marital and Family Therapy*, 13(4), 349-358.

Moore, M. (2002). *Bowling for Columbine* [Film]. United Artists.

Newfield, N. A., Kuehl, B. P., Joanning, H. P., & Quinn, W. H. (1991). We can tell you about "psychos" and "shrinks": An ethnography of the family therapy of adolesdrug abuse. In T. C. Todd & M. D. Selekman (Eds.), *Family therapy apwith adolescent substance abusers* (pp. 277-310). Needham Heights, MA: Allyn & Bacon.

Norcross, J. C. (Ed.). (2002). *Psychotherapy relationships that work: Therapist contributions and responsiveness to patients*. New York: Oxford University Press.

Nylund, D., & Corsiglia, V. (1994). Becoming solution-focused forced in brief therapy: Remembering something important we already know. *Journal of Systemic Therapies*, *13*(1), 5-13.

O'Hanlon, W. H. (1987). *Taproots: Underlying principles of Milton H. Erickson's therapy and hypnosis*. New York: Norton.

O'Hanlon, W. H., & Weiner-Davis, M. (1989). *In search of solutions: A new direction in psychotherapy*. New York: Norton.

Orford, J., & Hawker, A. (1974). An investigation of an alcoholism rehabilitation half-way house: II. The complex question of client motivation. *British Journal of Addiction*, *69*, 315-323.

Ostrander, S., Schroeder, L., & Ostrander, N. (1994). *Superlearning 2000*. New York: Dell.

Palazzoli, M. S. (1980). Why a long interval between sessions? The therapeutic control of the family-therapist suprasystem. In M. Andolfi & I. Zwerling (Eds.), *Dimensions of family therapy* (pp. 161-171). New York: Guilford Press.

Palazzoli, M. S., Boscolo, L., Cecchin, G., & Prata, G. (1980). Hypothesizing—circularity—neutrality: Three guidelines for the conductor of the session. *Family Process*, *19*(1), 3-13.

Papini, D. R., & Roggman, L. A. (1992). Adolescent perceived attachment to parents in relation to competence, depression, and anxiety: A longitudinal study. *Journal of Early Adolescence*, *12*, 420-440.

Papp, P. (1983). *The process of change*. New York: Guilford Press.

Parker, M. W, Winstead, D. K., & Willi, E J. (1979). Patient autonomy in alcohol rehabilitation: Literature review. *International Journal of the Addictions*, *14*, 1015-1022.

Parsons, B. V., & Alexander, J. F. (1973). Short-term family intervention: A therapy outcome study. *Journal of Consulting and Clinical Psychology*, *41*, 195-201.

Patterson, G. R., & Forgatch, M. I. (1985). Therapist behavior as a determinant for client noncompliance: A paradox for the behavior modifier. *Journal of Consulting and Clinical Psychology*, *53*, 846-851.

Peele, S. (1989). *Diseasing of America: Addiction treatment out of control*. Lexington, MA: Lexington Books.

Penn, P. (1985). Feed forward: Future questions, future maps. *Family Process*, *24*(3), 299-310.

Perez-Bouchard, L., Johnson, J. L., & Ahrens, A. H. (1993). Attributional style in children of substance abusers. *American Journal of Drug and Alcohol Abuse*, *19*, 475-489.

Peters, T. J., & Waterman, R. H. (1982). *In search of excellence: Lessons from America's best-run companies*. New York: Warner Books.

Peterson, C., & Park, C. (1998). *Learned helplessness and explanatory style*. In D. F. Barone, M. Hersen, & V. B. van Hasselt (Eds.), *Advanced personality* (pp. 287-310). New York: Plenum Press.

Peterson, C., & Seligman, M. E. P. (2004). *Character strengths and virtues: A handbook and classification*. New York: Oxford University Press.

Prochaska, J. O. (1999). How do people change and how can we change to help many more people? In M. A. Hubble, B. L. Duncan, & S. D. Miller (Eds.), *The heart and soul of change: What works in therapy* (pp. 227-259). Washington, DC: American Psychological Association.

Prochaska, J. O., & Norcross, J. C. (2002). Stages of change. In J. C. Norcross (Ed.), *Psychotherapy relationships that work: Therapist contributions and responsiveness to patients* (pp. 303-315). New York: Oxford University Press.

Prochaska, J. O., Norcross, J. C., & DiClemente, C. C. (1994). *Changing for good*. New York: Morrow.

Rackham, N., & Carlisle, J. (1978). The effective negotiator: The behavior of successful negotiators. *Journal of European Industrial Training*, *2*(6), 6-11.

Reimer, M. S., Overton, W. F., Steidl, J., Rosenstein, D. S., & Horowitz, H. (1996). Familial responsiveness and behavioral control: Influences on adolescent psychopathology attachment, and cognition. *Journal of Research on Adolescence*, *6*, 87-112.

Reimers, T. M., Wacker, P., Cooper, L. J., & De Raad, A. O. (1992). Acceptability for betreatments for children: Analog and naturalistic evaluations by parents. *School Psychology Review*, *21*, 628-643.

Reivich, K., & Shatte, A. (2002). *The resilience factor: Seven essential skills for overcoming life's inevitable obstacles*. New York: Broadway.

Rimer, S. (2004, January 4). Unruly students facing arrest, not detention. *New York Times*, pp. Al, Al5.

Rowe, C. L., & Liddle, H. A. (2002). Substance abuse. In D. H. Sprenkle (Ed.), *Effectiveness research in marriage and family therapy* (pp. 53-89). Alexandria, VA: American Association for Marriage and Family Therapy.

Sanchez-Craig, M., & Lei, H. (1986). Disadvantages of imposing the goal of abstinence on problem drinkers: An empirical study. *British Journal of Addiction*, *81*, 505-512.

Schon, D. (1983). *The reflective practitioner: How professionals think in action*. New York: Basic Books.

Schwartz, B. (2004). *The paradox of choice: Why more is less*. New York: HarperCollins.

Seikkula, J., Alakare, B., & Aaltonen, J. (2000). A two-year follow-up on open dialogue treatment in first episode psychosis: The need for hospitalization and neuroleptic medication decreases. *Social and Clinical Psychiatry*, *10*(2), 20-29.

Seikkula, J., & Olson, M. (2003). The open dialogue approach to acute psychosis: Its poetics and micro-politics. *Family Process*, *42*(3), 403-419.

Selekman, M. D. (1989a). Taming chemical monsters: Cybernetic-systemic therapy with adolescent substance abusers. *Journal of Strategic and Systemic Therapies*, *8*(3), 5-10.

Selekman, M. D. (1989b). Engaging adolescent substance abusers in family therapy. *Family Therapy Case Studies*, *4*(1), 67-74.

Selekman, M. D. (1991a). "With a little help from my friends": The use of peers in the family therapy of adolescent substances abusers. *Family Dynamics of Addiction Quarterly*, *1*(1), 69-77.

Selekman, M. D. (l991b). The solution-oriented parenting group: A treatment alternative that works. *Journal of Strategic and Systemic Therapies*, *10*(1), 36-49.

Selekman, M. D. (1993). *Pathways to change: Brief therapy solutions with difficult adolescents*. New York: Guilford Press.

Selekman, M. D. (1995). Rap music with wisdom: Peer reflecting teams with tough adolescents. In S. Friedman (Ed.), *The reflecting team in action: Collaborative practice in family therapy* (pp. 205-223). New York: Guilford Press.

Selekman, M. D. (1996). Turning out the light on a seasonal affective disorder. *Journal of Systemic Therapies*, *15*(3), 40-52.

Selekman, M. D. (1997). *Solution-focused therapy with children: Harnessing family strengths for systemic change*. New York: Guilford Press.

Selekman, M. D. (1999). The solution-oriented parenting group revisited. *Journal of Systemic Therapies*, *18*(1), 5-24.

Selekman, M. D. (2002). *Living on the razor's edge: Solution-oriented brief family therapy with self-harming adolescents*. New York: Norton.

Selekman, M. D. (2004, January-February). The therapeutic roller coaster: Working with self-harming teens is dramatic and unpredictable. *Psychotherapy Networker*, pp. 77-87.

Selekman, M. D., & Todd, T. C. (1991). Crucial issues in the treatment of adolescent substance abusers and their families. In T. C. Todd & M. D. Selekman (Eds.), *Family therapy approaches with adolescent substance abusers* (pp. 1-20). Needham Heights, MA: Allyn & Bacon.

Seligman, M. E. P. (1998). *Learned optimism: How to change your mind and your life*. New York: Pocket Books.

Seligman, M. E. P. (2002). *Authentic happiness*. New York: Free Press.

Seligman, M. E. P. (2003). *Nine-month vanguard master class in authentic happiness coaching and positive psychology*, Bethesda, MD.

Seligman, M. E. P., Reivich, M. A., Jaycox, L., & Cillham, J. (1995). *The optimistic child*. New

York: Houghton-Mifflin.

Sexton, T. L., & Alexander, J. E (2002), Functional family therapy: An empirically supported family-based intervention model for at-risk adolescents and their families. In T. Patterson (Ed.), *Comprehensive handbook of psychotherapy, Volume II: Cognitive, behavioral, and functional approaches* (pp. 117-140). New York: Wiley.

Shedler, J., & Block, J. (1990). Adolescent drug use and psychological health. *American Psychologist*, *45*(5), 612-30.

Sheinberg, M. (1985). The debate: A strategic technique. *Family Process*, *24*(2), 259-271.

Sherman, S. J., Skov, R. B., Hervitz, E. F., & Stock, C. B. (1981). The effects of explaining hypothetical future events: From possibility to probability to actuality and beyond. *Journal of Experimental Social Psychology*, 17, 142-157.

Siegel, S. (1999). *The patient who cured his therapist and other stories of unconventional therapy*. New York: Marlowe.

Simon, H. A. (1955). Rational choice and the structure of the environment. *Psychological Review*, *63*, 129-3 8.

Simon, H. A. (1956). A behavioral model of rational choice. *Quarterly Journal of Economics*, *69*, 99-118.

Simmons, R. (2002). *Odd girl out: The hidden culture of aggression in girls*. New York: Harcourt.

Snyder, C. R., & Lopez, S. J. (Eds.). (2002). *Handbook of positive psychology*. New York: Oxford University Press.

Snyder, C. R., Michael, S. T., & Cheavens, J. S. (1999). Hope as a psychotherapeutic foundation of common factors. In M. A. Hubble, B. L. Duncan, & S. D. Miller (Eds.), *The heart and soul of change: What works in therapy* (pp. 179-201). Washington, DC: American Psychological Association.

Snyder, C. R., Rand, K. L., & Sigmon, D. R., (2002). Hope theory: A member of the positive psychology family. In C. R. Snyder & S. J. Shane (Eds.), *Handbook of positive psychology* (pp. 257-277). New York: Oxford University Press.

Snyder, J., & Patterson, G. R. (1995). Individual differences in social aggression: A test of the reinforcement model of socialization in the natural environment. *Behavior Therapy*, *26*, 371-91.

Snyder, M., & White, P. (1982). Moods and memories: Elation, depression, and the reof the events of one's life. *Journal of Personality*, *50*(2), 149-167.

Spanos, N. P. (1990). Imagery, hypnosis and hypnotizability. In R. G. Kunzendorf (Ed.), *Mental imagery*. New York: Plenum Press.

Spanos, N. P., & Radtke, H. L. (1981). Hypnotic visual hallucinations as imaginings: A cognitive-social psychological perspective. *Imagination, Cognition and Personality*, *1*(2), 147-170.

Stalker, C. A., Levene, J. E., & Coady, N. F. (1999). Solution-focused brief therapy: One model fits all? *Families in Society: The Journal of Contemporary Human Services*, *80*(5), 468-477.

Steinberg, L. D., Darling, N., Fletcher, B., Brown, B., & Dornbusch, S. (1995). Authoritative parenting and adolescent adjustment: An ecological journey. In P. Moen, G. H. Elder,

& K. Luscher (Eds.), *Linking lives and contexts: Perspectives on the ecology of human development*. Washington, DC: American Psychological Association.

Stinnett, N., & O'Donnell, M. (1996). *Good kids: How you and your kids can successfully navigate the teen years*. New York: Doubleday.

Stone, D., Patton, B., & Heen, S. (2000). *Difficult conversations: How to discuss what really matters most*. New York: Penguin.

Szapocznik, J., Kurtines, W. M., Foote, F. H., Perez-Vidal, A., & Hervis, O. (1983). Conjoint versus one-person family therapy: Some evidence for the effectiveness of conducting family therapy through one person with drug-abusing adolescents. *Journal of Consulting and Clinical Psychology*, *51*(6), 889-899.

Szapocznik, J., Kurtines, W. M., Foote, F. H., Perez-Vidal, A., & Hervis, O. (1986). Conjoint versus one-person family therapy: Further evidence for the effectiveness of conducting family therapy through one person with drug-abusing adolescents. *Journal of Consulting and Clinical Psychology*, *54*(3), 395-397.

Szapocznik, J., & Williams, R. A. (2000). Brief strategic family therapy: Twenty-five years of interplay among theory, research, and practice in adolescent behavior problems and drug abuse. *Clinical Child and Family Psychology Review*, *3*(2), 117-134.

Taffel, R. (2003, November-December). Confronting the new anxiety. *Psychotherapy Networker*, pp. 33-37, 59.

Taffel, R., & Blau, M. (2001). *The second family: How adolescent power is challenging the American family*. New York: St. Martin's.

Thornton, C. C., Gottheil, E., Gellens, H. K., & Alterman, A. I. (1977). Voluntary verinvoluntary abstinence in the treatment of alcoholics. *Journal of Studies on Alcohol*, *38*, 1740-1748.

Todd, T. C., & Selekman, M. D. (1991). Beyond structural-strategic family therapy: Inother brief systemic therapies. In T. C. Todd & M. D. Selekman (Eds.), *Family therapy approaches with adolescent substance abusers* (pp. 241-271). Needham Heights, MA: Allyn & Bacon.

Tomm, K. (1987). Interventive interviewing: II. Reflexive questioning as a means to enable self-healing. *Family Process*, *26*, 167-183.

Tomm, K., & White, M. (1987, October) *Externalizing problems and internalizing directional choices*. Paper presented at the Annual American Association for Marriage and Family Therapy Conference, Chicago.

Trungpa, C. (1988). *Shambhala: The sacred path of the warrior*. Boston: Shambhala.

Ury, W. (2000). *The third side: Why we fight and how we can stop*. New York: Penguin.

von Clasersfeld, E. (1984). An introduction to radical constructivism. In P. Watzlawick (Ed.), *The invented reality* (pp. 17-40). New York: Norton.

Watzlawick, P., Weakland, J. H., & Fisch, R. (1974). *Change: Principles of problem formation and problem resolution*. New York: Norton.

Weakland, J. H., & Jordan, L. (1990). Working briefly with reluctant clients: Child protective services as an example. *Family Therapy Case Studies*, *5*(2), 51-68.

Weiner-Davis, M. (1992). *Divorce busting*. New York: Simon & Schuster.

Weiner-Davis, M., de Shazer, S., & Gingerich, W (1987). Building on pretreatment change to construct the therapeutic solution: An exploratory study. *Journal of Marital and Family*

Therapy, *13*(4), 359-363.

Weiss, R. L., Halford, W. K., & Kim, W. (1996). Managing marital therapy: Helping partners change. In V. B. van Hasslet & M. Hersen (Eds.), *Sourcebook of psychological treatment manuals for adult disorders* (pp. 489-S37). New York: Plenum.

Whitaker, C. A. (1975). Psychotherapy of the absurd: With a special emphasis on the psychotherapy of aggression. *Family Process*, *14*, 1-16.

White, M. (1984). Pseudo-encopresis: From avalanche to victory, from vicious to virtuous cycles. *Family Systems Medicine*, *2*(2), 150-160.

White, M. (1985). Fear-busting and monster taming: An approach to the fears of young children. *Dulwich Centre Review*, pp. 29-33. Available from Dulwich Centre Publications, Hutt Street, P.O. Box 7192, Adelaide, South Australia 5000.

White, M. (1986). Negative explanation, restraint and double description: A template for family therapy. *Family Process*, *25*(2), 169-184.

White, M. (1987/Spring). Family therapy and schizophrenia: Addressing the in-the-corner lifestyle. *Dulwich Centre Newsletter*, pp. 14-21. Available from Dulwich Centre Publications, Hutt Street, P.O. Box 7192, Adelaide, South Australia 5000.

White, M. (1988a). Anorexia nervosa: A cybernetic perspective. In J. E. Harkaway (Ed.), *Eating disorders* (pp. 117-129). Rockville, MD: Aspen.

White, M. (198 8b, Winter). The process of questioning: A therapy of literary merit? *Dulwich Centre Newsletter*, pp. 8-14. Available from Dulwich Centre Publications, Hutt Street, P.O. Box 7192, Adelaide, South Australia 5000.

White, M. (1995). *Re-authoring lives: Interviews and essays*. Adelaide, South Australia: Dulwich Centre Publications. Available from Dulwich Centre Publications, Hutt Street, RO. Box 7192, Adelaide, South Australia 5000.

White, M., & Epston, D. (1990). *Narrative means to therapeutic ends*. New York: Norton.

Whitfield, S. (1992). *Magritte*. London: South Bank Centre.

Wolin, S. (1991, October). *The challenge model: How children rise above adversity*. Plenary address presented at the 1991 Annual American Association for Marriage and Family Therapy Conference, Dallas.

Wolin, S. J., & Wolin, S. (1993). *The resilient self How survivors of troubled families rise above adversity*. New York: Villard.

Yalom, I. P. (1975). *The theory and practice of group psychotherapy*. New York: Basic Books.

Pathways to Change

찾아보기

[ㄱ]

[ㄴ]

[ㄷ]

[ㄹ]

[ㅁ]

[ㅂ]

[ㅅ]

[ㅇ]

[ㅈ]

[ㅊ]

[ㅋ]

[ㅌ]

[ㅍ]

[ㅎ]

[기타]

[인명 찾아보기]

역자 소개

■ 김유순

이화여자대학교 영어영문학 학사
이화여자대학교 사회사업학 석사
미국 Florida State University 사회복지학 석사, 박사
현, 성공회대학교 사회복지학과 교수
구로구건강가정지원센터, 구로구다문화가정지원센터 센터장
가족치료 슈퍼바이저(한국가족치료학회)
해결중심치료 슈퍼바이저(해결중심치료학회)
이야기치료 전문가(한국이야기치료학회)

♣ 저 · 역서 및 논문
사례로 배우는 가족상담과 치료(2015, 공저, 학지사)
정서중심 해결지향 치료(2015, 공역, 학지사)
가정폭력 피해대상 유형별 치료 · 회복 프로그램 개발(공저, 여성가족부, 2013)
해결중심 집단상담(2013, 공역, 학지사)
국제결혼 한국남성의 결혼생활 어려움과 적응전략(공저). 정신보건과 사회사업, 40(4), 2012
가정폭력 피해자 사례관리 역할 수행에 대한 전문가 의견조사(공저). 여성연구, 80, 2011

변화로 가는 길: 다루기 어려운 청소년을 위한 단기치료
Pathways to Change: Brief Therapy with Difficult Adolescents

발 행 일 | 2015년 4월 6일 초판 1쇄 발행
저 자 | Matthew D. Selekman
역 자 | 김유순
발 행 인 | 구본하
발 행 처 | 도서출판 **박학사**
주 소 | 서울시 마포구 월드컵북로5길 33 동아빌딩 2층
전 화 | (02)3142-3764~5
팩 스 | (02)3142-3766
웹사이트 | www.pakhaksa.co.kr
등록번호 | 제10-2230호

정가 18,000원 ISBN 978-89-98521-37-0